東台灣叢刊之二十一

「後山媽祖」的信仰、神蹟及其類型研究

卓麗珍　著

財團法人東台灣研究會文化藝術基金會
中華民國114年3月

本書出版蒙

曹永和文教基金會贊助
謹誌並申謝忱

推薦序

　　在台灣的諸神信仰中,媽祖幾乎穩居第一,尤其大甲鎮瀾宮與白沙屯媽祖婆進香,形式有異,參與的信眾同樣遍於各社會階層,乃台灣在地創造的「宗教奇蹟」,民俗、宗教學界也反覆觀察、體驗。從研究生到學者,論著不斷精彩倍出。即分從不同學門的角度來看,其理論、方法有別,調查研究成果各有異趣,故可視為一時顯學。相較於此,台灣各地仍存在著許多媽祖廟,不管是否分香哪一間祖廟,在地發展經久歷時,而後各自發展一己之特色。針對這些特色的學術研究,則是相對較少,顯然較未受關注,就宗教信仰的研究而言,大廟一類的大神大道,的確反映了豐富的宗教意涵,表現台灣在地的信仰特質。不過太集中於熱門的議題,雖從不同的視角觀察,難免就會有些重複,在這種情況下如何開拓新課題,實為當前亟需省思的問題。

　　從民眾的信仰觀察台灣的社會文化,媽祖彰顯其神格的多面性,始於早期的航海守護神,現在則融入當地的社會脈絡。分香廟既多、信仰人口又眾,即可確信具有的普遍性。在台灣西部地區的大小鄉鎮,進香活動形成的香路,從素樸的田野紀錄到數位時代的資訊處理,不同世代的學者各顯神通,彰顯其跨越時代的宗教魅力。如是豐富而多樣的選題中,台灣東部這一大區塊卻相對被冷落,顯然並不熱門,原因多樣難以確解!但亟需指出的事實,就是戰後迄今歷經社會變遷,西部地區大小鄉鎮林立,人口稠密達於飽和,從而形成島內移民,此即學界所謂的「二次移民」。此一情況異於之前客家社會的移民情況,乃是分散在西部地區的民眾,呼朋引伴遷居花東地區,從而形成移民與信仰之間的新紐帶關係。

　　依據自己調查道士等儀式專家的經驗,早就聽到一些傳聞,有些地方道壇遷移東部、或受東部居民之邀前往建醮;其中建醮的寺廟就有媽祖廟。如是模糊的圖像,看到麗珍的調查結果後得以明晰化,原來這些廟宇遍布花東地區,宜蘭往北銜接雙北,道士建醮的行業圈仍可關顧。但一到花蓮、台東則情況有別,居民的祖籍地與信仰習俗,非屬蘭陽民眾的延伸,也並非客屬居民,

而是西部、中南部居民的二次移民,信仰媽祖因而建廟,這種崇祀習慣就是明確的指標。在麗珍辛勤的調查中,證實了這個事實的存在,早就知道她與東部有緣,經常前往當地享受臺北欠缺的鄉居之趣。但沒想到竟然成為博論課題,但這種調查並非易事,東部地區的幅員廣大,媽祖廟又分散各地,如何在一定時間內跑完!涉及寺廟的聯繫、人脈的建立,又如何形成信仰網絡?凡有田調經驗的就深知具有挑戰性。

真正的挑戰還有理論框架,從事西部、中南部的媽祖信仰研究,無論知名的大廟,或是有歷史的老廟,從移民到建廟,而後在各時期的移民處境中,如何形成地方祭祀組織?廟際之間的交陪關係為何?從而編織為一面紛亂而有序的宗教網絡,諸多學門各有其理論方法:從祭祀圈、信仰圈到後祭祀圈,前後形成熱門的課題。但這些學界流行的理論方法,如何才能適用於花東地區?從祭祀圈到後祭祀圈所面臨的考驗,在麗珍的實地調查中如何調整運用,這種挑戰面臨一些理論困境!亦即二次移民在當地的創造,既無地緣、血緣關係,也尚未形成綿密的祭祀網絡,在地如何重建一個宗教網絡,重新凝聚一群新移民。麗珍面對類似的學術挑戰,既需面對原本的學術典範,也就亟需適時的調整,這樣的調查工作踏踏實實,才能完成其研究基礎。在口試的過程中,大家都會關注及此,類似的問題如何解決?在完成這些基礎研究後,當地提供的任一案例,都可實際觀察祭祀圈如何形成?東部地區提供一個活生生的在地經驗,此乃西部地區在數百年後難以真切觀察的。

從知道麗珍勤跑東部,她的個性也適合田調,經歷一段漫長時間後,終於將田調的結果呈現出來,既佩服其不懈的毅力,也欣慰其多年有成。在博士班期間受到輔大許多老師的啟發,鼓勵她善用所長,勤跑宮廟、認真紀錄,最後終於完成這件辛苦的「大事」。就博士生的養成來說,雖然可以選擇一個個案,而後長期駐點細加觀察,但類似東部地區的「後山媽祖」,從標題到紀錄,僅選擇少數的廟宇觀察,顯然並不完全適合。麗珍想要完成的學術作業,乃是不能取巧的工作,只有面對事實付諸實現。在過程中乃至口試現場,這些功勞與苦勞值得肯定!雖說理論的

取用至關重要,卻也不宜任意套用!這本博論的價值及意義,就是踏實的完成一項艱辛的任務:既建構一個「後山媽祖」的完整圖像,也初步交代此一形象如何完成。凡是跑過田野的都深知此中甘苦,一個大區塊的調查研究,並非一個小課題的細針慢繡,而是呈現一個宏觀的信仰格局。欣聞她的博論受到「東台灣研究叢刊」的重視,也算是有心人士的慧眼獨具,相信這部大書的出版,除了麗珍足堪告慰,也會激勵同道同行,作學術研究不一定趨從熱門,而是辛勤耕耘必有收穫,此即提供一個良好的見證。故書此以賀,並期望在這樣札實的基礎上,而能再上層樓,將可為台灣的媽祖研究補上東部的這一塊。

李豐楙 教授(中央研究院院士)

推薦序

　　根據中央研究院數位中心地理資訊系統的統計,全台灣有近千座以媽祖為主神的大型媽祖廟宇。若是合計中、小型以媽祖為主神的媽祖廟,以及媽祖為陪祀神的廟宇,則近萬座。

　　在許多以《台灣媽祖廟》或是《台灣的媽祖信仰》為書名的書內,多數缺乏東部媽祖廟的篇章。雖有少數以台灣東部媽祖廟為主題的書,例如《台東天后宮》等等,然而整個後山的媽祖廟的普查紀錄,仍然闕如。東部媽祖廟的普查工作,雖然有早前的縣志或是鄉鎮地方志的紀載,但是能夠進入志書內的紀載,多數是稍具規模的廟宇。而且在年代與時序上,並非最新或是經過更新的廟宇普查。現今,輔仁大學宗教研究所卓麗珍博士的辛勤跑廟,用心記錄,整理,寫作,發表與出版,總算填補此一缺憾。真正讓全台灣的媽祖廟有了一個最新的完整面貌,呈現給世人。

　　歷來研究媽祖信仰或是宮廟沿革者,多數集中在台灣西部的北、中、南各地的媽祖廟。台灣的媽祖信仰從南往北發展,從沿海地區往山區發展,恰好反映台灣移民史與開發史的先後順序。台灣後山,亦即東部台灣,因為中央山脈阻隔,雖有火車或是蘇花公路接連,交通仍屬不便,加上台灣開發史的發展階段,東部比較晚,屬於島內二次移民與墾民,其媽祖廟多數為西部之分靈廟,因此不如西部廟宇受到重視。對於這樣行之多年的大眾看法,卓博士卻慧眼獨具而持懷疑的態度,想要尋找證據來加以反駁。卓博士的論文改寫成本書,經過她的研究發現,東部台灣媽祖廟並非全然為西部之分靈廟,許多廟宇與儀式活動乃為東部自創與質變者。

　　從這一個懷疑點出發,卓博士在各宮廟收集資料時,尤其注重各宮廟的碑刻,沿革,神話,分靈分香來源,活動慶典紀事,廟方與信徒組織,社會福利救濟等文獻資料。根據這些不同類型的資料,卓博士深入探討東部台灣媽祖信仰的傳入原因與契機,挖掘東部媽祖信仰的來源並加以分類,分析族群與媽祖信仰之間的密切關係,釐清不同廟宇能夠持續發展的因素與過程,說明宗

教儀式與活動的質變與創新過程,以及廟宇之間的交換與交流關係。

2023年夏天,筆者在卓博士的論文口試時,擔任口試委員,被卓博士在調查期間的堅持不懈的精神與熱誠所感動。她完全自力完成調查工作,除了家人,並未依賴研究團隊或是外部經費支持。她經常為了一座廟宇的資料,不計代價地前往探路,訪談,挖掘,採集,錄音,錄影,拍照。倘若有疑問,則再次前往確認,再把手上資料一筆一筆自行輸入電腦,做成檔案與地圖。就這樣從宜蘭到花蓮到台東,一步一步地往前推進,一座廟宇緊接著另一座廟宇的踏查拜訪。若非高度研究興趣與熱情的支持,絕對無法完成。

如今僅僅一年的時間,卓博士就完成論文的修改,而能獲得東台灣研究會文化藝術基金會2024年唯一獎助出版的殊榮,得以由出版社正式出版,將她多年辛苦調查的成果分享給學術界與所有媽祖信眾。真是值得為卓博士喝采,遂應允寫序以為誌。

張珣

張珣 教授(中央研究院民族學研究所 研究員兼所長)

謝　辭

　　本博士論文得以完成，首要感恩「神選之人」的悉心指導與斧正：敬愛的指導教授 莊宏誼老師。您的耐心與鼓勵，促使學生堅定信心，果敢獨自完成「後山媽祖」的研究工作。提攜之情，銘感五內。「十年磨一劍，霜刃未曾試」，今托物言志，借以抒寫多年努力終成果，並致上最崇高的敬意與誠摯的感激。

　　口試期間，幸蒙中研院李豐楙院士給予精闢的建議與指正，鼓勵學生突破思維與局限，挑戰成為「後山媽祖」的「代言人」。感謝師大國文所鄭燦山教授秉持學術之專業性，鉅細彌遺的提點修正建議，使本論文內容更為嚴謹。承蒙二位臺灣媽祖信仰研究泰斗，學術界的「媽祖婆」：中研院民族所所長張珣教授、兼任研究員 林美容教授，給予鼓勵肯定與寶貴的意見，令學生領略老師豐富的學術涵養及實務領域之專業性，促使本論文更臻完備。衷心感謝口委們提供未來研究的指路明燈。

　　臺灣俗語說：「也著神，也著人」，身為宗教人可謂感同身受。在幅員遼闊的田野場域工作中，若無神助與人助，著實窒礙難行、步履維艱。致心感謝「後山」地區媽祖廟眾神的護佑，以及所有協助接受採訪的廟方人員、信眾和提供訊息的有緣人。多年來，在輔大鄭印君老師與博士生們自組的「互漏求進讀書會小組」，相互切磋與砥礪，是完成學業的重要支持。尤其是盛翠穎學姊，無論在學業，抑或攜手開設道學班輔導媽祖廟的神職人員，亦師亦友的一路相挺與相伴。感謝陳德光院長、蔡怡佳主任、「道教易學」胡其德老師、政大尤雪瑛老師，無私且適時的提供援手、解惑與關懷，還有輔大同學們的支持與照顧，令人終生難忘。

　　漫長的時日，謝謝陪我上山、下海的親密愛人，我的私人特助。因為你與兒、女的包容，我得以無後顧之憂，肆意且妄為的朝目標向前。感謝所有的家人們，任我隨時地「召喚」。階段性的任務已完成，新的旅程即將展開。

　　最後，謹以此向所有關心我的人致上最深的謝意，並將這份成果呈現給你們。

　　　　　　　　　　卓麗珍 謹志于林口綠大地書房 2023 年 7 月 6 日

目　錄

第一章　緒論 ... 15
- 第一節　研究動機與目的 ... 19
- 第二節　文獻回顧 ... 23
- 第三節　研究範圍與方法 ... 34
- 第四節　研究架構與研究步驟 ... 38

第二章　宜蘭縣媽祖信仰 ... 41
- 第一節　宜蘭媽祖信仰的歷史與廟宇考述 ... 43
- 第二節　宜蘭縣媽祖廟分佈與弘道協會 ... 53
- 第三節　宜蘭媽祖信仰的人文社會與環境 ... 67
- 第四節　宜蘭媽祖廟考述 ... 81

第三章　花蓮縣媽祖信仰 ... 105
- 第一節　花蓮媽祖信仰的人文社會環境 ... 108
- 第二節　花蓮媽祖信仰的歷史與廟宇 ... 120
- 第三節　花蓮媽祖廟考述 ... 138

第四章　臺東縣媽祖信仰 ... 175
- 第一節　臺東媽祖信仰的人文社會 ... 178
- 第二節　臺東媽祖信仰的歷史與變遷 ... 200
- 第三節　臺東媽祖廟考述 ... 223

第五章　「後山媽祖」的傳說、神蹟與廟際關係 ... 263
- 第一節　宜蘭地區媽祖廟的神蹟 ... 266
- 第二節　花蓮地區媽祖的神蹟 ... 286
- 第三節　臺東地區媽祖的神蹟 ... 298
- 第四節　「後山媽祖」的廟際關係 ... 314

第六章　結論 ... 327

目錄

參考文獻 335
附錄一　臺灣東部媽祖廟調查資料整合 373
附錄二　宜蘭縣媽祖廟沿革調查資料整合 389
附錄三　花蓮縣媽祖廟沿革調查資料整合 435
附錄四　臺東縣媽祖廟沿革調查資料整合 440

表 目 錄

表1-1西元1977-2019年媽祖研究學位論文資料 28
表1-2研究步驟圖 39
表2-1本縣(宜蘭縣)媽祖廟一欄表 45
表2-2《宜蘭縣民間信仰》記載本縣(宜蘭縣)天上聖母廟一欄表 47
表2-3宜蘭縣主祀天上聖母廟一欄表 51
表2-4宜蘭縣媽祖弘道協會會員名冊 56
表2-5宜蘭縣媽祖廟分佈統計 59
表2-6分區調查明細表—宜蘭媽祖廟 60
表2-7宜蘭縣媽祖廟分佈調查統計表 66
表3-1《洄瀾神境：花蓮的寺廟與神明》花蓮媽祖廟明細表 123
表3-2《全國寺院宮廟基本資料》 125
表3-3花蓮縣媽祖廟分佈統計 129
表3-4分區調查明細表- 花蓮媽祖廟 130
表3-5花蓮縣媽祖廟分布統計表 136
表3-6花蓮縣玉里鎮媽祖宮建誌 141
表3-7花蓮地區媽祖廟的附設組織明細表 171
表4-1《臺東縣寺廟專輯》—臺東媽祖廟（以行政區域筆畫排列）...... 203
表4-2〈宗教團體查詢〉《全國宗教資訊網》臺東縣媽祖廟一欄表（以行政區筆畫排列） 208
表4-3臺東縣媽祖廟分佈統計 213
表4-4分區調查明細表-臺東媽祖廟（以行政區域筆畫排列） 214
表4-5臺東縣媽祖廟分佈調查統計表 221
表5-1「後山」媽祖廟的傳說與神蹟比對 312

圖表目錄

圖 目 錄

圖1-1 臺灣東部橫跨三個縣市 35
圖1-2 宜蘭縣 36
圖1-3 花蓮縣 36
圖1-4 臺東縣 36
圖2-1「2019北台灣媽祖文化節-蘭陽媽祖護台灣」縣長主持「交香」儀式 54
圖2-2 宜蘭縣媽祖廟分布圖 59
圖2-3 利澤簡庄，日治時期明治三十一年（1898） 72
圖2-4 1935年版宜蘭鐵路略圖 74
圖2-5 取自於網路：蘭陽溪流域圖 75
圖2-6 臺灣北部海域海流圖，圖(左)是夏季海流圖; 圖(右)是冬季海流圖 79
圖2-7 臺灣周圍海域水深20M流矢圖：（左）秋、（中）冬、（右）東北季風期
 79
圖2-8 多年平均水深20公尺之15分網格海流玫瑰圖 79
圖2-9 北方澳海軍媽祖廟木刻碑碣 86
圖2-10 東澳朝安宮沿革採用文獻複印本 86
圖2-11 利澤簡永安宮樑腐壞的大樑 86
圖3-1 花蓮九洲天后宮廟貌、宮主溫玉蘭（前）及其胞妹（後） 110
圖3-2 花蓮慈天宮牌樓（左）、廟貌（右） 114
圖3-3 清代中葉南部古道分佈圖 119
圖3-4 清代中葉以後客家人移墾後山路線圖 119
圖3-5 清末至日本初期客家人移墾後山路線圖 119
圖3-6 瑞穗慈天宮牌樓 119
圖3-7 瑞穗慈天宮廟貌 119
圖3-8 花蓮縣媽祖廟分佈圖 129
圖3-9 花蓮天惠堂主祀神觀世音菩薩（左）、參拜順序圖（中）、虎爺神陪祀天

10

上聖母（右） 134
圖3-10富里慈雲宮主祀觀音佛祖、陪祀神農大帝（龍龕）及天上聖母（虎龕） 134
圖3-11竹田聖天宮二樓神龕主祀神金母娘娘（左）、一樓神龕主祀神媽祖（右） 135
圖3-12花蓮市福慈宮 140
圖3-13吉安鄉聖南宮 140
圖3-14花蓮市慈天宮 140
圖3-15玉里鎮媽祖宮 141
圖3-16花蓮慈天宮籌款購廟地啟事 143
圖3-17慈天宮長期公告版 146
圖3-18日蓮宗的觀音菩薩神像 146
圖3-19慈天宮主殿祀神排列表 146
圖3-20案桌上-讓位的福德正神 148
圖3-21坐船來的湄洲天上聖母三媽 148
圖3-22舊廟名外觀 152
圖3-23更名「九州天后宮」 152
圖3-24原民急難救助物資發放公告 152
圖3-25吉安鄉九州天后宮主祀神媽祖神像 152
圖3-26南濱天后宮 153
圖3-27南濱天后宮開基媽祖像 153
圖3-28玉里媽神像 155
圖3-29花蓮玉里鎮媽祖宮廟貌 155
圖3-30瑞穗聖安宮 155
圖3-31瑞穗聖安宮「東方天上聖母大媽娘娘」 155
圖3-32吉安鄉聖南宮「鹽雕媽祖」神像（翻拍） 159
圖3-33吉安鄉聖南宮「路跑媽祖」神像（翻拍） 159

圖表目錄

圖3-34	書寫者林茂利-左，林妻-中、筆者-右	161
圖3-35	靜港天上聖母廟貌	161
圖3-36	花蓮市港口順天宮廟貌	161
圖3-37	封閉的拜亭已成馬賽克鑲嵌景觀	164
圖3-38	來自蘇澳南天宮的軟身大媽祖	164
圖3-39	池南村慈南宮104年進香行程表	164
圖3-40	花蓮市長贈匾	166
圖3-41	魏氏宗親會贈匾	166
圖3-42	吉安鄉東天宮的天公爐	166
圖3-43	廟宇興建工程示意圖	166
圖4-1	尚武大陳義胞天后宮廟誌	189
圖4-2	大武鄉尚武大陳義胞天后宮	189
圖4-3	富岡海神廟貌（左）、「台東奇蹟」（右）	189
圖4-4	「蘇家土樓」及廳中媽祖神像	197
圖4-5	電光媽祖會收支明細簿	197
圖4-6	福明宮略誌碑	199
圖4-7	元宵節遶境計畫公函	199
圖4-8	臺東縣媽祖廟分布圖	213
圖4-9	清代立碑—臺東天后宮沿革碑	228
圖4-10	福佑宮沿革碑	228
圖4-11	鎮東宮誌碑	228
圖4-12	青斗石製–太麻里遠天宮沿革	229
圖4-13	鄉公所設立的「日昇媽祖」簡介	229
圖4-14	臺東縣尚武鄉大陳義胞天后宮簡歷	229
圖4-15	綠島天后宮天上聖母由來及建廟簡介	229
圖4-16	新園慈隆宮簡介碑	231

圖4-17卑南鄉普濟宮神像來源 232
圖4-18「臺東市南王湄聖宮沿革誌」.. 234
圖4-19蕃王神像 242
圖4-20太麻里遠天宮沿革（左）及建廟籌備委員碑碣（右）.... 244
圖4-21東河鄉美蘭聖祐宮廟名匾及二方贈匾 247
圖4-22太麻里鄉媽玄會中壇元帥著原住民傳統服飾戰甲 253
圖4-23功德堂、歷代功德主、孿生之牌位 253
圖4-24台東市東后宮「王字頭」媽祖神像 255
圖4-25台東市東后宮豬哥仙神像 255
圖4-26拱天宮天上聖母由來碑 257
圖5-1大南澳天祝宮桂蘭樹漂流木 270
圖5-2南方澳進安宮「寶石珊瑚媽祖」神像 278
圖5-3南方澳進安宮石雕珊瑚媽祖 278
圖5-4待有緣人來解開的密言對聯 292
圖5-5九洲天后宮湄洲天后奏旨 292
圖5-6九洲天后宮媽祖神光顯現 298
圖5-7花蓮壽豐鄉鯉魚潭慈南宮媽祖娘娘顯像照 298
圖5-8北港朝天宮（朝加）分靈神像 319
圖5-9北港朝天宮（朝加）分靈契 319
圖5-10湄洲媽祖祖廟董事長贈匾（仿刻清乾隆五十三年頒旨原文）. 322
圖5-11廈門銀同天后宮紀念牌 322
圖5-12「二o一三世界媽祖會北港」金氏世界紀錄證明。...... 322
圖5-13福建漳州海澄天后宮締結友好宮廟證書 322
圖5-14中華媽祖文化交流協會會員證書（編號ZHMZHY[2015]4號）.. 322

圖表目錄

第一章　緒論

　　媽祖信仰淵遠流長，自宋朝至今已逾千餘年。此信仰與臺灣在地文化的結合，早已演變為臺灣特有的「媽祖信仰」文化；其傳播的影響廣泛，所涵括的層面包含了政治、經濟、社會、宗教、民俗、文化、建築、文學等。所涵蓋的地域，無論是鄉村或城市，山村或漁村，甚或軍事基地皆有之，而信眾所佔的人口比例亦是全臺之冠。

　　臺灣民間信仰的傳播與人類移動的動力和目的有著直接的關聯；不同性質的空間範圍或生活圈，為宗教信仰帶來新的區域結構與範圍。媽祖作為臺灣多數人的信仰核心是歷經長時間積累而來的，不純粹只是民間信仰的一環，更是影響現代社會文化動脈的潮流。這股濃厚的文化特質既有源自於歷史的傳統，也有源自於媽祖信眾所演示的社會動能。從歷史的時間流來看臺灣媽祖信仰的演進，歷經了清代的移民與開拓，日治時期的管束與抑制，乃至今日的信仰復甦與傳承。媽祖始終是臺灣民間信仰中香火極為鼎盛的女神。媽祖不但受信徒的愛戴與崇拜，同時吸引國內外不同學科的學者，以各種角度或聚焦方式或形式展開相關的研究。早在 1995 年現任（2019.04-）中研院民族所所長張珣於其著作中，既已指出臺海兩岸文化宗教交流，促使媽祖似乎早已成為兩岸學術交流之「紅人」。[1] 林美容從祭祀的論題表述，媽祖是眾神中最有能力擴大祭祀圈與信仰圈的神祇。[2] 此外，相關於廟宇的部分，高瑜、廖紫均則表示，臺灣的媽祖廟可謂是具足代表性的地方公廟。[3] 足見媽祖信仰之鼎盛，神人之關係的緊密連結。我們不否認長期以來媽祖信仰的研究成果豐碩，

---

[1] 張珣，〈臺灣的媽祖信仰－研究與回顧〉《新史學》6(4)，(1995)：89。
[2] 林美容，〈臺灣媽祖形象的顯與隱〉《媽祖信仰與台灣社會》（臺北：博揚，2006），頁 23。
[3] 高瑜、廖紫均，〈媽祖信仰文化〉《館訊》第 280 期，（臺中：國立自然科學博物館，2011）：1-5。

第一章 緒論

　　然而眾多的研究成果顯示，學者多聚焦以臺灣西部媽祖廟為研究端點，相較於臺灣東部的探討則存在太多的不足與刻板印象。例如，臺灣東部的媽祖都來自於臺灣西部的大廟。此類的言說，保留質疑，值得深究。

　　臺灣地形南北狹長，中央山脈縱貫，將全島分為東、西兩部。從臺灣的開發史顯示，是先南後北，再由西而東；劉還月：「相對於台灣西部的開發，清代末葉才開始稍有墾拓規模的台灣東部，是要遲緩太多了。」[4]以前，臺灣東部地區被稱之為「後山」或「山後」；「後山」一詞即用以指稱臺灣中央山脈山脊東斜而下的狹窄平原，亦即是原住民族群所居住的「番界」地區。[5]但隨著年代與政權更替而產生不同的認知。[6]林素珍就教學的界定中指「後山」一詞與漢人的移入及開墾東部地區有極其關聯性。[7]從廣義的範圍上來說，清朝初期與中期的漢人至後山開墾的區域以宜蘭為主，故泛稱中央山脈以東的地區。清光緒之後，隨著漢人開墾的逐漸深入，以及宜蘭縣在政治經濟上和行政區域的劃分上與北部相連，「後山」狹義的定義範圍演變成只包括花蓮縣與台東兩縣。[8]在交通上，歷代政權以國家力量都曾為「後山」動員無數的人力進行調查和開發。根據何秀煌〈歷史的「詮釋」和歷史的「還原」— 對於宜蘭研究的一些思考〉載：

> 對整個臺灣來說，宜蘭正好像其他東部的地區一樣，是開發得比較晚的地區；加上地理因素，它一直處於較為

---

[4] 劉還月，《處處為客處處家─花東縱谷中的客家文化與歷史》（花蓮：鳳林鎮公所，1998.04），頁36。

[5] 參見：陳顯忠，〈附錄：臺灣史蹟研究論文選輯：六、談臺灣後山之開發〉《臺灣文獻》32卷第2期，（1981.06）：頁184。

[6] 陳鴻圖，〈東臺灣研究專輯導讀〉《臺灣文獻》69卷第4期，（2018.12）：頁2-4。

[7] 林素珍，〈台灣東部原住民族重大歷史事件〉，國立東華大學族群關係與文化學系，頁18。取自：http://www.twcenter.org.tw/wp-content/uploads/2016/11/g02_20_02_02.pdf

[8] 同上註。

獨懸孤立的狀態。按：宜蘭縣鐵道，北自八堵，南自蘇
澳，於1917年開工，1924年完工，才全線通車。[9]

除此之外，宜蘭地區的開發多少也受到三、四十年的政治局面與人為阻礙。臺東地區，根據《臺東寺廟專輯》載：

東部因處太平洋之濱，交通不便，天災又多，更有族群
問題，開發端賴政府的力量，早期移墾事業也都由政府
主導。後山的開發，不僅最遲，而且開發的模式也與山
前迥異。[10]

趙川明也指出，西部的開發主要是靠民間的力量，墾殖事業都由民間主導，而東部則多數透過政府主導為之。東臺灣的歷史發展，從許多文獻上可見是迥異於西部的發展經驗，且國家力量的介入具有強烈的計畫性與支配性。而今東臺灣呈現的多元社會，不僅反映在政治、經濟、社會、環境，在宗教信仰上也如出一轍被烙印深刻的政治印記。

臺灣的民間信仰對地區居民生活佔極重要的地位，寺廟或可被視為地區發展史的縮影，甚至於成為地區精神中樞的可能。臺灣媽祖信仰人口族群廣泛，媽祖的分靈、分香現象十分普遍，無論是公廟、私壇抑或一般信眾多可藉由某些特有的方式，以獲得媽祖神靈的首肯後迎回分靈的神像祀奉。媽祖信仰的發展與傳播是藉由廣大群眾所傳衍；相關寺廟與地方社區的相關的資訊，可透過各廟宇碑碣[11]敘述的文字間尋

---

[9] 何秀煌著，李素月編，〈歷史的「詮釋」和歷史的「還原」-對於宜蘭研究的一些思考〉《「宜蘭研究」第二屆國際學術研討會論文集》（宜蘭：縣立文化中心，1997.12），頁113。

[10] 趙川明撰、臺東縣後山文化工作協會編著，〈台東寺廟發展概況〉《臺東縣寺廟專輯》（臺東：東縣文化，1996），頁3-5。

[11] 碑刻的統稱。方者為碑，圓者為碣，後多混用。〈碑碣〉(http://dict.revised.moe.edu.tw) 中華民國教育部 《重編國語辭典修訂本》，2019.07.21 摘錄。嚴文志，《臺灣媽祖碑碣與村莊社會之研究》福建師範大學中國古典文獻學博士論文，中國福建，2016.06，

第一章 緒論

找、或瞭解,進而推敲寺廟的發展歷史,並瞭解各地區的發展概況。此外從地域層次、香火緣起類型、主祀神神像源流、神蹟故事,乃至相關的儀式、活動與廟際間的關係,對臺灣東部地區(宜、花、東)進行媽祖信仰傳播的研究,將是一個極具挑戰且相當有趣的研究課題。2018年〈東臺灣研究專輯導讀〉一文中,載:「東臺灣擁有豐富的研究課題,但因缺乏學術資源以致相關的研究成果並不顯著。」[12] 本文研究課題係從空間範疇橫亙廣義的「後山」,從蘭陽平原到花東縱谷,以及自東海岸至綠島為東臺灣媽祖信仰對話的場域,以此來作為呼應同時豐富研究成果。

　　從田野的訪查與對話顯示,「後山媽祖」的信仰與臺灣內部的移民遷徙史有強烈的相關。張珣指出,維持移民與原居地及子廟與母廟間的關係可透過二種方式達成,即成立分廟與組團進香。[13] 而子廟和母廟間即藉由外移與回歸間一開(分香)一合(進香)的不斷互動下肯定彼此的關係。[14] 神明間的分香或分靈,無論是「準分靈關係」或「準親子關係」[15],其中皆存在著權利與上下的關係與義務。而「後山」媽祖廟的緣起、主祀神的更迭,或可源於神諭、組織成員的替換或「頭人」的操作而發生改變。媽祖的傳說、神蹟與故事是民眾敘事的重要媒介方式之一,也是傳達宗教信仰的重要文本。而媽祖神蹟與故事的傳播者(群眾)也同時是接聽者(閱聽人),因此其傳播的過程往往是經過篩汰選編的流程,其中包含了集體性與個人性的區分類型。馬塞爾・莫斯(Marcel Mauss

---

頁 5:「秦始皇刻石紀功,大開樹立碑碣的風氣。東漢以來,碑碣漸多,有碑頌、碑記、又有墓碑,用以紀事頌德,碑的形制也有了一定的格式」。

[12] 陳鴻圖,〈東臺灣研究專輯導讀〉《臺灣文獻》69卷4期,(2018.12):2。

[13] 張珣,〈分香與進香─媽祖信仰與人群的整合〉《思與言》第 33 卷第 4 期,(1995.12):93。

[14] 同上註,頁 93。

[15] 李獻章,〈媽祖傳說的原始形態〉《臺灣風物》10 卷 10-12 期,(1960.12):7-22。

1872-1950）在其一社會科學史上著名的文本中指出，文明中所有的交換（échange）與契約（contract）總是以禮物的形式達成，表面是自願，實質上施與受皆為義務性的（obligatoire）。[16]從禮物論的觀點來看，整體社會的現象就是交換、給予、接受和回報的過程。通過對禮物交換的研究，我們也可發現「禮物」是具備人性的，是以各種不同形式展現的，是必須要償還的；接收者勢必於未來執行返還送禮者「心意」的義務。因償還是必需性的，它連動的結果是乘載處罰和社會壓力。從華人世界來看廟際間的關係，多數隱含著「面子」的問題，以及彼此間交往關係。「後山媽祖」信仰的變遷蘊含著人對生命的苛求、移民遷徙的不安與環境的考驗和渴望，進而心理依附於象徵物，如：神像、令牌、令旗、香爐等，與神靈間的慾望與意識。神明的靈力歷經不同的方式被重新建構，祖廟與分靈廟宇間的關係可被建立於如「禮物」般的交換與契約之中；在給予和接收之間都承載著沈重的社會壓力和義務，表述著一種地位階級的象徵。

第一節　研究動機與目的

　　根據東海大學鍾文榮《拜拜經濟學》指出，臺灣宮廟的數量和密度，在世界上相當罕見。[17]而〈台灣人有多愛拜，數字告訴你〉資料顯示，媽祖廟遍佈全台其數量僅次於土地公廟，是全臺第二多的廟宇。[18]隨著臺灣西部益發盛大的遶境活動，以及人們對於媽祖的崇敬與熱愛形成強

---

[16] [法]馬塞爾·莫斯（Marcel Mauss）著，汲喆譯，《禮物：古式社會中交換的形式與理由》（上海：上海人民，2002），頁7。

[17] 鍾文榮，《拜拜經濟學：有拜有保庇！？大廟小廟香火鼎盛背後的經濟性與趣味性》（臺北：時報文化，2014），頁113。

[18] 賴宛琳，〈台灣人有多愛拜，數字告訴你〉《看雜誌》第154期，2015年4月5日，取自：https://www.watchinese.com/article/2015/18972。

第一章 緒論

大的經濟效益。這個隨早期福建移民來臺所傳播的信仰，如今已形成本土特有的崇拜形式與信仰特色。

一、 研究動機

　　自西元 2009 至 2011 年撰寫碩士學位論文期間，因研究需要與興趣走訪臺灣各地的媽祖廟，亦遠赴福建省泉州天后宮及莆田湄洲天后宮等地，參訪、蒐集與記錄近百座的宮廟資料。此外，2011 年及 2012 年分別承接新北市文化局委託，由世界宗教博物館執行的宗教信仰地圖調查計畫：Ⅱ-板橋區與Ⅲ-新莊區信仰地圖調查專案[19]，並完成二本專書，分別是：板橋區，共 307 頁，60,810 字；新莊區，共 367 頁，112,554 字。兩次的計畫執行，所調查拜訪記錄的個案數：板橋區-民間廟宇與宮觀，含佛、道教計 116 座、基督宗教教堂與會所計 24 件、一貫道佛堂 12 處。新莊區-民間廟宇與宮觀，含佛、道教計 111 座、基督宗教教堂與會所計 20 件、一貫道佛堂 7 處。[20]自 2017 年 10 月至 2018 年 2 月期間應輔仁大學宗教學系委託協助義大利佩魯賈大學博士交換生進行田野調查，乃至其博士後的研究。在這些過程中，曾嘗試從一個局內人的角度因應廟方要求協助撰寫廟誌，提供相關資訊與方法並教導相關知識；也由局外人身分進入陌生的信仰空間與領域，試圖努力於彼此的交談與認識。研究者的視角，提供了理解各自獨特的宗教性內在意義世界及表現模態；故嘗試將媽祖廟的訪查資料獨立抽出並進行再研判。個人以為仍有許多值得著力再深度研究及處理的面向。藉由計畫執行成果與訪談資料的結果發現，其中

---

[19] 本專案共分三期，第一期為雙和地區、第二期為板橋地區、第三期為新莊地區。主題：「保庇新北市街頭巷尾有神明-新北市信仰地圖計畫成果展」成果發表於 2013 年 5 月 21 日-6 月 30 日於世界宗教博物館舉辦。https://www.mwr.org.tw。

[20] 展示蒐藏組，〈保庇新北市 街頭巷尾有神明〉《宗博季刊》第 86 期，（2013.04）：7。

以神明香火的起源傳說故事、奉祀之緣起過程與靈力的來源有著極大的差異，進而產生心理上的衝擊和比較研究的興趣。

雖然相關於媽祖的神明香火傳說、奉祀緣起與靈驗事蹟的傳說等，早已為學界所注意與關注。且國內外不乏討論媽祖神明來歷、成神傳說或靈驗事蹟等，見於文獻者多。但就如我們所知，臺灣擁有許多著名且優秀又具指標性的媽祖信仰文化的研究學者；然在閱讀眾多的研究資料成果後，將不難發現以臺灣東部地區研究為視角及分析的資料與相關議題，相較於臺灣西部媽祖信仰的研究成果而言，仍尚暫付闕如，著實讓人倍感期待。此外，根據多次以隨機訪談結果顯示，略可歸納所得二種極端的應答；其一如學者表示臺灣東部的媽祖多從西部傳過去的，或許根本上著手研究的意義與價值仍待商榷；其二是研究區域範圍太大，沒有意義。依此，筆者強烈懷疑「臺灣東部的媽祖多從西部傳過去的」說法，試圖回應、力證與推翻此一刻板印象，並與學者的研究成果做一對話。再則，個人認為以臺灣東部的媽祖信仰為作為研究課題太過困難，此類應答是可以理解的。因相較於臺灣西部的地理空間和媽祖廟宇的分布狀況，若要進行臺灣東部的媽祖研究，無疑的首先必須面對幅員遼闊的地理空間。其次，必須克服行動中的交通問題與龐大的經濟資源和支援。最後則是進入田野時所須面對的各式不確定性。在在顯現進行相關研究工作可能是自討苦吃，也是多數研究者鮮少有能力或意願，以個人方式執行全面深入觸角的主因。筆者嘗試在此基礎上，挑戰與克服各種消極的不可能。

簡言之，本論文動機緣起於對媽祖信仰研究成果的冀願。次為執行宜蘭地區田野訪查時對於媽祖廟的祀神來源，主神之香火緣起關係以及神「靈」的類型等問題提問的衍生。最後是與臺灣媽祖信仰研究先驅者的請益及對談後的觸發。而問題意識的生發初步聚焦於對自我的幾個提問

1. 臺灣東部地區媽祖信仰傳入時間及其契機為何？

2. 臺灣東部（宜、花、東）媽祖廟主祀神的神像及香火來源包含那些類型？
3. 臺灣東部地區媽祖廟之間的關係為何？與西部媽祖廟之間存在何種互動模式？
4. 時代的變遷對於東部媽祖廟及其信仰形式是否產生變化？
5. 比較信仰人口的類型是否與其他區域有明顯差異呢？
6. 相關的宗教活動模式，是否具備參照、沿用，抑或則質變、創發？
7. 臺灣東部媽祖廟的興起與失落之因？
8. 歷史沿革碑碣是否有效提供祀神起源？

眾所皆知，欲將同時解決或處理以上所有的提問是困難的、不切實際的，且窒礙難行。因此本文將著重於針對臺灣東部媽祖信仰的歷史、傳承與香火類型加以深入的探討。其他各項問題則作為次要的輔助與探究，並做為自我提問的協助與思考佐力。

二、 研究目的

根據眾多的研究資料顯示，相較於臺灣西部媽祖信仰的研究，以臺灣東部地區研究為視角及分析的資料與相關議論仍尚付之闕如。故本文擬從地理區域的角度來研究臺灣的媽祖文化，探討媽祖信仰的形成、發展與地理環境的關係。研究計劃是以臺灣東部地區：宜蘭、花蓮、臺東，作為田野調查研究場域，深入瞭解媽祖信仰在臺灣東部地區的文化傳播與信仰變遷的歷史背景成因；以及探詢信眾的遷徙、聚合，和社會所提供相應的可能條件。這些課題歷來學界或有討論，然而很少從臺灣東部媽祖信仰故事來發現其中的民俗情趣與俗信心理。

本論文的研究目的大致可分為理論與經驗兩大部分，探討分析臺灣東部地區歷史環境因素與信仰特質的內涵，及信仰發展與傳承所面臨的問題之外，具體的研究目的主要有以下幾項：

（一）揭示臺灣東部地區媽祖信仰傳入及其契機。
（二）發掘宜、花、東地區媽祖廟的主祀神祇來源與類型。

(三) 試述信仰人口或族群的差異。
(四) 影響廟宇發展的主要因素與整個過程中若干特殊的現象。
(五) 探討寺廟的發展情形，以及宗教活動模式的質變或創發。

因此，本文期望藉由祀神的探源與比較，將臺灣東部地區的早期移民路線加以研究和整理，進而發現東臺灣開拓史與媽祖信仰文化的關係。藉此探討媽祖信仰因時空的遞嬗及環境的變遷，以及隨著人的遷徙而促使信仰得以傳播與擴展；並由廟史的多面相研究以討論人神關係。揭示臺灣東部地區民眾對媽祖文化長期性建構的信仰基因，以及媽祖信眾遷徙是促使臺灣東部地區媽祖文化信仰變遷的一種助力。同時比較顯示臺灣東、西部地區媽祖信仰所存在的相應關係與質變成因。最後探討傳播之後，所形成具特色的媽祖文化。

第二節　文獻回顧

媽祖信仰作為臺灣地區的主流信仰，其研究的成果資料記錄了媽祖信仰的歷史、傳播足跡及其發展與變遷。從各界所累積龐雜的文獻數量上，不難看出媽祖神擁有眾多海內外學者的關注與強大信眾群。

媽祖信仰的研究在不同的學術背景、地區以及階段的學者之間，存在著各種觀察與視野的不同；這也意味著各學門間於意識問題或方法學上的差異。因此在各自的引經據典、考證等工作之下勢必產生各種的論證。從歷史學觀點而言，研究主要立足於大量的媽祖史料，如方志，古籍，匾聯楹聯、碑文、文物等。考察媽祖身世及其最原始形象的文獻史料記載，學界多數認定係始於宋朝時期，續載於元、明、清三朝。[21]如南宋廖鵬飛所撰《聖墩祖廟重建順濟廟記》碑文：「姓林氏，湄洲嶼人」。宋黃巖孫撰《仙溪志》卷 9〈三妃廟〉，宋李俊甫《莆田比事》：「湄洲神女林氏」。丁伯桂《順濟聖妃廟記》：「神，莆陽湄洲林氏

---

[21] 楊淑雅，《媽祖故事與媽祖文化研究》中國文化大學中國文學系博士論文，臺北市，2011 年。取自 https://hdl.handle.net/11296/68mntj。

第一章 緒論

女」。《陔餘叢考》卷三十五:「張燮《東西洋考》云:天妃,莆之湄洲嶼人。五代時,閩都巡檢林願之第六女。」、黃巖孫《仙溪志》:「順濟廟,本湄洲林氏女」。元代黃四如《聖墩順濟祖廟新建蕃釐殿記》:「妃族林氏」。程端學《靈慈廟記》:「謹案神姓林氏,興化莆田都巡君之季女」。明代黃仲昭《八閩通志》:「神姓林,世居莆田湄洲嶼」。呂一靜《興化府志》:「天妃之神,本姓林,世居莆陽之湄洲嶼」。陽思謙撰《泉州府志》:「神本姓林,世居莆陽之湄洲嶼」。無名氏《繪圖三教源流搜神大全(外二種)》,明末昭乘和尚撰《天妃顯聖錄》云:「自始生至彌月,不聞啼聲,因命名曰默。」,以及收錄於正統道藏的《太上老君說天妃救苦靈驗經》等等。李豐楙〈媽祖傳說的原始及其演變〉[22]認為稱媽祖為「龍女」係因其猶有海龍王的治水法力。此見解具有其特殊性,或可成為問題模型以進行田野訪談的比對內容。相關媽祖名諱姓林名默,則遲至明末僧昭乘著《天妃顯聖錄》流傳之後才形成。[23]此外,媽祖的羽化之地,褒揚與追封,歷代皇帝對媽祖 36 次襃封:從夫人、天妃,天后到天上聖母,宗教屬性,追蹤媽祖廟的海內外足跡,記載謁祖尋根的歷史時刻,反映信仰的情感牽絆和同根共源,以及相承的文化認同。2015 年蔡相煇藉由《《天妃顯聖錄》與媽祖信仰》考證與研究探討媽祖信仰如何能從福建民間的故事輾轉演變成今時臺灣普遍的信仰過程。[24]嚴文志《臺灣媽祖碑碣與村莊社會之研究》[25]藉由媽

---

[22] 李豐楙,〈媽祖傳說的原始及其演變〉《民俗曲藝》第二十五期(《媽祖進香專輯》),(臺北:財團法人施合鄭民俗文化基金會,1983.07):119-152。
[23] 明末僧昭乘著,台灣銀行經濟研究室編,《天妃顯聖錄》(台灣文獻叢刊第七七種),臺北:台灣銀行,1960.03。
[24] 蔡相煇,《《天妃顯聖錄》與媽祖信仰》,臺北:獨立作家,2016.12。
[25] 嚴文志,《臺灣媽祖碑碣與村莊社會之研究》福建師範大學中國古典文獻學博士論文,本論文的第 149 頁「第四章媽祖碑碣與臺灣村莊社會發展」整頁的文字抄襲自蔡泰山,

祖碑碣的內文闡述，探討臺灣媽祖信仰的變遷、村莊社會發展，以及臺灣媽祖文化之儀式與傳播；此法為本文提供研究方法上的參考價值。

從社會學、人類學的角度上，主要關注於媽祖文化的民俗特點，祀神的功能和社會的功能等等。廟宇間的香火關係，如「割香」或「刈火」，「分香」或「分身」，「謁祖」或「進香」。此類的研究在臺灣代表人物有石萬壽，李獻章，張珣，林美容，蔡相輝，黃美英等。列舉三篇碩士論文，張伯鋒《大甲鎮瀾宮新港繞境進香的路線變遷》[26]、陳夢龍《臺中大甲媽祖節慶活動的在地化發展》[27]、林政璋《台灣與福建湄洲媽祖進香交流研究》[28]，皆聚焦於前往中國湄洲謁祖進香，並迎回媽祖祖廟香火的尋根關係。2008 年福建省地方誌編纂委員會編著《福建省志·閩台關係志》[29]直接載明，參加 1987 年媽祖千年祭典和媽祖誕辰祭祀儀式，同時 1997 年湄洲祖廟媽祖金身巡遊臺灣活動等。媽祖的功能職能轉變，從護航到助戰，人身安全的護佑到企業和行業的保護神。1997 年林美容發表的《媽祖信仰與地方社區—高雄縣媽祖廟的分析》以祭祀範圍探討高雄縣媽祖廟的類型，以及分析媽祖香火緣起的類型和祭

〈媽祖文化在台灣民主信仰變遷及發展趨勢〉「臺灣民主的興起與變遷」第二屆學術研討會－人物與事件，（臺北：臺灣省諮議會，2007.11），內文中的「壹、前言」。

[26] 張伯鋒，《大甲鎮瀾宮新港繞境進香的路線變遷》，國立臺灣師範大學地理學系碩士論文，臺北市，2003 年。取自 https://hdl.handle.net/11296/r8shx9。

[27] 陳夢龍，《臺中大甲媽祖節慶活動的在地化發展》，世新大學觀光學研究所(含碩專班)碩士論文，臺北市，2019 年。取自 https://hdl.handle.net/11296/zetxg3。

[28] 林政璋，《台灣與福建湄洲媽祖進香交流研究》，淡江大學大陸研究所碩士論文，新北市，2003 年。取自 https://hdl.handle.net/11296/89u4fh。

[29] 福建省地方誌編纂委員會編著，《福建省志·閩台關係志》（中國：福建人民出版社，2008），頁 138-142。取自：http://www.fjtb.gov.cn/focus/201712hxlw/201803/t20180328_11937523_1.html。

祀活動;據此說明臺灣南部地區媽祖信仰的特色。[30]林美容同時指出學界的研究早已說明了地方公廟的主神是有一定的轄域,且寺廟與地方社區的關係密切。此外,根據高雄縣50座媽祖廟的香火緣起傳說故事作為分析主軸,提出六種香火緣起的類型:第一類是族姓私佛、第二類先民攜來、第三類島內媽祖廟分香、第四類中國大陸媽祖廟分香、第五類海中撈獲或沉船有關、第六類官設。[31]這樣的分類,存在著物、靈不分的謬誤。任上勇《戰後臺東市漢人民俗信仰之研究》該文指出臺東市區較為富庶,信徒多熱衷於改建堂、壇或建廟。此外,部分居於平地的阿美族、卑南族等原民因神蹟靈驗與顯化而改宗為民間信仰的信徒。[32]此一說法,筆者於訪問如宜蘭冬山鹿安宮、花蓮九州天后宮、臺東關山天后宮及成廣澳天后宮等皆得到證實。

自20世紀80-90年代,學者們業已關注到媽祖文化與中國市場經濟並存錯綜複雜的相互關係。[33]媽祖文化從經濟、管理、休閒學、藝術、建築等各面向上開創了強大商機和品牌效益。例如,鹿港天后宮邀請名作曲家羅大佑為其編寫製作專屬的臺語主題曲「鹿港媽祖歌」,以及Q版的「鹿港媽」和千里眼、順風耳公仔印章及相關的周邊商品,就是一指標性的象徵。《媽祖文化三十年》一書分為引領篇、弘揚篇、傳播篇、交流篇四部分,探討自1980年之後中國對媽祖文化發展歷程及其深層意涵與內容,其中又多以臺閩區域為主,試圖揭示該文化發展的內在規律

---

[30] 林美容,〈媽祖信仰與地方社區—高雄縣媽祖廟的分析〉《台灣省文獻》,(1997):91-109。

[31] 同上註,頁96-99。

[32] 任上勇,《戰後臺東市漢人民俗信仰之研究》國立成功大學歷史研究所碩士論文,臺南市,2010年。

[33] 汪俊石,〈媽祖文化與市場經濟〉《特區經濟》(1999.04):51-53。

和方向。[34]臺海的學術交流,透過文化產業發展和文創品牌效益,以促動所謂傳達閩臺「人同根,神同源,文化同脈」的研究脈絡推波助瀾下不逕而走;[35]而促進媽祖文化的信仰傳播、信仰效益已成客觀事實。[36]此外,學者從旅遊視角把握媽祖文化傳播,對當地旅遊資源的開發作用,提出相應的發展計畫和對策。[37]興趣於藝術的研究者,試圖深入瞭解媽祖文化的各種載體考究相關議題,如探索聖域的空間意涵,分析媽祖神像的歷朝歷代藝術演變或廟宇分布特點和宮廟特色,媽祖民俗舞蹈的文化意蘊和社會功能等,可謂百花齊放。雖然以語言學作為研究方法的相關論述還不是特別的多,然不可否認的是以語言作為主要考察可反映於經典的讀寫、文本的探索。舉例來說,我們可藉以分析媽祖封號的人際意義、剖析媽祖封號語言背後的社會因素。

文獻資料顯示清代時期臺灣媽祖信仰的三大信仰中心:北部干豆門關渡宮(各地迎請干豆媽去遶境),中部:彰化南瑤宮(笨港謁祖),

---

[34] 黃國華著、楊鵬飛主編,〈第44章部分媽祖文化書籍簡介〉《媽祖文化三十年(簡體書)》,中國福建:海峽文藝出版社,2012年。

[35] 沈明暄,〈千年媽祖架金橋──2017湄洲媽祖金身台灣巡遊回眸〉《海峽瞭望》第12期,(2017):1-3。

[36] 中國三篇論文皆提出類似的論點:汪俊石,〈媽祖文化與市場經濟〉《特區經濟》(1999.04):51-53。俞黎媛,彭文宇,〈媽祖文化的精神內核和海峽西岸經濟區建設〉《莆田學院學報》01期,(2007.01):94-97。陳淑媛,黃新豐,〈媽祖文化品牌在產業界的延伸與創新〉《湖南科技學院學報》11期,(2010.11):111。

[37] 許旻書,《行銷台灣媽祖文化-海上遶境計畫》東海大學建築學系碩士論文,臺中市,2008年。 取自 https://hdl.handle.net/11296/b4hzpy,是一篇有趣的文章。黃秀琳,曾麗琴,〈基於旅遊表述視角的媽祖民俗文化開發與發展對策研究〉《宜春學院學報》,(2010.09):154-157。

南部：北港朝天宮。[38]以上皆未見東部地區媽祖信仰足跡的紀錄，這或許也是導致研究者鮮少涉足該區域研究的原因。在分析東部媽祖的形成背景與發展流變方面，預期將歷來的相關研究文獻與載錄訊息作一歸納、統整作為主軸，再輔以文獻資料及官方資料。在文獻方面，將採用志書、史籍、碑文、寺廟名鑑、報紙等多種，從而勾勒出「後山」媽祖的種種發展面向。臺灣方志類書籍，如《臺灣方志》有宜蘭縣計 12 冊、花蓮縣計 13 冊、臺東縣 15 冊，《噶瑪蘭廳志》以及花蓮縣的各鄉誌、臺東縣的各鄉誌等；輔助文獻有 2010 年內政部所出版的《全國孝院宮廟基本資料(僅含宗教團提供部分)》調查資料入手：《99 年調查寺院宮廟基本資料》第 20 冊-宜蘭縣；第 21 冊-花蓮縣；第 22 冊-臺東縣，探討議題中的媽祖信仰紀錄。除此之外，相關的書籍文章、期刊論文、學位論文等是不可少的初級、次級資料，還有官方網頁資訊：如中華民國內政部「全國宗教資訊網」[39]、2015 年 3 月成立的「國立中正大學媽祖文化研究中心」[40]。惟「國立中正大學媽祖文化研究中心」相關臺灣東部資料庫的內容，經進行資料比對後係多數源自於「全國宗教資訊網」官網。是故，參考價值就相對的降低，令人扼腕；但其貢獻在於應用 google map 的圖資功能提供了參訪路徑。

表 1-1 西元 1977-2019 年媽祖研究學位論文資料

「臺灣博碩士論文知識系統」論文出版年度及篇數統計表		
1977(1)	2003(3)	2013(20)
1990(1)	2004(10)	2014(25)
1992(2)	2005(15)	2015(12)
1994(1)	2006(11)	2016(13)

---

[38] 林茂賢，〈臺灣媽祖傳說及其本土化現象〉《國家與教育》卷期 1，（2007.03）：86-123。

[39] 內政部全國宗教資訊網-宗教團體查詢：https://religion.moi.gov.tw。

[40] 國立中正大學媽祖文化研究中心：http://mazucrc.ccu.edu.tw/about.php#establishment。

1995(1)	2007(7)	2017(19)
1996(1)	2008(22)	2018(24)
1997(2)	2009(19)	2019(25)
2000(2)	2010(19)	2020(22)
2001(1)	2011(26)	2021(20)
2002(3)	2012(22)	2022(20)

資料來源：卓麗珍製

依據「臺灣博碩士論文知識系統」蒐集資料結果顯示自 1977 年至 2019 年 11 月 13 日為止，從「臺灣國家圖書館」所收錄 301 筆以「媽祖」為題名及關鍵字的博（博士學位論文九篇[41]）、碩士學位論文數據統計與分析；[42]可清楚瞭解關於媽祖研究所呈現的是多種學科交叉研究的特點，即跨學科的研究方法。這些學科涉及計有 59 種學類，其中超過十筆（含）以上的學位論文有宗教學類及區域研究同佔 24 筆，企業管理學類

---

[41] 謝瑞隆，《媽祖信仰故事研究－以中國沿海地區、台灣為主要考察範圍》國立中正大學中國文學系暨研究所博士論文，嘉義縣，2015 年。林肇睢，《玻璃媽祖廟自然光照與節能之研究》國立彰化師範大學電機工程學系博士論文，彰化市，2014 年。張佩湘，《驗證節慶參與者體驗、認同、與觀光支持行為之線性關係-台灣兩大宗教節慶之實證分析》國立雲林科技大學會計系博士論文，雲林縣，2014 年。黃敦厚，《台灣媽祖信仰與商人精神—以大甲、北港媽祖為研究中心》國立中興大學中國文學系所博士論文，臺中市，2012 年。葉尚芳，《語言分佈微觀：台語方言地理研究》淡江大學英文學系博士論文，新北市，2011 年。楊淑雅，《媽祖故事與媽祖文化研究》中國文化大學中國文學系博士論文，臺北市，2011 年。謝永昌，《海神媽祖研究》香港珠海中國文學及歷史研究所博士論文，香港，2001 年。張榮富，《民間信仰與媽祖神格的建構—宗教社會學的詮釋》東海大學社會學系博士論文，臺中市，1994 年。蔡相煇，《明清政權更迭與台灣民間信仰關係之研究》文化大學歷史研究所博士論文，臺北市，1977 年。

[42] 西元 1977-2019 年「臺灣博碩士論文知識系統」共收錄媽祖相關學位論文 301 篇，經核對分析暨排除資料重複、錯誤後實際有效數為 297 筆。摘錄日期 2019.11.13。

第一章 緒論

19筆，中國語文學類18筆，歷史學類15筆，運動休閒及休閒管理14筆，臺灣語文學14筆，其他商業及管理12筆，觀光休閒11筆，視覺傳達設計10筆等；除此之外者皆低於十筆的學類資料項。[43]又題名或關鍵字有「媽祖」的301篇學位論文結果呈現資料庫存在數筆錯誤，其中經核對分析暨排除資料重複、錯誤後實際有效數為297筆。而第一筆學位論文標示為1977年由文化大學歷史學系蔡相煇所撰的《明清政權更迭與台灣民間信仰關係之研究》[44]，但題名與出版年應是有誤。[45]以臺灣學位論文的進路來探究這龐大的媽祖研究方法資料，無疑提供了我們以各種角度展開對媽祖研究方法的蒐集與探討；相對地亦是一件艱辛的考驗與歷程。

　　綜言之，媽祖相關研究的學位論文涉及的內容可歸類有社會、經濟、政治、宗教、民俗、文化、建築、藝術、文學、語言等等諸多方面；其中以語言學類為取徑的研究目前仍屬少數。資料顯示，臺灣博碩士學位論文相關媽祖研究出版時間始於1977年；在此之前則未見有「媽祖」研究為題名的資訊。自2004年起臺灣博碩士論文相關媽祖研究資料量急遽增加（參表1-1），至2022年為止每年皆超過十篇以上的論文產出（2007

---

[43]「臺灣博碩士論文知識系統」蒐集資料301筆以「媽祖」為題名及關鍵字的博碩士學位論文結果顯示，至2019年11月13日為止，如社會學類、臺灣與文學類、其他商業及管理學、應用藝術學類、藝術行政學類、民族學類、歷史學、建築學、其他人文學類、都市規劃學類、產品設計學類、其他設計學類、公共行政學類等等，論文的產量皆不足十篇。

[44] 蔡相煇，《明清政權更迭與台灣民間信仰關係之研究》，文化大學歷史研究所博士論文，臺北市，1977年。取自 https://hdl.handle.net/11296/j4dpfq。

[45] 根據中國文化大學歷史研究所博士論文顯示，蔡相煇撰《明清政權更迭與臺灣民間信仰關係之研究—清初臺灣政治與王爺馬祖之關係》畢業年為民國73年02月。國圖資料庫則缺少論文的副標題，以及出版年誤差了七年。此外文化大學歷史研究所博士論文題名則是「馬祖」應為「媽祖」之誤；取自：https://crrahs.pccu.edu.tw/files/13-1074-6345.php?Lang=zh-tw。

年除外）。[46]而研究所涵蓋的地域範圍包含國內外，場域則遍佈於鄉村、城市，山村、漁村，甚或軍事基地等。依據研究主題與對象的分析結果顯示，排列前二十名者聚焦於節慶活動、民間信仰、媽祖文化、體驗行銷、媽祖廟、進香、遶境、祭祀圈、行銷策略、籤詩等等，其中又以圍繞在臺灣西部的媽祖廟如大甲鎮瀾宮、北港朝天宮相關研究爲大宗。

　　歸納當代媽祖研究方法的類型，大致仍根據假設或理論爲基底並結合應用演繹、歸納、思考等歷程，以期獲致結論的各種科學方法。如調查研究法、觀察研究法、發展研究、原因之比較研究、歷史研究、內容分析、個案分析⋯等。[47]研究者以調查研究法從事調查的方式可以是收集資料與實況調查。這也是目前媽祖信仰研究中最多研究者所使用的方法。此外，使用歷史資料或文獻將史料有系統地組織、解釋，逐使各自分立不相關連的史實得以發生關係。例如從研究過去所發生的事件或活動，尋求事件間的因果關係做爲瞭解現在和預測將來的基礎。同時透過量化的技巧或質的分析，以及客觀的態度對文件內容進行研究與分析，藉以推論產生文件內容的環境背景、傳播理由及其意義。所謂的文件，指向所有的正式或非正式文件，圖像或視聽的紀錄、訊息與媒介等等。從許多媽祖文化或祭祀儀式、活動等相關的研究中，採用「個案訪談法」，又輔以「參與觀察法」、「問卷調查」來進行節慶或活動舉辦期間的實地參與及訪查，能對未來在解決個別問題、提供假設的來源及發現事實與模式，對具體的實例有較明確的認知及建議。此類做法常被運用在民俗活動中的宗教行銷。

---

[46] 本資料係筆者根據「臺灣博碩士論文知識加值系統」搜尋結果統計分析所得。2019 年 5 月 5 日搜尋所得論文數爲 287 筆，至 2019 年 11 月 13 日則爲 301 筆；其中博士論文僅佔 9 篇。至 2023 年底累積總數已達 376 筆之多。

[47] 在此僅針對 297 篇博碩士學位論文之研究方法的統計與分析，以及初步判讀與歸納做出反應。

第一章 緒論

　　整體而言，媽祖研究採用質性研究的方法佔了絕大多數。[48]因此，可被讀出的文本中運用歷史研究法、文獻分析法、田野調查法，藉由研究資料的蒐集整理、歸納分析與比較、論述，將臺灣媽祖信仰的發展與傳播、歷史沿革、文物考據，或宗教屬性、社會功能和政權關係等探討其歷史流變，或偏重以人類學式的儀式行為及社群組織之意義分析，就顯而可見。例如臺灣極為風行的媽祖祭典，如進香與祭祀活動，吸引著學者深入的參與觀察與研究，對於媽祖神廟的宗教組織與活動形態，有不少紮實的田野記錄與現象分析，其成果相當豐碩，為我們提供有助於理解臺灣群眾社會參與的宗教活動面貌。

　　最後針對國圖媽祖研究的學位論文，及藉由1995年張珣〈臺灣的媽祖信仰-研究回顧〉[49]，2002年林美容所編輯的〈臺灣媽祖研究相關書目介紹〉[50]，2016年張珣、楊玉君《媽祖研究書目》[51]等，所提供系統化的

---

[48] 以初略的方式檢索「田野調查法」執行研究計劃的學位論文，至少超過54篇以上。中國出版的28篇題名媽祖相關的博士學位論文，至少五篇以上採用「文獻分析法」；取自：「中國博士學位論文全文數據庫」http://cnki.sris.com.tw。

[49] 張珣，〈台灣的媽祖信仰－研究回顧〉《新史學》6卷4期，（1995.12）：89-126。本文針對1925年至1995年之間所發表的台海兩岸的作品作了回顧。其分析內容包含了170篇的中文文獻論文、20篇的英文論文，並共以媽祖事蹟與傳說、媽祖的經典與祭典、媽祖的進香研究、媽祖的祭祀活動與組織、媽祖廟之間的戰爭、媽祖信仰與政治、媽祖信仰的傳播、其他等分別加討論等八個子題討論過往相關於媽祖研究所偏重或疏忽的部分做較全盤的了解。

[50] 林美容，〈臺灣媽祖研究相關書目介紹〉《臺灣史料研究》18，（2002.03）：135-165。

[51] 張珣、楊玉君，《媽祖研究書目》，嘉義：國立中正大學，2016.0.01。本書總共收錄18種研究分類，如媽祖的歷史、事蹟與傳說、儀式、觀光與文化、建築、藝術、社會經濟等，其中專書203筆、期刊論文654筆、會議論文403筆、碩博士論文182筆，總計1442筆研究資料。提供作者、研究主題、出版日期及出版單位等資訊，讓對媽祖研

書目分類,期望減少檢索資料的時間,更易於梳理臺灣媽祖信仰文化研究的歷史、傳承與發展等研究。進而有利於展開要點式地闡述與回顧,以供未來研究的繼續發展之需。同時追朔當代媽祖研究的成果,再加以增刪補和錯誤更正。例如2003年游謙、施芳瓏《宜蘭民間信仰》[52]、1996年臺東縣後山文化工作協會編著《臺東縣寺廟專輯》或《臺東縣鄉土教材-台東縣個鄉鎮寺廟之旅》[53];花蓮地區因資料分散在各誌書故未列出於此。根據前人的研究資料結果顯示,關於媽祖文化研究的論題可概略歸納:

1. 身世:包含出生、死亡的時間;出身;出生地;敕封與封號。
2. 事蹟與傳說,如本土化現象。
3. 神格與靈力,諸如神性發展、神格演升、神人交流、祭典儀式。
4. 信仰與文化的傳播、發展與變遷,如信仰與地理環境、社群或族群、整體行銷。
5. 宗教屬性,如儒、釋、道、巫、民間信仰,抑或含混的。
6. 社會功能與動能,包含政治、經濟、權力,以及信眾、親緣關係。
7. 建築與藝術,如雕刻、造像、空間。
8. 經典與籤詩。

究有興趣的民眾及學術研究者,於本書查詢所需的文獻,減少四處檢索資料時間的工具書。取自:https://www.books.com.tw/products/0010706717?sloc=main

[52] 游謙、施芳瓏《宜蘭民間信仰》(宜蘭市:宜縣府,2003),頁284-303

[53] 臺東縣後山文化工作協會編著,《台東縣鄉土教材-台東縣個鄉鎮寺廟之旅》臺東:臺東縣立文化中心,1996.05。此資料係經由文建會和臺東縣政府及文化中心的努力,動員諸多人力下鄉採訪整理,特地將《台東縣寺廟專輯》一書轉成網頁模式,希望能夠經由各寺廟的發展史,讓大家更進一步瞭解台東。取自:http://163.28.10.78/content/local/taidon/fuhin/tem/default.htm。

以上的幾項論述，無論從歷史學、社會學、民族學、人類學、現象學、宗教學、傳播學，以及文學作品分析等各學科的角度，涉及之廣，成果豐碩且多元，拓衍出各種可被看見的信仰敘事的交雜鏈結。

總結來說，臺灣媽祖信仰的蓬勃發展，相關研究數量著實可觀。媽祖研究呈現多元交叉研究的特點，是研究者藉由各自研究目的和研究專業的曲徑，並有效運用各種研究方法，進而豐富和拓展了媽祖文化研究領域。

第三節　研究範圍與方法

以研究方法作為我們認識世界的手段，是人類思維方式的一種系統化的完善過程。此過程不僅止於對研究者的一種訓練，也是學習認識自身的途徑與方法。闡述前人研究成果之後，接著針對個人的研究論題：「『後山媽祖』的信仰、神蹟及其類型研究」，說明本論題的研究方法如何與前人的研究路徑來做連結；進而彰顯本論文的研究特色與價值。

一、　研究範圍

本文擬從區域的角度來研究臺灣的媽祖文化，探討媽祖信仰的形成、發展與地理環境的關係。研究資料蒐集與執行期間，起始於西元 2013 年至 2020 年終止；界定研究時間，係有助於為研究標的做出有效規劃。論文題為「『後山媽祖』的信仰、傳承與類型研究」，故首先闡明東部媽祖所涵蓋的區域、內涵與範疇，亦即研究、分析的內容有哪些？從而才能針對主題作明確的定位與展開析論。

首先本文的研究場域界定在臺灣的東部。「臺灣東部」或稱東臺灣，亦指臺灣東岸的地理區域；包含臺灣北部、臺灣東部與臺灣南部的山地地帶，瀕臨太平洋，佔臺灣島總面積約二分之一。「東臺灣」是一個常用的地區簡稱，多指中央山脈以東的花蓮縣和臺東縣，故亦稱「花東地區」，又有「後山」之稱。宜蘭縣因位處臺灣北部、東部的過渡帶，故

有「北基宜」、「宜花東」二種行政區域的劃分法。[54]所以有時東臺灣還包含宜蘭縣（雪山山脈以東，中央山脈以北），此係依據行政院國發會擬訂之「臺灣地區綜合開發計劃」的四分法；臺灣東部橫跨三個縣市（圖1-1），該區域由北而南分別是：宜蘭縣、花蓮縣、臺東縣。因研

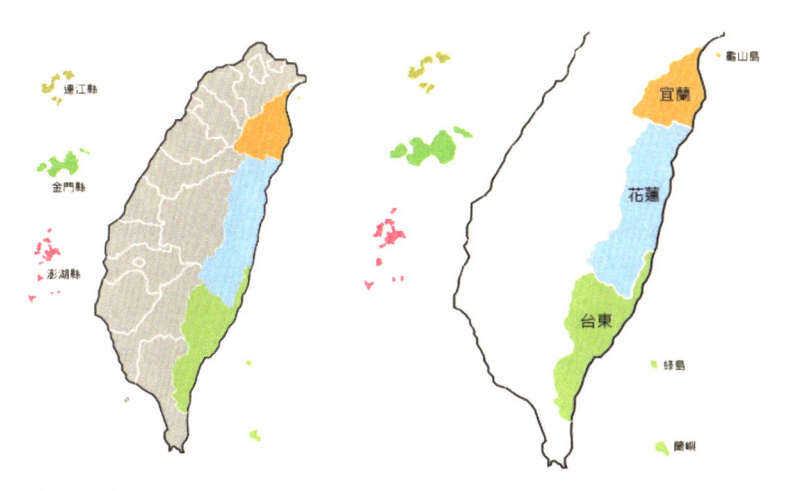

圖1-1 臺灣東部橫跨三個縣市
資料來源：臺灣東部橫跨三個縣市地圖，取自城市媒：www.twct.tw，2019.07.25 摘錄

---

[54] 臺灣的地理區域劃分依照人文地理及主要都會區分佈，主要劃分方式有二種：1.參考清治末期三府一直隸州的四大區域：北臺灣、中臺灣、南臺灣、東臺灣。2.參考日治末期五州三廳的六大區域：北北基宜、桃竹苗、中彰投、雲嘉南、高屏澎、花東。另外官方、民間各單位為符合其需求，常在文件中對分區進行微調。行政院國發會將該縣劃歸為北部區域；而交通部中央氣象局則將該縣劃歸為東部區域。摘錄自：https://www.wikiwand.com/zh-mo/臺灣地理區劃。國土區域離島發展處，《都市及區域發展統計彙編》，臺北：中華民國國家發展委員會，2018.12：宜蘭縣則依中華民國國家發展委員會國土區域劃歸北部地區。取自：https://statistic.ndc.gov.tw/explanatory.htm。

第一章 緒論

究課題涵蓋範圍與地形的特殊性，相對於研究者而言調查難度也絕非只是等倍的增高。研究計劃是以臺灣東部地區：宜蘭縣（圖 1-2）、花蓮縣（圖 1-3）、臺東縣（圖 1-4）作為田野調查研究場域。深入瞭解媽祖信仰，在臺灣東部地區的文化傳播與信仰變遷的歷史背景成因；以及探詢信眾的遷徙、聚合，和社會所提供相應的可能條件。相較於臺灣西部媽祖信仰的研究，以臺灣東部地區研究為視角及分析的資料與相關議論，仍尚付之闕如。因此，本文期望藉由祀神的探源與比較、祭典與儀式和附設組織、藝文活動等應社會需求而產生的主題探索，揭示臺灣東部地區民眾對媽祖文化長期性建構的信仰基因，以及媽祖信眾遷徙是促使臺灣東部地區媽祖文化信仰變遷的一種助力。同時比較顯示，臺灣東部與西部地區媽祖信仰所存在的相應關係與質變成因。

圖 1-2 宜蘭縣　　圖 1-3 花蓮縣　　圖 1-4 臺東縣
圖說：臺灣東部三個縣的鄉鎮行政區域
資料來源：
圖 1-2 取自宜蘭縣政府-鄉鎮特色 https://www.e-land.gov.tw
圖 1-3 取自花蓮縣全球資訊服務網-花蓮縣行政區域圖 https://www.hl.gov.tw
圖 1-4 取自臺東縣政府-施政成果網 https://gpms.taitung.gov.tw
皆於 2019.07.25 摘錄。

二、 研究方法

　　自宋代以降至今,相關媽祖信仰與文化的研究所累積的資料項龐大且繁雜。若從關注臺灣媽祖信仰的研究與資料蒐集,可清楚的發現學者對媽祖文化研究因著眼於不同觀點,而採取相異的路徑、視角與方法。或歷史文獻資料的研究與輯編,或涉及文學的詮釋、媒體傳播脈絡的分析,建築、藝術與融合,乃至藉由各類學科的整合而致逐步建構起臺灣的獨特媽祖文化研究。無論是強調媽祖文化研究必須符合現代社會經濟、政治、環境的發展需求,抑或殷鑑於媽祖信仰與發展等研究路徑、研究方法,多呈現出其多樣性、多重性、多元化的形態。

　　本研究主要採行的研究方法為文獻研究法、歷史研究法,以及田野調查(field research)法。藉由研究資料的蒐集整理、歸納、分析、比較等論述的條分縷析,及藉由媽祖廟各種的碑碣內容進行分析,以期反映臺灣東部媽祖信仰的發展與變遷。除此之外,再透過田野的實地走訪、口述採訪、拍攝與記錄等直接觀察,以求獲得第一手在地之原始資料,並瞭解媽祖在地化信仰的發展現況以彌補資料的不足,同時對廟宇相關的各項文獻與資料予增刪補正。此項是本文進行不可或缺的工作,同時在各項數據分析與統整上也佔據絕對的重要性。最後在綜合各項史料作進一步的分析、歸納後撰寫本文。

　　除了上述研究方法外,本文在部分的研究課題的討論上,學者的研究成果為主題研究提供了比較分析的可能性。從而對「東部媽祖信仰的傳播型態與空間環境」進行考察,給與「後山媽祖的類型與移民關係」、「媽祖神格類型的衍化與其神性的轉型」等課題有顯露的機會。透過人我間相似、相異的研究方法採用,進而顯示出資料間的特殊性及詳略異同所在。或可意外收穫與發現東部媽祖信仰與神蹟傳說在不同的族群與時空交流下所產生的演變,俾以此作為課題分析的引證,促使相關資料得以更新與修正必要的藉口。

第一章 緒論

　　最後係闡述個人對於進行此研究限制與困境。由於本研究各項相關的文獻資料甚巨，且於資料之蒐集、整理與分析在過程中需耗費相當龐大的時間、經費和人力成本。而資料的分析與統整更為棘手，在在皆非容易之事，此為本研究首要面臨限制之因素。其次是田野現場的交通往返和地理行程距離的限制，導致調查無法快速進行，遂使整體性研究分析結果亦無法執行。最後則是，相較於一般廟宇或城市中的廟宇資料是有限的，故相關資料收集不易，所受限制亦較多。又隨著社會的不斷變遷，「後山媽祖」信仰因「場域」不同，背後存在某種變遷的圖像。研究調查涵蓋範圍廣大，在傳統的社會、經濟與文化之外，國家政策對後山地區媽祖信仰的傳入，有著重要的影響。然而，此項界定卻未必能充分展現臺灣東部媽祖信仰的活動或各項的時序漸進，相對地在研究上也將造成無可避免的誤差。

第四節　研究架構與研究步驟

　　本研究係以臺灣東部主祀媽祖的廟宇為調查及研究對象，內容係針對媽祖廟的沿革碑碣與文獻資料進行研讀、分析與比較，以及寺廟相關管理人員、信徒等進行深度訪談。

一、　研究架構

　　研究架構以圖表呈現，主要分成三大部分，第一部分包含各類碑碣、志書文獻、出版品、官方網頁等內容之蒐集、比較分析後個案探討等；第二部分則以本研究之目的、文獻探討、田野紀錄。最後，根據各部分所獲得的資料結果進行分析、歸納及討論，進而撰寫本研究之結論。如下圖所示：

表 1-2 研究步驟圖

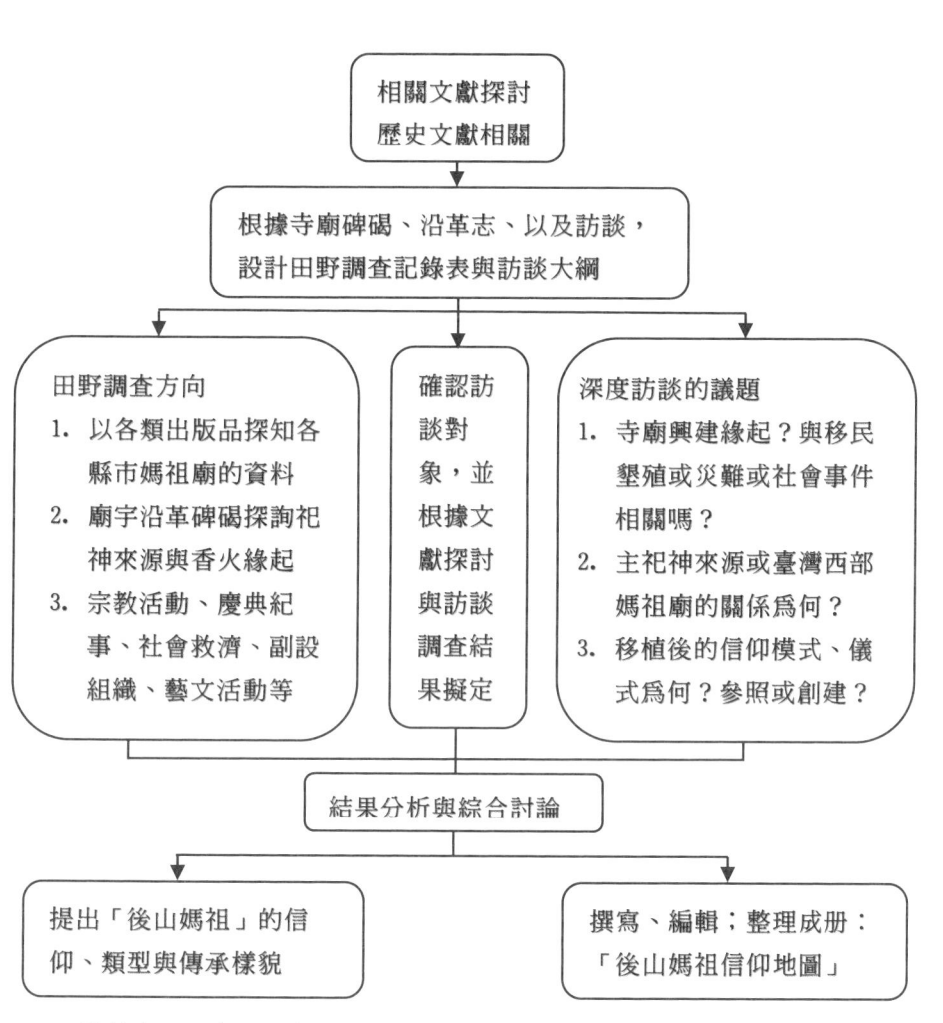

```
┌─────────────────┐
│ 相關文獻探討    │
│ 歷史文獻相關    │
└────────┬────────┘
         │
┌────────▼─────────────────────┐
│ 根據寺廟碑碣、沿革志、以及訪談，│
│ 設計田野調查記錄表與訪談大綱  │
└──┬───────────┬───────────┬───┘
   │           │           │
┌──▼──────┐ ┌──▼──────┐ ┌──▼──────────┐
│田野調查  │ │確認訪談 │ │深度訪談的議題│
│方向      │ │對象，並 │ │1.寺廟興建緣起│
│1.以各類  │ │根據文獻 │ │  ？與移民墾殖│
│  出版品  │ │探討與訪 │ │  或災難或社會│
│  探知各  │ │談調查結 │ │  事件相關嗎？│
│  縣市媽  │ │果擬定   │ │2.主祀神來源或│
│  祖廟的  │ │         │ │  臺灣西部媽祖│
│  資料    │ │         │ │  廟的關係為何│
│2.廟宇沿  │ │         │ │  ？          │
│  革碑碣  │ │         │ │3.移植後的信仰│
│  探詢祀  │ │         │ │  模式、儀式為│
│  神來源  │ │         │ │  何？參照或創│
│  與香火  │ │         │ │  建？        │
│  緣起    │ │         │ │              │
│3.宗教活動│ │         │ │              │
│  、慶典  │ │         │ │              │
│  紀事、  │ │         │ │              │
│  社會救  │ │         │ │              │
│  濟、副  │ │         │ │              │
│  設組織  │ │         │ │              │
│  、藝文  │ │         │ │              │
│  活動等  │ │         │ │              │
└────┬─────┘ └────┬────┘ └────┬─────────┘
     │            │           │
     └────────────┼───────────┘
                  │
       ┌──────────▼──────────┐
       │ 結果分析與綜合討論  │
       └──┬───────────────┬──┘
          │               │
┌─────────▼──────┐ ┌──────▼──────────┐
│提出「後山媽祖」 │ │撰寫、編輯；整理  │
│的信仰、類型與   │ │成冊：「後山媽祖  │
│傳承樣貌         │ │信仰地圖」        │
└─────────────────┘ └──────────────────┘
```

資料來源：卓麗珍製

第一章 緒論

二、 研究實施步驟

　　為建立臺灣東部地區媽祖信仰較完整的個案資料，田野調查的重點將依所屬區域進行分類與設計訪查表格以紀實。調查資料以文字、圖像或影音等形式予以描述紀錄，並搭配文獻資料及前人研究以為參考佐證。表格內容則包含：廟宇名稱、寺廟登記、地址、電話、管理聯絡人、祀神來源、歷史沿革、慶典紀事、副設組織、社會救濟、藝文活動，以及調查日期、受訪人等項目，並輔以照片參考佐證。

　　計畫執行步驟依序如下述：
(一) 文獻資料收集：確立研究主題及方向，並蒐集及閱讀與主題之相關文獻
(二) 主題探索與設計：決定研究主題，形成研究動機、目的、問題和範圍並決定研究對象與區域
(三) 廣泛蒐集國內外有關臺灣東部媽祖廟相關文獻，並蒐集研究對象之背景資料，閱讀整理後，撰寫論文計劃書
(四) 建立田野調查與訪談的基本資料：根據相關文獻，編製本研究使用之訪談大綱及田野調查表（附件 1-1），並且確定訪談及實施調查之對象
(五) 進行實地訪談與調查，過程中錄音、攝影、拍照
(六) 依據訪談及調查結果進行歸納整理研究結果
(七) 撰寫研究報告：建立較完整的個案資料後編輯、撰寫進而整理集結成冊：「臺灣東部地區媽祖信仰地圖」

第二章　　宜蘭縣媽祖信仰

　　媽祖信仰文化研究成果豐碩，其中不難見識到傳入臺後，逐漸發展出屬於地方的特色。常言道：「三步一小廟、五步一大廟」用以形容宜蘭縣境內廟宇的數量與信仰規模，甚為貼切。

　　宜蘭古稱蛤仔難、甲子蘭或噶瑪蘭(Kavalan)[55]，早在漢人入蘭地開墾以前，此地早已有人居住。[56]連橫《臺灣通史》凡例指出，臺灣多數的地名由番語所譯來，如宜蘭未入版圖之時曰「蛤仔難」、或作「甲子蘭」，設廳之際稱「噶瑪蘭」，改縣之後又稱「宜蘭」。故必照其時之名以記，庶免誤會。《宜蘭全鑑》云：

> 宜蘭，古之噶瑪蘭也，固台灣之荒陬爾　吳沙啟之，代有賢哲，經之營之，開物成務，迄茲二百有餘年矣。[57]

從早期臺灣的開發史來看，宜蘭地屬偏僻且多有瘴癘，漢人入蘭開墾時機也在較晚時期。[58]氣候型態及降雨季節則異於西南各縣市。

---

[55] 台灣銀行經濟研究室編，〈噶瑪蘭開闢考略〉《清季申報臺灣紀事輯錄》（臺北：臺灣銀行經濟研究室）頁370-371：「按噶瑪蘭，前明喚為北港；康熙年間收入版圖，以番語譯蛤仔難。「番俗六考」及「郡縣志」、「東征集」、「平臺紀略」諸書，俱作蛤仔難；蕭竹友詩，記作甲子蘭；賽將軍奏，作蛤仔蘭；鄭六亭集，一作蛤仔欄。方制軍奏聞蘭時，乃譯為噶瑪蘭也。蓮塘生述。」此外有柯培元撰《噶瑪蘭志略》，陳夢林《諸羅縣志》，高拱乾《臺灣府志》等均稱作「蛤仔難」；連橫，《雅堂文集》（臺北：台灣銀行經濟研究室編，1964），頁217-218，稱「甲子蘭」。《海濱大事記》（臺北：臺灣銀行經濟研究室，1965），頁69、陳衍《臺灣通紀》、鄭兼才《六亭文選》稱作「蛤仔欄」；翟灝撰《臺陽筆記》：「蛤仔爛，即臺灣東山之後，大玉山之前面也。」；蔣毓英《臺灣府誌》作「蛤仔灘」。

[56] 高淑媛編，〈第一單元明清時代〉《宜蘭縣史大事記》（宜蘭：宜縣府，2004），頁23-90。從有文字記載始，宜蘭縣自明朝嘉靖23年起（1563）即有人居住於此。

[57] 宜蘭全鑑編輯委員會編，《宜蘭全鑑》（宜蘭：宜蘭縣史館，1955.03），頁15。

[58] 游謙、施芳瓏，《宜蘭縣民間信仰》(宜蘭：宜蘭縣政府，2003.07)，頁4。

第二章 宜蘭縣媽祖信仰

[59]從地理環境而言,根據〈奏請噶瑪蘭收入版圖狀〉[60]、〈噶瑪蘭原始〉[61]、《噶瑪蘭廳志》[62]、宜蘭縣政府文化局〈宜蘭縣歷史空間資料庫〉《宜蘭歷史,空間巡禮》[63]、2003年(民92)「宜蘭縣史系列」叢書[64]等文獻資料記載,可知宜蘭縣境內山地佔四分之三;東側臨太平洋,北段為礁溪斷層海岸,中段是蘭陽平原,南段處處皆是斷崖、港灣、海岬的蘇花斷層海岸。早期的山路險峻、海象危疑,雪山山脈與中央山脈橫亙在宜蘭與外界的通聯;地理上的封閉性間接影響與外地的交流,亦是造成早期宜蘭開發緩慢的主因。[65]

　　隨著1991年7月雪山隧道及蔣渭水高速公路的開工,及2006年6月正式啟用通車後連結新北市與宜蘭縣,城鄉之間真正縮短了距離,一日生活圈也逐步形成。同時也為該地區注入嶄新的生活空間,而在宗教活動的往來上則更趨於頻繁,此點可從觀察寺廟

---

[59] 曾迺碩纂修,《宜蘭縣志》卷一土地志、地理篇,(宜蘭:宜蘭縣政府,1960),頁409。
[60] 清‧方維甸,〈奏請噶瑪蘭收入版圖狀〉收錄於:林萬榮編,《宜蘭史略》(宜蘭:宜蘭縣政府,1973.12),頁120。
[61] 清‧姚瑩,〈噶瑪蘭原始〉《東槎紀略》,(臺北:臺灣銀行經濟研究室,1957),頁69-72。
[62] 陳淑均總纂,《噶瑪蘭廳志》【清代臺灣方志彙刊】第24冊,(臺北:行政院文建會、遠流,2006),頁281。
[63] 宜蘭縣政府文化局,〈宜蘭縣概述〉《宜蘭歷史空間巡禮》,2010.05;摘錄自 http://hais.ilccb.gov.tw/。
[64] 龔宜君,《宜蘭縣人口與社會變遷》(宜蘭:宜蘭縣史館,1992.12),頁1。高淑媛,《宜蘭縣史大事記》(宜蘭:宜蘭縣史館,2004.05),頁5。
[65] 根據何秀煌著,李素月編,〈歷史的「詮釋」和歷史的「還原」-對於宜蘭研究的一些思考〉《「宜蘭研究」第二屆國際學術研討會論文集》(宜蘭:縣立文化中心,1997.12),頁112。表示:「對整個臺灣來說,宜蘭正好像其他東部的地區一樣,是開發得比較晚的地區」;「加上地理因素,它一直處於較為獨懸孤立的狀態。按:宜蘭縣鐵道,北自八堵,難自蘇澳,於1917年開工,1924年完工,才全線通車」。除此之外,宜蘭地區的開發多少也受到三、四十年的政治局面與人為阻礙。

進香團的接待參拜團體數而得。此外 2020 年蘇花改[66]全線通車，縮短了宜蘭到花蓮的路程，相信必然將再次改變信仰的生態。

　　本文主要以宜蘭地區媽祖信仰為研究調查基礎，並以宜蘭媽祖廟及相關神將會宗教組織之形成與發展為指標，作為探討信仰起源與地區意義及其深刻的社會基礎。研究進行輔以田野調查與訪談為主要根據，可以提供我們一個理解宜蘭地區媽祖信仰變遷，以及現代化宗教組織服務運作型態模式的管道。而現代化的定義可採取彈性的解說；意指做出新的改變，以符應現代社會需求者，均可以算是現代化。無論是在表達理念上、舉辦活動、資源取得或信徒招募方式上，以及組織或教義等各方面做出新的改變。各項研究資料主要源於筆者碩士論文[67]期間蒐集與未公開及處理的資料延續外，並整合比對自 2009 年起至 2020 年 10 月搜集的文獻資料，以及 2013 年 7 月至 2021 年 3 月間嘗試全面性的訪查與口述歷史蒐集的方式進行。

　　同時藉此探討各廟宇的神將會設立相關情況及寺廟現況，以呈現訪談調查結果。由於媽祖廟在宜蘭地區具有一定重要的地位，因此對寺廟發展之理解、陣頭文化型態之探討分析，以及論述現代寺廟的社會服務功能，自有其意義。最後為了能有效輔助閱讀與辨別在寺廟名稱用語上，採廟宇慣用或冠予行政區名、地區名等。

第一節　宜蘭媽祖信仰的歷史與廟宇考述

　　臺灣的東北部宜蘭縣，其墾拓的過程即是漢人擴張勢力、建立聚落的過程；漢人的文化所到之處，亦是寺廟隨之建立之時。

---

[66]「台 9 線蘇花公路山區路段改善計畫」，簡稱「蘇花改」，主要分三段：蘇澳-東澳段、南澳-和平段及和中-大清水段，全長 38.8 公里，有 8 座隧道(24.6 公里)、13 座橋梁(8.6 公里)、平面道路(5.6 公里)。蘇澳-東澳段已於 107 年 2 月正式通車，於 2020 年全線通；費時 9 年，穿越山川連結宜蘭到花蓮。取自：交通公路總局第四工程處 https://thbu4.thb.gov.tw

[67] 卓麗珍，《臺灣民間廟宇的歲時活動與宗教祭儀－以冬山鹿安宮為例》天主教輔仁大學宗教學系碩士論文，新北市，2012 年。

第二章 宜蘭縣媽祖信仰

媽祖信仰在蘭陽地區人們心目中,就如同臺灣各地區一樣擁有其神聖崇高,不可逾矩的地位。從文獻資料上顯示,漢人三籍墾民為宜蘭縣境內的媽祖廟攜來了,延續至今的百年崇祀歷史與神像、廟宇建築;同時造就了地區性庄頭的信仰中心。

根據田野實訪,宜蘭縣境內媽祖廟的主祀神祇來源現象,受到地形與季節性海流影響以及移民遷徙目的性等因素;致使有別於多數來自分香或分靈於臺灣西岸媽祖廟的文化差異。此外,本縣歷史悠久的媽祖廟所供奉的開基媽祖多源自中國大陸直接割香或分靈而來,故與西岸的媽祖廟也就沒有直接香火淵源的關係。[68] 香火起源與祀神來源現象依據時間線性的分析可有效顯現此類說法。

一、 西元 1979 年之前媽祖廟紀錄

今宜蘭縣境內主祀神為媽祖(天上聖母)的寺廟,仍留存清領時期建造者有三座;[69]直接源自中國福建莆田縣湄洲分身來台亦有之。根據《重修臺灣省通志》卷三云:

> 天上聖母媽祖,原廟在福建省興化府莆田縣湄洲。其直接分出臺灣者,有……,宜蘭縣頭城鎮慶元宮,羅東鎮震安宮。[70]

可知宜蘭不乏百年的媽祖廟與媽祖神像。較早的寺廟調查,根據 1979 年宜蘭縣民政局文獻課的出版的《宜蘭縣寺廟專輯》記載:

> 本縣寺廟登有案者、計有三○九座、內屬於佛教者、四八座、道教有二六一座之多,可見地方民眾崇拜神祇之虔誠,與大陸閩粵兩省之人民信仰

---

[68] 游謙、施芳瓏,《宜蘭縣民間信仰》,頁 286。
[69] 文化資產個案導覽,〈宜蘭市昭應宮〉(https://nchdb.boch.gov.tw/),文化部文化資產局《國家文化資訊網》,2014.01.15 摘錄。
[70] 劉寧顏總纂,《重修臺灣省通志》卷三(南投:臺灣省文獻委員會,1992.04),頁 1031。

相同,係承襲中原文化中祭天敬祖之傳統習俗而來。[71]

書文中紀錄登記有案的媽祖廟,共計有13座。(表2-1)以廟宇分布區域狀況分別為,頭城鎮的慶元宮;宜蘭市內的昭應宮、慈航宮;五結鄉的利澤簡永安宮、大吉順安宮;羅東鎮的震安宮、聖安宮;冬山鄉的定安宮、三星鄉的忠天宮,以及位於蘇澳鎮的北方澳進安宮、東澳朝安宮、南方澳南天宮、大南澳天后宮。若以蘭陽溪為分界點來看,宜蘭的媽祖廟多數位於溪南地區,而溪北地區則僅有頭城鎮的慶元宮、宜蘭昭應宮和慈航宮三座媽祖廟。

表 2-1 本縣(宜蘭縣)媽祖廟一欄表

廟　　　址	寺廟名
一、　　宜蘭市中山路	昭應宮
二、　　宜蘭市梅洲里	慈航宮
三、　　蘇澳鎮東澳里	朝安宮
四、　　蘇澳鎮南正里	南天宮
五、　　蘇澳鎮朝陽里	天后宮
六、　　蘇澳鎮南強里	震安宮
七、　　頭城鎮城東里	慶元宮
八、　　冬山鄉冬山村	定安宮
九、　　五結鄉利澤村	永安宮
十、　　五結鄉大吉村	順安宮
十一、　三星鄉尙武村	忠天宮
十二、　羅東鎮漢民里	聖安宮
十三、　羅東鎮義和里	震安宮

資料來源:摘錄自宜蘭縣政府民政局文獻課編,《宜蘭縣寺廟專輯》,頁 112-113。

---

[71] 宜蘭縣政府民政局文獻課編,《宜蘭縣寺廟專輯》(宜蘭:宜蘭縣政府,1979.10),頁1。

此書中未將嘉慶元年（1796 年）由吳沙率領三籍墾民入蘭（礁溪鄉），隨身攜奉尊稱為「開蘭聖母」的媽祖列入。此應與《礁溪鄉誌》記載該廟係於 1990 年興建，1991 年竣工落成後才命名為「澤蘭宮」有關，而並非依據媽祖神像的歷史。[72] 據 2020 年採訪礁溪吳沙澤蘭宮秘書吳傳宗[73]表示，該廟啟建於三十年前（1990 年），建廟緣起於開蘭重要人士吳沙，以及吳沙來宜蘭時所攜帶的三尊媽祖神像，故廟命名為礁溪吳沙澤蘭宮。該廟的主祀媽祖神像原係被供奉於吳家公廳的三尊媽祖神像之一的大媽祖，是吳沙的後裔將其奉獻給村莊，遂使已有二百年歷史的媽祖神像得以傳盛，繼續護佑地方百姓。[74] 又《礁溪鄉誌》亦載錄，礁溪玉鼎慈天宮的主祀神媽祖金身係源於福建金浦，該媽祖神像距今已有 200 年的歷史。[75] 然建廟破土於 1984 年（農曆七月十四日辰時），至 1985 年的重陽節（農曆九月初九日）方舉行聖像普廟登殿大典。[76] 根據此二廟的建成時間來看即可理解，為何宜蘭縣政府民政局文獻科未於 1979 年出版的《宜蘭縣寺廟專輯》將其錄入。

二、　西元 1980–2003 年媽祖廟紀錄

仇德哉《台灣之寺廟宇神明（二）》統計主祀媽祖（天上聖母）的廟宇，其中有 14 間座落在宜蘭縣境內。[77] 據宜蘭縣文獻委員會重新編纂 1952 年的《宜蘭縣志》及 1990 年宜蘭縣政府成立「文

---

[72] 李心儀、陳世一編著，《礁溪鄉誌 增修版》（宜蘭：礁溪鄉公所，2010.02），頁 442。
[73] 吳傳宗，礁溪吳沙澤蘭宮秘書；宜蘭縣家長會長協會第七屆（2020-2021 年）智庫總召。
[74] 根據 2020 年 9 月 5 日訪談吳傳宗先生、廟祝夫婦、副總務委員表示的內容。據聞吳沙所攜帶來台的三尊媽祖神像分別為大媽、二媽、三媽；目前大媽供奉於礁溪吳沙澤蘭宮，三媽供奉於頭城慶元宮，而二媽已不知所蹤。
[75] 李心儀、陳世一編著，《礁溪鄉誌 增修版》，頁 440。
[76] 同上註。
[77] 仇德哉，《台灣之寺廟與神明（二）》（臺中市：臺灣省文獻委員會，1984），頁 83-130。

獻小組」後所出版的《宜蘭縣民間信仰》[78]的記載，宜蘭縣境內登記主祀媽祖(或天上聖母)的廟宇，共計有22座（表2-2）。依據表2-2所表列項目內容，有關廟宇各項的興建年代資料分析顯示記錄更為清楚。從統計上來看，可知建於清朝時期有8座（頭城慶元宮、礁溪澤蘭宮、宜蘭昭應宮、五結永安宮、大吉順安宮、羅東震安宮、南方澳進安宮、冬山定安宮）；日治時期2座（宜蘭慈航宮、東澳朝安宮）；1945年後創立有11座（頭城天后宮、拱蘭宮、北天宮；蘇澳鎮的南天宮、天后宮、震安宮、天祝宮；冬山鄉鹿安宮；三星鄉忠天宮）、礁溪慈天宮、員山鄉北后宮，以及至今仍有1座（羅東聖安宮）時間待考。[79]從資料顯示，宜蘭縣境內不乏上百年歷史的媽祖廟，但多數仍創建於1945年以後。就分布而論，以蘇澳鎮6座最多、頭城鎮4座為次。比較1979年的數據，蘇澳鎮多出2座、頭城鎮則多出3座，兩地總比例上已占總數量的45%（表2-1）；礁溪鄉和員山鄉則由原來的〇座，而後分別於礁溪鄉新增2座、員山鄉1座；宜蘭市、羅東鎮、五結鄉、三星鄉則維持原來的廟宇數並無增減；冬山鄉內有2座，分別是興建於同治11年（1872）的定安宮以及建於1986年（民75）的鹿安宮。

表2-2《宜蘭縣民間信仰》記載本縣(宜蘭縣)天上聖母廟一欄表

寺廟名	廟址	創建年代(公元)	祭典日期（農曆）
慶元宮	宜蘭縣頭城鎮城東里和平街105號	嘉慶1年(1796)	3月23日
天后宮	宜蘭縣頭城鎮合興里忠孝新村54號	民國61年(1972)	3月23日
拱蘭宮	宜蘭縣頭城鎮大溪里仁澤新村137號	民國66年(1977)	6月15日
北天宮	宜蘭縣頭城鎮更新里更新路166之2號	民國71年(1982)	3月23日

---

[78] 游謙、施芳瓏，《宜蘭縣民間信仰》。
[79] 同上註，頁284-302。

第二章 宜蘭縣媽祖信仰

寺廟名	廟　　　　址	創建年代(公元)	祭典日期（農曆）
澤蘭宮	宜蘭縣礁溪鄉吳沙村開蘭路161號	嘉慶1年(1796)	3月23日
慈天宮	宜蘭縣礁溪鄉玉田村踏踏路99號	民國73年(1984)	3月23日
昭應宮	宜蘭縣宜蘭市中山路三段106號	嘉慶13年(1808)	3月23日
慈航宮	宜蘭縣宜蘭市梅洲里津梅路136之1號	明治35年(1902)	3月23日
北后宮	宜蘭縣員山鄉尚德村八甲路4號	民國78年(1989)	2月2日
永安宮	宜蘭縣五結鄉利澤村利澤路26號	道光6年(1826)	1月15日 3月23日
順安宮	宜蘭縣五結鄉大吉村大吉路55號	道光12年(1832)	3月16日
震安宮	宜蘭縣羅東鎮中正路35號	道光17年(1837)	3月23日
聖安宮	宜蘭縣羅東鎮忠孝路48號	待考	3月23日
進安宮	宜蘭縣蘇澳鎮南正里江夏路81號	嘉慶17年(1812)	3月23日
朝安宮	宜蘭縣蘇澳鎮東澳里東澳路11號	大正2年(1913)	3月23日
南天宮	宜蘭縣蘇澳鎮南正里江夏路17號	民國22年(1933)	3月23日
天后宮	宜蘭縣蘇澳鎮朝陽里朝陽路44號	民國48年(1959)	3月23日
震安宮	宜蘭縣蘇澳鎮南強里南澳路2號	民國48年(1959)	3月23日
天祝宮	宜蘭縣蘇澳鎮朝陽里海岸路68號	民國81年(1992)	3月20日

寺廟名	廟　　　址	創建年代(公元)	祭典日期(農曆)
定安宮	宜蘭縣冬山鄉冬山村冬山路305號	同治11年(1872)	7月15日
鹿安宮	宜蘭縣冬山鄉鹿埔村永興路2段412巷19號	民國75年(1986)	3月22日
忠天宮	宜蘭縣三星鄉尙武村中興路26號	民國42年(1953)	3月22日

資料來源：游謙、施芳瓏，《宜蘭縣民間信仰》，頁303。

　　根據表2-2內容顯示，關於廟宇「創建年代（公元）」一欄的紀錄，存在著認知上的誤差。首先，所謂「創建年代」的創建是用以指建築物即廟體的建設，或意指設置安奉祀神祇之地，抑或顯示祀神被奉迎、製造雕刻至擁有的時序呢？因此，從字義上來判斷似乎可以確定不同的認知概念，在此被籠統的混合使用。舉例來說：羅東聖安宮，又稱嘉義仔媽祖，係建廟於1972年，而在宜蘭地區多數信奉媽祖的宜蘭人多知曉，該廟與嘉義地區移民入蘭時的羅東木材工業發展有極大關係。[80]關於祀神源於嘉義笨港口港口宮是1962年時才迎入宜蘭縣羅東鎮，且早期爲私人供奉。因此，一般多以「嘉義仔廟」或「嘉義仔媽祖」稱之，是以用來區分同樣位於羅東鎮上最早的媽祖廟：俗稱「媽祖間（宮）」的震安宮。另對於羅東聖安宮的創建年代標列爲康熙52年（1712），係因羅東聖安宮將主祀神起源依附於康熙52年（1712）先民隨神奉祀前往笨港，此種說法。如若採用此一理解方式，則在此所謂的「創建年代」應該理解爲媽祖的神像而非廟體建築完成。此爲謬誤之一。又如上文所指，礁溪澤蘭宮之祀神係源於吳沙公入蘭墾殖所攜的神像，那麼該廟未被列入《宜蘭縣寺廟專輯》書中記載，就顯得不合理。再則，蘇澳天后宮即大南澳天后宮之創建年代列爲「民國48年（1959）待查」，而根據該廟的廟宇沿革碑文內容顯示，主祀神緣於何時並未載明，僅可知曉

---

[80] 游永富纂修，《羅東鎮志》(宜蘭：羅東鎮公所，2002.06)，頁702、724-725。

為一面「天上聖母令旗」。但於民前七年時該廟將天上聖母令旗焚化合金尊，供黎民朝拜；迨至 1945 年才募資興建天后宮。顯然此書資料內容已造成無法辨別是以何種方式紀錄；此為謬誤之二。2014 年由靜宜大學臺灣研究中心所編纂《蘇澳鎮志》紀錄，北方澳進安宮所供奉的媽祖神像來自於因颱風巨浪受損而靠岸避颱的中國漁船，建廟時間是為嘉慶 25 年（1820）；冬山定安宮建於道光 24 年（1844）原為福建移民的公廳信仰[81]，顯然對於歷史的追朔，此紀錄與寺廟本身及學者所著眼的立基點存在根本性的差異。因此造成判讀上的誤差與困難。

三、 西元 2004 年以後媽祖廟紀錄

從內政部所收集調查的《全國宗教資訊網》資料庫列表中，同樣有 22 筆的記錄資料（表 2-3）。然比對表 2-2 本縣（宜蘭縣）天上聖母廟一欄表及表 2-3 內政部〈寺廟查詢〉宜蘭縣主祀天上聖母廟一欄表兩筆較相近的資料項所載內容；發現本縣(宜蘭縣)天上聖母廟一欄表（表 2-2）多出一座創立於 1992 年（民 81）位於蘇澳鎮朝陽里海岸路 68 號的「天祝宮」，而位於宜蘭縣五結鄉福興村中福北路旁的「天賀宮」缺席了。此外，頭城鎮拱蘭宮及北天宮、宜蘭市慈航宮、三星鄉忠天宮等四座廟宇的登記地址不符；關於此項差異經深入調查後確立，係有遷址及應道路名稱變更或整編的事實發生。2010 年內政部所彙集而成《全國寺院宮廟基本資料》[82]顯示，回應此項調查的宜蘭縣媽祖廟僅十七座[83]，相較於上述的

---

[81] 彭瑞金總編，《蘇澳鎮志 下卷》（宜蘭：蘇澳鎮公所，2014.06），頁 699。
[82] 內政部，《全國寺院宮廟基本資料》，臺北：行政院內政部，2010 年。本寺廟基本資料僅含 宗教團體提供部分；係由內政部轉請各直轄市、縣（市）政府就轄內宗教團體提供資料彙集而成。調查期間自民國 99 年 4 月至 7 月中旬，包含寺廟 3 千餘間，約佔全國寺廟數之 30％。除寺廟基本聯繫資料外，本次調查重點在於呈現寺廟主祀神祇、配祀神祇、慶典活動、建築特色、歷史沿革等內容，並由各宗教團體自行撰寫。本次彙整僅提供資料之索引查詢檔案，供大眾參考。
[83] 《全國寺院宮廟基本資料》記錄十七座媽祖廟分別為：五結鄉大吉順安宮、五結鄉天賀宮、五結鄉利澤簡永安宮、冬山鄉冬山定安宮、冬山鄉冬山鹿安宮、宜蘭市玉鼎慈天宮、宜蘭昭應宮、宜蘭梅州慈航宮、頭城慶元宮、頭城鎮龜山

資料項顯然成效不彰。本資料庫最大貢獻在於它以表列方式呈現寺廟：主祀神祇、配祀神祇、慶典活動、建築特色、歷史沿革、參拜流程說明，以及相關連絡資訊、地理位置等內容，方便於提供後人參酌。

表 2-3 宜蘭縣主祀天上聖母廟一欄表

寺廟名稱	行政區	地址	電話	負責人
慶元宮	頭城鎮	城東里和平街 105 號	03-9772734	許銘輝
拱蘭宮	頭城鎮	龜山里龜山路 280 號	03-9781181	張遠雄
北天宮	頭城鎮	更新里更新路 150 之 6 號	03-9778209	李天連
天后宮	頭城鎮	合興里忠孝新村 54 號	03-9772734	李小春
吳沙澤蘭宮	礁溪鄉	吳沙村開蘭路 161 號	03-9281808	林榮吉
玉鼎慈天宮	礁溪鄉	玉田村踏踏路 99 號	03-9884511	黃正為
梅洲慈航宮	宜蘭市	梅洲里金同春路 67 號	03-9283400	吳建興
昭應宮	宜蘭市	中山路三段 106 號	03-9353536	張建榮
羅東震安宮	羅東鎮	中正路 35 號	03-9552610	林修民
聖安宮	羅東鎮	忠孝路 48 號	03-9544021	謝義光
天賀宮	五結鄉	福興村中福北路旁	03-9509129	張新力
利澤簡永安宮	五結鄉	利澤村利澤路 26 號	03-9504257	李富松
順安宮	五結鄉	五結鄉大吉村大吉路 55 號	03-9502804	林書銘
定安宮	冬山鄉	冬山村冬山路 305 號	03-9594376	賴雲坤
鹿安宮	冬山鄉	鹿埔村永興路 2 段 412 巷 19 號	03-9586068	康石金
震安宮	蘇澳鎮	南強里南澳路 2 號	03-9981052	陳天水
進安宮	蘇澳鎮	南正里江夏路 81 號	03-9971239	林萬榮

拱蘭宮、礁溪鄉澤蘭宮、羅東聖安宮、羅東震安宮、蘇澳鎮大南澳天后宮、蘇澳鎮大南澳天祝宮、蘇澳鎮東澳朝安宮、蘇澳鎮南方澳南天宮。

第二章 宜蘭縣媽祖信仰

寺廟名稱	行政區	地　　　址	電話	負責人
朝安宮	蘇澳鎮	東澳里東澳路11號	03-9986141	吳承達
南天宮	蘇澳鎮	南正里江夏路17號	03-9962726	陳正男
天后宮	蘇澳鎮	朝陽里朝陽路44號	03-9981949	王水池
忠天宮	三星鄉	尙武村2鄰中興路27號	03-9898596	林呈冠

資料來源：轉引自〈寺廟查詢〉
（http://religion.moi.gov.tw/web/04.aspx），內政部《全國宗教資訊網》2013.08.10摘錄。

　　以上各項資料顯示西元1952-1990年間壯圍鄉和大同鄉從未見有媽祖廟的建立；時至1999年（民88）再版的《壯圍鄉寺廟沿革誌》，仍舊沒有增編的記載。大同鄉係以原住民部落為主要族群，據鄉公所公告社會人口狀況內容顯示：「本鄉聚居原住民均屬泰雅族山胞，居於蘭陽溪兩岸山坡地或台地及平地。」[84]或許因此將更容易理解該鄉之所以沒有民間信仰廟宇設立的原因。以上所收蒐集的資料皆屬登記在案的文獻，雖具參考價值，但收錄時間距今皆已然超過一、二十年，且至今未列入官方登記的宜蘭縣內主祀媽祖（天上聖母）廟宇，以及相關的行政資料變更、修改或當時未配合調查的廟宇或人為的疏失等也未必周全，仍有待補充。
　　2015年國立中正大學文學院「媽祖文化研究中心」成立；該中心有其設定之主要任務，以整合國內外及該校研究資源，建置全國媽祖廟及媽祖文化相關的資訊網路平台和數位典藏資料庫是一大亮點，應可以有效提供研究者檢索的便利。[85]然綜觀此一資訊網路平台，可發現該資料庫的內容與《全國宗教資訊網》多無差別，

---

[84] 摘錄自：〈鄉政簡介〉（http://datong.e-land.gov.tw/htm/c01_5.aspx），《宜蘭縣大同鄉公所官方網站》，2014.03.05。
[85] 摘錄自：〈國立中正大學文學院媽祖文化研究中心設置辦法〉（http://mazucrc.ccu.edu.tw/），國立中正大學文學院《國立中正大學媽祖文化研究中心網》，2019.05.26摘錄。於2015年3月24日103學年度第3次院務會議通過，2015年4月8日舉辦第一場專題演講。http://mazucrc.ccu.edu.tw/about.php#record。

亦即資料項取自於內政部的官網並無該中心自行調查的結果。[86]比對結果顯示，二個資料庫差異只於五座媽祖廟（頭城的合興天后宮、北天宮，三星忠天宮，蘇澳鎮的進安宮、朝安宮、震安宮）有或無沿革的紀錄。唯該中心網頁資料庫多出「自行開車」的路徑選項，並結合「google map 的地圖資料數位資訊系統」索引的功能，可為一功。提供了路線規劃功能是內政部《全國宗教資訊網》目前沒有的；但對於因時變遷或資料更新沒有助益。在已知廟宇名稱的情況下「google map 的地圖資料數位資訊系統」，即可取代國立中正大學文學院「媽祖文化研究中心」的資料庫，且內容與運用上更顯豐富與方便。而在未知廟宇名稱的情況下，內政部《全國宗教資訊網》的資料庫就是一個可靠且方便的資料來源；因為資料庫內文皆源於各地方宮廟調查的主動回函。然而對無呈現於文獻內，且無官方資訊或登記、補登記的媽祖廟，唯藉由人力與資源的再投入方可彌補文獻上的不足。對此，透過田野訪查以及相關人等地廟宇交流記憶再探究將顯得不可或缺。是以本研究報告進行的同時，將一併考量處理個別調查的範圍，勢必將可提供相當程度的補充與資料修正之功。

第二節　宜蘭縣媽祖廟分佈與弘道協會

媽祖廟是媽祖信仰存在的社會載體，媽祖信仰與文化的歷史傳承致源遠流長其因之眾，亦惟長期性建構的信仰基因。宜蘭地區始至清朝即建有媽祖廟。今宜蘭縣境內的媽祖廟林立，廟宇活動力強。2005 年由蘇澳南天宮主導而成立的「宜蘭縣媽祖弘道協會」，積極推動廟宇之間的聯誼與發展在地的媽祖信仰文化；即可看出媽祖文化的在地發展盛況，以及官方與民間對媽祖信仰文化的強力推動。

本項調查初步主要取徑於內政部〈寺廟查詢〉名單資料(表 2-3) 為基礎，輔以宜蘭地區部分媽祖廟所組成的媽祖會，次為西元 2009-2021 年間所訪查與搜羅的資料，經逐一建立寺廟的各項紀錄

---

[86] 參附件 1：「臺灣東部媽祖廟調查資料整合」

第二章 宜蘭縣媽祖信仰

與訪談內容。相關調查目標,係以具備有獨立廟體建築之媽祖廟為主,無論其建物規模與大小。對於無獨立廟體者或民宅中之私人宮、壇,則不列入調查範圍。調查方法輔以個人設計的「宜蘭媽祖信仰-田野調查資料表(民間信仰)」(參附件 2-1)及編製調查記錄總表(參附件 1 臺灣東部媽祖廟調查資料整合表)配合訪查日為基準,以期簡易且清楚的呈現田野過程可能需要的數次往返與紀錄。

一、 媽祖弘道協會[87]與媽祖廟的關係

「宜蘭縣媽祖弘道協會」成立於 2005 年。創會會長林源吉[88]表示,因有感於宜蘭縣境內的媽祖宮廟甚多,但各廟宇之間聯繫甚微且彼此間生疏、互動不足又相識者少;逐藉由組織主祀媽祖的宮、廟間的團聯誼方式,以發揚「天上聖母」之厚德,弘揚聖母

圖 2-1「2019 北台灣媽祖文化節-蘭陽媽祖護台灣」縣長主持「交香」儀式
攝影:卓麗珍,日期:2019.09.08

---

[87] 參附件 2-2、「宜蘭縣媽祖弘道協會」組織章程;創立於民國 94 年底,創始會長林源吉。附註,筆者自民 101 起即持續間歇性的追蹤及參與該協會所舉辦的活動和蒐集刊物。
[88] 林源吉(民 29 年生)曾任宜蘭縣蘇澳區漁會理事長、南天宮第 1-5 任的主任委員。」

威儀。[89]直面而言，此乃地方組織統合媽祖廟的操作之法。而該會經多年的共同研商與努力於 2005 年農曆 8 月 14 日中秋節前一天（國曆 9 月 26 日）正式啟動首次的聯誼活動。此後根據該會組織章程規劃，每年由宮廟會員以擲筊方式輪流舉辦二次會員聯誼大會；時間訂在每年的農曆四月與九月，主要聯誼活動的內容包含祝聖慶典及藝文活動，如民俗文化表演。「2019北台灣媽祖文化節－蘭陽媽祖護台灣」[90]（參附件 2-3）及「2020 蘭陽媽祖文化節」[91]（參附件 4-4）二個大型宜蘭媽祖信仰的宗教盛事（圖 2-1），即透過本會會員宮廟及地方政府所辦理，以期藉由宗教活動吸引觀光旅遊人潮並帶動地方經濟，同時逗陣迓媽祖祈求守護蘭陽。

民 101 年 10 月及 107 年 5 月的「宜蘭縣媽祖弘道協會會員名冊」內容顯示，參與該組織會的廟宇仍與上述表 2-1、表 2-2、表 2-3 內容相同，並未見到新的名單。唯該會於 2018 年的名冊(表 2-4)有了新的變化；即聯誼大會手冊顯示承辦紀錄由原來的年度上、下期改為以春、秋二季方式記載；又會員名單中未見大南澳天后宮列名，顯然該廟已於會員名冊中除名，而增列了蘇澳鎮的南方澳進安宮入會資料。因此名冊中相關於承辦民 100 年下期主辦廟的資訊亦被移除了。[92]此一名單刪除之作法勢將導致後續文獻無法於

---

[89] 宜蘭縣媽祖弘道協會，〈慶祝天上聖母1059歲千秋藝文系列活動暨第二屆第十次春季聯誼大會〉（宜蘭：礁溪澤蘭宮，2018.05.26），頁 10。

[90] 「2019 北臺灣媽祖文化節－蘭陽媽祖護臺灣」於 9 月 6 日至 8 日進行 3 天 2 夜海陸遶境模式。活動由宜蘭南方澳南天宮擔任值東主辦；從南方澳搭船到烏石港，再搭配陸上遶境。北台灣媽祖文化節至今已邁入第 16 年；活動是從 2004 年開始，由臺北市、新北市、基隆市、宜蘭縣、桃園市、新竹縣、新竹市、苗栗縣 8 縣市輪流舉辦的宗教祈福活動。取自：《微笑台灣》https://smiletaiwan.cw.com.tw/article/2279

[91] 「2020 蘭陽媽祖文化節」於 10 月 23 日至 25 日（農曆九月初七至初九）進行 3 天 2 夜的鐵道及陸上巡境；主祀宮廟為「羅東震安宮」。活動由縣長林姿妙帶領縣府局處一級主管及震安宮張倉田主委等人共同宣示啟動。摘錄自：https://cenews.com.tw/2020蘭陽媽祖文化節-今一連3天駕遶境巡守護蘭陽/

[92] 宜蘭縣媽祖弘道協會第二屆第十次聯誼大會，資料顯示本次主辦宮廟為礁溪澤蘭宮，而第二屆第十一次聯誼會則交由冬山鹿安宮接手主辦。其次相關廟宇的負責人部分仍存在為更換之情事，如：宜蘭慈航宮主委吳建興、東澳朝安

未來被讀出的困境。關於退出會員資格之現象，據冬山鄉鹿安宮副主任委員陳金鳳表示，南方澳進安宮（珊瑚媽祖）於 2019 年底入會，而大南澳天后宮則因參與人員缺少之由退出該會資格。[93]

表 2-4 宜蘭縣媽祖弘道協會會員名冊

	宮廟名稱	負責人	地址	統一編號 電話	備註 (承辦)
1	南方澳南天宮	陳正信	蘇澳鎮南正里江夏路 17 號	#9962726 0927-020499	102 年秋季
2	羅東震安宮	張倉田	羅東鎮中正路 35 號	#9552610 0963-305639	103 年春季
3	玉鼎慈天宮	吳建和	礁溪鄉玉田村玉龍路 1 段 477 號	#9884511 0910-259740	103 年秋季
4	利澤簡永安宮	黃適超	五結鄉利澤村利澤路 26 號	#9504257 0935-211898	104 年春季
5	宜蘭慈航宮	吳建興	宜蘭市梅洲里金同春路 67 號	#9283400 0937-157493	104 年秋季
6	東澳朝安宮	莊志雄	蘇澳鎮東澳里東澳路 11 號(舊) 蘇澳鎮東澳里東澳路 75 號(新)	#9986141 0912-096320	105 年春季
7	更新北天宮	吳茂生	頭城鎮更新里更新路 150-6 號(舊) 頭城鎮更新里更新路 150-5 號(新)	#9778209 0910-165450	105 年秋季

宮主委莊志雄、更新北天宮主委康天來、龜山拱蘭宮主委張遠雄、大南澳天祝宮主委林聰明等皆未更換。
[93] 2020.10.25 於宜蘭冬山鹿安宮舉辦中壇元帥聖誕祭典時訪問副主任委員陳金鳳及總幹事楊冠毅。關於108 年下半年由天祝宮、109 年四月主辦：震安宮、109 年十月主辦：南方澳進安宮

	宮廟名稱	負責人	地址	統一編號 電話	備註 (承辦)
8	大吉順安宮	林裕淵	五結鄉大吉村大吉路 55 號(舊) 五結鄉大吉村大吉路 181 號(新)	#9502804 0938-073058	106 年春季
9	龜山拱蘭宮	張遠雄	頭城鎮龜山里龜山路 280 號	#9781181 0928-005496	106 年秋季
10	礁溪澤蘭宮	游建富	礁溪鄉吳沙村開蘭路 161 號	#9281808 0921-824097	107 年春季
11	冬山鹿安宮	李秀彥	冬山鄉鹿埔村永興路 2 段 412 巷 19 號	#9586068 0910-298622	107 年秋季
12	頭城慶元宮	林文淵	頭城鎮城東里和平街 105 號	#9772734 0919-881958	108 年春季
13	大南澳天祝宮	林聰明	蘇澳鎮朝陽里海岸路 68 號	#9982466 0933-946048	108 年秋季
14	南方澳進安宮	張瑞雄	蘇澳鎮南正里江夏路 81 號	#9971239 0933-893512	109 年春季
15	大南澳震安宮	游天藤	蘇澳鎮南強里南澳路 2 號	#9981052 0919-981157	101 年春季
16	大南澳天后宮	李順義	蘇澳鎮朝陽里朝陽路 44 號 已退出會員資格	#9981949 0932-162245	100 年下期

資料來源：宜蘭縣媽祖弘道協會，《慶祝天上聖母 1059 歲千秋藝文系列活動暨第二屆第十次春季聯誼大會》，頁 11。資料顯示三座廟的地址變更，五結鄉大吉順安宮：五結鄉大吉村大吉路 55 號變更為 181 號；蘇澳鎮東澳朝安宮：蘇澳鎮東澳里東澳路 11 號變更為 75 號；頭城鎮更新北天宮：頭城鎮更新里更新路 150-6 號變更為 150-5 號。本表中廟宇序號表列方式係以承辦時間為主。

第二章 宜蘭縣媽祖信仰

根據表 2-1 內容顯示該會之宮廟會員僅 16 座，顯示仍有多數主祀媽祖的廟宇未參與此會。對於參與者少之因，其一源自廟方自我定位與認同的問題，其次是依據該會組織章程規定：

> 入會資格須具備已向政府登記有案之宮廟，或會員介紹經大會決議通過者，未向政府登記有案之宮廟僅能為贊助會員。[94]

此項規定已將多數未登記或規模較小的廟宇排除在外。關於第一項廟方自我定位與認同的問題，取決於各自的經濟問題及信徒人員寡眾，此外與主辦方的交誼關係深淺同樣不可被忽視。

二、 宜蘭地區媽祖廟分佈地圖

從眾多的媽祖文獻資料和檔案史料中，可以提供認識媽祖信仰的發展過程，及其名揚四海久盛不衰的契機。今透過田野的訪查與對話能進一步讀出，媽祖信仰在臺灣拓墾過程中扮演族群融合的橋樑，能於渡海的危難及謀生的不確定性下求生存。根據 2013 年 07 月至 2021 年 03 月期間田野調查結果顯示，以地理分布情況而論宜蘭地區奉祀媽祖（天上聖母）的廟宇計有 39 座。（圖 2-2、表 2-5）頭城鎮 5 座、礁溪鄉 3 座、宜蘭市 5 座、員山鄉 3 座、羅東鎮 5 座、五結鄉 4 座、冬山鄉 4 座、蘇澳鎮 8 座，三星鄉及大同鄉各 1 座。

從調查結果紀錄顯示（表 2-6），宜蘭縣境內各鄉鎮的媽祖廟有增、有減；新增源於新的故事敘述，減少始於廟宇內部人員的不協調，以及信徒的遞減或主事者的變更，亦或因內部附設組織的更迭。宜蘭媽祖廟的考察，提供以理解媽祖信仰文化在宜蘭縣的傳遞，已知其媒介有人際間、風災、水災與海洋，神示與官方指示，以及分香、分靈與分身等特點。媽祖堪稱是臺灣的守護神，張珣〈海洋台灣的民俗與信仰傳統：以媽祖與王爺為例〉文中說

---

[94] 宜蘭縣媽祖弘道協會，《宜蘭縣媽祖弘道協會第 2 屆第 12 次聯誼活動-大會手冊》（宜蘭：頭城慶元宮，2019.05），頁 19。

明了媽祖信仰增強人們在海上活動的信心。[95]媽祖廟眾多的神話裡多與海、水有關。在此點上,宜蘭人即充分的將其有形反映於信仰的形式上。水災、風災與海洋則是宜蘭媽祖祀神的來源之一,非僅只是有關海神的崇拜、信仰或護佑的心理因素,更多是神像實物的取得方式。

表 2-5 宜蘭縣媽祖廟分佈統計

圖 2-2 宜蘭縣媽祖廟分布圖

溪北地區	溪南地區
頭城鎮：5 座	羅東鎮：5 座
礁溪鄉：3 座	五結鄉：4 座
宜蘭市：5 座	冬山鄉：4 座
壯圍鄉：0 座	蘇澳鎮：8 座
員山鄉：3 座	三星鄉：1 座
	大同鄉：1 座
	南澳鄉：0 座
共計 16 座	共計 23 座

資料來源：取自 goole my maps,卓麗珍標示,2021.06.04

---

[95] 張珣,〈海洋台灣的民俗與信仰傳統：以媽祖與王爺為例〉《臺北城市科技大學通識學報》第四期,(2015.04)：75-84。

第二章 宜蘭縣媽祖信仰

表 2-6 分區調查明細表－宜蘭媽祖廟

	宮廟名	地址	創廟時間	祀神來源
頭城鎮	合興 天后宮	忠孝新村合興里54號	民61年(1972)	1955年（民44）大陳島居民撤退來台時一併攜入
	更新 北天宮	更新里更新路150之5號	民71年(1982)	因宮主病難癒，媽祖指示雕塑金身濟世。
	頂埔 慈安宮	頂埔路二段140巷8號 頂埔路二段138號	民104年5月安座	嘉義笨港口港口宮
	慶元宮	城東里和平街105號	嘉慶1年(1796)	嘉慶元年(1796)福建漳浦人吳沙入蘭拓墾由大陸攜來。
	龜山 拱蘭宮	龜山路龜山里280號	民66年(1977)	居民拾獲海上飄來船隻中媽祖神像。
礁溪鄉	玉鼎 慈天宮	玉田村玉龍路一段477號	民73年(1984)	清嘉慶廿年(1816)由先賢入墾茅埔從唐山漳浦渡海來台隨身供奉的湄洲天上聖母。
	礁溪 澤蘭宮	吳沙村開蘭路161號	嘉慶1年(1796)	由吳沙從福建漳浦到台開墾時奉請來台。
	礁溪 聖德宮	奇立丹路72巷18號		（黑面媽祖）

	宮廟名	地址	創廟時間	祀神來源
宜蘭市	二結仔昭安宮	大坡路一段305巷62號	民63年(1974)	福建漳州府南靖縣竹園社
	昭應宮	中山路三段106號	嘉慶13年(1808)	？所有文獻資料中皆未見來源
	梅洲 慈航宮	金同春路67號	明治35年(1902)	村民林南、林彩於颱風洪水中在金同春圳河中順水勢拾得媽祖神像。
	雲慶宮	河濱南路109號	民99年	約民90年時奉請莆田湄洲媽祖，安奉於自家。
	聖母堂	環河路131號		
員山鄉	天旨 普恩宮	中華村龍賢路19號	民79年	79年12月在礁溪鄉中山路設立「天旨礁溪普恩宮」，自雕入靈。
	北后宮	尚德村八甲路4號	民78年(1989)	已更名「北后寺」，改祀釋迦牟尼佛(據聞本廟與普恩宮的媽祖有關係)。
	乾清宮	金山西路72號		湄洲媽祖(木刻)，2014年舉辦慶祝湄洲媽來台30周年慶。

第二章 宜蘭縣媽祖信仰

	宮廟名	地址	創廟時間	祀神來源
羅東鎮	聖安宮	忠孝路48號	民61年(1972)	民51年由嘉義笨港口港口宮
	天后殿	新群北路315號	民109年(2019)	北港朝天宮黑臉媽祖
	聖雲堂	站前南路17號	目前無廟	嘉義笨港口港口宮
	震安宮	中正路35號	道光17年(1837)[96]	清末,行腳僧從中國福建福州媽祖廟背負金身渡海來台。
	奉安宮	四育路	X	嘉義笨港口港口宮
五結鄉	大吉 順安宮	大吉村大吉5路181巷12號	道光12年(1832)	清乾隆30年間,林燕由漳州內地來台時奉持一神像而來。
	天賀宮	福興村中福北路旁	X	嘉義笨港口港口宮大媽祖
	利澤簡永安宮	利澤村利澤路26號	道光6年(1826)	清康熙時期,由福建興化府莆田縣湄洲嶼媽祖廟分靈。
	鐵橄社東聖宮	親河路二段291巷52弄29號	102年12月	嘉義笨港口港口宮
冬山鄉	冬山 定安宮	冬山村冬山路305號	同治11年(1872)	嘉慶15年(1810)奉府憲楊廷理之「詣蘭諭」至噶瑪

---

[96] 此一創建時間為該廟宮後殿右壁〈功德堂緒緣〉碑記載。另根據,陳淑均纂、李祺生續輯,《噶瑪蘭廳志》(南投市:臺灣省文獻委員會,1993年),頁118,紀錄該廟肇基於公元1817年(清嘉慶22年)。

62

	宮廟名	地址	創廟時間	祀神來源
				蘭墾關冬瓜山時供請而來。
	冬山 鹿安宮	鹿埔村永興路二段412巷19號	民75年(1986)	嘉義笨港口港口宮
	珍珠 慶安宮	珍珠村幸福六路493號	約民93年	苗栗縣竹南後厝龍鳳宮
	冬山 慈安宮	廣興村廣安路巷2號	X	嘉義笨港口港口宮
蘇澳鎮	大南澳天后宮	朝陽里潮陽路44號	民48年(1959)待查	西元1886年間，關西咸菜甕徐阿紅隨日本樟腦局來此，隨行攜帶天上聖母令旗。民15年（1926）將令旗焚化與天上聖母金身圓滿合一。
	大南澳天祝宮	朝陽里海岸路68號	民81年(1992)	神指示撿拾漂流木後雕刻與請靈。
	大南澳震安宮	南澳路南強里2號	民48年(1959)	民3年(1914)原供奉土地公，民13年改祀媽祖，廟名南興宮。民37年重建、39年更名為震安宮。

第二章 宜蘭縣媽祖信仰

	宮廟名	地址	創廟時間	祀神來源
	北方澳 海軍進安宮	江夏路81號	嘉慶25年	明軍：蔡牽(鄭氏部將)率軍暨媽祖，鎮座北方澳為基地
	東澳 朝安宮	東澳里東澳路75號	大正2年(1913)	清光緒年間墾民由中壢楊梅南庄攜媽祖香火令旗，後再至北港朝天宮刈香迎靈。
	南方澳南天宮	南正里江夏路17號	民39年(1950)	媽祖顯靈聖示向天庭請神並懿旨信眾到本宮後山取材大樟樹恭雕神尊。
	南方澳港興媽宮	南成里跨港路89-1號	民101年重建	賭博被丟棄的落難媽祖，被南方澳漁船船長撿來的。
	南方澳進安宮	南正里2鄰江夏路81號	民73年(1984)	傳說1.清代，蔡牽(鄭成功的部將)，攜入的隨軍媽祖。或2.嘉慶17年(1812)中國船隻隨船供奉的湄洲祖媽祖。
三星鄉	忠天宮	尚武村2鄰中興路27號	民42年(1953)	清乾隆42年(1777)地方人士虎仔自中土護迎媽祖神像來此。
大同鄉	南山 聖母宮	泰雅路七段156號	民75年(1985)	新北市關渡宮

資料來源：筆者自西元2013年至2021年03月止期間田野調查資料；調查廟宇總計39筆

「後山媽祖」的信仰、神蹟及其類型研究

　　各種文獻資料顯示,宜蘭的媽祖廟在不同時期與不同單位的調查,結果呈現太多的不足與資料沿用。試將各項指標性的文獻資料比對分析製成分布統計表(表 2-7),有效地輔助讀出不同時期廟宇的變遷。各項資料顯示本縣南澳鄉、壯圍鄉至今皆無媽祖廟的建立。其因乃南澳鄉以泰雅族人為多,此地是其族人的移住地,與漢人、噶瑪蘭人、平埔族人分別建立聚落的所在。[97]南澳鄉是宜蘭縣境內土地面積最大,[98]人口密集度最低的區域;[99]《南澳鄉簡史》紀錄泰雅族人於部落時期的宗教信仰唯一之對象,是超自然的全體 Rutux(祖靈)[100],與傳統信仰有關的巫術與巫醫。日治時期日人強勢推行「皇民化」,嚴格禁止祖靈崇拜與傳統宗教祭儀活動,乃至臺灣光復後的西洋傳教士進入山地部落的傳教及教堂建立,仍未見有媽祖信仰的傳入與廟宇建築。[101]《壯圍鄉寺廟沿革誌》記載,壯圍鄉原是平埔族生息之所,自清嘉慶年間,漳籍人林銘盞墾殖開發成功後,原民部落逐漸被漢人社會取代。[102]本書中收錄壯圍鄉的寺廟共計有 36 座,查無主祀媽祖的廟宇。西元 2017 年佛光大學宗教學研究所執行「宜蘭縣壯圍鄉寺廟普查計畫」

---

[97] 陳英明等,《南澳鄉簡史》(宜蘭:南澳鄉公所,2002.12),頁 3。
[98] 宜蘭縣政府,《宜蘭國土計畫草案》(宜蘭:宜蘭縣政府,2019.12),頁 1-4。
[99] 宜蘭縣政府,《宜蘭縣環境保護計畫(第六版)》(宜蘭:宜蘭縣政府,2018.06),頁 2-33。〈鄉鎮特色〉(https://www.e-land.gov.tw)《宜蘭縣政府全球資訊網》,2010.06.28 摘錄。「南澳」...;但它依然是為宜蘭縣內面積最大(740.65 平方公里),人口密度最小(平均每平方公里 8 人),自然資源最豐富,最有開發潛力的鄉鎮。
[100] 台灣總督府臨時台灣舊慣調查會,中央研究院民族學研究所編譯,《番族慣習調查報告書－泰雅族》(臺北市:中研院民族所,1996),頁 40-49。泰雅語的「Utux」「Rutux」主要是指死者的靈,也有南澳人認為「rutux」與「utux 」應該有所區別:「utux」是死者的靈魂;「rutux」是宇宙的喉一存在,祂創造萬物,愛善憎惡,支配著人的命運。摘錄自:陳英明等,《南澳鄉簡史》,頁 248-249。
[101] 陳英明等,《南澳鄉簡史》,頁 248-258。
[102] 張坤三、李東明撰,《宜蘭縣壯圍鄉寺廟沿革誌》(宜蘭壯圍:李東明,1998.05),頁 3-4。

針對壯圍鄉的寺廟普查,結果顯示亦未發現有媽祖廟的建立。[103]至於大同鄉的部分,根據《大同鄉志》記載,早期宜蘭縣的泰雅族有溪頭群領域、南澳群領域二群;大同鄉境內移居的有賽考利克(Sqoliq)與澤敖利(C'oli)兩大支群,係屬於泰雅亞族;[104]閩客族群於

表 2-7 宜蘭縣媽祖廟分佈調查統計表

行政區	1979 年	1990 年	2010 年	2018 年	2021 年
頭城鎮	1	4	4	3	5
礁溪鄉	0	2	2	2	3
宜蘭市	2	2	2	1	5
壯圍鄉	0	0	0	0	0
員山鄉	0	1	0	0	3
羅東鎮	2	2	2	2	5
五結鄉	2	2	3	2	4
冬山鄉	1	2	2	0	4
蘇澳鎮	4	6	5	5	8
南澳鄉	0	0	0	0	0
三星鄉	1	1	1	0	1
大同鄉	0	0	0	0	1
廟宇總數	13 座	22 座	21 座	15 座	39 座

資料來源
1979 年:宜蘭縣政府民政局文獻課編,《宜蘭縣寺廟專輯》,頁 1。
1990 年:游謙、施芳瓏著,《宜蘭縣民間信仰》。
2010 年:〈寺廟查詢〉內政部《全國宗教資訊系統》,2010.06.28 摘錄。
2018 年:宜蘭縣媽祖弘道協會,《慶祝天上聖母 1059 歲千秋藝文系列活動暨第二屆第十次春季 聯誼大會》,頁 11。
2021 年:根據筆者自 2013.07~2021.03 止調查結果統計資料。

---

[103] 參閱佛光大學宗教學研究所「宜蘭縣壯圍鄉寺廟普查計畫」http://120.101.67.68/webPageDetail.do?&fmeLv1Id=395fd233-a1f8-4d9b-be81-e9c6723c5a9f。
[104] 許炳進主編,〈第二章族群源流、遷徙與開拓〉《大同鄉志》(宜蘭:大同鄉公所,2009.11),頁 30。

民國初年參與伐木與採樟而進入大同鄉。[105]然當時並未有紀錄媽祖神像或信仰的傳入,直至 1986 年於南山村的南山部落才出現,第一座應移民墾殖而建立,來自於新北市關渡宮分靈的媽祖廟「南山聖母宮」。[106]至此打破了鄉內無有媽祖廟的紀錄。

蘭陽地區民風淳樸,瀰漫濃厚的鄉土文化氣息,四處可見傳統民間信仰的廟宇宮殿。隨著物換星移,媽祖信仰在宜蘭各地生根發展,早已成為人們日常的精神支柱,也影響當地的人文發展。至今文獻或寺廟登記資料恐多有遺漏,對於寺廟的沿革及祀神源流描述仍有不足,或語焉不詳,或斷章取義之慨,一筆帶過。訪談的紀錄與結果可有效地呈現與釐清,因時間概念所生成的短期或長期的信仰傳播效果。

第三節　宜蘭媽祖信仰的人文社會與環境

媽祖信仰文化追本朔源,多從中國至臺灣。臺灣民眾崇信媽祖的文化是熱誠且深刻。從歷來政府機關的寺廟調查與統計資料顯示,臺灣的民間信仰在明清時期、日治時代,以及光復之後的這三個時期,其發展各具不同的特色。宜蘭縣位於臺灣東北部,地理環境背山面海,使其自然形成一個較為封閉的地域,進而造就出媽祖信仰傳入時的特殊性。本縣兼具山、河、海地形,海岸線長而可親,相較於花東地區更易親近的自然環境。近年受惠於雪山隧道開通,促使觀光休閒相關產業發展。本節論題係根據宜蘭相關自然環境文獻記載,及蒐集 39 座媽祖廟的歷史沿革與祀神來源之碑碣等內容進行分析。以此來觀察媽祖廟主祀神香火緣起,進而了解媽祖文化在宜蘭地區的發展與類型。《重修臺灣省通志》已指出,一般來說,臺灣廟宇主祀神的傳入,大略分三種形式,即分身、分香及漂流。[107]其中漂流而來的諸神中以王爺的數量最多,其次就是媽祖神像。這種因漂流而來的神像,在文獻上歸類為三種因素:其一是與清代內地有送瘟神之慣習,致神像漂流至臺者。

---

[105] 許炳進主編,〈第二章族群源流、遷徙與開拓〉《大同鄉志》,頁 69。
[106] 參見筆者調查資料:「宜蘭媽祖信仰-田野調查資料表」〈南山聖母宮〉。
[107] 劉寧顏總纂,《重修臺灣省通志》卷三,頁 1032。

第二章 宜蘭縣媽祖信仰

其二是推想與移民海上遇難,致所攜神像流失,進而漂流至臺灣。其三則指出原為家祀之神像,遭洪水流失者。[108]以上之論述,在學界對臺灣媽祖文化都有一定程度的研究。然而,以宜蘭縣之碑碣為視角並輔以田野查訪對比方式,及嘗試較全面地研究在地媽祖廟香火緣起則仍未見之。

各類文獻已清楚紀錄清代的臺灣是一移墾社會,寺廟與聚落住民之間關係緊密。受到墾民遷移與區域開發進程的影響,移民聚居後往往奉祀從原鄉帶來的神明,從家祀到輪祀繼而建立寺廟以作為聚落的守護神,藉由此一歷程寺廟也成為臺灣村落重要的地標。宜蘭的媽祖廟即顯示具備此以演進的過程。西元 1980 年代,臺灣經濟蓬勃發展,民間游資泛濫,「大家樂」[109]賭博遊戲風行。一般民眾為求致富積極投入各種地下經濟。一時之間,民眾捲入瘋狂的數字遊戲中,篤信各種超自然現象得以求來「明牌」,紛紛湧入各式神廟、陰廟,甚或墳場與膜拜精怪「求明牌」。「求神佛、問明牌、願發財」,無論正神或陰神只要靈驗都是賭徒爭相詢問的目標對象。[110]在信仰的傳統上,民眾普遍認知意外之財不得求自於正神。因此隸屬於陰廟的有應公、萬善祠或樹靈公等陰神,成為賭徒們經常祭拜、求問的對象。然而隨著這股風潮,輸贏之間的各式答謝神明,抑或惡意丟棄、砍燒毀損,不斷的發生。弔詭的是原為信眾所崇奉與敬仰的正神媽祖,也在這場大家樂的豪賭中承受了無妄之災成為「落難神明」。此一現象在後續的調查中,也成為宜蘭地區部份廟宇祀神來源的特色之一。

---

[108] 同上註,頁 1032-1033。
[109] 「大家樂」是 1980 年代盛行於臺灣的一種非法賭博方式。參閱〈大家樂 (賭博)〉(https://zh.wikipedia.org/wiki/大家樂_(賭博))《維基百科》。2020.08.13 摘錄。
[110] 張家綸,〈「大家樂」下的意外犧牲者──那些臺灣的落難神明〉(https://storystudio.tw,2018-07-16)《故事 StoryStudio 網》,2020.10.25 摘錄。

一、 歷史中的蘭陽平原

宜蘭縣位於臺灣後山的北境,三面負山,東臨太平洋;早期因地形的封閉在地理上自成一自然體系。「三留二死五回頭」[111]、「無彼種命吃到竹塹餅,無彼種腳行到倒吊嶺」[112]等令人聞之膽寒的諺語,是古詩人筆下入蘭地的路途險惡與寫照。從詩人作品中所刻畫出的也是漢人移民、墾拓的親身經歷寫實與臨場感。清乾隆33年(1768)已有漢人召眾入蘭地開墾,因被「番」所殺,雖致事無成,[113]卻是漢人移墾噶瑪蘭之始。「開蘭名宦」[114]楊廷理作詩〈丁卯九日錫口道中〉云:

> 漫道經行曾萬里,危巔措足步徐徐。(由艋舺錫口至蛤仔難,中歷蛇仔形、三貂、崒崒三大嶺,過谿三十六里,危險異常,生番出沒,人多畏之)。[115]

---

[111] 徐惠隆,〈隆嶺古道探源紀行〉《宜蘭文獻雜誌》第25期(宜蘭:宜蘭文獻編輯委員會,2007.01):101。意指清代時期入蘭之初,因古道在瘴雨陰霾中,自然環境惡劣人易患病。漢墾民若以十人為單位,能力克險阻扎根宜蘭的只有三人,二人客死成為七月被普渡的遊魂,五人原路返回。

[112] 意謂人貴在有自知之明,切勿好高騖遠多逞能;具輕蔑、鄙視之意。「竹塹餅」即新竹的糕餅,早期因價格昂貴非一般人能吃得的。「倒吊嶺」即三貂嶺;早年進入蘭陽平原拓墾必經之途,因山林路徑險阻窒礙難行,氣候陰霾、濕熱難定易致人病,故常使人無功而返。

[113] 陳淑均,《噶瑪蘭廳志》(臺北:臺灣銀行經濟研究室,1963),頁370-374。姚瑩,《東槎紀略》(臺北:臺灣銀行經濟研究室,1957),頁69-72。「乾隆三十三年,民人林漢生始召眾入墾,為番所殺。後或再往,皆無成功。」

[114] 臺灣省文獻委員會,〈人物志人物傳篇〉《重修臺灣省通志》卷九(臺北:臺灣省文獻委員會,1998.06),頁150-152。來源自:國家圖書館臺灣記憶系統 https://tm.ncl.edu.tw/。楊廷理一生三次來台,五次進入噶瑪蘭……終於使噶瑪蘭設治……其對宜蘭的貢獻遠超過吳沙。

[115] 陳淑均,《噶瑪蘭廳志》卷八,頁389。

第二章 宜蘭縣媽祖信仰

清嘉慶元年（1796）閩省漳州人吳沙係一「番割」[116]，來臺居於三貂嶺，二次入蘭[117]，後率漳、泉、粵三籍墾民千餘人進入頭圍（今頭城），拉開漢族拓墾蘭陽平原的序幕。[118]漢移民日與俱增，築土圍、闢道路、墾荒埔、設隘寮，[119]正式揭開漢番衝突。待到吳沙獲墾單後，方逐漸奠定蘭陽開發的穩固基礎。[120]連橫《臺灣通史》：

> 宜蘭即蛤仔難，番語也，或曰甲子蘭。三面負山，
> 東臨大海。平原沃壤，久置荒蕪。及吳沙墾土以來，
> 三籍之人相率而至，築堡以居。自頭圍至於五圍，
> 拓地愈廣，浸成都聚。[121]

文獻記載頭城鎮古稱「頭圍」，為漢人移墾蘭陽地區的首域，有「開蘭第一城」之美名。根據頭城慶元宮，俗稱「頭城媽祖宮」碑碣內文顯示，又稱譽「開蘭第一古廟」，係當地最早的媽祖廟；[122]廟名源於「嘉慶元年」造建之意，喻墾民入蘭地的歷史文化意義與價值。[123]清嘉慶15年（1810）噶瑪蘭收入版圖，嘉慶17年（1812）噶瑪蘭廳設置，正式設治於五圍（今宜蘭市）；待宜蘭城衙署齊

---

[116]「番割」根據記載：「沿山一帶，有學習番語，貿易番地者，名曰番割」。陳淑均，《噶瑪蘭廳誌·卷五下·風俗下》，頁236。故漢人中通曉番語，充當番漢之間貿易、溝通者稱為「番割」。

[117] 高淑媛編，《宜蘭縣史大事記》（宜蘭：宜縣府，2004），頁27-28。吳沙計畫開拓蛤仔難番地，於清乾隆52年（1787）攜弟吳立入墾未成，又於清嘉慶元年（1796）再率漳泉粵三籍流民千餘人進烏石港，竹土為拓墾。

[118] 宜蘭全鑑編輯委員會編，〈地理篇〉《宜蘭全鑑》卷一，頁1。

[119] 姚瑩，《東槎紀略》（南投，台灣省文獻會，1996），頁71。廖風德，《清代之噶瑪蘭》（臺北：正中書局，1990），頁103。

[120] 連橫，〈列傳四/吳沙列傳〉《臺灣通史》卷三十二（臺北：臺灣銀行經濟研究室，1962），頁853-857。不著撰人，〈噶瑪蘭廳輿圖纂要〉《臺灣府輿圖纂要》（臺北：臺灣銀行經濟研究室，1963），頁311。

[121] 連橫，《臺灣通史》，頁117-118。

[122] 邱金魚，〈頭城慶元宮-開蘭第一古廟簡介〉（宜蘭：頭城慶元宮管理委員會編印），頁22-24。

[123] 同上註，頁22-26。

備，逐漸成為政治、經濟與文教中心，且寺廟遍地。[124]宜蘭昭應宮媽祖廟就位置在市交通要處，因此具重要性與影響力。昭和 20 年(1945)美軍空襲，導致宜蘭昭應宮後殿木造閣樓被炸毀，部分文物與建築因此損毀。利澤簡又稱里德幹、奇利簡（台語港與簡同音）；[125]原為噶瑪蘭族社，後因漢人入墾而他遷。[126]是繼烏石港後成為蘭陽平原上繁榮的對外商港。[127]在 1924 年宜蘭縣鐵道開通前也是溪南地區的貨物集散地。[128]《臺北州理番誌》記載，利澤簡（Hedecanan）即為噶瑪蘭語的「休息之地」；[129]昔日利澤老街北端原為冬山河河道上的渡口，設有奇力簡渡口。[130]蘭境內主祀媽祖的古老廟宇，有「溪南第一宮，開蘭人文廟」之稱[131]的利澤簡永安宮，據聞主祀神是清康熙皇帝敕封十二尊天上聖母的其中一尊，[132]亦是因應自然環境而建造。

---

[124] 邱秀蘭，〈蛻變的宜蘭城—以歷史空間為例〉《蘭陽博物》第 014 期（宜蘭：宜蘭縣政府文化局文化資產課，2004.04）：14-19。

[125] 〈認識五結-利澤村〉（https://ilwct.e-land.gov.tw/cp.aspx?n=09CCE2B35EC388C1）《五結鄉公所官方網站》2015.06.09 摘錄。

[126] 詹素娟，《族群、歷史與地域—噶瑪蘭人的歷史變遷（從史前到 1900 年）》國立臺灣師範大學歷史研究所博士論文，臺北市，1998 年：歸納噶瑪蘭人居住範圍的共同特徵為海岸沙丘的內側邊緣、沿溪傍水之地，低濕沼澤之域；以狩獵、捕魚為主要生產活動，以及從事小米、玉米、地瓜的種植。

[127] 吳亮衡，〈不只古早味、童玩和雜貨店，宜蘭利澤老街的獨特文化記憶〉（https://storystudio.tw/article/gushi/lanyangnet/，2016-04-22）史多禮《故事 Story Studio 網》，2020.11.25 摘錄

[128] 許美智編撰，《影像宜蘭：凝視歲月的印記》（宜蘭：宜蘭縣史館，2007.10），頁 121。

[129] 臺北州警務部《臺北州理蕃誌》臺北州警務部

[130] 同上註，參閱〈認識五結-利澤村〉。

[131] 游享城，《宜蘭五結利澤簡媽祖廟－永安宮研究》佛光大學宗教研究所碩士論文，宜蘭縣，2018 年，頁 1。

[132] 宜蘭縣政府文化局，〈利澤簡永安宮〉（https://www.lym.gov.tw）《蘭陽博物》第 49 期電子報，2009.02。另「宜蘭媽祖弘道聯誼會」手冊紀錄，永安宮主祀神源於清代商船供奉在挽邊船上的守護神，老船家在不跑船後，將神明奉祀在面對舊冬山河利澤港的沙崙上(今利澤東路舊農會面)。

第二章　宜蘭縣媽祖信仰

　　此外，利澤簡永安宮主委李富松指出，時因河道常擱淺，故常奉禀請媽祖庇佑以利順航，為彰顯媽祖神力信眾多稱為「奇力港」（圖 2-3）。[133]根據鄉耆傳述與記載，利澤簡永安宮興建於清朝道光六年（1827）係背海面山而建，與宜蘭昭應宮於道光十四年（1834），遷至今址改向為坐西朝東，從此廟門不再面海，[134]或有異曲同工之妙意。以上三座媽祖廟應自然環境的變遷與政權的衝擊，在歷史的時間軸上產生了聖俗空間各自表述意義的更迭。而其中的共同點則是廟宇的稱名上，都俗稱「媽祖廟」或「媽祖宮」，象徵時代與歷史賦予指向性的意識形態。

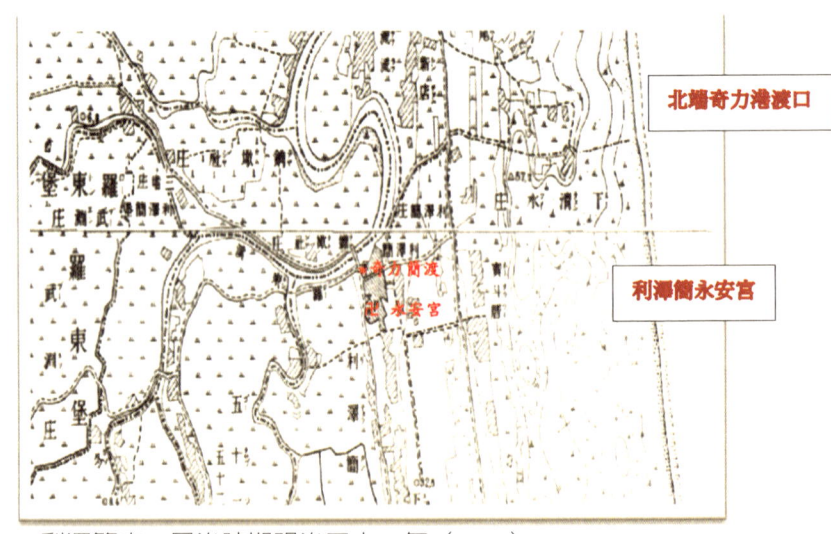

圖 2-3 利澤簡庄，日治時期明治三十一年（1898）
資料來源：《中央研究院人社中心地理資訊科學研究專題中心》(http://gissrv4.sinica.edu.tw/gis/twhgis.asp)，2017.03.28，轉引自：游享城，《宜蘭五結利澤簡媽祖廟－永安宮研究》佛光大學宗教研究所碩士論文，頁 7。

---

[133] 筆者於 2014.03.02 專訪利澤簡永安宮主委李富松（已歷二任第七、八屆），時任第八屆主委。
[134] 林志晟，〈昭應宮與宜蘭人〉《洄瀾春秋》卷 2，（2005.7）：9。

宜蘭地區的開發始於頭城鎮，烏石港更是當時陸路的扼要之地。[135]因此歷史上佔有極其重要位置。《頭城鎮志》中記載，烏石港的淤塞與功能漸失，頭圍港僅維持三十年的光景，昔日的水運時代早以不復返。[136]然隨著時代、環境與政權的更迭，治縣後宜蘭地區的發展逐漸向南擴展，宜蘭市成為繼頭城鎮後的昔日政治、文化中心及商業發展之最。光緒 21 年（1895）臺灣進入了日本殖民時期（1895-1945）；城市發展重心轉至宜蘭城；拆城牆，闢道路，以致城垣風貌產生巨變。[137]直至基隆經宜蘭到蘇澳間的道路完成（明治 29 年，1896），宜蘭線鐵路全線（圖 2-4）通車（大正 13 年，1924），[138]宜蘭縣對外聯繫的交通網絡完成，溪北地區的商業往來繁華景象日漸沒落。[139]道路與鐵道的延展促使溪南的羅東、蘇澳等城鎮迅速崛起與發展，進而取代了溪北的商業地位成為新興的經濟交易區域。利澤簡昔日靠河海所建立與發展的繁景也被羅東取代；從此逐漸式微，正式瓦解了傳統靠水運與人力方式而形成的都市結構。

二、　　母親之河：蘭陽溪

蘭陽平原上的第一大河，蘭陽溪，又名宜蘭濁水溪[140]，是宜蘭的生命之河，流域廣、穿越平原，將蘭境分為溪南、溪北。發源於南湖大山北麓，流淌於雪山和中央二大山脈之間，一路由西

---

[135] 陳淑均，《噶瑪蘭廳志》，頁 8-10。
[136] 莊英章、吳文星纂修，《頭城鎮志》（宜蘭：頭城鎮公所，1985.12），頁 268-269。
[137] 劉惠芳，《日治時代宜蘭城之空間改造》國立成功大學建築學系碩士論文，臺南市，2002 年，頁 26。
[138] 高淑媛編，《宜蘭縣史大事記》，頁 93、133。宜蘭線鐵路是以分段完成，自 1904 年起蘇澳至羅東的輕便鐵路舉行試車，後有 1919 年宜蘭至瑞芳、宜蘭至礁溪，1920 年頭圍（今頭城）至礁溪等，陸續完成。
[139] 盧胡彬，〈頭城的寺廟與地方發展〉《白沙人文社會學報》第 2 期，（2003）：255-304。
[140] 宜蘭全鑑編輯委員會編，〈地理篇〉《宜蘭全鑑》卷一，頁 4。

第二章 宜蘭縣媽祖信仰

南向東北，匯聚二大山脈間二十多條支流的豐沛水量。[141]它貫穿了大同鄉進入蘭陽平原，流經三星、員山、冬山、羅東、宜蘭、壯圍、五結等鄉鎮，與宜蘭河及冬山河會合，在距海岸數百公尺的東港村東側匯集注入太平洋（圖 2-5）。[142]台灣溼地保護聯盟宜蘭分會邱錦和指出「沒有蘭陽溪，就沒有蘭陽平原」，強調蘭陽溪除具備灌溉、飲水等功能是國內外少見的，同時也是打造蘭陽大地的根本。[143]

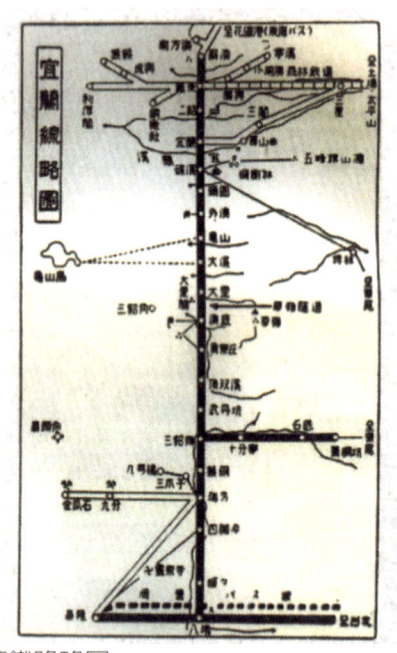

圖 2-4 1935 年版宜蘭鐵路略圖
資料來源：許美智等撰稿，《宜蘭第一》（宜蘭市：宜蘭縣史館，民 99.11），頁 82，2024.05.25。

---

[141] 摘錄自：「中央管河川-蘭陽溪」《台灣河川復育網站（TRRN）》經濟部水利署水利規劃試驗所，http://trrn.wra.gov.tw/，2020.11.29。
[142] 參閱〈蘭陽集水區及溼地生物多樣性研究〉中研院生物多樣性研究中心《臺灣貝類資料庫》。（https://shell.sinica.edu.tw/lanyang/lanyangold/intro.htm）
[143] 陳世慧，〈蘭陽溪水水宜蘭〉（http://www.rhythmsmonthly.com/?p=5303）《經典雜誌》第 128 期，2009.03。

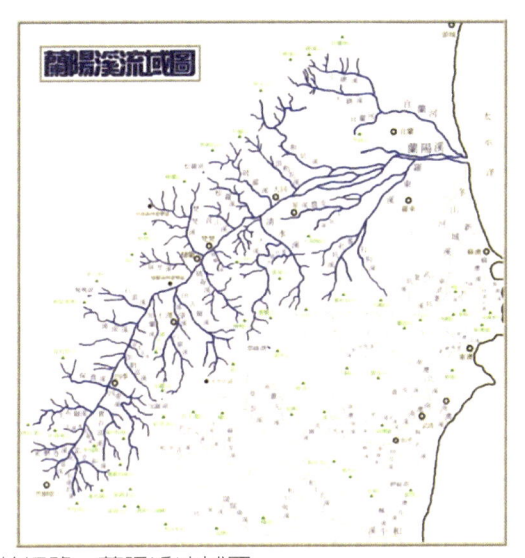

圖 2-5 取自於網路：蘭陽溪流域圖
資料來源：《東海大學》
http://web.thu.edu.tw/deborah/www/index2/stream/lany/lany.htm
，2020.11.23 摘錄。

　　清朝設噶瑪蘭廳以前，傳統上即將宜蘭縣以蘭陽溪為界，由西向東區分為溪北、溪南二大區域；亦即蘭陽溪貫穿蘭陽平原將宜蘭縣自然劃分為溪北與溪南兩個地區。無論是噶瑪蘭人的蕃社分佈，或是漢人入墾的開發與聚落的發展，蘭陽溪對於蘭境的影響在人文界線的形成與區域發展均是深刻且重要的意義。[144]此種區分不僅止於地理上可分別支流發源地，也曾是地方政治版圖的分野界線。[145]二大區域除大同鄉與南澳鄉為山地鄉之外，屬於溪北的有一市一鎮三鄉，宜蘭、頭城、礁溪、員山、壯圍；溪南則有二鎮三鄉，羅東、蘇澳、五結、冬山、三星。二大區域分別以溪北的宜蘭市及溪南的羅東鎮為中心城鎮。區分除原在政治、經濟、

---

[144] 游宏彬，《蘭陽平原溪北與溪南地區發展之比較研究》國立彰化師範大學地理學系碩士論文，彰化縣，2002年，頁1。
[145] 陳世慧，〈蘭陽溪水水宜蘭〉（http://www.rhythmsmonthly.com/?p=5303）《經典雜誌》第128期，2009.03。

第二章 宜蘭縣媽祖信仰

文化上顯現出彼此的差異外,也形塑出居民不同的在地意識,甚至於政經資源的分配產生競逐。此外,更因海岸地形的差異,形成媽祖廟祀神來源上的差異,進而產生豐富的媽祖信仰文化。舉例來說,如溪北地區的媽祖香火與神像來源,多數緣於中國的直接關係,而溪南地區則多數與墾殖的移民攜入為主要構成因素。

從結果來看,漢人移墾入蘭是由溪北向溪南擴散。自清領時期至今,各時期不同政權的經濟與開發政策,是導致蘭陽溪左右二區域發展差異的主因,及呈現出互有消長的變遷和互異的結果。蘭陽平原上的溪北與溪南二區域發展過程,呈現對稱性的中地體系,[146]分別是溪北的宜蘭市以政治、文化教育機能為其特色,溪南的羅東鎮則以工商、醫療中心之機能為特色。值得關注的是宜蘭的母親河:蘭陽溪多不具運輸功能之運用。[147]因此當宜蘭的媽祖信仰傳入與擴散時,皆未與它產生直接或間接的關係。同時亦未見有延著河岸建立媽祖廟的情狀。這種情況與臺灣西部的媽祖廟啟建有著極大的差異。然側臨太平洋的海岸線、港灣、海岬,卻成為宜蘭的媽祖信仰演變發展的主要特色與亮點。例如,西元 1989 年 5 月蘇澳鎮南天宮,以媽祖海上出巡繞境為由,展開「第一次公開的兩岸直航」湄洲謁祖進香;蘇澳的媽祖成為「海峽和平女神」,促使戰後兩岸政治的發展與互動關係被逐漸重新檢視。[148]林瑞愷〈當代臺海關係下的媽祖形象建構〉則說這展示了:「臺灣在經歷解嚴與冷戰時代下的特殊風貌。」[149]而我們看到的是,此舉打破了臺灣西岸媽祖廟排資論輩的晉升機制。

---

[146] 參閱〈蘭陽溪〉(https://zh.wikipedia.org/wiki/蘭陽溪#cite_note-台灣的河川-1)《維基百科》,2020.11.28。

[147] 羅東公學校編著;林清池翻譯,《羅東鄉土資料》(宜蘭:宜縣文化,1999.03),頁 16。蘭陽溪上游河床狹窄,河川陡峻,侵蝕力甚強,無論本流或支流,兩岸經常發生山崩及基岩的嚴重沖蝕。中下游河床寬,泥沙往下流,維持埔流狀。若持續晴天,河床浮現堆積砂洲或大小礫石,影響水路,只能供載運肥料或米穀的小船通行。遇豪雨則溪水滾滾,大水氾濫。

[148] 劉勝驥,〈海峽兩岸宗教交流(1989-2004)〉《新世紀宗教研究》4 卷 2 期(2005.12):54。

[149] 林瑞愷,〈當代臺海關係下的媽祖形象建構〉《思與言》第 58 卷第 2 期,(2020.06):57。

三、　　宜蘭多樣性的海岸地形與地理景觀

宗教研究者皆知，信仰因文化背景的差異，於不同的區域將具有其獨特的特徵。根據宜蘭媽祖廟調查顯示，祀神信仰起源與天候、海流的潮汐有關。因此對之展開瞭解有其必要性。

宜蘭縣境內有山，更有水。蘭陽平原的至高點南湖大山北峰[150]，早期因神秘、疏遠而崇高且神聖，只可遠觀，非一般人可褻玩。詩人筆下的穿鑿附會與傳聞，更添山川神秘色彩。水中的「龜山島」是守衛著整個蘭陽平原的地標。「龜山島讓我想家」是說者的承諾、情感或意願在內的陳述。[151]宜蘭俗諺「龜山迌頭」，源於觀看者的視角相對位置差異及角度不同所致錯覺的誤認；[152]看起來「龜山島好像是活的」。但從科學角度檢視時亦標示出，宜蘭縣整體海岸線樣貌是向內（陸）凹的弧形，即稍向西凹入約成北南走向的口袋狀地形特徵。[153]宜蘭的海岸線全長百餘公里，北端起自於三貂角，南端到南澳鄉澳花村的和平溪口。[154]從海岸構成的性質來看，宜蘭的沿海涵蓋岩岸、沙岸、河口沖積沙洲，以及壯觀的斷層海岸；[155]張智欽指出，宜蘭多樣的海岸地形特徵大致有三：北

---

[150] 楊建夫，《台灣的山脈》，臺北：遠足文化，2001年：南湖大山北峰3592公尺，屬於中央山脈，行政區劃屬於宜蘭縣、臺中市。

[151] 陳偉智，〈「龜」去來兮！—龜山島與宜蘭文化史初探〉，黃于玲編輯，《眺望海洋的蘭陽平原—「宜蘭研究」第四屆學術研討會論文集》（宜蘭：宜蘭文化局，2002），頁250。

[152] 張智欽，〈宜蘭自然環境特徵與人地關係〉《宜蘭社區大學三週年校慶學術研討會論文集》（宜蘭：宜蘭社區大學，2003），頁144。造成龜山島迌頭的誤認主因，係宜蘭海岸線向內（陸）凹的弧形產生視覺偏差造成的。龜山島從龜甲最高點到頭部的方向為東南東方位（方位角約115度），所以在宜蘭不同位置看到的龜山島不僅外型迥然不同，連龜首也好像作南北180度轉向。

[153] 鍾鴻文，《宜蘭海岸地形斷面特性分析與預測》國立成功大學水利及海洋工程研究所碩士論文，臺南市，2003年，頁15。

[154] 同上註。

[155] 〈環境背景〉（https://works.ilepb.gov.tw/01001_W_02/p1.html）宜蘭縣政府海洋保護局《宜蘭縣海洋資訊網》，2019.08.11摘錄。宜蘭全鑑編輯委員會編，〈地理篇〉《宜蘭全鑑》卷一，頁4：「宜蘭縣的海岸北起自頭城鎮之外澳，南至蘇澳鎮南方澳海岸，長凡百餘公里。以海岸構成的性質而言，宜蘭緣海，均為沙岸。」本段文字記載與後人研究資料相對粗糙許多。

段的礁溪斷層海岸[156]、中段的蘭陽沖積海岸,以及南段的蘇花斷層海岸(宜蘭與花蓮縣界)[157]等不同類型海岸。[158]海岸類型,源自於海域特殊的地理位置與複雜的海底地形,以及海流系統。毛正氣〈臺灣東北角海域－戰場與環境特性〉一文指出,臺灣東北角因海底自然地形所衍生出的,如渦漩、湧升流、內波(internal wave)、瘋狗浪(rouge wave)及離岸流(又稱裂流,rip current)等的特殊海洋現象,未必發生於臺灣以外的海域;但唯獨存在於臺灣北部海域,且對海域漁產及我國的海軍有著特殊的影響與意義。[159]此外,沿岸易有瘋狗浪、海中也會產生詭浪,進而造成船難與傷亡事件。[160]

臺灣北部海岸是整體海岸線構成最為複雜的;海洋流況受黑潮、大陸沿岸流與臺灣海峽暖流的影響,無論空間、時間的變化狀況均具其複雜性。[161]不同季節中三大海流流場水文的變化狀況(圖 2-6),顯現出水文路徑如何能將物帶來並進入宜蘭地區的沿岸。此外,我們嘗試以臺灣周圍海域水深 20m 流矢圖說明(圖 2-7),每年秋冬時節海洋流況的交會與衝擊,(圖 2-6)致使船隻漂流至龜山島與蘇澳鎮。(圖 2-8)南方澳進安宮與北方澳進安宮二廟係出同源,而《蘇澳鎮志》所記載,該廟供奉的媽祖神像即源於中國漁船的「船仔媽」,因颱風巨浪受損而靠岸避颱[162]。筆者

---

[156] 石再添,〈東部蘇花及礁溪斷層海岸的地形計量研究〉《台灣師大地理研究報告》3,(1976):57。因中央山脈和雪山山脈間有斷層通過,此中央構造線延長至蘭陽平原以北。

[157] 臺灣省政府教育廳編著,《台灣的地形景觀》(臺北:度假,1980),頁 67。整段海岸由於蘇花斷層逼近海岸的影響,除了少數河口外,都是斷崖幾乎沒有平地。

[158] 張智欽,〈宜蘭多樣的海岸地形與特殊地理景觀〉(https://www.lym.gov.tw/)《蘭陽博物》第 020 期(宜蘭:宜蘭縣政府文化局文化資產課,2006.09)。

[159] 毛正氣,〈臺灣東北角海域－戰場與環境特性〉《海軍軍官》第 36 卷第 4 期(2017.11):26。

[160] 毛正氣,〈海軍軍官應知的臺灣東北角海域〉《海軍學術雙月刊》第 51 卷第 1 期,(2017.02):119-136。

[161] 許群著,吳朝榮編輯,〈臺灣海峽(Taiwan Straits)海流介紹〉(https://highscope.ch.ntu.edu.tw,2011/07/28)台大《科學 Online 高瞻自然科學教學資員平台》,2021.05.21 摘錄。

[162] 彭瑞金總編,《蘇澳鎮志 下卷》,頁 699。

「後山媽祖」的信仰、神蹟及其類型研究

圖 2-6 臺灣北部海域海流圖，圖(左)是夏季海流圖；圖(右)是冬季海流圖
資料來源：毛正氣，〈海軍軍官應知的臺灣東北角海域〉《海軍學術雙月刊》第 51 卷第 1 期，（106 年 2 月 1 日），頁 124。

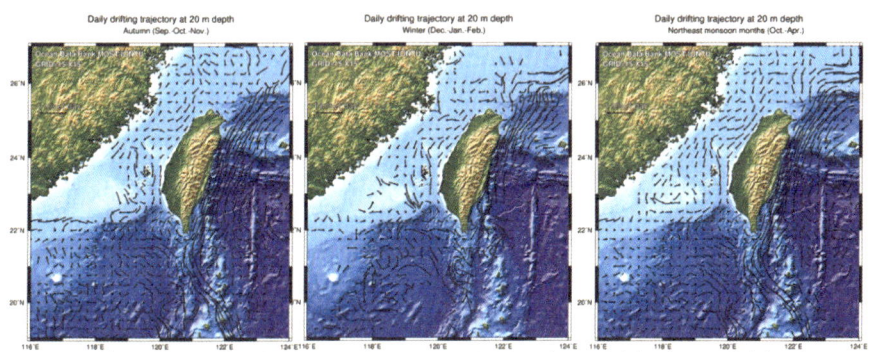

圖 2-7 臺灣周圍海域水深 20m 流矢圖：（左）秋、（中）冬、（右）東北季風期
資料來源：〈物理海洋：海洋流資料〉(http://www.odb.ntu.edu.tw/)《科技部海洋學門資料庫(Ocean Data Bank)》，2021.05.26 摘錄。

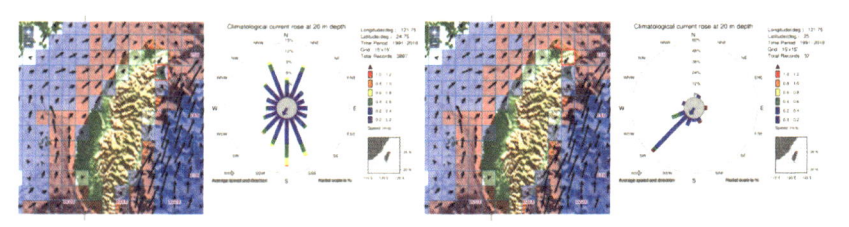

圖 2-8 多年平均水深 20 公尺之 15 分網格海流玫瑰圖
資料來源：〈物理海洋：海洋流資料〉(http://www.odb.ntu.edu.tw/)《科技部海洋學門資料庫(Ocean Data Bank)》，2021.05.26 摘錄。

整理訪談與寺廟沿革碑結果可知，龜山拱蘭宮是居民於龜山島沿岸，拾獲海上飄來船隻中的媽祖神像；宜蘭梅洲慈航宮，是於颱風洪水中在金同春圳河中順水勢拾得媽祖神像；大南澳天祝宮是拾獲神像雕刻用的完整木頭；南方澳港興媽宮則同樣是在海上拾獲的媽祖神像。

臺灣的東北季風始於每年 9 月至次年 5 月，亦即東北季風期盛行於每年秋冬時節。宜蘭縣的海岸因直面太平洋，且面迎以東北季風與颱風環流雙重的共伴效應；[163]每當遇豪大雨或颱風侵襲，海灘及沿海地區易有重大災害。同時對於整體重要的生活經驗與地景有著顯著影響。《噶瑪蘭廳志》蘭陽雜詠八首的〈漏天〉詩中寫到：

> 聞道黔中雨勢偏，秋冬蘭雨更連綿。氣迎塞北風掀浪，地處瀛東水上天。補石欲邀媧再鍊，變桑誰信海三邊。可憐沖壓艱修復，租稅年年泣廢田。[164]

深刻描寫著蘭陽地區因秋冬多雨，天災所造成的海陸變遷及身家財產受損之悽苦景象。此外，共伴效應進而導致沿海地區，如蘭陽溪出海口沿岸的壯圍鄉蘭陽溪美福段，五結鄉蘭陽溪出海口南岸，南澳漢本地區嚴重的漂流木堆積。[165]根據新聞報導指出，為因應汛災帶來的漂流木之災，宜蘭縣府甚至設立專區供開放民眾撿拾，及舉辦海岸漂流木防災清理示範演練，以期疏解堤防蔬果種植專區便道被遭淹沒，及滿坑滿谷的木頭屑。[166]從沿海地區漂流木

---

[163] 林淑芬，〈宜蘭地區秋季共伴豪雨與聖嬰-南方震盪的遙相關〉《大氣科學》第 46 期第 1 號，（2018.03）：35-68。

[164] 陳淑均，《噶瑪蘭廳志》卷八，頁 420-421。

[165] 〈颱風遠颺：蘭陽溪美福段仍堆滿漂流木〉（https://news.housefun.com.tw，2015-08-18）、〈南澳漢本地區：開放撿拾漂流木〉（https://news.housefun.com.tw，2015-09-15）《好房網 News》，2021.03.28 摘錄。〈蘭陽溪出海口南岸堆置場漂流木：開放民眾撿拾〉（http://www.taiwanhot.net/?p=645677，2018-10-25）《台灣好新聞》，2021.03.28 摘錄。

[166] 林美玉，〈向海致敬~海岸漂流木防災清理示範演練〉（https://ntnews.com.tw/向海致敬海岸漂流木防災清理示範演練/）《北台灣新聞網》2020-05-29，2021.05.21 摘錄。

的堆積來看，壯圍鄉、五結鄉、南澳漢本地區等三個堆積點相對的也是撿拾神像，抑或神像雕刻木料的起始。因此漂流木未必只能成災。對於蘇澳鎮的大南澳天祝宮媽祖廟而言，卻是媽祖神旨意的源起。根據 2014 年 02 月訪談天祝宮主委林聰明及林李桂香夫婦，及他們所提供的資料顯示，該廟的主祀神祇即是從走永灣（或走勇灣）撿拾的漂流木所雕刻而成。[167]據聞該批木料係經天上聖母顯赫指示來源自中國大陸，時因民 79 年黛特颱風侵襲蘭陽地區，經由海水運來。其中有一木全長三丈六尺以上，以作為天祝宮武身（站姿）的媽祖金身之用。後此廟的立身（站姿）媽祖亦成為媒體與學界追逐的焦點。從上述的海岸地形、海洋流況以及天候的結果呈現，海流的方向及季節的變化造就水流媽祖的去向。因此宜蘭地區媽祖信仰與海洋亦關係密切；經常可以撿到神像，不僅止於海神的指向或保護神之崇信，同時亦證實祀神源流的起緣。

第四節　宜蘭媽祖廟考述

臺灣早期的閩粵移民隨身懷藏媽祖靈符、香火以求平安渡臺；而隨著移民的船跡所至，媽祖的香火處處深根，立廟崇祀，促使媽祖信仰得以在臺灣綿延數百載。宜蘭地方的自明性（identity）[168]，來自於歷經不同時期的歷史、文化累積。早期蘭陽平原的媽祖信仰傳入是與漢族移墾息息相關。但卻未必然相同於西岸的媽祖香

---

[167] 筆者於 2014 年 02 月 28 日與主委林聰明及宮主林李桂香進行訪談，主委因病精神略顯萎靡，今已離世。當日正逢為立身媽祖更衣，筆者有幸見證未著衣裝的金身像。

[168] 凱文．林區（Kevin Lynch）著，胡家璇譯，《城市的意象》，臺北：遠流，2014。轉引自：張世昌，《地方自明性與休閒產業發展關聯性之探討－以梅山鄉大坪社區十年發展歷程為例》（新北市：行政院農委會水土保持局，2019.11），頁 13；「自明性（identity）」今空間或地理研究領域上頻繁出現的詞彙，有辨別、識別之意。社會學常作為「認同」解釋，例如文化認同、種族認同。吳盛忠，《全球化趨勢下台灣都市商業街道自明性之研究》成功大學都市計畫學系碩士論文，臺南市，2005 年；自明性，一種能令居民與空間使用者產生認同感與歸屬感的空間特質。

火起緣與形式。蘭地媽祖信仰文化歷經清朝移民攜入傳播，日治時代皇化運動，以及光復後、兩岸通航等更迭，業已展現宜蘭地方的歷史生命與文化。信仰在這空間下組構了地方居民的共同記憶與特色。

相對於臺灣西部和北部，蘭境內整體的聚落、生活社會的空間等成型歷程較短許多。宜蘭地區的都市空間與發展，主要奠基於日治時代的都市計畫及建設；由清代時期的擁擠雜亂，逐漸轉化為井然有序。[169]隨著移民開墾而設立的宗教建築—媽祖廟宇，多屬漢式的歷史建築與空間為主。因此我們可以藉由對木、石、磚、瓦等自然的建築材料及構法的分析，來理解祠寺的建築歷史與社經脈絡等。[170]其中以頭城慶元宮、宜蘭昭應宮、羅東震安宮及五結鄉的利澤簡永安宮等至為顯要。蘭陽地區的第二次移民來自於臺灣島內，因為天災、政治、土地與繼承的問題，逐使宜蘭、花蓮、臺東三個區域的移民於本質上產生了差異。以上不同時期的移民因素，可透過媽祖廟建築的碑碣記載與訪談，助我們釐清並見證廟宇與村莊間密切的發展關係，同時反映了蘭境內媽祖信仰的現況。

宗教是信仰的力量，它滌淨人們的內在心靈部分。[171]人的性格與生活行為都倚賴這個內在的信念。但信仰不應該只存在於人的內在部分。學者以信仰或概念來證明某種文化存在的依據。[172]2005年《物質性宗教》（Material Religion）期刊的出版，[173]標示著宗教

---

[169] 蘇美如，《宜蘭市志 歷史建築篇》（宜蘭：宜蘭市公所，2001），頁28。

[170] 葉永韶，〈維護宜蘭歷史空間之自明性—傳統建築木作技藝保存初探〉《蘭陽博物》第014期（宜蘭：宜蘭縣政府文化局文化資產課，2004.04）：41-53。

[171] A. N. Whitehead著，蔡坤鴻譯，《宗教的創生》(臺北：桂冠，1995)，頁3。

[172] Keane, Webb. "The Evidence of the Senses and the Materiality of Religion," Journal of the Royal Anthropological Institute (N.S.): S110-S127

[173] 轉引自：Editors (2005). "Editorial Statement". Material Religion: The Journal of Objects, Art and Belief. 1 (1): 4-8. 2005年"Material Religion: The Journal of Objects, Art and Belief ":'*Publishes research on religion that occurs in material culture and related practices, such as Ritual, communication, ceremony, instruction, meditation and more.*'(https://www.tandfonline.com/toc/rfmr20/current#)。創刊主要發表關於發生在物質文化和相關實踐中的宗教的研究，例如儀式、交流、儀式、指導、冥，想等。如研究宗教圖像、物體、空間和物質實踐等項目。

的研究已超越了過去教義或經典的刻板印象。吾人皆知，漢人的民間信仰中，神的靈力具象不僅止於神像上，也存在於其他的「物」與空間之上。例如祭祀用的香爐、剩餘物的香灰、符、旗等等，不一具足。2006 年張珣以「物」為概念探討，香與香火蘊含的價值與象徵。說明香火才是靈力的本體，背後除了有媒介功能、精神性象徵，還隱含了嗅覺所引發的感官體驗。[174]林瑋嬪《靈力具現》從具象的觀點並結合物質文化與靈媒的研究，從物質性的角度分析宗教實踐。[175]李豐楙「常與非常」的理論觀點；宣告正常與非常具生產、變化說的結構性意義。[176]常與非常所銜接、組成的是人的生活。宜蘭媽祖廟的建立形塑了安定民心、規範社群之重要力量。最初的墾民或移民為保風險與心靈慰藉，離家時隨身攜原鄉習慣信仰，以期藉由「物」的神聖性與靈感象徵，得以從常與非常之間使新的生命獲得再生與新生。筆者以為進入此類迴圈彷彿返回生命之根、力量之源，因而使信仰得以延續、深根；即是這種非常時空內的非常行為。

臺灣各地有關媽祖的傳說以及靈驗事蹟很多，為學界所關注的研究也不勝枚舉。各地的媽祖神蹟可謂是各具明顯的地域化色彩，甚至有各自成神的略歷都能在信徒之間被傳誦。在宜蘭地區有關媽祖廟的主祀神，媽祖神的香火起源的故事不少；但是多數以單一廟宇為主要論述，鮮少以較全面性的方式採集，更遑論分析研究。本文藉由宜蘭地區媽祖廟所立，相關主祀神與寺廟沿革之碑碣探討以及田野訪談 39 座宜蘭縣內的媽祖廟，藉以分析其主祀神媽祖的香火緣起與類型。除了宜蘭昭應宮多見於《噶瑪蘭廳志》，如載：「天后廟：俗呼「媽祖宮」，在廳治南，東向。嘉

---

[174] 張珣，〈香之為物：進香儀式中香火觀念的物質基礎〉《臺灣人類學刊》4(2)，(2006)：37-73。張珣，〈進香、刈火與朝聖宗教意涵之分析〉《人類與文化》22，(1986)：46-54

[175] 林瑋嬪，《靈力具現—鄉村與都市中的民間宗教》，臺北：臺大出版中心，2020.01。

[176] 李豐楙，《神化與變異：一個「常與非常」的文化思維》，北京：中華書局，2010.10。

慶十二年，居民合建。」[177]而該廟的沿革志並無文述之。39座媽祖廟的香火大致可分為五種類型。這五種類型之間並不互斥，大部分媽祖廟的緣起傳說通常只有一種。而北方澳進安宮與南方澳進安宮為同源的香火，擁有相同的祀神起源。另外香火的緣起與寺廟創建，雖然多數都有文字或碑碣的記載，但難免也發生紀錄與口述歷史不符的情況。而此種情形通常發生於規模較大，或意圖擴大發展的廟宇。此外，為能與友宮媽祖廟有競爭實力或交陪作用，成立副設組織如神將會、莊儀府、聖轎會、千順會等以維持廟宇人脈經營與信仰熱度，並且藉此有效留住信徒及招募新血，以權力運作方式達到教化作用，繼而延續媽祖信仰的宗教文化。

一、　　碑碣形制與內文

從清朝移墾時代的臺灣來看，居民多數來自中國大陸的閩、粵各地。在宜蘭，媽祖廟的碑碣記載，清嘉慶七年（1802）既有吳沙率眾入墾蘭陽平原，墾民隨身帶來原鄉的宗教信仰，以祈保佑平安；而縣內的移民則自民國後始有發現。相關的歷史得以於媽祖廟宇的碑碣紀錄中尋獲。

（一）形制、材質

參訪臺灣各式的廟宇之時，細心者或興趣者不難發現多數宮廟或內或外多立有各式形制、質材的「碑碣」碑記。許慎《說文解字》卷九云：「碑者，豎石也。」「碣者，特立之石。」[178]。「碑碣」是碑刻的統稱。方者為碑，圓者為碣，後多混用。立碑刻石，必取堅實的物料雕造；青斗石、花崗岩是最常見與被使用

---

[177] 柯培元，《噶瑪蘭志略》（臺北：台灣銀行經濟研究室，1961），頁 61-62。謝瑞隆、黃毓恒編著，《宜蘭縣媽祖信仰研究》，宜蘭：宜蘭縣政府，2022.06，亦採用相同資料。

[178] 漢·許慎撰，宋·徐炫等校定，《說文解字》（四部叢刊本）卷九下，（景日本岩崎氏靜嘉堂藏北宋刊本），頁 57。取自：https://zh.wikisource.org/wiki/Page:Sibu_Congkan0068-許慎-説文解字-4-3.djvu/57。

的選材,其次如觀音石、玄武岩與大理石等則為極具地方特色。[179] 近代的料材還有水泥、洗石子等。宜蘭地區媽祖廟所採用的碑碣材質有數種,主要是因應媽祖廟興修的時間、財力或主事者的主觀意識而為之。簡要的將素材加以分類,有石材、木料、磁磚,以及最精簡的影印用紙等四種。前三種形式的碑記多數直接嵌入或黏貼於牆壁而未設碑座。若設置有碑座者,多立於廟庭之外廟埕之境內,如頭城慶元宮、礁溪澤蘭宮,以及三星忠天宮。以碑碣係記載媽祖廟之歷史沿革或祀神來源的統計結果,採用石材碑碣的媽祖廟有18座,書寫於紙張者有4座,無任何記載者有15座,廟體工程仍在興建中的1座:玉旨普恩宮。共用歷史者1座:南方澳進安宮。無論立碑之立意為何,仍以便於信徒、民眾觀看的地點為主。

綜觀宜蘭縣的媽祖廟採用石材製碑記者為多數,而木製材料較為少見;目前僅見於宜蘭昭應宮「宜蘭昭應宮宮前大樓概略」(附件2-11)及北方澳海軍的媽祖廟「海軍北方澳進安宮沿革紀實」匾以木料刻寫(圖2-9、附件2-22-2)。石料運用,依據廟宇創建時期差異,清領時期以火山岩石質材雕刻為主,如溪北的頭城慶元宮、宜蘭市昭應宮,溪南的羅東震安宮(附件2-13-1)最具代表性,皆為歷清領時期修建完成之百年建築歷史老廟。日治時期或民30-50年間,則多以磁磚拼貼後書寫[180]或銅板等材質為多,如大南澳天后宮(附件2-19-2)、東澳朝安宮(附件2-23)是以磁磚作為廟宇捐款名錄,龜山拱蘭宮(附件2-8-1)、三星忠天宮(附件2-25)、大南澳震安宮(附件2-21)、北方澳海軍進安宮則為神龕建築的用料;冬山定安宮則採用洗石子檯面加磁磚裝置的雙重藝術展現的神龕。

值得一提的事,據筆者的觀察與訪談暸解,關於使用影印紙(多數為粉紅色或黃色紙張)作為廟宇沿革簡介的媽祖廟,有利澤簡永安宮(附件2-15)、大南澳震安宮(附件2-21)及天祝宮

---

[179] 何培夫,〈臺灣碑碣概覽(上)〉《國立中央圖書館臺灣分館館刊》8卷2期(2002.06):68-70。
[180] 何培夫,〈臺灣碑碣史料之採拓與整理〉《臺灣圖書館管理季刊》第1卷3期(1995.07):86;指出,宜蘭現存日據與民國碑碣多以磁磚構成。

第二章 宜蘭縣媽祖信仰

圖 2-9 北方澳海軍媽祖廟木刻碑碣
攝影：卓麗珍，日期：2013.08.10

圖 2-10 東澳朝安宮沿革採用文獻複印本
攝影：卓麗珍(翻拍)，日期：2014.02.28

圖 2-11 利澤簡永安宮樑腐壞的大樑
攝影：卓麗珍，日期：2014.03.02

（附件2-20-2）。李富松[181]表示，本廟建物因屬縣列古蹟無法任意變動，即使添加沿革碑都很難；但因廟體古蹟主體結構的大樑腐敗（圖 2-11），也是經縣府核准今剛重新更樑。現址後方土地上正進行加建一座新的廟，未來相關的碑碣也會被考量與安排。唐美麗[182]及林聰明[183]皆表示，廟中無設立沿革碑首因於殿堂設計與施工時未能考慮周全；又因資金募集或經費上的整體考量暫時無法

---

[181] 利澤簡永安宮第八屆主委主委李富松，提供一張〈利澤簡的精神地標—永安宮〉給筆者。

[182] 筆者於2014.02.28訪大南澳震安宮，二張〈震安宮沿革史〉由唐美麗師姐提供。現年57歲，1993年起即任該廟的乩童至今，主祀神指示拜陳天水為師。

[183] 筆者於2014.02.28日訪大南澳天祝宮與主委林聰明及宮主林李桂香。主委提供數張資料，其中一份是「媽祖顯赫聖示 雕刻「立姿」金身「草圖」」的手繪稿及建廟緣起。

86

立碑;或是因為書寫的內文可能涉及較複雜的問題,故而遲遲不能成行等所造成的遺憾。現實反應的情況是,目前沒辦法有效解決這類的困境,廟方人員只能以消極的方法,但積極態度盡量完善處理,也有像東澳朝安宮,直接採取文獻資料影印、裱框。(圖 2-10)當然也存在著沒有立碑,連紙張簡介也都沒有的媽祖廟,就佔了有 14 座。有立碑,但卻不是歷史沿革;文字內容都以人名的捐款名錄為主,如五結鐵橄社東聖宮(附件 2-16)。

以上的探討,可觀之相關於物質性媒介的描述,有效提供媽祖廟建立的時空背景與社會經濟產物的連結。亦即可解讀廟宇在歷史時間流中,宗教建築所呈現的共同特色與限制。其次闡明廟宇的經濟狀況與人的運用,導致此宗教物的選擇被延遲或捨棄,從而影響整體的廟宇空間特色。因此嘗試著眼於時間線性來看,物料的開發與生產是符合時代風格的產物。廟宇這個構造物,是被提供屬於宜蘭地方的地域材料與匠藝所營建的。[184]李乾朗《臺灣的寺廟》以歷史為時間軸,將臺灣傳統的漢人廟宇概分為,渡臺期、農業期、商業期與綜合發展期等四個時期[185]。此種分期有效對應於說明,宜蘭地區媽祖信仰傳入與媽祖廟建立的狀況;不同時期所建立的媽祖廟,展現出各自不同時代樣貌。

(二) 碑碣內文

碑碣堅硬而不朽,乘載著歷史、人文與環境等故事的起承轉合。銘刻紀事,立碑以昭示垂後。宜蘭媽祖廟的碑誌,提供見證媽祖廟的發展歷程;文字涵蓋寺廟興修、祀神緣源與應化、地方與村落關係、官方敕封與神蹟等等不一的史料敘述。從地理位置及地方開發史而言,留有當時代的文獻或碑文記錄的證明,有其不可或缺之重要性;否則後人多數實難完全掌握寺廟的創建時間。[186]

---

[184] 葉永韶,〈維護宜蘭歷史空間之自明性—傳統建築木作技藝保存初探〉(https://www.lym.gov.tw/)《蘭陽博物》第 014 期:41。
[185] 李乾朗,《臺灣的寺廟》(臺中:臺灣省政府新聞處,1986.06),頁 12。
[186] 王志宇,〈清代臺灣彰南地區的媽祖信仰—東螺街及悅興街的發展為中心〉《逢甲人文社會學報》第 15 期,(2007.12):149。

第二章 宜蘭縣媽祖信仰

　　歷史沿革碑碣或書寫的內文，促使我們得以探索與瞭解寺廟緣起的各種契機。前文已論，宜蘭地區 39 座媽祖廟可考證，即有歷史沿革碑或文字紀錄可待參酌者僅有 24 座（參附件 2-5 至 2-34），其餘未立文之媽祖廟僅能憑藉田野的逐一探訪與追朔。2008 年，黃騰華、李小穩〈清代臺灣地區的媽祖碑刻述論〉文中，將臺灣媽祖碑刻內容分成，記述媽祖護國庇民的神蹟、建築的修建、財產和捐贈等三類。[187]王志宇〈臺灣寺廟碑碣與村莊社會（1683-1945）〉則以：應用神蹟感應、修建沿革、捐題記錄、開支記錄、喜捨香田（租）及其他等六項作論述。[188]針對宜蘭地區媽祖廟所撰刻的碑記或內文分析結果顯示，主要包含的不外乎幾種內容。如以顯示主祀神的神像緣起與來源、神蹟感應；因應寺廟的興建、修建、重建的修建沿革；或捐置香火，或籌資募地的捐題紀錄等等因素的描述。又或有應信徒的捐貨，故而豎立碑碣以表彰的香燈田業；或簡易說明金流的收支紀錄。最後是相關廟宇籌建組織或管理組織成立的資料，以及地方人物的記載、祀典相關之變遷。其中以宜蘭市二結仔昭安宮較為不同，載清道光年間因宗祠遭亂賊擄掠焚毀而導致中道衰落，輾轉至 1974 年逐募款集資興建二樓乙棟媽祖廟。綜上所述，又以興修過程與香燈田業是最為常見的情節。

　　根據各媽祖廟之沿革描述，以碑文的紀事描寫、敘述，及文意表達與修辭的差異最為明顯。觀以文言文撰寫的沿革碑文，僅見於 1996 年 3 月立碑的礁溪澤蘭宮（附件 2-16）。因涉及政權或政治因素，導致碑文內某些文字已被挖除，可於羅東震安宮的碑記中找到。否定沿革碑文與事實之間存在差異的廟宇，有玉鼎慈

---

[187] 黃騰華、李小穩，〈清代臺灣地區的媽祖碑刻述論〉《現代臺灣研究》01 期，（2008）：64-66、27。
[188] 王志宇，〈臺灣寺廟碑碣與村莊社會（1683-1945）〉《通識研究集刊》第 15 期，（2009.06）：1-23。

天宮[189]（附件2-15）、冬山鹿安宮[190]（附件2-33）。至於文獻無記載，甚或連訪談都無法明確追朔祀神係由何人攜來的廟宇，如合興天后宮（附件2-9）、大南澳震安宮。而冬山定安宮僅記載，本宮開基媽由先賢林國賢入墾冬瓜山（冬山鄉舊名）時恭請來，並未言明自何地所奉迎。（附件2-34）擴建中的玉旨普恩宮透過官員紳士所撰寫的沿革簡介，提醒我們廟宇與村莊或信徒之間有著一層互動關係與特殊的連結。

綜觀宜蘭地區媽祖廟，早期受到漢移墾開發的影響，後則為島內的遷徙所致。而依據媽祖廟的廟體建築結構看來，具有一定規模者多數與聚落住民之間關係緊密；甚至可能是村莊的主體或為村莊的地方公廟。因此碑碣的豎立就顯得必要，除常成為具有公告周知之目的外，亦宣告媽祖廟是地方的信仰中心。

二、 香火緣起的類型

神像，在漢人的宗教文化中佔有極重要的位置，舉凡生活日常、儀式進行都可見人們至心的上香、頂禮、膜拜，表達祈願，甚至離家或遠行也會攜帶。臺灣民間信仰的廟宇所供奉的神祇，可謂「群像」且多元，無一全然相似的。然在這多元的「群像」之中，吾人皆清楚與明白，主祀神祇是廟宇的核心，信仰的依憑。人們依照功能、需求，賦予各式神祇不同的職稱與職能。從田野的訪談現場證實，無論規模大小在媽祖廟內所供奉的媽祖神像，鮮少只有一尊，且人們各自表述其信仰神蹟，並給予符合「應化」的貼切稱呼，以凸顯其個別的獨特性。媽祖廟內最重要的的神像是源於最原初的，象徵媽祖神的「物」，它可能是神像、令旗、令牌、香灰、敕化過的相片等等。廟方多以「開基」稱之。除去

---

[189] 2021.03.27 訪主委吳建和表示，碑文內容與事實有落差；但顧及人際與前人聲譽不便處理。

[190] 冬山鹿安宮的「歷史沿革碑」立於民國101年9月。然根據筆者於2009-2011年間與創始人之一陳章發深入訪談，該碑文的內容是有出入的。此外，筆者於2009-2010年受神之邀在該廟教授道教概論之課程，五位學員皆表示廟方內部對此文案存在著爭議。現任主委李秀彥亦表示，起因於撰文者劉清重（監委）個人的私慾，偽造了部分事實；考慮未來要再重新製作之必要。

第二章 宜蘭縣媽祖信仰

神像之外,其他的「物」或許會在適當的時刻,藉由儀式進行被轉化。非媽祖神像的「物」與神像合而為一,成為形同唯一的聖像。對應於開基媽祖的另一重要神像是「鎮殿媽祖」。鎮殿媽祖、開基媽祖是用以表述區分媽祖神像功能的身份。兩者可以是合而為一尊,而更多是應寺廟規模的擴建、變遷所產生一分為二的設置。「鎮殿媽祖」是作為媽祖廟主祀神象徵的存在,具負責鎮守大殿之意。二者之功能或職能,廟宇各自表述。無可否認是今多數媽祖廟已有巨大化鎮殿媽祖造像之現象。此一為二或二為一的田野現象,在探詢過程中具重要線索,不容錯失與遺落。此外,當開基媽祖被視為重要資產時,有可能被廟方刻意的隱藏或隱瞞,甚或置放於非顯目之位置,以防失竊。所以導致訪談中的提問將變得無比重要。

　　本節論題係就上述調查的 39 座宜蘭地區媽祖廟,所蒐集紀錄的歷史沿革與祀神來源之碑碣記載及訪談內容,分析主祀神媽祖之香火緣起的類型。除去已有碑文記載的15座,書面紀錄的4座,其他 20 座輔以田野訪談為主要分類依據。根據以上調查結果顯示,宜蘭地區媽祖廟的香火緣起大致可區分為五種類型。(一)源自於墾民、移民遷徙攜入;(二)擱淺船隻或河、海上(邊)拾獲;(三)依神諭,尋木雕刻與入靈;(四)近三十至五十年間的分香行為;(五)不明或被遺忘。五種類型之間不排除有以時間作為斷面的結果。

(一) 源自於早期墾民、移民遷徙攜入

　　宜蘭地區媽祖廟的建立,史料記載始於清嘉慶元年,與吳沙(1731-1798)入蘭地墾殖有關;日治時代後有島內因官方派遣移墾,1945年後有因天災家園受損、及生計困難與需要,由臺灣西半部地區遷移入蘭陽平原。不同時期的墾民或移民攜帶原鄉信仰媽祖入蘭境,藉此使得信仰得以延續。本類型並無特定族性之淵源,多數指向媽祖神像源起於福建。宜蘭縣屬於此類型的媽祖廟共有 12 座。本類另一特點,多為開拓先鋒之媽祖神像,因此立廟後當地都以「媽祖宮」稱之。

「後山媽祖」的信仰、神蹟及其類型研究

　　首先是有「開蘭第一古廟」之稱的頭城慶元宮，俗稱「頭城媽祖宮」，文獻記載始於嘉慶元年（1796）福建漳浦人吳沙入蘭拓墾由大陸攜來。[191]礁溪吳沙澤蘭宮主祀媽祖有「開蘭第一媽」或「開蘭聖母」之稱，據載同為吳沙從福建漳浦到台開墾時奉請來。[192]原供奉在吳沙舊大厝內，經吳沙後世孫轉贈，因此得廟名。玉鼎慈天宮於清嘉慶 20 年(1816)由先賢入墾茅埔從唐山漳浦渡海來台隨身供奉的湄洲天上聖母。但此尊媽祖金身並未安奉於寺廟之中，而是以輪祀方式由值年爐主所供奉。玉鼎慈天宮的開基媽祖至今仍維持輪祀的現象，在宜蘭地區是前所未見的。據聞宜蘭縣史館正積極的協調借出該廟的輪值紀錄，以為宜蘭縣留下珍貴史料。宜蘭市二結仔昭安宮的媽祖，於清朝乾隆年間由唐山過臺灣的移民陳純補夫婦（陳氏第十三世祖），由福建漳州府南靖縣竹園社奉請而來。初期落腳於北部瀉口(今臺北市內湖區)以打鐵為生。清嘉慶二年(1797) 陳純補逝，其妻賣娘率子等三人來到噶瑪蘭梅洲圍二結仔墾荒，並創建二結仔城底四合大院為根基。清道光年間因遭亂賊擄掠焚毀宗祠；媽祖神像流轉於爐主家奉祀，直至民 63 年興宮建廟方再次定點供奉。[193]二結仔昭安宮雖擁有歷史悠久的祀神，但因早期供奉於家族宗祠為家族神，非地方公廟，因此未具「媽祖宮」的稱名。以上時間為論述排序，將宜蘭縣溪北地區媽祖廟的開基媽祖神像被攜入做分項說明。

　　宜蘭縣溪南地區有三星忠天宮於清乾隆 42 年（1777）由地方人士虎仔自中土護迎媽祖神像來此；問何為中土？廟方今已無人知曉。冬山定安宮建於道光 24 年（1844）原為福建移民的公廳信仰[194]，據載嘉慶 15 年（1810）先賢林國寶奉府憲楊廷理之「詣蘭諭」至噶瑪蘭墾闢冬瓜山，時由供請而來。利澤簡永安宮是蘭陽溪以南最古老的廟宇之一，主祀神媽祖神像於清康熙時期由福建

---

[191] 2014.03.15 訪廟祝吳先生，他表示頭城慶元宮的歷史已有許多地方可以查得，故另提供一份簡介小冊及媽祖會的資料供參照。此外因訪談日感冒咳嗽不止，他立即書寫一張「止嗽實驗良方」贈與筆者。
[192] 李心儀、陳世一編著，《礁溪鄉誌增修版》，頁 442-443。
[193] 參見：〈宜蘭市二結仔昭安宮沿革〉碑所載。
[194] 彭瑞金總編，《蘇澳鎮志 下卷》，頁 699。

興化府莆田縣湄洲嶼媽祖廟分靈而來；建廟於清道光六年（1826），曾歷多次修葺，但舊廟建築仍保持原貌，今已列為縣定文化古蹟。羅東早在清末時期已是蘭陽平原溪南地區的重鎮，「羅東媽祖宮」是羅東鎮最早的媽祖廟；建於清道光 17 年（1837）[195]；同治 6 年（1867）有五結人黃永集資，將廟改建成前中後三殿建築。該廟主祀神媽祖是清末時行腳僧從中國福建福州媽祖廟背負金身渡海來台；[196] 1923 年時因地震而傾倒，經再募款整修後定名為「震安宮」。[197] 西元 1886 年間大南澳天后宮有關西咸榮甕徐阿紅隨日本樟腦局來此，隨行攜帶媽祖令旗； 1926 年廟方決定將逐漸風化破損的令旗焚化與媽祖金身圓滿合一。大吉順安宮，清乾隆 30 年間（1765）有林燕由漳州內地來台時奉持一媽祖神像而來。初為私人家中奉祀之守護神，祈求無不靈驗，鄰者聞之求佑亦頗靈効，後鳩首公議建一小祠同奉。東澳朝安宮僅記載於清光緒年間墾民由中壢楊梅南庄攜媽祖香火令旗，後再至北港朝天宮刈香迎靈。

　　以上個別分述此類媽祖祀神緣起，相關移入蘭陽平原的時間點都在清領時期及日治時代。近代則只有頭城合興天后宮於 1955 年因政治因素由大陳島居民撤退來臺時一併攜入。廟中的鎮殿媽祖神像被以紅布巾蓋著，從外觀的觀察判斷應是頭部被暫時移除，僅剩頭部以下的身體部位。本廟位於民眾活動中心旁，但因到訪時廟中及附近皆無人，致使無法完成追朔媽祖神像是何人、何廟而來；是為遺憾事。

（二） 擱淺船隻或河、海上(邊)拾獲

　　本類的開基媽祖神像來源，明確的指向是從水中拾獲。無論是河水或是海水，河邊或海邊，皆告示蘭陽地區獨特的海岸線與洋流結構，以及天候造成的水流影響有密切的關係。宜蘭縣媽祖廟祀神緣起屬於此類型的共有五座。此五座媽祖廟有四座建於鄰

---

[195] 參見：震安宮後殿〈功德堂諸緣〉碑所載。另一說法為，陳淑均，《噶瑪蘭廳志》（南投：臺灣省文獻委員會，1993）頁 118；肇基於清嘉慶 22 年（1817）。
[196] 游永富纂修，《羅東鎮志》，頁 705。
[197] 羅東公學校編著，林清池翻譯，《羅東鄉土資料》，頁 54-55。

近海港旁,一座位於水圳附近。是以於灌溉水圳的流域或遇船隻擱淺而於水中撿獲漂流物,神像,相對性高出許多。

　　五座廟宇祀神的緣起,在溪南地區有北方澳進安宮、南方澳進安宮、港興媽宮等三座。北方澳海軍進安宮乃目前全臺唯一位於軍事管制區內的媽祖廟,是南方澳進安宮前身,即原始起源地。據沈哲瑋班長[198]表示,北方澳海軍進安宮今隸屬於國防部中正港海軍駐軍單位管理,管理委員會由軍方組成,並由指揮官龔李坤為主委(2013年)。1965年因國防部需闢建軍港,原北方澳村民全部遷村至南方澳定居,並另新建廟於蘇澳漁港前,仍命名為「進安宮」;但業已是二座不同管理單位的廟宇了。2009年有珠寶商捐贈一尊以深海寶石珊瑚雕成的「寶石珊瑚媽祖」給南方澳進安宮,[199]此後宜蘭人為有效區分二廟,會以海軍媽祖稱北方澳進安宮,以珊瑚媽祖指稱南方澳進安宮。關於祀神媽祖的來源說法有二種,其一說是鄭成功的部將蔡牽攜入的隨軍媽祖;其二是嘉慶17年(1812)中國船隻隨船供奉的湄洲媽祖。南方澳港興媽宮據聞是賭博被丟棄的落難媽祖,被南方澳漁船船長撿來的。

　　溪北地區有龜山拱蘭宮及梅洲慈航宮等二座。此二廟同時也是宜蘭媽祖聯誼會的會員廟。拱蘭宮原位於蘭陽平原東面太平洋上的龜山島;龜山人多以討海維生。簡英俊表示拱蘭宮本來是太子廟,大概是1941年左右有一艘大陸船擱淺,船上無人,但有一尊媽祖神像,之後被撿回同奉。[200]島民以媽祖的神階高於太子爺(哪吒),而改奉媽祖為主祀神祇;從此拱蘭宮變成媽祖廟。[201]1974年島民被強制以戒嚴之說,全數遷居至臺灣本島。龜山島也如同北方澳一樣,因軍事需要與駐軍目的不再給一般人民居住或逗留。

---

[198] 2013.08.10 訪談人沈哲瑋班長,軍階下士,經他本人同意可以於論文中提及姓名。訪談結束後,筆者獲贈一媽祖公仔為禮物。他表示自己信奉關聖帝君,至軍區後才認識媽祖的。本廟因位於管制區須申請才可參訪,全程需有軍方人員帶領方可進入。主委由每任的指揮官擔任。

[199] 〈沿革傳承〉(http://www.jag.org.tw/about.aspx)《南方澳進安宮》,2021.04.09 摘錄。

[200] 2014.03.16 專訪簡英俊(龜山里里長、發展協會幹),他所說的拾獲神像的時間與〈拱蘭宮沿革〉碑記載約於1896年不符。在此仍採用訪談之說法。

[201] 參考資料:〈拱蘭宮沿革〉碑。

遷回本島的島民經共同協商於 1977 年籌辦重建事宜，1979 年新廟落成，西向故鄉龜山島。清嘉慶 16 年（1811），金同春圳由吳惠山為圳戶頭家自資開挖，佃戶納水租谷，[202]光緒 8 年（1882）定名為「金同春圳」[203]。灌溉區域包括梅洲圍、三鬮仔(今梅洲慈航宮附近)、二結、辛仔罕(今宜蘭市新生里)、五間等地。[204]梅洲慈航宮的開基主祀媽祖源於清嘉慶 13 年間，一次蘭陽地區的颱風洪水，村民林南、林彩於今廟前的河中順水勢拾得一尊媽祖木雕神像。據考證此河即是光緒 8 年（1882）定名為「金同春圳」的私人關建水圳；日治時代被收編成為公共埤圳，納入農會系統。梅州的村民得知消息後，皆認為是聖母蒞境，要來庇佑村莊的，於是在溪崁的地方建立一座草庵恭奉金身。

　　林美容〈媽祖與水利〉云，「媽祖與海、與水、與雨的關係，可說是其來有自」，[205]〈媽祖信仰與地方社區─高雄縣媽祖廟的分析〉則說，近海漁村的媽祖廟的媽祖是經過海的洗禮。

（三） 依神諭，請神、尋木雕刻與入靈

　　宜蘭縣內此類型的媽祖廟計有 4 座。主要生發因素多與特定的個人其自身所體驗或經歷有關。經驗的過程必藉由媽祖的神諭或神聖降臨所感昭的靈感接觸，抑或因自我欲望的祈求，寄託於神聖得以求度及化解；即苦難的被看見。此類型的廟宇興起和啟建，多數與個人所謂靈感體質相關；且多數的個人於未來也終將成為所謂神的代言者居位，或稱巫覡、乩身等特性。

　　四座媽祖廟主祀神祇緣於神諭者，分別是位於溪北地區頭城鎮的更新北天宮、員山鄉的天旨普恩宮，以及位於溪南地區蘇澳鎮的南方澳南天宮、大南澳天祝宮。根據更新北天宮的沿革碑內

---

[202] 林仁川，〈光復前臺灣農業水資源的開發與利用〉《台灣研究集刊》第 4 期，（2000 年）：72。
[203] 李界木，〈開埤築圳是開發宜蘭的關鍵-金同春圳-行腳九芎城〉（https://tw.news.yahoo.com，2020.05.21）《民報》，2021.04.18 摘錄。
[204] 參考資料：清治日治的蘭陽，http://media.ilc.edu.tw/6y/TC/602/6022.htm，轉引自：〈金同春圳集水暗渠幹線與受臺集水暗渠幹線的共同埋設(臺北州)〉，約 1920 年代，資料來源：國家圖書館 臺灣記憶 https://tm.ncl.edu.tw/。
[205] 林美容，〈媽祖與水利〉《七星農田水利季刊》2，（1997 年）：62-65。

容所示，本廟開基媽祖緣起於高雄三保宮；時有村婦篤信媽祖虔誠，是日恍惚若神附體經月餘，逐成媽祖乩童，又遇宮主生病難癒，得媽祖神諭欲濟世宜雕塑金身供村民膜拜。[206]徬徨的尋神旅途中，巧遇高雄三保宮廟務人員同宿台北圓環旅社。廟祝表示，神像雕刻與入神儀式皆源自鹿港鎮的佛具雕刻師；刻成後的神尊被迎至高雄三保宮駐駕三個月，以吸收靈氣及加強靈力。玉旨普恩宮原名「天旨礁溪普恩宮」，1990 年 12 月創建於礁溪鄉中正路，與員山北后宮有祀神上的淵源。原開基媽祖神像係廟方自請佛具師雕刻，並由廟方神職人員執行入靈儀式。據胡宜凱[207]表示本廟因內部人事變異，組織分解。1995 年天旨普恩宮另集資購地 3.53 公頃於員山鄉粗糠段以籌建新廟；2018 年赴嘉義溪北六興宮迎黑面三媽分靈；歷十數年於 2020 年舉行遷宮移駕大典。今廟貌巍峨、宏偉壯觀，主祀神媽祖正式由「六興靈脈」正座；更名為「天旨普恩宮」。大南澳天祝宮的開基媽祖是經天上聖母（媽祖）神指示，於颱風過後至蘇澳走永灣海邊撿拾漂流木雕刻與請靈。此媽祖神像之獨特處是以一完整的實木所雕刻而成，高七尺二寸（約 216 公分）腳踩蓮花之站立姿媽祖像；其隨侍千、順二將軍亦是實木所雕。南方澳南天宮，媽祖顯靈聖示讓信眾至本宮後山取材大樟樹恭雕神尊，再向天庭請神、請懿旨，即舉行開光點眼與入靈儀式。

　　神諭是媽祖神威即將顯靈的訊號。因為有神的旨意，所以神蹟成了信仰最重要的支撐。神應許了信眾的祈禱，解救了人們的苦難。感念媽祖庇佑之事，不僅成為地方靖安的精神寄託，也成為鄰里間的美談。

（四） 近三十至五十年間的分香行為

　　從學者的研究已知，不同的移民人群各有其信仰與奉祀的主祀神，移民將從原鄉攜帶來的信仰所象徵的保護神再新闢之地來

---

[206] 參考資料：〈更新北天宮天上聖母沿革〉碑文。
[207] 2021.01.02 訪天旨普恩宮總幹事胡宜凱及建築師廖天生（1946 年生，生肖屬狗）。據聞原「天旨礁溪普恩宮」的開基媽祖目前在員山鄉的北后宮。廖建築師表示，新廟的用地、建築與使用執照等皆符合宜蘭縣政府規定逐一申請與通過。本訪談取得同意，已存有錄音檔。

供奉，作為原鄉信仰的延續，也作為新社會的標誌。[208]早期移民的人群是有祖籍與地緣關係；移民一方面在新環境中有共同的語言、習俗，甚或共有的認同，可以提供新社會組成的生活內容。[209]進而言之，這些標誌在早期可能是移民群聚與聚落形成的過程；但近代人群與祖籍結合的基礎依然存在，而村莊以宗族群聚並不發達，且以雜姓村居為多。探究此類媽祖廟的起源可知具有共同特性，招朋引伴，同舟共濟，「食好鬥相報」等標誌。

　　蘭陽地區的開發史較晚於臺灣西部地區。宜蘭地區媽祖廟的主祀神來源的形式多數以分身呈現。如上述，早期來自中國大陸攜入的神像而非香火，近代多於島內，但卻非一定是各大寺廟。[210]媽祖信仰的傳入以時間作為斷點，宜蘭縣屬於此類型的媽祖廟共有 13 座；且超過百分之五十的分香源自嘉義縣東石鄉笨港口港口宮。分香的媽祖廟之所以多數緣自於同一座祖廟，有其值得關切的議題。七座來自於嘉義笨港口港口宮的廟宇，如最早有聖安宮於 1962 年及分靈來羅東，此後陸續有冬山鹿安宮、五結天賀宮、羅東奉安宮、冬山慈安宮、鏢橄社東聖宮，以及 2015 年才安座的頂埔慈安宮等皆分靈來自同一地。大同鄉的南山聖母宮的主祀神像，於民 75 年因至南山地區墾殖，而由新北市關渡宮所迎請的媽祖神像。此廟亦是全宜蘭縣地理位置海拔最高的一座媽祖廟。宜蘭雲慶宮約 2001 年時奉請莆田湄洲媽祖安奉於自家，於 2011 年建廟於宜蘭的東港路上（現址）。冬山鄉珍珠慶安宮，於 2004 年至苗栗縣竹南後厝龍鳳宮分靈來；且本廟目前借地給「蘭陽白沙屯媽祖宗教文化協會」提供白沙屯媽祖暫時駐駕之所，直至規劃另設會館文成後再行迎出聖駕至協會祭祀。礁溪聖德宮則迎奉的是彰化和美天聖宮(黑面媽祖)。員山乾清宮於 2014 年舉辦慶祝湄洲媽

---

[208] 張珣，〈分香與進香媽祖信仰與人群的整合〉《思與言》33（4），(1995.12)：89。

[209] 施振民，〈祭祀圈與社會組織—彰化平原聚落發展模式的探討〉《中央研究院民族學研究所集刊》第 36 期，（1973）：195。

[210] 同上註，施振民，〈祭祀圈與社會組織—彰化平原聚落發展模式的探討〉《中央研究院民族學研究所集刊》第 36 期，頁 195。「主神的來源是分火，早期來自中國大陸，後期出諸本島各大寺廟。」

來台 30 周年慶，主祀神為木刻的湄洲媽祖。近期則是羅東天后殿，於 2020 年自北港朝天宮黑臉媽祖。

此類的香火緣起在訪查過程中發現一現象，即主祀神同源，但另換神尊神像。此現象發生於冬山鹿安宮的創始組織人員間，因想法或廟務運作理念產生衝突而分道揚鑣，導致來自於嘉義笨港口港口宮的開基媽祖（主祀神像）因此被請走之事件。而該媽祖神像原始主人則另行建立一冬山慈安宮。此事致使冬山鹿安宮主事人員們，緊急透過嘉義笨港口港口宮協助與媽祖的應允，從新迎回一尊媽祖神像供奉。今該廟經營的廟務昌榮，信徒廣布；已然成為地方知名的公眾媽祖廟。另外關於《宜蘭民間信仰》記載，羅東聖安宮創建年代「待考」部分及天賀宮的資料不全部分。經查聖安宮祭典組吳組長表示，宜蘭人一般習慣以「嘉義仔媽祖」稱聖安宮的媽祖，用以區分羅東鎮最早的媽祖廟，俗稱「媽祖間」的震安宮。此種說法於田野場域中得到多數信徒與宮廟人員的確認。主祀神則於 1962 年 3 月黃啓從笨港口港口宮恭請三媽祖（金媽祖）神像隨行至羅東定居，早期為私人祭祀。聖安宮係於 1980 年 12 月 29 日改建完成。查《羅東鄉土資料》[211]、《羅東鎮志》[212]文獻亦得以證實。又陳鏗芳表示，聖安宮就是嘉義來的有錢人在拜的廟，以前非常排外，對於非其族群人大多無法參與廟務。近年因內部生態已變遷，早期參與的人員陸續凋零，致使廟務運作沈寂一段時日。[213]天賀宮今位於第五高速公路羅東交流道出口處附近，查正確地址為宜蘭縣五結鄉福興村中福路 18 號。該廟於 1997 年加入道教會，2002 年 5 月 10 日完成寺廟登記，宜蘭縣政府發給證書號 91 府禮補字 322 號，負責人為張新力。據居民表示，此廟發跡與早期大家樂時期有極大關聯，以問事起家，主祀神源自嘉義笨港口港口宮大媽祖。當年來往信徒很多，通常傍晚後直至半夜人仍不散。據鹿安宮前副主委陳金鳳表示，今該廟可謂門可羅

---

[211] 羅東公學校校編、林清池譯，《羅東鄉土資料》。
[212] 游永富纂修，《羅東鎮志》，2002。
[213] 2021.05.03 訪羅東聖安宮祭典組組長陳鏗芳先生；他同時兼任冬山鄉鹿埔調訓宮及鹿安宮的常務監察委員。

第二章 宜蘭縣媽祖信仰

雀,已失去當時風景;與各廟交往的信徒年齡都較年長,年輕人很少。

藉由田野的訪查,我們有機會為前人的資料做一更正與補充,同時顯示宜蘭地區媽祖信仰的傳入與區域的發展有密切的關係。

(五) 不明或被遺忘

宜蘭地區媽祖廟被歸類於此類型共有六座。將媽祖廟歸類於此主要是因已無法追朔祀神的來源,或祀神已不存在,或已改奉他神非媽祖廟。

從文獻中所得,宜蘭昭應宮亦稱「媽祖宮」是宜蘭唯一一座由清朝廷撥款協助闢建的媽祖廟。在眾多的文獻、資料,甚或廟方所提供的資料中皆未能找到相關此廟媽祖神像的來源。[214]但對於廟宇的建築與特色,以及供奉清朝治理地方有功的官吏,三尊身著清代官服的木雕金身則多有介紹。大南澳震安宮,1914 年原供奉土地公,1924 年改祀媽祖,廟名南興宮;1948 年重建,1950 年更名為震安宮。經多方的查找仍無法得知大南澳震安宮媽祖神像的來源,受訪者也表示連他們廟方人員也不知道,能問的人都不在了。羅東聖雲堂原由嘉義笨港口港口宮分靈來的,今原址無廟。據羅東天后殿曾仲德[215]表示,該廟已搬遷,且主祀神已改祀中壇元帥;經查確認無誤,已更名「龍聖宮」改址於原廟斜對面。據玉旨普恩宮總幹事胡宜凱表示,員山北后宮係出同源,原主祀神媽祖與礁溪玉旨普恩宮有關係。經查該廟業已更名為「北后寺」的佛寺,主祀神改祀釋迦牟尼佛。原媽祖神像已不再祀內。最後是宜蘭聖母堂,至今未查獲主祀神來源。

---

[214] 增田太福郎,《臺灣の宗教》(東京:養賢堂,1939),頁 169。「宜蘭郡宜蘭街 昭應宮 嘉慶十三年(一八〇六年)四月の創立。沿革未詳であるが古い廟である。」

[215] 2020.01.01 訪羅東天后殿委員曾仲德(現年 22 歲)表示,羅東聖雲堂以陣頭經營為主,曾於廟會過程中發生爭執事件,聽聞今主祀神已改祀。筆者查該廟已搬至宜蘭縣羅東鎮站前南路 42 號,更名為「龍聖宮」,改祀九龍太子、蓮花太子、中壇元帥。。

時空的演進與天候的變化,對於神像或象徵靈性物,如令旗、廟宇的建築及其結構用材均是重大考驗,在宜蘭多數媽祖廟也面臨相同的問題。1986年李乾朗的調查說明了,臺灣的寺廟還能維持清初的原廟者已經所剩不多。[216]訪談紀錄顯示,截至目前為止,每一座媽祖廟大多經歷過至少二次或以上的拆除、整修或重建。神像部分則更多是重新處理或以改變其本來型態,如同是已列入文化遺產古蹟建築的利澤簡永安宮,也曾經歷這些歷史痕跡的轉變過程。至於奉祀神像部分,最明顯的變化是臺海開放後,增奉軟身媽祖的廟宇比例提高。同時各種建材、神像製作等工藝技品從大陸來的比例也提高。以上現象在此略舉個案說明,而不逐一介紹,例如到訪時無人的頭城合興天后宮,主祀神及副祀神呂祖大仙,皆是以軟身方式製作;南方澳進安宮,增添媽祖的父母親的軟身金身。位於宜蘭河堤旁的雲慶宮,以及目前正興工建造新廟的利澤簡永安宮,則皆專程派員至大陸選材、挑雕刻師等。或許只能說,歲月嬗遞、神廟歷經數度修葺,已成不爭的事實。

　　觀察探究的結果呈現,對於祭祀或信仰的範圍部分,自清領時期至民國七十、八十年代則明顯具備多數在地的地區性信徒及祭祀範圍的類型。雖然地域性的疆界與所謂的祭祀圈,現今已應環境的變遷及現實的需要,信徒的來源以及交陪廟宇的擴張而有所改變,然則「死忠的」信徒,仍以在地區域性的原始居民為主。至於寺廟的建築地點,多數緊鄰在社區的發展協會或活動中心附近,如龜山拱蘭宮,頭城天后宮、北天宮,蘇澳天祝宮、朝安宮等,連結社區資源。相關於廟宇殿堂中除主祀的媽祖以外,副祀神祇的設立同樣亦具備當地信徒身分的特殊,例如調查記錄中有關合興天后宮(頭城)副祀漁師大神,又稱漁師爺為大陳人的守護神。據聞從浙江省台州列島撤退來臺的「大陳義胞」[217],在大陳島人尚

---

[216] 李乾朗,《臺灣的寺廟》,頁20。
[217] 陳緯華、張茂桂,〈從「大陳義胞」到「大陳人」:社會類屬的生成、轉變與意義〉《台灣社會學》第27期,(2014.06):51-95。「大陳撤退」是一個特殊的軍事行動,發生在民44年2月(1955.02)。撤退的包括軍隊、游擊隊,以及大陳諸島(上下大陳、漁山、披山以及南麂島)上所有的平民百姓。由國民

第二章 宜蘭縣媽祖信仰

未遷臺之前,居民們大多以出海捕魚為生,因此供奉漁師爺為保護神及呂祖大仙即呂洞賓。礁溪澤蘭宮的吳沙、宜蘭昭應宮的「三大老」等。1991年以後成立的媽祖廟,則多數較不具備單純的區域性質,而偏向於擴展性的信徒特性。而這類的媽祖廟,同時祀神的來源也較偏向源於臺灣西岸的分香、分靈等;又以嘉義笨港口港口宮的三媽祖為多數。

最後,根據上述,多數廟宇強調其主祀神來源與福建莆田市湄洲媽祖祖廟的香火關係;相較之下與臺灣西部的媽祖廟,主要則以維持友誼交陪為主。因此,訪談的過程中亦多位受訪者有表示,在年度的媽祖聖誕活動時,廟方多以邀請的方式至西部宮廟「請媽祖來作客」數日,並於各項活動與儀式結束後返還。而這些被邀請來的媽祖,通常來自於熱門的幾座廟宇如:臺北關渡宮、鹿港天后宮、北港朝天宮、新港奉天宮、笨港口港口宮等眾所熟悉的。這現象也說明,宜蘭地區與西岸廟宇間不同之處在於沒有島內大規模朔源進香活動文化有關;但卻有浩浩蕩蕩或幾度轟動的,無論是從海上或天上前去中國大陸尋祖探源、認親的臺海交流。

根據採訪資料分析結果,我們尋找出民眾信仰媽祖的情形和媽祖廟宇的建立並不是隨機分佈的。相關於民眾的居住地區、社經地位及教育程度,以及形成的社會文化狀況與世俗化趨勢,皆提供後山媽祖信仰進行發展的基礎相關聯。另一方面與多數廟宇主事者成長的經驗和宗教信仰的意識形態有關,如個體飽經憂患、疏離感、失序等可能有更強的依附宗教信仰的趨勢。[218]主要源於宗教有提供象徵意義系統的功能。當因生活或經歷而生出無意義感的傾向時,宗教賜予信仰者一種力量。或因社會規範之失序致使無規範感所帶來的困擾,回歸宗教與自身原始信仰以求解決。最終信仰者的集體意識(Collective consciousness),強化群眾對媽祖

政府主導這一事件之意義的詮釋;將這批來台的民眾界定為「義胞」,而非因為戰爭而被迫逃難的「難民」。

[218] 楊國樞、瞿海源編,〈台灣民眾的宗教信仰與 宗教態度〉《變遷中的台灣社會》(臺北:中研院民族所,1988),頁 239-276。

信仰的宗教態度,造就後山媽祖廟被設立。這些現象在後續討論的花蓮地區與臺東地區,將被陸續地挖掘與呈現。

三、 附設組織―神將會

神將,亦即廟宇主神的部屬與兵將,也是臺灣民間信仰陣頭藝術的稱謂,民間多稱「大神尪仔」,以此組織而成者稱「神將會」或「神將團」,是一種陣頭的組織。神將會組成內容可以包括有:神尪、文轎、武轎、鑼鼓車、大鼓隊、涼傘等等各式的配套不一而足。走進臺灣各地的媽祖廟,不難發現媽祖的二個隨侍部將千里眼與順風耳神尪的存在。此種現象也成為多數媽祖廟固定的陳設方式。一般來說,臺灣的民眾祭祀媽祖,大都採迎神賽會形式,較為熱鬧。[219] 因此媽祖廟的附設組織—神將會,作為一種「鬧熱」的存在,其目的與意義是有效的組織信徒、交陪的交際需要、傳統文化的傳承,以及迎神賽會。

田野調查紀錄顯示,宜蘭地區的媽祖廟無論廟宇規模,多數都擁有一尊或一尊以上的大神尪;獅鼓車則為必備的行頭。[220] 相較於其他類型的文、武陣頭,如宋江陣[221]、舞龍、舞獅、水族陣[222]等

---

[219] 王見川、李世偉,《臺灣媽祖廟閱覽》(臺北:博揚文化,2000),頁 23。
[220] 卓麗珍,〈宜蘭地區媽祖信仰及其陣頭文化〉,2014 年臺灣道教田野調查專題研究,新北市:臺灣宗玄道學文化研究會、東南科技大學,2014.04.24。
[221] 〈宋江陣源流〉(https://acrobatic.ncfta.gov.tw/home/zh-tw/Songjiang/25265)國立傳統藝術中心《傳統雜技主題知識網》,2013.02.10 摘錄:宋江陣源於中國閩南一帶,於明末清初傳入臺灣,常見於臺灣南部地區的廟會。分有少林拳武人模仿「宋江戲」蛻變成的,與模仿扮演《水滸傳》中人物的陣頭水滸宋江陣。楊若雲、蔡宗信〈臺灣武陣文化變遷過程的探析—以後壁鄉新嘉村宋江陣為例〉《國教之友》第 58 卷第 4 期,(2007.07),p26:宋江陣的興起源與典故各地說法不一,大致起源於明鄭屯兵開墾時期;相傳為將領於農暇時以武藝強身,發揮自我防衛最基礎的功能。
[222] 〈水族陣〉(https://acrobatic.ncfta.gov.tw/home/zh-tw/Aquarium/25257)國立傳統藝術中心《傳統雜技主題知識網》,2014.03.10 摘錄。水族陣是一種象徵水中生物的陣頭。水族陣淵源於何並沒有確切的文獻記載,或可追溯到漢代,如《漢代禮樂志》提到的「象人」擬獸舞蹈,可能是現今舞獅、舞龍、舞蚌、舞魚、蝦等舞蹈的濫觴。

則屬少見。對比於臺灣西部地區的寺廟，宜蘭縣境內相關神祇遶境活動，則多以大神尪為主要陣頭活動內容。雖早有此研究的結果，但對各媽祖廟的神將會組織運作及社會關係等方面，卻未曾深入探究。更早於此之前的 2002 年及 2003 年，參與由頭城鎮公所、蘇澳鎮公所舉辦的第一屆、第二屆「全國大神尪祈安競賽活動」，得知該二次的活動皆由羅瑞生[223]及蔡阿全[224]所創辦的「宜蘭縣道教神將文化協進會」[225]共同協辦。因此，亦藉由本次田野訪查需要，對目前接任該會理事長的蔡阿全先生進行專訪，以便瞭解該會的近況及其過去理念、未來的目標等。同時釐清目前宜蘭縣媽祖廟附屬的神將會組織現況及其兩者間的互動關係。

　　透過本次的研究，筆者嘗試針對此項內容多有琢磨。結果發現當初所設定的教化新世代青年及提供家庭支持等的宗教關懷項目，在幾座老廟中並未有明顯的結果。多數廟宇雖有神尪，但未必成立神將會組；或曾經成立，卻因傳承斷層而解散，導致只能採取借調人員或動員村民信徒的方式進行「熱鬧時」活動的安排。例如五結鄉的順安宮即是面臨此類的困境。[226]但其他的藝文活動反倒配合當地公部門組織，有較多的著墨。民國八十年代以後建立的廟宇，結果則呈現相異的現象，多數有神將會的組織，少有藝

---

[223] 羅瑞生，鬼谷宗占驗道派第八十二代、一貫堪輿第五十八代、正一玄教第四十三代等宗師；全國道教宮廟人才培訓協會、全國宮廟神將文化道教會、中華民俗禮儀研究推廣協會、中國長春龍門道教會等會的理事長；宜蘭縣星相卜卦職業工會創會理事長、常務理事。

[224] 蔡阿全，宜蘭縣道教神將會文化協進會第一屆常務監事、第三屆理事長，忠國道宗長春龍門到教會第一、四屆常務監事，中華民俗禮儀研究推廣協會第一屆監事、玉千葬儀社負責人、1995 年受頒三星鄉好人好事代表、2013 年受頒羅東鎮模範商人。

[225] 宜蘭縣政府人民團體名冊紀錄，團體名稱：C08 宜蘭縣道教神將文化協進會，理事長羅瑞生，會址：宜蘭市中山路一段 416 號，連絡電話：03-9325789、03-9360977。

[226] 筆者於 2021 年 01 月 10 日偶遇該廟剛卸任的神將會前會長黃楊麟先生（任期 2018-2020 年），據他表示因時應主任委員林裕淵先生的邀請新成立本廟自己的神將會，並新置辦神尪：千里眼、順風耳、土地公等三尊。該會的會員皆由黃楊麟招集的新成員所組成，皆非本廟原有信徒或其信徒的子弟。目前會員人數 23 人，平均年齡在 20-40 歲間。

文活動。據宮廟管理人員、信徒、民眾表示，此乃受限於廟宇經營收入之限，以及亟欲開發知名度所致，且此類廟宇非原始在地信仰中心而發展出來的後設結果。

根據宜蘭縣道教神將會文化協進會第三屆理事長蔡阿全表示，該會主要由羅瑞生主導成立，他為輔助。初時成立動機在欲改善宗教社會的神將民俗運動觀感，期望藉由神將文化薪傳示範，導正參與神將團體及神轎的行儀表演，並傳承正統道教祭祀敬拜科儀與建立宮廟堂(壇)人員在職訓練，達展現正確道教禮儀及教化社會。他自己同時也受聘於尙武忠天宮，擔任該會的創始會長，示範教習神尪操演、神轎行進和行禮等各式技藝與行儀。針對該會所期許的各種整合、教育、傳承等有益於社會及文化薪傳目的，以及可以提供我們一個理解宜蘭地區宗教現代化及宗教組織服務運作型態模式的管道，研究者給予高度的肯定。然依據該會所預期達到的執行目標與展望，筆者嘗試採問題導向法給予必要的提問後，以為此會延續性與發展性並不樂觀。主因於該會的訴求可能無法達到會員的整體認同，各組織體的自主性強，不易被整合，且所謂的神尪標準行儀或正統性禮儀的傳統如何認定等問題，皆非該組織能服眾的潛在問題。專訪所得結果，如同筆者所質疑的，該會截至目前為止，因參與的各團理念、領導人意識及向心力等種種問題，大致呈現停擺的狀態。針對訪談最後的結論，蔡阿全也表示宜蘭縣道教神將會文化協進會，今日的運作成果實屬無奈與惋惜。但值得慶幸的是，雖然該會並未廣泛的影響全宜蘭縣的神將會團體，但少數如冬山鹿安宮神將會這樣的團體領導人理念，則能促使我們的文化得以傳承，社會風氣得以導正。[227]

透過神將會團體的管道，理解宜蘭地區媽祖信仰及宗教組織服務運作型態模式。我們採取彈性的解說，了解宗教團體無法避免藉由社會資源的吸納與運用，使在良好的回饋與互動下，爭取到信眾更多的認同與支持。若宗教團體能將其組織發展的經營策略，作為用來爭取優勢的發展機會，同時在行有餘力時適當著重

---

[227] 卓麗珍，《臺灣民間廟宇的歲時活動與宗教祭儀－以冬山鹿安宮為例》天主教輔仁大學宗教學系碩士論文，新北市，2012年。

第二章 宜蘭縣媽祖信仰

服務眾生的神聖使命,及其社會福利服務與關懷,或可協助信徒、群眾進入平衡與和諧的生活秩序中,進而領悟存在的意義與價值。現代化的社會情境中,宗教團體表面看來其發展前途極為熱絡與蓬勃,實際上卻隱藏著不少生存的困境與危機。信仰中的人們與團體,如缺乏自我的反省與覺醒能力,可能導致被世俗環境牽引因而迷失自我內在與神聖經營的目標。或許藉由媽祖信仰與其陣頭的文化,搜尋其神聖體驗的領悟與實踐,來取代世俗利益的現實滿足,是宗教人不可或缺的省思。我們相信宗教團體是可以採用組織的競爭優勢,來擴大宗教弘法的使命;但前提是在各自的專長上發揮最大的效能,在世俗化的資源中兼顧到神聖化的本質。

雖然本研究的結果顯示,宜蘭縣媽祖信仰中的陣頭組織與研究者預期的結果,有所差異。宗教團體與社會福利事業也不必然需要有聯繫的關係;但神將會可以是一個在宗教神聖領域中,對個人具有能不斷地進行神聖體驗的領悟與實踐的附屬角色與地位,亦能在世俗的文化傳遞兼顧到神聖化的本質,亦能在各自的專長上發揮大的效能。因此,透過宗教團體的正當經營理念、周全決策及專業管理的技能,對於家庭的支持也能發揮其社會關懷的目的。是此,媽祖信仰與神將會的宗教團體,真正關懷的是社會教化的神聖體驗、是著重在服務眾生的神聖使命。在創意的文化活動中,能以最少的經濟資源達到最大的成果效益。

第三章 花蓮縣媽祖信仰

　　花蓮，原住民[228]的「原鄉」世居之地，這種意識型態的思維存在於人們的第一印象之中，事實上這標記也可謂是花蓮開發史的真貌。直觀上，花蓮縣與臺東縣向來被認為是臺灣的後山，也是臺灣最晚開發的二縣份。「後山」充滿了無限可能，這個符碼在吾人的經驗與詮釋中，越發清晰與多元。一百多年前從宜蘭遷徙來此地的漳州人，為此壯闊地景取名「洄瀾」。清代的臺灣輿圖上清楚的刻印山與海，說明了整個奇萊平原、山岳與海洋多是原住民競逐的天地。[229]眾知媽祖信仰在臺灣的民間盛行，多與民眾的生活密不可分。對信徒而言，媽祖是眾願的載體，信仰的背後隱含著如母親般的意象與特質。[230]此種言說亦存在於花蓮媽祖廟方的對談之中，而其職能是全能，形象慈祥，象徵含容所有，撫慰、守護且庇佑眾生。

　　林玉茹指出，東臺灣的歷史研究與臺灣史研究發展脈絡息息相關。[231]若關注於漢族人移墾、播遷過程的歷史，其中涉及政治、社會與族群的變遷與操作，而臺灣東部地區媽祖信仰得以移播多與此有所連結。追朔時間的斷代提供我們探究釐清區域開墾與移民關係，以及邊陲的東臺灣開發史和族群史。從歷史的角度理解

---

[228] 原住民，清朝時期以「蕃」稱之。鳥居龍藏發表〈臺灣東部各蕃族及其分佈〉《東京人類學會雜誌》12卷136號的論文中首次將台灣東部原住民族群做分類，又以「山蕃」稱之；日治時期稱「高砂族」，民國則稱「山胞」、後改「原住民」。《花蓮縣志稿》云：「我國行政分類法，總括為二，已受同化較深者稱土番，未受同化者稱野番。其後已歸化者稱熟番，未歸化者稱生番。……。日據時期，稱居平地者為平埔番或熟番，稱居山地者為高山番或生番。臺灣光復後，改稱平埔族或平地山胞，改稱高山番曰山地同胞」。

[229]〈洄瀾史話〉（https://map.hl.gov.tw/）花蓮縣文化局《花蓮在地文化記憶庫》，2021.10.15摘錄。

[230] 林茂賢，〈臺灣人的「神明媽媽」：媽組信仰背後隱含的母親意像〉（https://opinion.udn.com/opinion/story/11373/4631801）《民俗亂彈》，2021.02.19摘錄。此類說法亦可見花蓮后德宮的簡介。

[231] 林玉茹，〈歷史學與區域研究：以東臺灣研究為例〉，收錄於氏著，《殖民地的邊區：東臺灣的政治經濟發展》（臺北：遠流，2007），頁326-329。

第三章 花蓮縣媽祖信仰

花蓮的開發，明白顯示花蓮的建置不足百年。而近代的開發又遲緩於臺灣西部，此現象可追溯於文獻的紀錄。清康熙 61 年間（1722），清政府採封閉政策將民番劃界，嚴禁漢人出入，以防敗逃者潛藏，此亦導致唯獨花蓮的開發晚。[232]這段開發的歷史以四個時期加以說明，設治前稱洪荒時期，清康熙 22 年（1683）得臺灣而設治稱篳路時期，以及日治時代和光復時期。[233]此外，清康熙 32 年（1693）始有漢人入花地。[234]十八世紀末清嘉慶年間因臺灣西部開發趨近飽和，方傳有第一批移民由噶瑪蘭地區遷入花蓮溪口一帶。[235]廣東人（客籍）則於道光三年（1823）時移入。[236]日治時期日人將東部臺灣視為「第二臺灣」，採取閉鎖政策以扶植日本企業及移民，[237]此時漢人仍鮮少得以進入花蓮的某些區域。整體而言，花蓮的發展是始於清，堂構於日人，發揚於民國。[238]無論文獻如何記載，我們皆未能在這些歷史中找到花蓮媽祖信仰移入的足跡。事實說明了，此地的緩慢發展與遲開發。

從空間的角度構思媽祖信仰在花蓮傳承的議題時，將發現東臺灣長期被放置在邊陲的角色，以及發展迥異於臺灣西部地區，

---

[232] 駱香林等編纂，〈民族、宗教〉《花蓮縣志稿》卷三（上）（花蓮：花蓮縣文獻委員會，1959.12），頁 5。

[233] 駱香林等編纂，〈總記〉《花蓮縣志稿》卷一（花蓮：花蓮縣文獻委員會，1957.06），頁 1。〈花蓮的開發〉（https://www.hl.gov.tw/），《花蓮縣全球資訊服務網》，2021.02.08 摘錄。

[234] 駱香林主修，苗允豐、黃瑞祥纂修，花蓮縣文獻委員會編，〈總記、疆域、氣候、地質、土壤〉《花蓮縣志稿》卷一（花蓮：花蓮縣文獻委員會，1960），頁 4。藍鼎元，《東征集》（臺北：臺灣銀行經濟研究室，1958），頁 90-91 載：「山後有崇爻八社……自古以來，人跡不到。康熙三十二年，有陳文、林侃等商船，遭風飄至其處，住居經年，略知番語，始能悉其港道。」

[235] 駱香林等修纂、花蓮縣文獻委員會編，〈大事記〉《花蓮縣志稿》卷首（花蓮：花蓮縣文獻委員會，1957.12），頁 3。

[236] 〈洄瀾—澎湃洶湧、波瀾壯闊〉https://tour-hualien.hl.gov.tw/about/history/20，花蓮縣政府《花蓮觀光資訊網》，2021.04.08 摘錄。

[237] 潘繼道，〈花蓮地區日治時期慰靈碑遺跡初探〉《台灣文獻》第 61 卷第 1 期，（2010.03）：387。

[238] 駱香林等編纂，〈總記〉《花蓮縣志稿》卷一，頁 1。

此外國家力量的介入所展現出強大的計畫性與支配性。[239]而所謂的「重西輕東」的歷史也詮釋了花東地區的邊陲性、延遲性、海洋性、多元性、特殊性及移民性等多項發展特質,亦是導致區域受忽略的重大成因。1896年日學者鳥居龍藏調查指出,花蓮港是阿眉族(今稱阿美族)的地界。[240]又縣史記載本縣為阿眉族所居,[241]噶瑪蘭族人於千年前首先來到此地開墾,後有阿美族、泰雅族,以及布農族人的陸續進入。[242]而花蓮地區的早期產業尚未發達,人稀路阻罕與外通且以原住民族群社會為主,因此漢民族所信奉的媽祖其足跡畢竟侷限。又古早時漢人稱花蓮有四客(又稱四大害)颱風、地震、蕃亂、瘟疫,導致山前人裹足不前。[243]後山開發獨遲,東厴阻塞,只有山谷之間的溪畔為天然通衢。[244]山與海的自然屏障阻隔了花蓮地區的開發與發展。

根據前人研究結果顯示,臺灣媽祖信仰傳播的途徑大略有海路、移墾、遷徙三種。然在臺灣東部的花蓮地區,是否將因地理環境的隱秘性及封閉性,致使早期媽祖信仰的傳入產生一另類的方式呢?值得關注。田野的訪查事實證明了研究者的疑問,一個新的媽祖信仰的傳承因素呈現,就是「逃亡」[245]。是朝代與政權的變遷,逐使花蓮成為時代背景下移墾、移居者的第二故鄉,也是

---

[239] 陳鴻圖,〈戰後東臺灣的區域史研究:政府出版品的回顧〉《東台灣研究》21期,(2014.02):75-102。
[240] 鳥居龍藏著,楊南郡譯註,《探險臺灣:鳥居龍藏的臺灣人類學之旅》(臺北:遠流,2012.01),頁52。
[241] 駱香林等編纂,〈總記〉《花蓮縣志稿》卷一,頁1。
[242] 趙莒玲,《臺灣開發故事 東部地區》(臺北:天衛文化,1999.01),頁62-63。
[243] 林炬璧著,姚誠、張政盛編,《花蓮講古》(花蓮:花蓮市公所,2001.12),頁117:「根據統計顯示,民前15年-民國50年襲擊台灣的颱風共計有246次,其中由花蓮登陸的約有28次,平均每年就有一次大颱風」。
[244] 駱香林等編纂,〈人文志〉《花蓮縣志稿》卷六(花蓮:花蓮縣文獻委員會,1959.06),頁1-2。
[245] 根據2020.12.29訪談現任瑞穗慈天宮宮主李黃仔伶表示,其父黃庚(1919-2004),南投人,日治時期為躲避將被日軍遠遣南洋做日本軍伕,進而出逃至花蓮鶴岡地區隱藏,後與當地原住民結婚而定居花蓮縣。

媽祖神在本土東移後的第二或第三個落腳處。[246] 從地形因素來看，本縣的媽祖信仰少了海路的傳播途徑，主因於海岸線的地形不利於船隻的靠岸。此外，住民族群的特殊性亦是導致山地原民鄉未曾有媽祖廟的建立痕跡。[247] 在此長條狀地形猶如臥蠶的花蓮縣，雖土地面積佔比為全台之首，但媽祖廟建立的數量卻遠遠不及相鄰的宜蘭、臺東二縣市的半數。又幅員遼闊與族群的獨特性，迫使田野工作進行相對艱難。今從田野現象顯示移播墾的局限性，及近年來花蓮地區媽祖信仰的族群，似乎早已滲透入原住民族群，促使媽祖神不再只專屬於漢人信仰的發展。

　　本章主要以花蓮地區媽祖信仰為研究調查的基礎。試圖藉由時間、空間以及人文社會的變遷等面相，以深入淺出的方式探討花蓮地區媽祖信仰的起始、發展與現況。研究進行以田野調查與訪談為主要根據，執行時間自 2019 年至 2021 年 12 月底止。相關內容包含廟宇啟建與歷史沿革、活動或藝文的舉辦、社會公益或支助、信徒人員的組成以及組織形成等多面向。此外，透過地方志書、臺灣文獻叢刊、專書，以及官方資料庫如內政部所收集調查的《全國宗教資訊網》、《全國寺院宮廟基本資料》等作為參考輔助資料，以利研究之進行。同時藉此探討各廟宇的附設組織情況及寺廟沿革，以呈現訪談調查結果。最後為能有效輔助閱讀與辨別在寺廟名稱用語上，仍採廟宇慣用或冠予行政區名、地區名等方式進行。

第一節　花蓮媽祖信仰的人文社會環境

　　從歷史、人文與社會文化的脈絡之中，可以了解空間移動的概念或意象。因此地理環境的變遷與人口的流動數據，將提供我

---

[246] 根據 2020.12.29 訪順民宮創始人之子張金生（現任宮主張聰明之弟）表示，其父張文溪（2009-2010 年間往生）為雲林縣褒中人後遷居臺東太麻里，約 1970 年間自臺東太麻里「遠天宮」請來「麥寮拱範宮媽祖」於自家供奉，經村人提議共商，逐經媽祖同意後建媽祖廟供信眾祭拜。

[247] 根據筆者自 2013-2021 年期間的田野調查結果顯示，花蓮縣三個原民鄉：秀林鄉、萬榮鄉、卓溪鄉皆未有媽祖廟的建立。

們探討在這歷史空間中媽祖信仰的去或返所發生的事實。文史所述，花蓮縣境內保有豐富的環境資源，然受地理環境與對外交通不利等因素的影響，導致長期來整體發展的緩慢，人口外移與老化情況漸趨嚴重。今國家框架的遞變與全球資本的流動[248]，花蓮縣的媽祖信仰，因為不同的時空背景或人的流動，造就不同的空間意義。在這種情況下如何理解花蓮的媽祖信仰及村落情境所產生的各類新的行動可能性，或許是一個不可被忽視的面向。

地方的發展端賴道路開闢與外部連結，綜觀花蓮縣對外的道路始於清時期東臺山地的開闢。[249]西元 1932 年前往來花蓮多需乘船，「陸上離島」[250]之稱不脛而走。花蓮縣以蘇花公路及花東公路為骨幹，中橫公路為肢體，南北向循平原跨長谷，東西向遵溪畔穿山隈分歧蜿蜒，花蓮對外交通終獲大幅度改善。端賴前有臨海道路（蘇花公路之前身）通車，後有 1980 年北迴鐵路全線通車營運。[251]乃至 2021 年 1 月 19 日台 9 線蘇花公路山區路段改善計畫(簡稱：蘇花改)全線開放通行，改善東澳的南澳段、和平及和中段的現有路段和局部路段截彎取直。[252]配合國道五號高速公路有效的連結北部地區，形成貫穿性的觀光路線。而一條「比較不容易中斷的路可以開車回鄉」[253]取代逢多雨或颱風後易落石的危險台九線蘇澳到花蓮路段，不僅提供外流的花蓮人回鄉，恐怕也湧入大量的觀光客。龐大的車潮與人流，是否逐使花蓮媽祖信仰人口增加，或促使臺

---

[248] 丁仁傑，《民眾宗教中的權威鑲嵌：場域變遷下的象徵資本與靈性資本》（台北：聯經，2020.10），頁 125。
[249] 駱香林等編纂，〈第八章 交通〉《花蓮縣志稿》卷六，頁 1-2。
[250] 劉石吉等，《遷徙與記憶》（臺中：國立中山大學，2013.12），頁 72-73。
[251] 參閱新聞編輯，〈黃金鐵路！北迴線 41 年前今天全線通車 回顧開拓史全靠台灣人力量從 0 開始〉（https://www.rti.org.tw/news/view/id/2090646，2021-02-01）《中央廣播電台》，2021.09.30 摘錄。
[252] 〈認識蘇花改〉，（https://thbu4.thb.gov.tw/）《交通部公路總局第四養護工程處》，2021.10.30 摘錄。蘇花改分為蘇澳-東澳段、南澳-和平段及和中-大清水段，全長 38.8 公里，有 8 座隧道(24.6 公里)、13 座橋梁(8.6 公里)、平面道路(5.6 公里)。
[253] 參閱梁家瑋，〈蘇花改通車 花蓮發展往何方？〉（https://eventsinfocus.org/news/3541，2020-01-06）《焦點事件》，2021.09.25 摘錄。

第三章 花蓮縣媽祖信仰

灣東部與西部媽祖廟的交陪更為頻繁,是需要我們關注的議題。而在今日的時空脈絡下,漢人地方村落的媽祖信仰人群在花蓮地區已產生了可見性的變化,最顯著之情事,即由原住民所啓建的媽祖廟出現在這片土地上─例如:九州天后宮[254](圖 3-1)、南濱天后宮。

志書及村史的纂修提供我們理解在地的人文社會與環境變遷的脈絡課題,而官方的出版品則是扮演著最直接的管道角色。今花蓮縣共十三個鄉鎮,其中仍有萬榮鄉、新城鄉、光復鄉、豐濱鄉等四鄉並未出版鄉志。因此實際走訪探查著實顯得重要非常。

圖 3-1 花蓮九洲天后宮廟貌、宮主溫玉蘭(前)及其胞妹(後)
攝影:卓麗珍,日期:2021.04.10

一、 花蓮縣的地理環境

從臺灣的地理環境上探究,花蓮縣位於臺灣東側,縣境內山川交錯、山岳面積廣大且幅員狹長;東臨太平洋,西倚中央山脈,南鄰臺東,北連宜蘭;整體的山川秀麗,擁有完整的自然生態體

---

[254] 根據 2021.04.10 訪談,花蓮九州天后宮的宮主溫玉蘭爲泰雅族人,其信徒多數以原住民爲主。當天溫玉蘭宮主開心展示身爲乩童時早期舊的降衣,表示近來身寬體胖只能換加大尺碼的新裝。

系。[255]縣境內有北迴歸線通過本縣的瑞穗鄉，以及季風的影響，逐使南北兩地氣候差異變化多端。石礦蘊藏豐富，因大理石（Marble）礦業的開發得有「大理石王國」之稱。[256]本縣擁有全台最大的土地面積，佔全台總面積的八分之一。[257]整體地形由87%的山地，6%的河川，以及7%的平原所組成。[258]面積寬廣地狹長，但適合人們居住的總面積卻是很低的。總體來說，花蓮縣的產經因背山面海的狹長海岸特性，地形及氣候是導致各聚落經濟發展受限的主因。蘇花公路以及省道台十一線的沿線是各小聚落的分佈帶，海階地或丘陵地因腹地較廣闊，居民多以務農為主的散村型態，而沿海地區則設有不同規模的漁港，因此經濟活動以從事漁業為主。[259]

　　本縣共轄十三個行政區，劃分為一市：花蓮市，二鎮：玉里鎮、鳳林鎮，七鄉：新城鄉、吉安鄉、壽豐鄉、光復鄉、豐濱鄉、瑞穗鄉、富里鄉，以及三個山地原住民鄉：秀林鄉、萬榮鄉、卓溪鄉。花蓮縣的族群組成，主要有原住民、閩南人以及客家族群。其中原住民族的人口眾多；依序以阿美族最多，噶瑪蘭族（平埔族）及泰雅族次之，布農族最少。以居住地而論，阿美族及噶瑪蘭族多居於平地及近海地區，而泰雅族與布農族則多於山區為主。以上有效理解區域的地理環境型態及族群的分佈，對於考察媽祖信仰在花蓮地區始末將有所助力。

　　關於花蓮，《花蓮縣志稿》載：

---

[255] 王鴻國，〈國際宜居城市獎　新北花蓮好讚〉（https://www.epochtimes.com/b5/13/12/10/n4030792.htm，2013.12.13）《大紀元》，2021.04.18 摘錄：聯合國環境規劃總署認證的「國際宜居城市獎（The LivCom Awards）」「國際宜居城市獎」，台灣僅有新北市及花蓮縣獲獎，花蓮縣在D類城市獲獎。

[256] 〈豐富的物產〉（https://www.hl.gov.tw/）《花蓮縣全球資訊服務網》，2021.03.05 摘錄。

[257] 中國技術學院，《花蓮縣第三級古蹟吉安慶修院修復工程施工紀錄工作報告書》（花蓮：花蓮縣文化局，2004.05），頁1。（資料來源：國家圖書館 臺灣記憶 https://tm.ncl.edu.tw/）

[258] 〈花蓮縣行政區域圖〉（https://www.hl.gov.tw/，2021/06/15）《花蓮縣全球資訊服務網》，2021.07.12 摘錄。

[259] 參閱〈臺灣海岸詳介-花蓮海岸〉（https://www.wra.gov.tw/）《經濟部水利署》，2022.05.05 摘錄。

> 「花蓮始建沈葆楨奏疏,前此無聞焉」。「花蓮古
> 稱奇萊,相傳,花蓮溪東注於海,其水與海濤激盪,
> 迂迴澎湃,形容之曰洄瀾,後之人諧為花蓮,至今
> 沿襲之,知洄瀾者,百無一二焉」。[260]

文字中業已透露,花蓮,古稱「奇萊」,清初名為「崇爻」;花蓮之名直至臺灣海防欽差大臣沈葆楨的奏疏中方才見之。《雅堂文集》云:「花蓮港原名迴瀾港,以潮水至此而迴也。」[261]日治時期,日人因「奇萊」的音、意似日語「討厭」,而捨棄「奇萊」之名改以「洄瀾」。[262]阿美族稱為「Sakiraya」取「kiray」的音譯。[263]《臺灣省各縣市鄉鎮概況一覽》記載,花蓮縣舊稱「洄瀾」,源於海港還未築成前,海濤澎湃其狀迴旋於岸而稱之。[264]「洄瀾」(Huelien)諧音「花蓮」來自於早期漢人移民的經驗;Hue 讀成「花」,Lien 讀為「蓮」(臺語的發音與「花蓮」相近)為本縣名沿襲至今。[265]

創造適合於生存的環境一直是人類長久存在的定律[266]。然而臺灣東部開發史卻告訴我們歷史殘酷相似的事實:

> 「九月初五日,據該軍管帶臺勇營遊擊王廷楷稟
> 報:……,草地忽有伏番無數,鎗如雨發;……。
> 其隨帶二十餘人,均未逃脫。該兇番乘勢圍殺曾友
> 成開路勇夫。……猝見兇番,開槍接戰;奈寡不勝
> 眾,同營官曾友成及所帶弁勇一併陣亡。……臣查

---

[260] 駱香林等編纂,〈總記〉《花蓮縣志稿》卷一,頁1。
[261] 連橫,《雅堂文集》卷三(臺北:臺灣銀行經濟研究室,1964),頁213。
[262] 林炬璧著,姚誠、張政盛編,《花蓮講古》,頁:再版序(二)。
[263] 取自:〈認識原住民族〉(http://www.tipp.org.tw/aborigines_info.asp?A_ID=4)《臺灣原住民資訊資源網》,2021.12.29摘錄。
[264] 臺灣省政府民政廳編,《臺灣省各縣市鄉鎮概況一覽》(南投:臺灣省民政廳,1952),頁318。
[265] 潘文富等撰,施添福總編纂,《臺灣地名辭書(卷二)花蓮縣》(南投:臺灣文獻館,2005),頁1-4。
[266] 翁純敏等,《花蓮縣古蹟導覽手冊》(花蓮:花蓮縣政府,1999.06),頁15。

> 番性嗜殺，每至秋際八、九月間，名曰做享；專於
> 殺人。」[267]

> 「……蘇澳、花蓮港一路，前經提督羅大春於光
> 緒初年開闢，由海邊節節築卡前進。後因兵力不
> 足，遂復荒廢。現在該處番社撫定，稟請改由內
> 山逐漸開修，直通花蓮港，以免迂繞。」[268]

初時與番人的衝突，導致已墾拓之農業聚落再次封閉與孤立，或再度歸於荒蕪。開山撫番後，築路、駐軍、設撫墾機構，為移墾民等眾提供較具保障的生存空間。[269]歷史文獻告訴我們閩南人早在16世紀就不顧朝廷禁令進入後山。客家亦披荊斬棘來到此地，[270]後有日本人來了又去，以及外省族群的移入。多年以來，花蓮縣境內各族群間彼此交融獨特的文化風格，建構並豐富多元的在地文化。

　　從開發史的視角來看花蓮的媽祖信仰，清楚可見此地在 1941 年之前並未發現有媽祖廟的足跡，更鮮少如同宜蘭或台東地區因移墾需求而將媽祖神像攜入花蓮地區。這個發現顛覆了我們原先的設想以及學者所指的移墾思維，事實證明花蓮縣在民國前未見媽祖香火傳入而立廟，而以國內的第二次移民者居多，或定居後重回故里原鄉奉請而來此地的主祀神：媽祖。例如：壽豐鄉的順民宮。此外，西元 1989 年 5 月宜蘭縣蘇澳鎮南天宮開啓的「第一次公開的兩岸直航」湄洲謁祖進香，為該廟打響了蘇澳媽祖的地位。此舉無意間帶動位處於鄰縣的「花蓮人」來此分香、分靈的

---

[267] 台灣銀行經濟研究室編，〈宜蘭防勇開山中伏陣亡優卹案〉《臺灣通志》資料（二）（臺北：臺灣銀行經濟研究室，1962），頁 904-913。
[268] 台灣銀行經濟研究室編，〈宜蘭防勇開山中伏陣亡優卹案〉《臺灣通志》資料（二），頁 904。參閱：〈光緒十五年九月二十四日在臺北府城會同閩浙督部堂恭摺具奏統帶宜蘭防勇營副將劉朝帶等進山開路中伏陣亡懇恩優卹以慰忠魂摺稿〉
[269] 張家菁，《花蓮市街的空間演變臺灣東部一個都市聚落的形成與發展》國立臺灣師範大學地理研究所碩士論文，臺北，1993 年，頁 I。
[270] 劉還月，《處處為客處處家—花東縱谷的客家文化與歷史》（花蓮：鳳林鎮公所，1998.04），頁 44。

第三章 花蓮縣媽祖信仰

圖 3-2 花蓮慈天宮牌樓（左）、廟貌（右）
攝影：卓麗珍，日期：2020.12.25

熱潮，同時建立出祖廟與子廟間的直接關係。而宜蘭蘇澳南天宮的媽祖成為花蓮媽祖廟的主祀神，因此建廟者，如壽豐鄉的慈南宮、豐濱鄉的順天宮。其中豐濱順天宮則因位處颱風受風面的特殊地理位置，導致經常性因颱風促使廟體毀損，故該廟於 1993 年重建後才奉迎蘇澳南天宮的媽祖為主祀神。以上從外縣迎神的現象顯示臺灣的媽祖信仰發展，經常具有凸顯超越地方範圍以及發揮整合區域作用的層次與密切關係。[271]

花東縱谷北端門戶—吉安鄉，是進入東海岸的必經之地，而北鄰吉安鄉的花蓮市（古稱奇萊）則是漢人最早進到花蓮縣的地方。[272]在此我們尋獲花蓮縣第一座媽祖廟的足跡—花蓮慈天宮（圖 3-2），據聞此廟亦是花蓮縣最早的媽祖信仰開基地。根據花蓮慈天宮的沿革記載，本廟原是日本佛教日蓮宗花蓮佈教所。[273] 1948

---

[271] 林美容，〈臺灣區域性宗教組織的社會文化基礎〉《東方宗教研究》2，(1990)：345-346。

[272] 參閱〈關於吉安〉（https://www.ji-an.gov.tw/charmjian/about），《花蓮縣吉安鄉公所官方網站》，2021.12.29 摘錄。

[273] 松金公正，〈日據時期日本佛教之台灣布教—以寺院數及信徒人數的演變為考察中心〉《圓光佛學學報》第三期（1999.02），頁 192。「從 1895 年台灣成為日本的殖民地到 1945 年日本戰敗，從日本來台灣的佛教各宗派在台灣各地設立許多寺院及說教所。而且，以這些寺院和說教所為根據地，對內地人(在台日本人)以及本島人佈教，同時舉辦社會事業與教育事業等」

114

年礙於政治因素而改建,並且主祀神改奉為天上聖母,同時廟宇名亦改以「媽祖廟」稱之。1951 年媽祖廟又因天災「1951 年花東縱谷地震系列」(The 1951 Longitudinal Valley Earthquake Sequence)[274]造成廟宇倒塌,後經地方仕紳籌募重建資金後隔年更名定為「慈天宮」。當試圖追問媽祖神像的來源時,廟方表示知情者多已不在,故主祀神像來源今已不可考,致使調查者只能鎩羽而歸。[275]但根據廟方沿革、地方志書,以及姚誠的調查書等資料皆顯示,慈天宮是花蓮最老的媽祖廟,主祀神媽祖是自北港朝天宮分靈,又稱「開基媽祖廟」。此一稱名係廟方的說法,源起於之後新建的媽祖廟多由慈天宮分香;所以在當地被稱作「最老的媽祖廟」。[276]然「開基媽祖廟」和分香之說,筆者並未尋獲由慈天宮分香或分靈後而獨立建設的媽祖廟,亦即就算有媽祖分香事實的行為,但卻多不是作為主祀神的方式所崇奉。此外還有一值得關注的現象就是根據姚誠的資料顯示,美崙福慈宮正殿所供奉的主祀神媽祖神像,即是從花蓮慈天宮所分靈而來。[277]今廟方對外多聲稱直朔源於北港媽祖,且每年直接回北港進香謁祖。透過與美崙福慈宮的訪談與追問,廟方人員對於相關的分香情事並未特別提及或含糊其詞已不在,話語間直接或間接的忽略與慈天宮之間的分層關係,足見彼此間的地方角力與競爭。

---

[274] 郵政總局,《今日郵政》第 649-660 期(臺北:今日郵政月刊社,2012),頁 22。「1951 年縱谷地震系列又稱為 1951 年花蓮-台東地震系列,由米崙斷層、玉里斷層、池上斷層錯動引起。該地震是一個系列地震,從 1951 年 10 月 22 日至 1951 年 12 月 5 日分別在台灣東部地區發生,其中最大的兩個地震芮氏規模達 7.3,分別在 10 月 22 日和 11 月 25 日發生。這場地震系列共造成 85 人死亡。」

[275] 根據 2020.12.25 訪談林明發(幹事)表示,因知曉本廟媽祖神像來源與歷史的耆老多已不再。現任主委吳春美乃接手其父吳石柱之志繼續為媽祖服務,今已連任二次;據聞吳春美對早期媽祖的起源亦知之甚少。

[276] 參閱:「花蓮慈天宮簡介」

[277] 姚誠,《洄瀾神境:花蓮的寺廟與神明》(花蓮:花蓮縣立文化中心,1999.06),頁 64。

二、 花蓮縣的歷史人文脈絡描繪

　　信仰的延續需要人的傳播與傳承；所以人的遷徙、移動、生產就具有絕對的意義。歷史文獻資料顯示，花蓮，歷經西班牙、荷蘭、滿清、日本殖民等數次的外來政權的統治。[278]十八世紀，清政府對臺灣治理與發展的態度是消極的，花蓮位處臺灣東部地區，境內又多番社，根本上視同化外之地。此時漢人移民受到各種有形的環境因素或無形的政治壓力影響，僅因貿易需求而進入番社，並沒有大規模的移民活動。十九世紀中葉的「牡丹社事件」無意間開啟漢人進入花蓮的新紀元。[279]原住民與漢人的關係從抗爭轉為密切接觸，而花蓮從原始的「刀耕火墾」、漁獵生活轉變成農業聚落的生活模式。中央山脈的橫亙，造就了「後山」的特殊地理形勢；歷史告訴我們同屬東臺灣邊陲地的花蓮縣，曾經歷清廷百餘年之久的封山。[280]當歷經開山撫番、殖民統治時期、花蓮築港以及重化工業的駐進，仍因地理位置的偏避致使在政治、經濟、文化、生態等各項發展略顯緩慢。倘單就花蓮縣的發展來看，直至1984年花蓮市成為東部區域計畫之區域中心為止，花蓮縣發展方才有逐步的調整；促使都市的機能不斷的改變，同時區域空間的型態與內涵也有不同建構方式。

　　從人口比例來看，花蓮縣 13 個鄉鎮市中人口分佈多集中於北部，其中花蓮市人口佔比最高最密集，吉安鄉次之，豐濱鄉最少；[281]縣境內展現族群組成的多元且相互融合。人口密度是否促使媽祖

---

[278] 彭明輝，《歷史花蓮》（花蓮市：財團法人花蓮洄瀾文教基金會，1995.05），頁 35-40。

[279] 彭明輝，《歷史花蓮》，頁 43-47。

[280] 余文儀修，《續修台灣府志》卷十一（臺北：臺灣銀行經濟研究室，1962），頁 456：「凡商漁船往崇爻社販賣番貨，乾隆二十年示禁；如有藉端越販，照偷越番境例，從重治罪。其社丁應納番餉，責成通事由陸路輸納。」封山禁令時期因多重影響，導致後山封閉與孤立。

[281] 行政院 2013 年 6 月 25 日，院臺經字第 1020029238 號函核定，《花蓮縣（101-104）年綜合發展實施方案（核定本）》（https://hdsd.ndc.gov.tw）《花東永續發展》 2013 年 06 月，頁 10。資料來源：https://hdsd.ndc.gov.tw/cp.aspx?n=9630107099E8F256&s=8831CCC908D2FF4D

廟的興建數量，相對多於其他鄉鎮的主要因素呢？追朔文獻與移民人口的落居地來理解，花蓮市與吉安鄉二地是遷徙人口的首選地，區域內相對集結的移民也最多。調查結果已知二地已建立的媽祖廟各有五座；在量的比例上，花蓮市與吉安鄉高出縣境內其他的鄉鎮。從人口結構來看花蓮縣媽祖信仰的興起、發展與衰落，可以發現類同於臺灣其他各縣市中的偏遠區域，多面臨人口外流與高齡化的問題。而所謂衰落一說則根據筆者訪查結果顯示，有幾種困境狀態之說。如數座媽祖廟的管理者表示目前信徒人口外移，以及年輕一輩因生計需求、結婚嫁娶的生養需要或在地工作機會缺乏而出鄉，逐使信仰人口持續遞減，進而無法參與廟宇各項活動及年度內週期性之各項祭儀，導致廟宇相關的運作呈現停滯或僅持平的狀態。例如：吉安鄉南濱天后宮、瑞穗慈天宮、豐濱鄉的靜港天上聖母廟等。抑或有接手管理委員會後而有心無力者，如：壽豐鄉慈南宮；或有試圖採取將媽祖廟轉型期望將人潮帶回，如：豐濱鄉的順天宮。或因主事人年事已高導致傳承可能將出現斷層者，如花蓮天惠堂。而真正受惠於交通便利的大概只能在花蓮港天宮有所聞。以上幾種因素係存在可見的事實。

在花蓮，地理環境與交通發展，促使媽祖信仰的傳入路徑產生了變數，而族群的信仰獨特性以及早期西方宗教信仰的傳入，似乎是導致媽祖信仰被排出的主要因素。例如秀林鄉、卓溪鄉以及萬榮鄉三個山地原住民鄉。依前所述，漢人早在清朝時期即移民來到花蓮地區，而後有第一批客家族群依循古道的移入。各項資料皆顯示，移民初期未有大眾化的媽祖信仰展開，只存在個人家庭式的祭祀。待至日治昭和時期的「寺廟整理運動」，對於花蓮縣境內的媽祖廟並未見到有反映出任何的影響。直到民國時期，客家族群因臺灣西部災情與生活不易再次大批的遷入花蓮，此後還有外省人的移入，至此花蓮縣境內媽祖廟的建立方露微光。田野訪查結果顯示，花蓮地區媽祖廟的分靈或分香多呈現第二次移民現象，廟宇的啓建或重建起自 1949 年至 2017 年之間，又以 1981-1991 年間為多數。

第三章 花蓮縣媽祖信仰

　　從時間脈絡與空間現象回顧花蓮地區移民的歷史及現今樣貌，「後山」是漢人早期對花蓮的稱呼。[282]清領時期漢人較大規模的進入花蓮墾殖，主要以來自臺灣北部地區的宜蘭人為多數以及臺北人次之。至今仍有許多花蓮人的故鄉在宜蘭。學者們的研究成果顯示，臺灣媽祖信仰的傳播與發展多與閩、客族群的遷徙有密不可分的相關。因此可以發現早期閩、客群族的移居落點也是媽祖廟的啟建地。同時主祀神媽祖無論以何種形式被迎請，多與移民有著直接或間接的依附關係。無論是移居時一併被攜入移居地，或定居後才行為的分香或分靈，經由人神關係的改變與轉化，進而產生區域性的獨特面貌。透過史料與田野資料的佐證，顯示花蓮地區的居民除世居的原住民外，其他各族群移民的遷徙移入可從時間點上尋到差異的落點，以及不同時期的移動路徑和散佈的概況。簡言之，清末時期的移民人數不多，因此擴散性不大；由北方來者多聚於花蓮市、吉安鄉、壽豐鄉一帶；中路來者則落腳於玉里（舊名：璞石閣[283]）及富源（舊名：拔子庄）；南邊多於卑南平原至舊香蘭（舊名：猴仔蘭），即包括至台東地區（圖 3-3、圖 3-4）。[284]日治前期以奇萊平原為主，以及花蓮溪東岸的月眉、山興等地；中後期因陸路交通已多有改善，移民的散佈則不受區域的限制（圖 3-5）。[285]探究日治時期吸引大舉移民東部地區的主因，可溯因於原鄉耕地不足、生活困頓、或天災人禍等。次為東部的土地廣闊相對人稀，導致勞力不足，又花蓮的交通與衛生也逐漸

---

[282] 趙莒玲，《臺灣開發故事 東部地區》，頁 72。「受命防衛臺灣的閩浙提督沈葆楨，向清廷奏請治臺六事，其中第五項「開竹後山道路」中的「後山」，便是指花東地區」。

[283] 參閱〈玉里簡介〉（https://www.hlyl.gov.tw/），《花蓮縣玉里鎮公所官方網站》，2021.12.29摘錄。

[284] 潘繼道，〈漫談東台灣客家移民史〉（https://www.ntl.edu.tw/public/Attachment/910261716242.pdf）《焦點報導》，頁 2-3。

[285] 劉還月，《處處為客處處家─花東縱谷的客家文化與歷史》，頁 63-64。

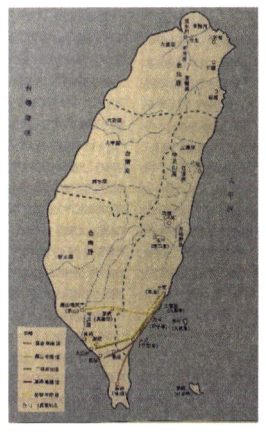

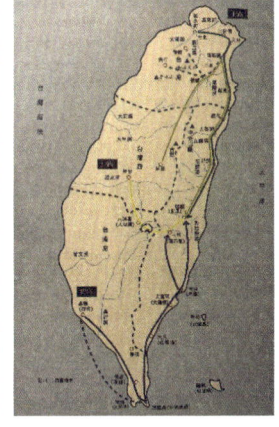

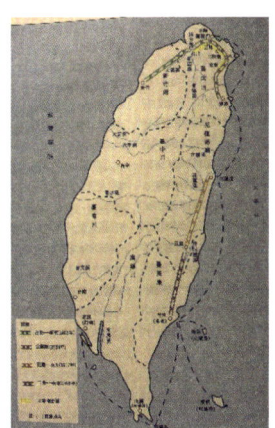

圖 3-3 清代中葉南部古道分佈圖　圖 3-4 清代中葉以後客家人移墾後山路線圖　圖 3-5 清末至日本初期客家人移墾後山路線圖

資料來源：卓麗珍翻拍自《處處為客處處家》2020.09.10

圖 3-6 瑞穗慈天宮牌樓　圖 3-7 瑞穗慈天宮廟貌

攝影：卓麗珍，日期：2020.12.30

的改善,糖工廠(壽、大和工廠[286])、農場,以及樟腦開採提供工作機會等。其中可見日治末葉客家族群的移入落地多集中於花東縱谷中段,如瑞穗、舞鶴、竹田、富里、南通及吳江一帶。富里鄉竹田村舊名「邰人埔」,是客家族群第二次移民的重鎮,[287]我們也在瑞穗、舞鶴、竹田及富里等地尋找到與媽祖信仰傳入的足跡,例如瑞穗慈天宮(圖3-6、圖3-7)。據瑞穗慈天宮現任宮主李黃仔凌女士(冠母姓)表示,本廟創建人黃庚(1919-2004)南投人,因逃避日軍徵招而離鄉,至花蓮後的落腳地即在瑞穗鄉的鶴岡。

第二節 花蓮媽祖信仰的歷史與廟宇

宗教的傳播向隨交通與俱,臺灣東部的開發史實錄始於清同治末葉,先有兵工開路始與外通,後有西部的宗教信仰流入。初時遷徙來者為本土的國人,繼興建祠廟,隨後方有西方基督宗教的各派來設堂、會,而且他們的組織具備。[288]花蓮地區的臺灣民間信仰發展而言,緣起於清,歷日治,至民國等階段的變遷。花蓮媽祖信仰的發展是隨著臺灣地區內人民遷徙的腳步,逐步產生不同祖籍及區域的聚集。如同宜蘭地區一樣,在聚落的形成與族群的群聚,媽祖廟扮演著一個多功能的社會、文化、教育,以及心理依憑的角色。然而時過境遷,此類似邊陲區域的疏離土地,人口的外流、漸趨高齡化的社會現象,導致部分媽祖廟的式微與落寞。從諸多的文獻與個人的田野訪查資料傳達的訊息,可看出媽祖文化的在地發展現況,且官方與民間對媽祖信仰文化的推動必竟有限。廟宇之間的聯誼與發展呈現類似低迷,各自表述者多。

---

[286] 同上註:林炬璧著,姚誠、張政盛編,《花蓮講古》,頁43:「大地主—糖廠:早期花蓮土地普遍種植甘蔗,由日人財閥賀田金三郎於花蓮沿海(今新城)、賀田(今志學)、馬太鞍(今光復)設置糖廠。」

[287] 姜家珍,《後山客家映像:客家文化種子營導覽手冊》(花蓮:花蓮縣文化局,2002),頁47。

[288] 駱香林等,《花蓮縣志稿卷三(上)民族、宗教》(花蓮:花蓮縣文獻委員會,1959.12),頁49。

「後山媽祖」的信仰、神蹟及其類型研究

　　臺灣的媽祖信仰傳播與擴展普遍受信徒的支持，花蓮縣的媽祖信仰同樣亦仰賴地方仕紳及信眾的支助。從媽祖廟的草創、新建、改建或轉信祀神，每一個時期都有它的意義和貢獻。今花蓮縣境內的媽祖廟數量不多，廟宇的活動力不似宜蘭縣或臺東縣豐富。但是媽祖的神蹟顯現與感召已不再僅限於漢人，宮廟的啟建人也出現以原民為主的事實，信徒的人口族群有明顯改變。從地區的宗教調查來看，惟今僅可獲花蓮縣始於民國四十年代的《花蓮縣志稿》初纂全稿中有錄，是以用此作為分析參考基準，又以志書與田野調查為輔，以期從歷史中挖掘出花蓮媽祖信仰的廟宇蹤跡。最早的文檔紀錄，1950年以前花蓮的媽祖廟僅有花蓮市的慈天宮以及吉安鄉的天后宮二座。西元1999年姚誠的調查報告書中，載明媽祖廟的調查結果計有八座，亦即自1951年至1996年間花蓮縣的媽祖廟增加六座。依據該書內容呈現方式，可發現它有系統的介紹花蓮地區的寺廟，有效提供參考價值。西元2000年以後各鄉鎮市的志書才陸續出版，但仍不完備也非全面性。時至2010年以後始有中央主管機關彙整資料的索引查詢檔案《全國寺院宮廟基本資料》，以及官方網站《全國宗教資訊網：宗教團體查詢結果》以資大眾參考。綜觀以上可參考的資訊畢竟有限，又依據的文獻資料及前人的調查結果比對顯示多有出入，其中未見吉安鄉吉安村的天后宮，著實疑惑。因此輔以實際的田野調查變得格外重要。

一、　洄瀾神境—花蓮的媽祖廟

　　官方資料顯示，花蓮地區雖於1957年代有《花蓮縣志稿》的出版，之後有根據志稿增補而成的《花蓮縣志》，以及1980年代以後的《續修花蓮縣志》，[289]但1990年之前政府機關只有零星少數

---

[289] 駱香林及苗允豐等編纂的《花蓮縣志稿》，雖然評價很高但體例並不完備，後花蓮縣文獻會雖就志稿增補而成《花蓮縣志》，但至今卷20〈名勝古蹟〉仍闕如。延至1980年代以後由申慶璧主修的《續修花蓮縣志》，至今〈地形〉、〈博物〉、〈民族宗教〉、〈工業商業〉、〈文學〉等5卷猶未完成。

第三章 花蓮縣媽祖信仰

的修志事業，幾乎呈現「神隱」的狀態。[290]陳鴻說，1996 年《一個城市的誕生：花蓮市街的形成與發展》的出版，意外成為花蓮縣第一部區域史研究的政府出版品。[291]相關「花蓮縣寺廟調查」則至 1996 年才進行，該調查結果報告於 1999 年以《洄瀾神境：花蓮的寺廟與神明》一書出版，成為花蓮縣第一部較全面性的宗教相關參考資料。[292]

《洄瀾神境》有系統的詳記廟宇之地址、主神、配神、沿革與特色、基本資料（含管理型態、附設組織、有無爐主、主要祭祀時間（農曆）、進香、作戲方式、資金來源、平日祈願活動、其他）等各項資訊，以及繪製簡易的廟宇平面神像配置圖等。本次調查顯示媽祖廟，分別為花蓮市的慈天宮、福慈宮、港天宮，吉安鄉聖南宮，壽豐鄉順民宮，豐濱鄉順天宮，瑞穗鄉慈天宮，富里鄉青龍山聖天宮等共計有八筆（表3-1）。較之西元1956年的紀錄多出六座媽祖廟的紀錄。書中內容有效地呈現當時寺廟發展狀態，以及神像配置平面圖的繪製。筆者以為此舉可視為一重要貢獻，以作佐證觀看時空背景下花蓮縣媽祖廟的配置面貌。然而令人惋惜的是，未標明受訪者的資訊，以及關於廟宇主祀神祇媽祖的來源多為含糊帶過，或都沒有明確指出相關的出處；例如，北港媽祖、西螺、莆田湄洲島聖母廟，以及福建詔安縣媽祖令旗等等讓人無所依從，難以探究廟宇主祀神祇媽祖的出處，實為遺憾與敗筆。

---

[290] 陳鴻圖，〈戰後東臺灣的區域史研究：政府出版品的回顧〉《東台灣研究》21期，（2014.02）：76-77。

[291] 參閱陳鴻圖，〈戰後東臺灣的區域史研究：政府出版品的回顧〉《東台灣研究》21期，頁4。本書改寫自張家菁，《花蓮市街的空間演變臺灣東部一個都市聚落的形成與發展》國立臺灣師範大學地理研究所碩士論文，臺北，1993年。

[292] 姚誠，《洄瀾神境：花蓮的寺廟與神明》，花蓮：花蓮縣立文化中心，1999。本書源於1996年花蓮縣文化中心委託「地方藝文資料蒐集計畫」中的「花蓮縣寺廟調查」報告，後在臺灣省政府文化處的經費補助下方得以出版。

表 3-1《洄瀾神境：花蓮的寺廟與神明》花蓮媽祖廟明細表

寺廟名	主神來源	地址	組織型態	附設組織	爐主	乩童	儀典	資金來源
慈天宮	北港媽祖	花蓮市忠孝街81號	管理委員會	大鼓陣神將班	有	無	進香遶境布袋戲	點燈自由捐獻
福慈宮	北港媽祖	花蓮市民亨里中美路269號	管理委員會	誦經團花轎隊大鼓隊	有	無	進香遶境歌仔戲	點燈自由樂捐
港天宮	莆田湄洲島聖母廟	花蓮市國慶里德興206之55號	財團法人	神將班誦經團武轎鑼鼓隊	有	無	進香布袋戲歌仔戲	點燈香客大樓
聖南宮	雲林北港、西螺	吉安鄉仁安村南海四街102號	管理委員會	無	有	有	進香遶境作戲	點燈自由捐獻
順民宮	台東大麻里	壽豐鄉溪口村中山路一段463號	管理委員會	鑼鼓陣	有	無	進香遶境布袋戲	點燈安太歲自由捐獻

寺廟名	主神來源	地址	組織型態	附設組織	爐主	乩童	儀典	資金來源
順天宮	宜蘭南方澳南天宮	豐濱鄉豐濱村4鄰109號	管理委員會	子弟戲大鼓陣	有	有	布袋戲或電影	點燈丁口錢
瑞穗慈天宮	北港刈香	瑞穗鄉中正北路162巷50號	管理委員會	鑼鼓陣神將班	無	無	進香遶境作戲皆無定	點燈自由捐獻
青龍山聖天宮	福建昭安縣媽祖令旗	富里鄉竹田村137號	管理委員會	無	有	有	進香遶境布袋戲	自由捐獻

資料來源：引自姚誠，《洄瀾神境：花蓮的寺廟與神明》，花蓮：花蓮縣立文化中心，1999.06.30。製表人：卓麗珍；本表僅採用簡易方式統整資料內容，並以列表方式呈現。

二、 政府出版品中花蓮地區的媽祖廟

古人云：「譜諜身之本也」，國有史、鄉有志、家族有譜。是否可以透過這些公私文書、典藏文獻、檔案、著作，以及輔以田野調查的廣蒐、考訂所成的民族誌，作為第一手比較最直接的參考資料，值得考量。經查由花蓮縣各鄉鎮市公所出版的地方志書，其成書時間各有不同。關於媽祖廟的訊息，多數單獨成篇以：宗教、宗教篇、宗教禮俗篇、禮俗篇等標題將寺廟相關的資料載入。如上節所述，花蓮縣至今仍有四鄉未見方志出版，而已出版

的方志書中尋找花蓮媽祖廟的蹤跡時，記錄也僅個位數的六座，一樣少得可憐。追溯此種現象，可歸因於媽祖廟的興工或建成時間與方志調查的出版時間，所造成的時間錯落的問題。

花蓮地區的媽祖廟調查除了花蓮縣各鄉鎮市的志書外，政府機關的出版品主要以內政部所出版的《全國寺院宮廟基本資料》及網頁《全國宗教資訊網：宗教團體查詢結果》最易取得，且設計調查項次與內容頗豐。然資料庫內容僅由各宗教團體依規定要求自行撰寫，官方則依據所彙整的資料整合後提供索引檔案予大眾查詢參考。因此各項次內容所呈現的成果，實仍有研究者可努力的空間。

根據 2010 年寺廟調查資料顯示，花蓮縣的媽祖廟共計有十二座；教別一欄皆為道教，建別皆為募建。分布依序為花蓮市佔四座：慈天宮、美崙福慈宮、花蓮天惠堂、花蓮港天宮；吉安鄉有二座：東天宮、聖南宮；富里鄉二座：竹田聖天宮、慈雲宮；壽豐鄉二座的順民宮、慈南宮；最後是瑞穗鄉一座：瑞穗慈天宮，豐濱鄉一座：順天宮（表 3-2）。較之於 1999 年姚誠的調查成果多出了四座媽祖廟，分別為花蓮市的天惠堂、吉安鄉東天宮、壽豐鄉慈南宮，以及富里鄉的慈雲宮。而 2020 年內政部調查結果，相較於十年前的調查還少了豐濱鄉順天宮的媽祖廟。究其因乃是關鍵詞「主祀神祇」一項書寫為「媽祖」，導致資料項無法歸類於「天上聖母」的差異。2020 年元月份花蓮縣政府民政處-宗教禮俗科公告的登記立案寺廟則有十一座，此項公開資料已將花蓮市天惠堂主祀神修正為觀世音菩薩。

表 3-2《全國寺院宮廟基本資料》

寺廟名	區別	組織型態	地址	負責人	電話	登記證號	建廟
慈天宮	花蓮市	管理委員會制	主信里12鄰忠孝街81號	吳俞慧	03-8322965	寺總登字第13號 花寺登字第025號	民38年改建

第三章 花蓮縣媽祖信仰

寺廟名	區別	組織型態	地址	負責人	電話	登記證號	建廟
美崙福慈宮		管理委員會制	民孝里4鄰中美路277-1號	鄧深泉	03-8225853	寺總登字第18號 花寺登字第176號	民47年建
花蓮天惠堂		管理委員會制	盛里四鄰國盛一街2之1號	鄭罔腰	03-8328552	寺總登補字第2號 花寺登字第101號	無紀錄
花蓮港天宮		財團法人制	國慶里四鄰中山路一段500巷15號	賴榮文	03-8560031	寺總登補字第5號 花寺登字第076號	民66年8月
聖南宮	吉安鄉	管理委員會制	仁安村南海4街102號	黃安存	03-8525560	寺總登補字第16號 花寺登字第046號	民74年興建
東天宮		管理委員會制	南昌村文化二街106號	許文和	03-8534259	寺總登補字第82號 花寺登字第111號	民77年
順民宮	壽豐鄉	管理委員會制	溪口村中山路一段463號	黃新發	03-8654069	寺總登補字第30號 花寺登字第014號	民79年
慈南宮		管理委員會制	池南村池南路一段46號	王昱雯	03-8641612	寺總登補字第31號 花寺登字第121號	民78年落成

「後山媽祖」的信仰、神蹟及其類型研究

寺廟名	區別	組織型態	地址	負責人	電話	登記證號	建廟
順天宮	豐濱鄉	管理委員會制	豐濱村三民路109號	李啟誠	03-8791126	花寺登字第152號	民82年興建
瑞穗慈天宮	瑞穗鄉	管理委員會制	瑞穗村慈天路15鄰50號	黃庚	03-8873141	寺總登補字第42號	無紀錄
慈雲宮	富里鄉	管理人制	永豐村13鄰52號	劉貢銘	03-8831429	花寺登字第166號	無紀錄
竹田聖天宮	富里鄉	管理委員會制	竹田村東竹二路137號	程萬永	03-8821681	花寺登字第172號	無紀錄

資料來源：內政部，《花蓮縣-99年調查寺院宮廟基本資料》第21冊，臺北：內政部，2010。另參考：內政部，〈宗教團體查詢-花蓮縣縣天上聖母、媽祖〉（https://religion.moi.gov.tw/）《全國宗教資訊網》，2022.07.26摘錄。〈花蓮縣登記立案寺廟名〉（https://ca.hl.gov.tw/Detail/271478a7b3314ebd891ebd853efc3b46，2020.01.030）《花蓮縣政府民政處-宗教禮俗科》，2022.08.05摘錄。

　　事實說明，藉由廟方自行填寫的資料主動權在廟方，而當廟方不願配合或無力配合時，則所有的資料都不可能有機會被顯示出來。上一章已述，國立中正大學媽祖文化研究中心是距今調查花蓮媽祖廟最近資料庫。但該資料庫所搜集及揭露的資料項也只有10座，唯一缺席的是現今花蓮縣最具知名度及廟宇建築最具規模的花蓮港天宮。此結果著實匪夷所思，足見應質疑該資料庫之參考價值。

第三章 花蓮縣媽祖信仰

三、　　花蓮地區媽祖廟分佈地圖

　　本項調查初步主要取徑於內政部〈寺廟查詢〉名單資料(表3-2)為基礎。其次根據 2019 年 03 月至 2021 年 01 月期間對於花蓮地區媽祖廟的訪查與搜羅的資料，經逐一建立寺廟的各項紀錄與訪談內容。相關調查目標仍維持與宜蘭縣相同的方式，採以具備有獨立廟體建築之媽祖廟為主，無論其建物規模與大小。對於無獨立廟體者或民宅中之私人宮、壇，亦仍不列入調查範圍。調查方法仍輔以個人設計的「花蓮媽祖信仰-田野調查資料表(民間信仰)」[293]及編製調查記錄總表[294]配合訪查日為基準，以期簡單且清楚的呈現田野過程。期間可能需要數次來回與紀錄，且在無文獻資料可供參照時，則採用探詢、轉介紹或詢問當地警察機關，以期減少遺珠之憾。

　　根據田野調查結果顯示，以地理分布情況而論花蓮地區主祀神為媽祖（天上聖母）的廟宇共計有 19 座（表 3-4）。依據媽祖廟所在行政區域的地形，簡單分為二種，即純山地鄉及非山地鄉。三個純山地鄉：秀林鄉、萬榮鄉、卓溪鄉等地，皆未發現有媽祖廟的蹤跡，亦即花蓮縣 19 座的媽祖廟全數建立於非山地鄉（圖 3-8）。花蓮縣 19 座媽祖廟分佈，花蓮市 5 座、吉安鄉 5 座、壽豐鄉 2 座、豐濱鄉 2 座、瑞穗鄉 2 座、玉里鎮 1 座及富里鄉 2 座，而新城鄉、鳳林鎮、光復鄉等三個鄉鎮雖非山地鄉，但同樣也沒有媽祖廟的建立（表 3-3）。依此可見花蓮地區的媽祖廟有 50% 皆位於平原地區。

---

[293] 參附件 1、「宜蘭媽祖信仰-田野調查資料表(民間信仰)」
[294] 參附件 2、臺灣東部媽祖廟調查資料整合表。

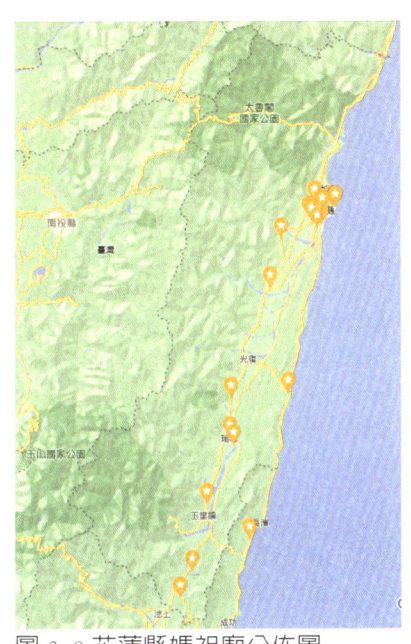

表 3-3 花蓮縣媽祖廟分佈統計	
<u>非山地鄉</u> 新城鄉：0 花蓮市：4 吉安鄉：5 壽豐鄉：2 豐濱鄉：2 鳳林鎮：0 光復鄉：0 瑞穗鄉：2 玉里鎮：1 富里鄉：1	<u>山地鄉</u> 秀林鄉：0 萬榮鄉：0 卓溪鄉：0 共計 0 座 <u>登記有誤或變更</u> 花蓮市：1 富里鄉：1
共計 17 座	共計 2 座
總計 19 座	

圖 3-8 花蓮縣媽祖廟分佈圖
資料來源：取自 goole my maps，卓麗珍標示，2021.01.01

　　各項資料揭露，花蓮地區至 1949 年後始有媽祖廟的蹤跡（表 3-4）。第一座廟宇是位於花蓮市區內，舊時僅以媽祖廟稱之。待民 41 年因花蓮大地震而二次改建，後更為今廟名「慈天宮」。寺廟沿革與各種文獻皆載錄花蓮慈天宮前身為「日本佛教日蓮宗花蓮教所」，至臺灣光復後由黃坤峰接手改信奉媽祖，廟名改用「媽祖廟」稱之。[295]此外，區域性的媽祖廟有源於信徒的需求而設立者，如玉里媽祖宮。根據創始人黃裕泉[296]表示，玉里媽祖宮的設立與建成，即因從花蓮市到玉里鎮之間的區域沒有媽祖廟，所以信徒對於參拜媽祖的不便性多有所感。山地鄉則查無媽祖廟的建

---

[295] 根據訪談人林明發總幹事表示，聽聞民 38 年(1949)接收廟宇的黃坤峰前人，並不知曉花蓮慈天宮媽祖的來源。
[296] 2020.12.29 採訪黃裕泉，豬肉商，花蓮玉里媽祖廟，創建人也是創建主委。

立，此現象未見於宜蘭及台東二縣，可為專屬花蓮地區獨特的樣貌。

表 3-4 分區調查明細表- 花蓮媽祖廟

	宮廟名	地址	創廟時間	主祀神來源
花蓮市	花蓮天惠堂	國盛里四鄰國盛一街 2 之 1 號	距今約 30 年前	主祀觀音菩薩，但登記為媽祖廟
	港口順天宮	港濱路 37-3 號	民 106 年	花蓮福慈宮
	花蓮港天宮	中山路國慶里四鄰一段 500 巷 15 號	民 66 年	湄洲島聖母廟
	花蓮慈天宮	主信里忠孝街 81 號	民 38 年改建、民 42 年重建	北港朝天宮；民 95 年又正式請來二尊領有契書的分身
	美崙福慈宮	中美路 277-1 號	民 47 年	北港朝天宮 民 47 年原主祀福德正神的土地公廟，民 57 年變更為媽祖廟
吉安鄉	九洲天后宮	中央路二段 263 號	民 78 年	自雕。 民 78 廟名為「湄清堂」，民 85 年改「湄清堂」，民 78 年再更為「九洲天后宮」
	后德宮	華城七街 72 號		
	東天宮	南昌村文化二街 106 號	民 77 年	主神像媽祖傳承自父輩，宮主不知道神像的來源

130

	宮廟名	地址	創廟時間	主祀神來源
	南濱天后宮	東昌村榮光社區33-1號	30多年前成立的	初供奉北港朝天宮的令旗,後因受損嚴重,宮主請師傅雕刻神像並藉由進香時掬火合爐延續香火。
	聖南宮	仁安村南海四街102號	民84年	民58年雲林西螺人由北港朝天宮迎來自家供奉;後約20人成立爐主會輪祀;有起乩問事服務。
玉里鎮	玉里媽祖宮	大禹里酸柑56-46號	民97年建、民99年竣工	根據創建人黃裕泉表示,主祀神係自雕後入靈彰化南瑤宮媽祖,非沿革中所述迎請金身。
瑞穗鄉	瑞穗慈天宮	瑞穗村慈天路15鄰50號	民78年	民62-63年間自北港朝天宮迎來媽祖金身
瑞穗鄉	瑞穗聖安宮	瑞美村15鄰仁愛路151號	民87年興工至民88年建成安座。	富里鄉潘得利請雕刻師雕作,後媽祖於東方虛空領旨入靈,號「東方天上聖母大媽娘娘」
壽豐鄉	壽豐順民宮	溪口村中山路一段463號	民79年改建民居為宮廟	從台東太麻里遠天宮奉迎麥寮拱範宮媽祖金身

第三章 花蓮縣媽祖信仰

	宮廟名	地址	創廟時間	主祀神來源
	壽豐慈南宮	池南村池南路一段42-5號	民78年落成	蘇澳南天宮
豐濱鄉	豐濱順天宮	豐濱村三民路109號	民49年草廟，民82年募建	蘇澳南天宮
	靜港天上聖母	港口村1鄰15號	距今約20年前時於現址建廟	神像由廟方請師傅雕刻後，再行入靈儀式：北港朝天宮
富里鄉	竹田聖天宮	竹田村東竹路二137號	民57年間	《洄瀾神境》紀錄是「青龍山聖天宮」主祀媽祖，今該廟的face book記載主祀神為金母娘娘
	慈雲宮	花蓮縣富里鄉東富公路52號	非媽祖廟	主祀觀音菩薩，但登記為媽祖廟《洄瀾神境》紀錄主祀觀音，廟名「慈雲寺」

資料來源：筆者自西元2013年至2021年01月止期間田野調查資料；調查廟宇數總計共19座。

　　如上節所述，西元1950年之前花蓮媽祖廟的調查紀錄只有二座，即花蓮市的慈天宮以及吉安鄉吉安村的天后宮。花蓮慈天宮的訪查與資料已趨完備，但此後關於吉安鄉吉安村的天后宮，皆未於文獻資料或地方志書尋獲，[297] 筆者田野期間也同樣沒有找到該

---

[297] 瞿海源總纂，〈住民志宗教篇〉《重修臺灣省通志》卷三第二冊，（南投：臺灣省文獻委員會，1992.04），頁1365-1366；也未見有吉安天后宮的資料。

廟的痕跡。根據黃志誠及羅翔[298]表示,吉安鄉聖南宮是本鄉最早的媽祖廟。聖南宮建於 1985 年,主祀神媽祖於 1969 年由北港朝天宮迎請而來。是此絕無可能是 1950 年《花蓮縣志稿》所錄之,1946 年由黃完妹自建的吉安鄉吉安村天后宮。另一猜想,文獻紀錄該廟首於 1946 年由臺北木柵指南宮迎請呂祖分身供奉,1958 年廟體因颱風被毀後又重修以磚瓦造;主祀神並列為呂祖暨天上聖母,同祀玉皇大帝、觀音菩薩、地母娘娘、三王公、及土地公。[299]或可能應為呂祖廟為宜。然據有限的資料做各種的比對與尋找,如建造人黃完妹、主祀神呂祖,及廟宇所在地吉安鄉吉安村等皆未有所獲。為此甚為遺憾,本筆資料或僅能留於後人再探尋。

　　另查已登記列名為媽祖廟的:花蓮市的天惠堂、富里鄉的竹田聖天宮,以及富里鄉的慈雲宮等三座,在內政部皆已登記主祀神為天上聖母的媽祖廟。然實訪結果則發現主祀神與登記有所出入,或主事人(宮主)的認知差異。依此顯示前人的調查研究有誤,我們將給予文獻資料的更正、增刪與說明。以花蓮市天惠堂而言,從神殿內的主神龕、陪祀神龕所供奉之神像位置,以及廟方張貼的參拜順序圖(圖 3-9 中),明顯可以確認天惠堂的主祀神是觀世音菩薩(圖 3-9 左),而媽祖神像僅以陪祀方式被供於虎邊神龕上(圖 3-9 右)。花蓮縣富里鄉永豐村的慈雲宮也是同樣的現象,神殿內實際的主祀神為觀音佛祖,龍龕陪祀神為神農大帝,而虎邊神龕所供奉的才是天上聖母(媽祖)神像(圖 3-10)。最後是花蓮縣富里鄉竹田村的竹田聖天宮,姚誠《洄瀾神境》紀錄本廟名為「青龍山聖天宮」主祀媽祖,今查正名為「竹田聖天宮」。根據竹田聖天宮莊淑君表示,關於廟名有青龍山與竹田相異部分,目前廟方沒有人聽過此一稱名。關於主祀神一事,竹田聖天宮主事人金茂義(宮主)也表示,主觀上他們一致

---

[298] 根據筆者於 2020.12.25 訪談,黃志誠於中華電信公司退休後即到花蓮吉安鄉聖南宮服務,現任總幹事;羅翔是現任副總幹事。該廟主委吳建志(1980 年生)為現任花蓮縣的縣議員。
[299] 駱香林等編纂,〈民族、宗教〉《花蓮縣志稿》卷三(上),頁 73。

第三章 花蓮縣媽祖信仰

圖 3-9 花蓮天惠堂主祀神觀世音菩薩（左）、參拜順序圖（中）、虎龕神陪祀天上聖母（右）
攝影：卓麗珍，日期：2020.12.25

圖 3-10 富里慈雲宮主祀觀音佛祖、陪祀神農大帝（龍龕）及天上聖母（虎龕）
攝影：卓麗珍，日期：2020.12.30

認為該廟主祀神為金母娘娘，而媽祖則為陪祀神[300]（圖 3-11）。據廟方表示，竹田聖天宮之所以供奉媽祖神，主要源於 1968 年間村中盛行媽祖遶境之俗，為配合當地的盛會才在主祀神金母娘娘的恩准下，奉旨自臺東寶桑路的接天宮[301]迎回媽祖金身。廟方指出，

---

[300] 根據 2022 年 01 月筆者與竹田聖天宮的小編莊淑君女士書信往來訪談內容，以及廟方所提供的書面資料顯示，廟方人員及信徒在認知上皆主張本廟主祀神為供奉在二樓主殿內的金母娘娘，而非供奉在一樓主殿內的媽祖神。內政部的主祀神祇登錄資料也是「金母娘娘」。
[301] 經筆者訪查結果，臺東寶桑路「接天宮」，已於 1984 年奉神諭更名為「聯天宮」，廟址：台東市中華路一段 199 巷 15 弄 4 號。

圖 3-11 竹田聖天宮二樓神龕主祀神金母娘娘（左）、一樓神龕主祀神媽祖（右）
攝影：竹田聖天宮莊淑君，日期：2022.01.13

2012 年金茂義接受黃學堂的採訪，以明確指出媽祖神像的來源及主祀神認同的問題。[302]從竹田聖天宮的寺廟登記證上所錄，證實登記為「媽祖廟」。筆者以為，導致廟方、研究者與調查者三方認知上的差異，可能起因於神像所安奉的位置，或受前人研究資料所誘導，促使廟方自行填寫繳交官方的調查資料所誤。此外，或因時空背景下的趨炎附和，追隨時下流行的神明以利廟務之拓展及永續經營之需要。

花蓮縣媽祖廟的調查自 1959 年至 2020 年期間，歷經主管機關或地方公部門的調查結果，呈現多有不足及錯誤待修正之需要。試將文獻所蒐集的資料比對分析製成分佈統計表（表 3-5），以利有效地判讀出不同時期花蓮縣媽祖廟的變遷。各項資料顯示本縣有六個鄉鎮至今仍無媽祖廟的建立。試圖分析其因，已知位於立霧溪與木瓜溪流域範圍內的三個山地鄉，其一秀林鄉是花蓮縣最大土地面積的鄉鎮，日治時代稱為「番地」，居民 90%以上為崇尚大自然的太魯閣族人，[303]他們擁有屬於自己族群的語言、文字、信仰以及習俗等等的文化特色。[304]閩南人、客家人以及開路榮民的漢

---

[302] 黃學堂，〈三四 竹田聖天宮〉《戀戀九岸溪：竹田．羅山．新興三村歷史》（花蓮：花蓮縣文化局，2012.12），頁 126-129。
[303] 參閱〈地方人文〉（http://www.shlin.gov.tw/tw/About.aspx）《秀林鄉公所官方網站》，2021.12.30 摘錄。
[304] 孫大川總編纂，《秀林鄉志》（花蓮：秀林鄉公所，2006.12），序 35-36。

第三章 花蓮縣媽祖信仰

表 3-5 花蓮縣媽祖廟分布統計表

行政區	1999	2010	2017	2020
花蓮市	3	4	4	5
玉里鎮	0	0	0	1
鳳林鎮	0	0	0	0
新城鄉	0	0	0	0
吉安鄉	1	2	2	5
壽豐鄉	1	2	2	2
光復鄉	0	0	0	0
豐濱鄉	1	1	0	2
瑞穗鄉	1	1	1	2
富里鄉	1	2	1	2
秀林鄉	0	0	0	0
萬榮鄉	0	0	0	0
卓溪鄉	0	0	0	0
廟宇總數	8 座	12 座	10 座	19 座

資料來源
1999 年：姚誠，《洄瀾神境：花蓮的寺廟與神明》，頁 54-244。
2010 年：內政部，《花蓮縣-99 年調查寺院宮廟基本資料》第 21 冊，臺北：內政部，2010。
2017 年：〈宗教團體查詢-花蓮縣天上聖母、媽祖〉
（https://religion.moi.gov.tw/）《全國宗教資訊網》，另 2022.07.26 複查並摘錄最後更新資料亦是同樣的 10 座。
2020 年：根據筆者自 2017.02-2020.12 止調查結果統計資料。

人是本鄉的「少數民族」。其二萬榮鄉以太魯閣族、布農族二大族群為主，餘下為漢人及阿美族。[305]宗教信仰以基督宗教為主。其三卓溪鄉絕大多數的居民以信仰西方的基督宗教為主，信奉佛、道教或民間信仰者極少，一般也僅有個別家戶的祭祀，至今仍無

---

[305] 參閱〈鄉徽介紹〉（https://www.wanrung.gov.tw/cp.aspx?n=8097）《花蓮縣萬榮鄉公所官方網站》，2021.12.30 摘錄。

公眾性的媽祖廟。[306]非隸屬山地鄉的光復鄉俗稱「馬太鞍」是阿美族人的聚居地。咸豐7年（1857）始有閩、客籍人自臺灣的西部東遷來此定居，從事商業及農墾，1949年外省籍移入，今族群鼎分為三。[307]根據2019年12月的統計本鄉平地、山地原住民佔總人口數之53.6%。[308]目前一樣沒有媽祖廟的蹤跡。根據新城鄉人口族群的資料顯示，新城鄉是花蓮縣「平地地區」較早開發之處，早在清朝時期就有來自於蘭陽平原的噶瑪蘭族，在此建立加禮宛社。[309]新城鄉的都市化程度為全縣第三位，僅次於花蓮市及吉安鄉。現今規模宏大的佛教團體：慈濟功德會也位於本鄉康樂村。[310]但即使開發早、都市化高，卻未見有媽祖廟的建立。鳳林鎮，阿美族語稱「馬里勿」(Marlimu)，清嘉慶年間隸屬台東直隸州，日治時期設鳳林郡，民34年光復後廢街稱鎮，民國36年將光復鄉劃出，行政區域因而確定。[311]人口組成以客家族群為大宗，佔全鎮人口比例65%，多數自桃、竹、苗地區的移民，本鎮屬於典型的客家莊。[312]鳳林壽天宮是為當地主要的信仰中心。以上清楚理解媽祖信仰的傳播足跡沒入原住民的原鄉，同樣也趨避了以原住民為主要居民的區域，六個鄉鎮以各自的原始信仰主要信仰外，同時亦受西方宗教的影響。

---

[306] 海樹兒·犮剌拉菲總編纂，《卓溪鄉志》（花蓮：卓溪鄉公所，2015.10），頁623。
[307] 參閱〈光復沿革〉（https://www.guangfu.gov.tw/）《花蓮縣光復鄉公所官方網站》，2021.12.30摘錄。
[308] 同上註，參閱〈人口結構〉。
[309] 參閱〈人口族群〉（https://www.sinchen.gov.tw/）《花蓮縣新城鄉公所官方網站》，2021.12.29摘錄。
[310] 同上註，參閱〈行政中心〉（https://www.guangfu.gov.tw/）《花蓮縣光復鄉公所官方網站》。
[311] 參閱〈歷史沿革〉（https://www.fonglin.gov.tw/）《花蓮縣鳳林鎮公所官方網站》，2022.02.16摘錄。
[312] 同上註，參閱〈移民史〉（https://www.guangfu.gov.tw/）《花蓮縣光復鄉公所官方網站》。

第三章 花蓮縣媽祖信仰

第三節 花蓮媽祖廟考述

　　臺灣媽祖信仰發展的兩大特徵，分靈和進香。1986 年張珣指出，神明的分香與祖先崇拜中分家的「捻香灰」及「分灶火」儀式，是淵源通一，香灰與香火是神明與祖先靈力的來源。[313] 香火顯現出具有溝通，以及「表示淵源」的作用。媽祖的分靈儀式，類似家庭系譜的樹狀圖，[314] 亦即廟宇間的互動大略依照「媽祖廟—媽祖—香爐」系譜關係在進行。[315] 藉由分香、分靈的香火儀式建立關係，再透過組織信眾等到「祖廟」的進香活動，維持並展示彼此的關係，試圖在縣境內站穩自己「正宗」的地位。

　　早在咸豐年間，北港朝天宮已是臺灣本土媽祖信仰指標性的廟宇。每年數以萬計的信徒、宮廟，組織人群，不遠千里絡繹前往朝拜北港媽，求取信仰中心的靈力。臺灣海峽的開放，帶動兩岸宗教的交流。媽祖在成為「海峽兩岸和平女神」以後，湄洲天后宮也轉身成為「湄洲祖廟」；中國方面則廣招臺灣的媽祖廟前往認祖。[316] 全台各地媽祖廟前仆後繼，期望藉由進香回到源頭求取媽祖的靈力。通過往外移的分香與回歸的進香，不斷的互動，連結移民與原始廟宇之間關係的肯定。[317] 臺灣媽祖信仰的認同逐漸轉往湄洲，此種現象在花蓮地區已成不爭的事實，但似乎有人刻意忽略分香、分靈通常所形成「根源」與「從屬」的「祖廟—子廟」階層關係。或則是樂觀其成這種關係的存在。

　　學者的研究早已說明，媽祖廟與地方社區有極其密切的關係。媽祖廟的轄境或是地方的相關資訊，可藉由廟宇張貼的歷史沿革內容，所敘述的字裡行間去追朔、尋找。立碑題文，鐫石紀事，

---

[313] 張珣，〈進香割香與朝聖宗教意涵之分析〉《人類與文化》22，(1986)：46-54。
[314] 轉引自：侯錦雄、李素馨，〈媽祖信仰邊境儀式的文化景觀閱讀〉國立臺北藝術大學文化資源學院《文資學報》第八期，(2014)：8；劉榮樺，〈「家屋」與「廟」：媽祖分身的人類學詮釋〉(http://gwrx.itaiwan.net/matsu-first.html，2001)，2011 年 2 月 4 日摘錄。
[315] 同上註，侯錦雄、李素馨，〈媽祖信仰邊境儀式的文化景觀閱讀〉：8。
[316] 朱致賢，〈媽祖信仰 從天后到兩岸和平女神〉(http://www.rhythmsmonthly.com/?p=18699)《經典雜誌》第 184 期，2013.11。
[317] 張珣，〈分香與進香—媽祖信仰與人群的整合〉《思與言》：p.83-106。

以昭示垂後，但事實證明，往往推敲半天也不得要領，更難尋得確切的答案。花蓮境內媽祖廟深度訪查的結果顯示，花蓮地區的移民社會屬於本島內的遷徙運動，因此寺廟的建立，或與移民墾殖、災難、社會事件等事件相關。主祀神「分香」的來源，可淵源自國內規模相對大的寺廟，如北港朝天宮、麥寮拱瀾宮、臺東遠天宮等，但不再獨源於臺灣西部。又開基媽祖神像的來源，可以是媽祖信仰者個人的發願行為與靈驗契機，使媽祖廟源流成為一段可歌的歷史。而媽祖神的靈驗事蹟對媽祖廟的香火緣起，同樣佔著舉足輕重，是不可或缺的角色。簡言之，廟宇主祀神媽祖的來源，或與湄洲祖廟、北港朝天宮、臺灣西部的媽祖廟有分靈、分香的直接或間接關係，更也有借用其名的依附關係，如以神像、香火「物」的來源象徵權威性[318]隨地可見。

本節藉由花蓮地區媽祖廟的興建，及其主祀神媽祖神像的來源，試圖探索縣境內媽祖信仰的傳入與發展現況，同時嘗試理解與發現它的緣起與類型，並藉此將其分類。

一、　碑碣與形制

從訪查花蓮縣境內十九座的媽祖廟後，實際有設立沿革碑碣的僅尋獲四座廟宇，分別為花蓮慈福宮（圖 3-12、附件 3-1）、吉安鄉聖南宮（圖 3-13、附件 3-4）、花蓮慈天宮（圖 3-14、附件 3-3）及玉里媽祖宮（圖 3-15、附件 3-2），其他的 15 座皆未立下任何的文字紀錄。

嚴格來說，此四座媽祖廟的沿革碑內文，僅有玉里媽祖宮紀事內容最為詳細，從其緣起、立廟、成會、設組織等等皆明列於文（表 3-6）。而花蓮慈天宮及吉安鄉聖南宮二座實無法稱為碑或碣，應視為告示較為合理。

---

[318] 簡瑛欣，〈祖廟在臺灣：台灣民間信仰神明祖廟的權威來源與正統性〉《思想 30：宗教的現代變貌》（臺北：聯經，2016.05），頁 198。

第三章 花蓮縣媽祖信仰

圖 3-12 花蓮市福慈宮
攝影：卓麗珍，日期：2020.12.25

圖 3-13 吉安鄉聖南宮
攝影：卓麗珍(翻拍自花蓮媽祖文化季)，日期：2020.12.25

圖 3-14 花蓮市慈天宮
攝影：卓麗珍，日期：2020.12.25

圖 3-15 玉里鎮媽祖宮
攝影：卓麗珍，日期：2020.12.29

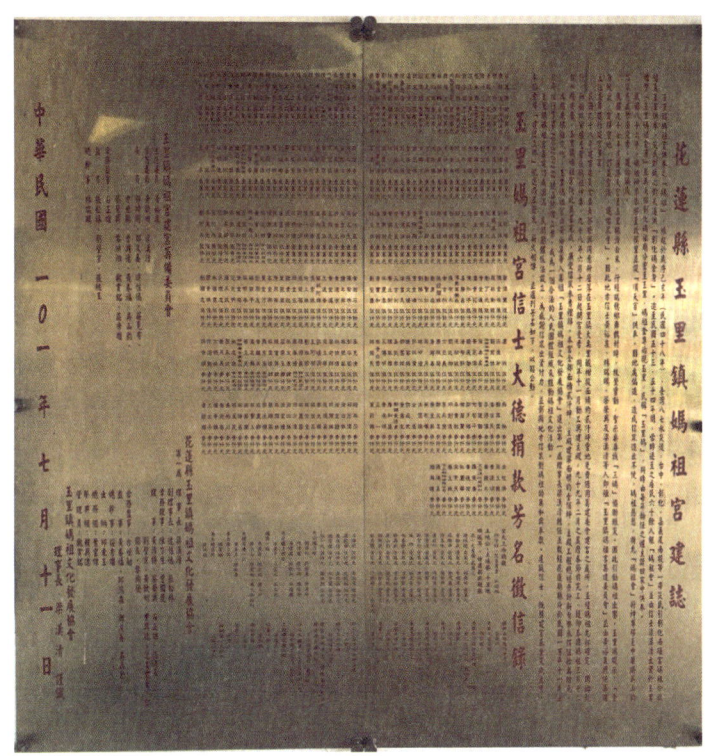

表 3-6 花蓮縣玉里鎮媽祖宮建誌

花蓮縣玉里鎮媽祖宮建誌
玉里鎮媽祖供奉之「媽祖」，緣起於歲序巳亥年（民國四十八年），臺灣八七水災後，台中、彰化、嘉義及南投等一帶災民引彰化南瑤宮廟媽祖令旗隨至玉里供奉，災民則誠心對天遙供「彰化媽金身」。 　　迨至民國五十三、五十四年間，當時遷至之居民六十餘人組「媽祖會」並由信士梁漢清出資於玉里雕塑「玉里媽祖金身」並再次回彰化媽祖廟分靈至玉里，媽祖金尊始現玉里，民稱「玉里媽」，同時由每年輪任之爐主請回家中供奉。

民國八十六年，媽祖神尊奉移至啓模里並設「順天宮」供奉。因地處偏遠，造成信衆進出不便，媽祖慈悲，特允「媽祖會」將神尊移至中華路吳山豹信衆居處暫座受香，護佑鎮民。

民國九十七年花蓮港天宮至玉里賑濟白米，行經瑞穗鄉舞鶴村時，扶鸞靈動，聖示要尋找「三媽」協助賑災。因此引動媽祖出鑾，玉里媽祖現示：「金身既出，宜擇靈地，彰益聖法，護佑衆生」。因此地方信士黃裕泉、林瑞鵬、蔡榮興及梁漢清等人即組「玉里鎮媽祖宮籌建委員會」並由黃裕泉擔任籌備主任委員進行建宮事宜。

民國九十八年建宮委員會委員蔡榮興同意將座落在玉里鎮酸柑段面積約貳仟坪靈地免費借用籌建委（應爲少「員」字之誤）會建宮之處所，並經媽祖允杯確定，開始執行。初始以貨櫃屋暫座媽祖神尊，九十八年六月十二日起開宮受香，同年十一月動工興建主殿，九十九年二月之農曆春節前完工，隨即恭請媽祖三月十二日入殿安座，玉里鎮媽祖宮從此奠基完成，廣受信衆參香禮拜。本宮全部面積貳仟坪，主殿建築面積約壹佰平，主殿工程總經費計新台幣參佰伍拾萬餘元。

爲推廣媽祖文化，玉里媽祖宮由黃裕泉等人籌組「玉里鎮媽祖文化發展協會」選出第一屆理事長梁漢清擔任並報經花蓮縣府於民國一百年十一月五日府社行字第 10002017268 號函核准立案，成爲一個合法的人民團體組織來推動媽祖文化活動。

玉里鎮媽祖宮籌建功成圓滿，民間團體依法設立，爲感謝信衆出資付力，並彰顯地方信衆對媽祖的無私與奉獻。虔誠信士，慨捐建宮基金完成大業。本協會特「建誌立牌」記述沿革發展，薪火相傳，並臚列芳名如下，以昭公勳。

玉里媽祖宮信士大德捐款芳名徵信錄

以下皆爲人名錄（省略不錄）

玉里鎮媽祖文化發展協會

理事長　梁漢清謹識

中　華　民　國　一　〇　一　年　七　月　十　一　日

綜觀臺灣本土眾多廟宇的沿革碑碣或記事碑文設立，從材料的選取上採用大理石材者是為多數。從地質來說，臺灣的大理石岩主要出露於中央山脈東翼變質岩區，分佈從東澳起至臺東北側，出露厚度最大者位於花蓮太魯閣一帶。而花蓮縣作為大理岩產地著實蘊藏豐富，也是太魯閣峽谷（兩岸皆由大理石岩層構成）的特色與形成的因素之一。依此背景，預設或可遇見花蓮地區媽祖廟的碑碣，採用大理石岩將相對高於宜蘭或臺東地區。然訪查結果顯示，花蓮的媽祖廟卻鮮少以此石岩設置碑文；此種現象著實有趣亦顛覆行前的設想。多數廟宇指出因廟務經營不具規模，信徒量畢竟有限，因此在硬體上較無力負擔，或有建廟初期並未有足夠的能力去考量將沿革立碑或為廟宇留下紀錄。此外，關於歷史沿革的撰寫及其內文，廟方無適當人選可以提供協助，若外聘寫手則於經費當多考量。

廟宇選擇以何種的質材來呈現自己的歷史沿革，我們無從直觀的判斷。但透過深度的訪談，廟方給出了的答案。如2012年7月11日立牌的玉里媽祖宮其廟體建成的時間最晚，該廟選擇採用銅片材質立碑。據創始人黃裕泉表示，經比較石材與銅材後，管理委員會以經費及年輕化為由決定採用。[319] 花蓮最早建立的媽祖廟，在當地人稱「老媽祖廟」的花蓮慈天宮則採類似古蹟告示板的方式以中、英文呈現。該廟因位於為私人土地上，現今面臨廟宇土地租借困境故短期內無法改變，只能以積極推動信眾獻金以籌備承購廟地，方有轉圜之地（圖3-16）。同屬較早期興建廟宇的還有花蓮美崙福慈宮，亦僅以現存的

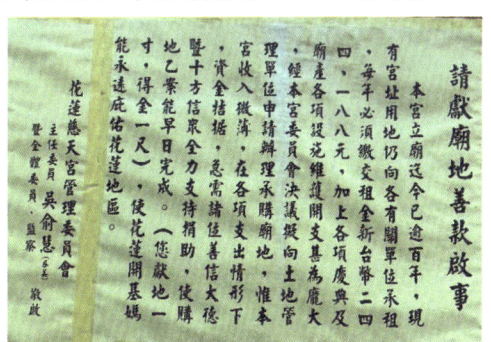

圖3-16 花蓮慈天宮籌款購廟地啟事
攝影：卓麗珍，日期：2020.12.25

---

[319] 根據2020.12.29採訪黃裕泉證實。

石碑文簡單宣告主祀神改祀經過。吉安鄉聖南宮作為在地擁有興盛香火的廟宇，因重建時未能即時思慮將廟宇之歷史沿革立文字而表遺憾，今採文字公告示人積極彌補。

花蓮地區媽祖廟的碑碣與形制探討，提供解讀隨時間循環中管理組織對於廟宇經營的態度與興衰的間接關係。碑碣的內文，揭示媽祖廟的香火一脈，連結廟宇之間的主從或子母關係。聚合或離心，媽祖信仰在此是信眾生活的一小部分，廟宇的信仰變遷或改祀是社會進步和互動下的結果，能夠協助我們更好地滿足信仰的需求，以及理解社會結構性的變化所產生的相應對策。

二、　香火緣起的類型

臺灣早期移墾的社會現象，移民自西部遷徙至東部，非常大的關鍵是為了生存需求與經濟的誘惑。日治時期為逃離壓迫與困境，將開發未完的花蓮作為藏匿最佳之地。媽祖信仰的香火也在此時傳遞入境，供奉與祭祀只存在於家戶間而未展開公眾性的開放祭祀儀禮行為。花蓮縣境內無百年的老媽祖廟，更無歷史悠久的媽祖神像是歷史的共業。腹地內因海岸線的獨特性及海流，斷層海岸多而灣澳少，目前僅有二大港：花蓮港、和平水泥專用港，以及石梯、鹽寮等漁港，還有13處小型漁筏停靠點。[320]因此降低了擱淺船隻或河、海上(邊)拾獲神像的可能性，最多只能追溯到日治時代末期的信仰殘留與轉換。藉由移墾或二次遷徙的現象，來自於臺灣西部的媽祖神像成為本縣最多的存在。近代則有臺海二地通航後，取自於宜蘭縣蘇澳鎮南天宮的媽祖神像，時有所聞。最後，因神感召而自行請師傅雕刻後入神的事件，同樣在花蓮地區發生。

本節論題係就上述調查的 19 座花蓮地區媽祖廟，所蒐集紀錄的歷史沿革與主祀神來源之碑碣記載及訪談內容，分析主祀神媽祖之香火緣起的類型。除去已有沿革記載的 4 座外，其他 15 座皆輔以田野訪談為主要分類依據。田野調查結果顯示 19 座媽祖廟中

---

[320] 〈臺灣海岸詳介-花蓮海岸〉（https://www.wra.gov.tw/）《經濟部水利署》。

有花蓮天惠堂、富里慈雲宮二座,主祀神登記與實際供奉之主祀神不符,當給予反正為宜,故將之並列入因政權或發展需求而變更主祀神一項。依此調查結果,花蓮地區媽祖廟的香火緣起大致可區分為四種類型:(一)因政權或需求而變更主祀神、(二)依神諭,尋木雕刻與入靈、(三)近期的分香行為、(四)無據可考或不明。各類型之間不排除有以時間作為斷面的結果。

(一)因政權或發展需求而變更主祀神

地方廟宇的發展歷程,原則上多為反映地方社會的發展史,可以是歷史政權的變更促使地方廟宇以符應制度的需求,或是地方社會發展歷程所造成的需求表現。[321]簡言影響廟宇發展歷程的關係鏈,不外乎官與民以及宮廟的神職人員,甚或民眾善信的互動及族群關係。其中以神靈指示而更換主神者,最是特別現象的存在。在本項分類中,亦將主祀神登記與現實所供奉神明有差異的廟宇列入,用以顯示廟宇發展的關係是如何受限於其關係鏈的影響。

花蓮縣境內的媽祖廟可歸於本類型的計有四座,分別是花蓮市的慈天宮、美崙慈福宮、天惠堂,以及富里鄉的竹天聖天宮。根據文獻紀錄以及田野訪查結果,用以理解分析廟宇的變遷,提供以客觀的視角審視與比較花蓮縣的媽祖廟的發展。分項來看,各種文獻資料顯示慈天宮乃花蓮最早的媽祖廟,有花蓮開基媽祖「老媽祖廟」之美稱。該廟始於日治時期,原土地位置本為日蓮宗花蓮佈教所,也即是臺灣東部的日本人信仰據點,戰後改為媽祖廟。1951年正式命名「慈天宮」。歷史沿革碑碣紀錄主祀神源於北港朝天宮的分身。田野調查結果顯示,2006年正式迎回二尊一尺六領有契書的北港朝天宮媽祖神像。早於此前,慈天宮長期維持固定於農曆三月廿三日至北港朝天宮迎回媽祖神像,舉辦聖誕慶典及供花蓮各廟宇輪流祭祀,待至農曆四月八日再送媽祖回鑾北港(圖 3-17)。1949 年從日蓮宗留下的觀音菩薩神像,則於改建後成為二樓鎮殿主神(圖 3-18)。因此可以確定本廟的主祀神

---

[321] 陳奎熹,《教育社會學研究》(臺北:師大書苑有限公司,1999),頁 15-16。

第三章 花蓮縣媽祖信仰

媽祖神像，所指涉的並非是1949年的神像。該廟信徒組織媽祖正信會，以凝聚眾善信對於媽祖信仰的向心力，藉此舉辦各項慶典、法會活動及籌資等。據林明發表示，1949年是否有北港媽祖神像存留下，他不得而知；聽聞廟中也無人可考，即使現任主委吳俞慧[322]在其父手中接下主委一職後也未及見。試圖從慈天宮神殿內供奉的神像加以判讀，期望確認開基媽祖神像為何，有其困難度（圖3-19）。

圖3-17 慈天宮長期公告版
攝影：卓麗珍，日期：2020.12.25

圖3-18 日蓮宗的觀音菩薩神像
攝影：卓麗珍，日期：2020.12.25

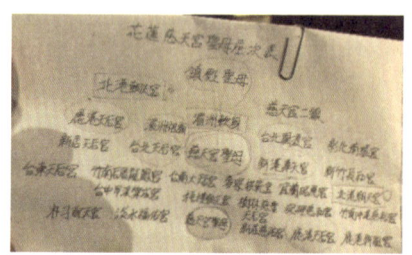

圖3-19 慈天宮主殿祀神排列表
資料來源：廟方提供

花蓮市美崙福慈宮，原名「長慶廟」，1958年始主祀福德正神，即供奉土地公的廟宇。1968年後改名為福慈宮，主祀神變更為媽祖。根據美崙福慈宮沿革碑碣內文所載，該廟因廟體建築狹小且年久

---

[322] 吳俞慧，花蓮市慈天宮現任主委，舊名吳春美，她於其父吳石柱手中接任主委一職，今已連任二屆。

失修,導致屋樑腐朽陳舊不堪又有礙觀瞻。當時廟方為因應花蓮國際港及美崙新市區建設美觀計劃,逐發起籌募擴建計畫,建成後並將主祀神從土地公改成黑面三媽祖,同時增奉陪祀神湄洲天上聖母、五谷爺及太陽公等祀神,從此更名「福慈宮」以取代「長慶廟」。相關於主祀神的來源,沿革碑碣內文中未提及與紀錄。據吳素菊[323]表示,前人說改主祀神為媽祖,乃因神諭示美崙地區無媽祖廟,媽祖欲至本地救世濟人,又得原主祀神福德正神同意讓位,故取名「福慈宮」。「福」字代表福德正神,「慈」字象徵媽祖的慈悲濟世。福字在前意指對福德正神的敬意,以宣告於世人土地神讓位之心懷眾生不論位階(圖 3-20)。除此之外,1989 年有花蓮美崙福慈宮、宜蘭蘇澳南天宮、宜蘭南澳震安宮等坐船從湄洲迎請回來三尊湄洲天上聖母金身。爾後湄洲天上聖母大媽供奉於宜蘭南澳震安宮;宜蘭蘇澳南天宮供奉湄洲二媽,而花蓮美崙福慈宮則奉祀三媽(圖 3-21),[324]顯示廟宇之間共作的契機無縣境之分。藉由進香首站固定於高雄林園聖天宮的訊息,得知該廟的主祀神係由花蓮市美崙福慈宮所分靈而出,顯示廟宇發展是由其關係鏈所影響。

田野訪查結果顯示,花蓮市天惠堂及富里鄉慈雲宮二廟所供奉的主祀神皆為觀世音菩薩(或稱觀音佛祖),媽祖僅作為配祀的位置存在。二廟皆未設置沿革碑碣於廟內外,因此相關寺廟的建立與祀神源流亦皆無紀錄。根據花蓮市天惠堂的訪談人盧月里[325]表示,本廟的主祀神一直都是普陀岩觀世音菩薩,未曾更換過。至於寺廟登記主祀神為媽祖一事,由於早期政府登記限制,遲遲無法通過以觀世音菩薩為主祀神的登記立案。因此,宮主鄭罔腰[326]選擇改以媽祖為登記主祀神後,才順利通過登記立案。廟方表示

---

[323] 吳素菊女士,現年 60 歲,未婚,在地人;現任美崙福慈宮會計,民 107 年到任。退休後回來服務。曾服務於向上傳播公司,任職超過 30 年;曾為公共電視拍攝過宮廟陣頭文化節目。

[324] 2020.12.25 採訪吳素菊女士提供的資料。

[325] 2020.12.25 採訪盧月里女士,72 歲、廟婆,宮主鄭罔腰的親姪女。自幼即經常到廟裡參拜,今來廟服務近十年之久。

[326] 鄭罔腰,民 22 年-,生肖屬雞,花蓮天惠堂宮主,乩童。

此案實屬不得已而為之的做法。富里鄉慈雲宮主祀神以觀音佛祖稱名，天上聖母則陪祀於虎龕，另有同供奉於主神殿上由北港朝天宮的分靈媽祖神像。整體而言，該廟所奉祀的神祇中，唯有主神龕上的觀世音菩薩及地藏王菩薩二尊，隸屬於佛教神祇，餘下的神像，廣義上全部可歸類屬於道教的神祇。關於花蓮市天惠堂與富里鄉慈雲宮二廟，寺廟登記所面臨的問題；筆者歸納後推測，應係屬早期官方認定與寺廟登記規定的條例有關。表面上二廟的建築外觀、寺廟管理者、運作方式多偏向於廣義道教的範疇，即更像是民間信仰的道廟，且無佛教的寺院規範或空間形態，亦未見民間佛教的影子。因此，即使主祀神為觀音佛祖或觀音菩薩，主觀上也不被官方列入，只能改登記奉時下盛行的媽祖神為主祀神。

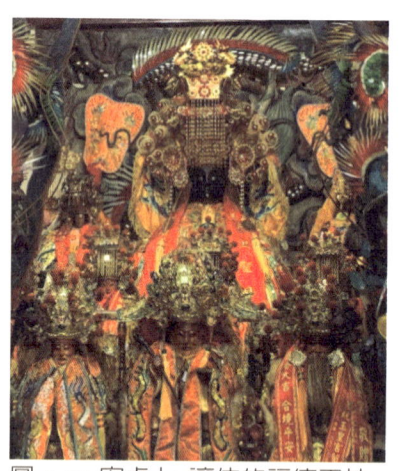

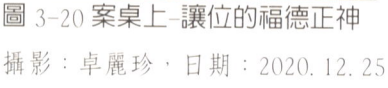

圖 3-20 案桌上_讓位的福德正神

圖 3-21 坐船來的湄洲天上聖母三媽

攝影：卓麗珍，日期：2020.12.25

根據筆者調查與蒐集資料比對，富里鄉竹田聖天宮主祀神媽祖的神像，源於台東市接天宮分靈。寺廟登記上雖為媽祖廟，但其主事者及信眾，一致認為竹田聖天宮為金母娘娘廟。1996年姚誠

調查時廟名為「青龍山聖天宮」，但受訪人莊淑君[327]及金茂義宮主皆表示，未曾聽聞過此廟名。從廟方登錄的沿革尋找答案：[328]

> 竹田聖天宮，於民國 53 年落成，主祀金母娘娘，副祀天上聖母。
> ……
> 民國 57 年間，因村中有媽祖遶境之習俗，惟金母娘娘向無遊境之例，本廟為配合此一盛會，遂請示金母娘娘恩准，奉旨自台東寶桑路接天宮迎回一尊媽祖金身，供奉於本廟。目前，本廟二樓奉祀主神金母娘娘，一樓副祀天上聖母。

內文清楚闡述，竹田聖天宮主祀神是金母娘娘。民 40 年期間金母娘娘經常降乩，書符、施藥救治病患，神蹟遍傳於竹田。1968 年為配合當地的媽祖遶境活動，奉金母娘娘旨意到台東寶桑路接天宮迎回分靈媽祖金身。除以上所述，《國家文化記憶庫》記載，最初富里鄉民陳利仔迎回神像，回家供奉，信徒日多後，集資蓋廟。[329] 1964 年廟殿落成，名為「聖天宮」。1982 年鍾勇出任聖天宮住持。以上是竹田聖天宮所認知的歷史。

根據筆者 2020 年尋訪臺東市接天宮，臺東最早迎回雲林北港朝天宮媽祖供祀的廟宇，有「正北港媽」之稱。神像於民 44 年由首任主持鍾勇迎回，鍾勇亦是竹田聖安宮的創始人。1984 年接天

---

[327] 2022.01.12-01.21 與莊淑君，竹田聖天宮 face book 的小編；因 COVID-19 防疫期間，本案訪談採用文字溝通方式進行。使用軟體：Messenger、信箱 dbaby1016@gmail.com。

[328] 參閱，《竹田聖天宮》https://www.facebook.com/zhutian.shengtiangong/，2021.07.26 摘錄。

[329] 參閱〈竹田聖天宮媽祖廟〉（https://memory.culture.tw/）文化部《國家文化記憶庫》，2021.12.3 摘錄。「聖天宮住持鍾勇之祖先，自大陸福建昭安縣渡海來臺時，即請來一媽祖令旗，並供奉在臺東東和村自宅廳堂上。昭和 10 年（1935），鍾勇請師傅雕造金身，供奉在臺東租來的住宅內。昭和 12 年（1937），建造竹編房舍，迎請媽祖金身安奉，命名『接天宮』。」

更名爲聯天宮,[330]開基的「正北港媽」被鍾勇迎請至花蓮富里鄉竹田奉祀,接天宮主祀神由北港轉換成鹿港,即祖廟變成彰化鹿港天后宮。[331]值得關注的是,1968 年之前二廟重疊的歷史部分,相關媽祖的神靈、神像來源問題,以及何人迎神來供奉。竹田聖天宮沿革及報導人,只說是從臺東接天宮迎回,並未明確指出神靈隸屬哪座廟宇。迎神之人,一說是由富里鄉民陳利仔迎回神像,自家供奉,但並未說明出處;另一說是鍾勇迎請至花蓮富里鄉竹田奉祀,此說清楚知道神像取自臺東接天宮但源於北港朝天宮。以上二種祀神來源說法,大抵可判斷爲北港朝天宮媽祖分靈。已知廟方人員知之甚少,留下的紀錄也不完整。首次揭露主祀神的歷史源流,筆者樂見其成,藉此提供前人的研究紀錄、文獻,以及個人訪查、比對和整理資料,協助廟方完整自己的歷史。同時期望藉此爲媽祖信仰研究者,提供些微的貢獻。

(二)依神諭,尋師雕刻與入靈

花蓮縣境內依神諭尋師雕刻與入靈的媽祖廟計有座四:位於吉安鄉的九州天后宮、南濱天后宮、玉里鎮的媽祖宮以及瑞穗聖安宮。四座媽祖廟主要的起源多與宮廟負責人或創建人有直接或間接的關係。經驗過程多緣於神的神聖諭示或聖靈感召,其過程可能透過夢示、感應接觸甚或藉由第三者的訊息傳遞;連結與建立神人之間密切關係,交涉或訓練成為可被賦予重責大任或執行任務的契約者,遂成為神明的代言人,代其宣化渡世濟人。

筆者於田野調查中首次遇見由原住民所創立的媽祖廟―吉安鄉的九州天后宮。宮主溫玉蘭是本縣泰雅族人,具備原住民巫師之體質,原是信仰基督宗教的天主教徒。民 78 年,她得夢於一民間神靈,因信仰基督又從未涉略臺灣民間信仰,所以不識其神及其名。故於夢中求問之,其神回曰:「天上聖母」,始得神之名。得知陌生的神名後,幾經多方求問終才知曉「天上聖母」是何神人。溫玉蘭亦正式成為臺灣民間信仰中媽祖神的代言者,延續她

---

[330] 臺東市接天宮,已更名爲「聯天宮」,廟址:台東市中華路一段 199 巷 15 弄 4 號。
[331] 臺東縣後山文化工作協會編著,《臺東縣寺廟專輯》,頁 30。

身為巫者的身份。因媽祖指示有度化眾生之願繼而建立廟堂，初起廟堂命名為「湄清堂」，1996年更名為「湄清宮」（圖 3-22）；後於 2004 年再次更名為「九州天后宮」（圖 3-23）至今。「九州天后宮」之名是神予聖諭有放眼九州的宏願，行代天巡台之職，督促傳法正心和傳遞溫暖給社會遭遇困難者，協助需要者得以度過難關（圖 3-24）。據聞數次更名，多為主祀神媽祖所示與交辦的階段性任務不同而修正。

　　吉安鄉九州天后宮無立沿革碑碣，訪談人表示是因經費不寬裕，但本宮有諸多神蹟，一如神明喻示將有災難來臨，急需盡快舉辦祭天儀式；爐主媽神像不出門或輪祀，因為有緣人還未到，必要時唯爐主媽令旗可外出救度等等。主祀神媽祖神像（圖 3-25）源於聖母指示尋雕刻師方向，後於屏東找到一位 70 多歲的老師傅，依雕刻師要求親眼至廟中神前鑒定執出三聖筊，所託之事方才可成。本廟的宮主一職今已傳其子接位，信徒仍以花蓮縣境內的原住民為主。依臺灣原住民族的人名，各族群皆各有其意涵，與漢人的父子同姓有極大的不同。[332]據林崑溢表示，泰雅族的傳統姓名男孩於名後加父輩名，象徵延續先人生命並獲得庇佑，也是族群的認同。關於宮主的姓名，漢化後他的家人選擇以「楊」為姓，他被取名為楊崑溢，1989 年得媽祖指示認祖歸宗而改其姓氏為「林」，並將漢名變更為「林崑溢」。據聞他不具靈異體質，目前僅承繼母親的管理職務。在這裡，神的旨意成就了信仰改信最重要的支撐，而媽祖神威顯赫的訊號，業已成為支持、解救困苦同胞持續前進的動力。

---

[332] 王文娟，〈還我祖先的名字 ─ 台灣原住民恢復傳統命名〉（https://www.taiwan-panorama.com，1996.02）《台灣光華雜誌》，2021.05.29摘錄。

第三章 花蓮縣媽祖信仰

圖 3-22 舊廟名外觀
資料來源：九州天后宮提供，2021.04.10

圖 3-23 更名「九州天后宮」
攝影：卓麗珍，日期：2021.04.10

圖 3-24 原民急難救助物資發放公告
資料來源：九州天后宮提供，2021.04.10

圖 3-25 吉安鄉九州天后宮主祀神媽祖神像
攝影：卓麗珍，日期：2021.04.10

「後山媽祖」的信仰、神蹟及其類型研究

圖 3-26 南濱天后宮　　　　　　圖 3-27 南濱天后宮開基媽祖像
攝影：卓麗珍，日期：2021.02.16

　　南濱天后宮（圖 3-26）位於吉安鄉的榮光社區內，立廟已逾 30 餘載。宮主潘素玉[333]（現年 65 歲）是玉里鎮的平埔族人，嫁予苗栗客家人鍾祥（歿）為妻。據採訪人潘素玉表示，建廟因緣皆源於具靈媒體質的路人轉告：「這裡祀奉的媽祖想要『發揮』與濟世」的機緣。期間她歷經媽祖抓乩以及不斷入夢，教導濟世救人的術法等，最後集眾於自家宅第建立廟堂，讓媽祖藉此地開始行道、濟事、救人。初始，以鍾祥自北港朝天宮迎來的媽祖令旗為主要祭祀物，但歷十餘年後該令旗不堪歲月所致的風化，最後藉由儀式的操作以火焚燼。今主殿內祀奉的開基媽祖神尊造像（圖 3-27）係宮主請師傅雕刻的。媽祖的神靈則藉由進香時至北港朝天宮掏灰回來合火，同時由乩童執行神像的開光點眼入神儀式，藉儀式進行一併將朽壞的媽祖令旗焚化。聞南濱天后宮的媽祖專為信眾辦地府陰事為主，且廟堂建成後連續七年的進香行程，此後無需再辦，因媽祖聖諭指出：「走透了」。訪談中潘素玉說，她自覺與神的緣分應該是源於家族遺傳，上自潘素玉之父，下自

---

[333] 2021.01.01 訪潘素玉於南濱天后宮內，宮主，14 歲始學藝理髮，17 歲出師，行業 20 餘載，育有三女一子。

第三章 花蓮縣媽祖信仰

其女,乃至其孫,一門皆是臺灣民間信仰中的神職人員。筆者以為這可謂是真正的「巫家庭」。

2003 年玉里寺廟巡禮檔案資料顯示全鎮寺廟共 15 座,境內以基督長老教會的數量最多,協天宮又稱「關帝廟」是唯一的百年古廟,[334]其中並未發現有媽祖廟的紀錄。玉里媽祖宮是花蓮縣玉里鎮第一座媽祖廟,也是目前玉里鎮唯一的一座媽祖廟。認識此廟源於一契機,2020 年 12 月適逢吉安鄉東天宮慶典期間,偶遇玉里媽祖宮來送賀禮的范姜孝書[335],逐開啟揭露該廟歷史的歷程。根據玉里媽祖宮的沿革碑內容所示,本廟開基媽祖緣於彰化南瑤宮的分火。玉里媽祖信仰之開端可溯源自 1959 年,時因八七水災重創臺灣中南部以致多數人流離失所,有災民自彰化攜一媽祖令旗入花蓮。[336] 1963-1964 年間當地信仰逐漸穩固後,由當時遷徙者約 60 多人組織神明會「媽祖會」,信士梁漢清出資從玉里鎮尋人雕塑媽祖金身,信眾等重返彰化南瑤宮執行開光點眼與入靈儀式,正式成為南瑤宮媽祖的分靈廟宇。自此起玉里媽祖輪祀於眾善信之門,「玉里媽」(圖 3-28)之名亦不脛而走。1997 年玉里「媽祖會」散伙,導致「玉里媽」被暫時移至豐濱順天宮供奉,但因路遙信眾祭拜不易,由「媽祖會」將神像再次遷至中華路吳山豹家居暫祀。直至 2008 年受花蓮港天宮的影響,興起建廟想法並組建廟委員會。於 2009 年興工建廟並由黃裕泉任建廟主委。2010 年竣工並於農曆 3 月 23 日入火安座。

---

[334] 葉振輝總編纂,《玉里鎮志》(花蓮:玉里鎮公所,2010.12),頁 523。

[335] 2020 年 12 月 25 日訪范姜孝書女士,玉里媽祖宮的信徒。當日她代替玉里媽祖宮的委員至吉安鄉東天宮致贈慶典紅包。經她介紹而聯繫上文化協會理事長鄭孟豐先生,後因鄭孟豐進北上無法面談,故轉介玉里媽祖宮創建主委黃裕泉先生,得以全面性地了解該廟的歷史過往。

[336] 黃昱豪,《臺灣「八七水災」之研究》國立中正大學歷史學系碩士論文,嘉義縣,2011 年,頁 12-24。戴寶村,〈台灣歷史上的八七水災〉(http://www.twcenter.org.tw/,2001-08-06)《吳三連台灣史料基金會》,2020.08.11 摘錄。「八七水災」發生於 1959 年 8 月 7 日的艾倫颱風引起;臺灣現代史上最嚴重的持續豪雨成災;重創臺灣中南部,災情範圍廣泛,遍佈整個西部十三個縣市,尤其以苗栗、臺中、南投、彰化、雲林、嘉義等六縣,受災最為嚴重。

圖 3-28 玉里媽神像　　　　　圖 3-29 花蓮玉里鎮媽祖宮廟貌
攝影：卓麗珍，日期：2020.12.29

圖 3-30 瑞穗聖安宮　　　　　圖 3-31 瑞穗聖安宮「東方天上聖母大媽娘娘」

資料來源：由潘文龍提供，日期 2021.06.22

　　追問玉里媽祖宮沿革碑的內文記事，黃裕泉表示廟門前所立銅質沿革碑所述與真正發生的事實頗有出入。主祀神係廟方請人雕後，再自行入彰化南瑤宮媽祖之靈，非沿革中所寫的來自彰化南瑤宮，造成此狀況實屬無奈的妥協。依據訪談人的敘述，他自

己即是建廟發起人，緣於受佛祖夢示，媽祖被斥責濟世救人時機已到，應速立廟堂以解眾難，扶危濟度，使眾善信有一信仰歸屬之地以行儀禮。主祀神媽祖神像的來源，是經媽祖指示與夢中現景告知；，其「吾原靈已改降至一小矮房中的媽祖神像內，黃弟子宜儘速將其請走，並另建廟堂以祭祀」。而後僅召集已解散的原媽祖會會員 10 人，並邀請花蓮的設計師，連同黃裕泉一行 12 人至該媽祖神像前擲筊，以示眾信。連獲 36 聖筊的神蹟，昭示眾人媽祖神威顯赫，是此逐步展開建廟相關事宜（圖 3-29）。然建廟事難，經費籌募不易，唯擇屈服於眾議默認本宮的媽祖係源於南瑤宮媽祖，但實則本宮媽祖與南瑤宮並無任何關係。黃裕泉鄭重的表示：「玉里媽 ≠ 南瑤宮媽祖」，充分的表現出媽祖廟香火根源的權威性，在某種意義上載於彰顯神明靈力的來源與持續，同時藉由廟與廟之間的相互結盟，促使廟宇能夠繼續經營，信仰得以擴展之代價。

瑞穗聖安宮（圖 3-30）主祀神媽祖，在此有另一種稱號「東方天上聖母大媽娘娘」（圖 3-31）。根據潘文龍表示，此稱號源於：「媽祖在東方領旨下來救世」。[337] 初期祀神源於先人攜帶湄洲媽祖的神像及令旗，海上經商遇風浪神像不慎落海丟失，僅留媽祖令旗隨身於打狗（高雄）上岸。1986 年潘得利（1996 年往生）徒步移墾至公埔（今花蓮縣富里鄉豐南村）。落腳，後雕刻高度 8 寸 8 的媽祖金身在自家奉祀。因經商需要二次遷移，逐於花蓮瑞穗鄉富貴城（富貴路）定居。[338] 1998 年有感於媽祖欲顯世扶危濟困與教化，故由護駕生張春香攜媽祖神像多方尋地，再由潘來春起乩問廟宇興建方位，西元 1999 年於現址建成安座。

本類的主祀神來源都啟發自神諭。媽祖威神力的訊號，透過夢境或心通傳達給特定個人以圓滿神將濟度世人的宏願，或應許祈禱成為靖安的精神寄託。此外多與扶乩濟世有關。花蓮縣境內

---

[337] 根據筆者於 2022 年 07 月期間與潘文龍筆談結果顯示；潘文龍，瑞穗聖安宮潘來春先生的小兒子，現任總務之職務。
[338] 宋秉明總策劃，《瑞穗鄉志》（花蓮：瑞穗鄉公所，2007），頁 438-439。記載：「富里鄉潘得利（民 85 往生）將東方天上聖母大媽娘娘遷至瑞穗鄉中正北路 335 巷 31 弄 31 號」。

的媽祖信仰傳播,顯現出臺灣民間信仰族群的變遷,同時真正「入侵」祖靈信仰的人群之中。

(三)近代的分香行為

如上所述,花蓮縣境內的媽祖信仰發現最早起源於西元 1949 年。首座媽祖廟是由日治末期神社的轉型演變而來。除此之外,媽祖廟多數於西元 1960 年之後興建。近代花蓮縣媽祖廟分香有近三成是來自於臺灣西部的北港朝天宮,無論是直接至北港朝天宮迎請媽祖金身,抑或自請雕刻師製作後藉由開光點眼儀式入的靈。蔡相煇說臺灣西部的北港朝天宮是臺灣媽祖信仰的重鎮。[339]這種說法對於花蓮縣境內媽祖信仰的發展,可謂是極佳寫照。無怪乎研究者在未明花蓮媽祖信仰全貌前會提出,花蓮的媽祖都是從臺灣西部傳進去的言論。

花蓮地區的移民大多以本土內第二次或第三次遷徙進入後山,亦即早在移入花蓮之前,已在原居地落住過一段較長的時間,且移入者以客家族群最多。[340]媽祖廟也在族群落腳安定後才陸續形成。因此,這些入墾花蓮的移民是無法與早期自大陸入臺灣西部移民的原鄉情節或記憶,等同視之。根據花蓮縣境內媽祖廟的訪查結果顯示,歸類於近代分香行為類型的廟宇,分別是花蓮市的港口順天宮,壽豐鄉的慈南宮、順民宮,豐濱鄉的順天宮、靜港天上聖母,以及吉安鄉的聖南宮、瑞穗慈天宮等共計有七座。此七座花蓮媽祖廟主祀神來源,有北港朝天宮、蘇澳南天宮、花蓮本地的美崙福慈宮,以及臺東太麻里遠天宮。從此類祀神的來源更凸顯媽祖信仰與本土廟宇之間相互關聯的作用。

吉安鄉聖南宮是當地著名的老媽祖廟,信徒以「吉安媽」稱之。西元 1969 年媽祖神像來自北港朝天宮,是由雲林西螺鄉民迎請入花蓮。廟方網頁紀錄:

> 「聖南宮」位於花蓮縣吉安鄉仁安村,宮址原為日據時期南埔軍機場之一隅,台灣光復後,政府實施土地

---

[339] 蔡相煇,《媽祖信仰研究》(臺北:秀威資訊,2006.11.01),頁 vi。
[340] 劉還月,《處處為客處處家—花東縱谷的客家文化與歷史》,頁 139。

第三章 花蓮縣媽祖信仰

> 放領政策，引牽來自雲林、彰化、嘉義、台南等地民眾來此定居。[341]

以上文字敘述並未登錄於內政部官方網頁。廟名「聖南宮」是民71年由西螺福興宮媽祖應許下。據黃志誠表示，相關於民58年迎來北港媽祖神像的源流，多不可考，僅知原為家神供奉，後改爐主會輪祀。黃氏此說應再探究的必要。根據姚誠的紀錄：

> 八七水災時，雲林、彰化一帶的災民遷到花蓮吉安鄉原日治時期的軍用機場（南埔機場一帶），並前往北港迎請媽祖神像至當地民家輪流供奉。彼時，參與迎請的地方人士有黃再德、周溪河、王新發、張清江、廖清降、李招財等人。……目前聖南宮三尊媽祖中，有一尊來自雲林北港，另外二尊來字西螺。[342]

可見廟方受訪人並不清楚此份文獻的存在。比對廟方二份沿革紀錄及田野調查結果資料顯示，吉安鄉聖南宮主祀神除北港媽外，同時有民70年迎請的西螺福興宮媽祖，以及民74年西螺社口里福天宮媽祖。廟宇於民84年10月23日完工安座。廟方聲稱今臺灣西部知名的媽祖廟皆有分靈於此，較特殊的如全台唯二的台南正統鹿耳門「鹽雕媽祖」[343]神像（圖 3-32），也是全台唯一分靈，以及有著運動裝的「路跑媽祖」（圖 3-33）之稱的鹿耳門文館三媽，是全台唯一造像為身著運動服裝、頭帶運動帽的媽祖。現任主委是花蓮縣議員吳建志，已知政界關係對廟方各項運作或活動具有絕對加成效果。

---

[341] 參閱《花蓮聖南宮吉安媽祖》https://www.facebook.com/花蓮聖南宮吉安媽祖-101407585267819
[342] 姚誠，《洄瀾神境：花蓮的寺廟與神明》，頁132。
[343] 劉怡伶，〈全球首座鹽雕媽祖像 正統鹿耳門聖母廟亮相〉（https://travel.yahoo.com.tw/ideas/，2014.05.09）《中廣新聞網》，2022.08.15摘錄。

圖 3-32 吉安鄉聖南宮「鹽雕媽祖」神像（翻拍）
資料來源：取自蔡文居，〈首座鹽雕媽祖 聖母廟亮相〉
（https://news.ltn.com.tw/news，2014.05.10）《自由時報》，
2022.08.15 摘錄。

圖 3-33 吉安鄉聖南宮「路跑媽祖」神像（翻拍）
資料來源：取自花蓮聖南宮吉安媽祖 https://www.facebook.com/花蓮聖南宮吉安媽祖-101407585267819/ ，2022.08.25 摘錄。

第三章 花蓮縣媽祖信仰

　　瑞穗慈天宮位於國有土地上。創建人黃庚（1919-2004）[344]南投人，日治時期為避被遠遣南洋軍伕的命運出逃至花蓮鶴岡躲藏，後與當地原住民成婚。初期村中有一令旗供村民輪流祭祀，覺多有不便。1973年黃庚至北港朝天宮迎請北港媽自家祭祀。有感於花蓮至玉里一帶無公眾性的媽祖廟，發願建廟，以祈媽祖神護佑眾信。1989年10月22日遷移現址，北港媽逐成為慈天宮的主祀神。李黃仔伶[345]表示，同年中迎回鎮殿媽祖：福建莆田湄洲媽分靈金身，並於現址建廟，來進香的豐原慈濟宮媽祖指示要留此地濟世，傳為神蹟美談。黃庚離世後，已無人開壇問事。因人口外流嚴重以及信徒老化或離世，且新世代青年信徒少，致使經費短缺、廟務經營困難。今管理委員會組織業已解散，獨留爐主會仍持續運作。進香活動於2018年起已暫停。附設的陣頭神將班組織也停滯1-2年了，縣境內邀請「媽祖文化季」或活動也都暫無出席。

　　豐濱鄉靜港天上聖母，主祀神源自於北港朝天宮，信徒以漢人為主。據無法言語的王茂利（圖3-34）表示：本廟係屬地方公廟，設有管理委員會，但沒立宮主。[346] 2013年成立「花蓮縣靜港媽祖會」，相關官方行政申請業務由姜文秀（已退休國中老師）負責執行。媽祖神像約於50多年前，從事大理石包商工頭的宜蘭人林阿傳出資所雕刻；神像由靜港、靜浦二村村民輪流奉祀。本地村民多以捕魚為生致使奉香祀神無常日，或有村民急需禱神問事難如願，逐於距今約20年前，擇現址建廟體以供媽祖神像（圖3-35），取消輪祀，只留爐主制度。本廟位於台九線的路旁，廟堂前空曠的廟埕經常成為重型機車族們旅程中暫時歇腳的景觀。

---

[344] 宋秉明總策劃，《瑞穗鄉志》（花蓮：瑞穗鄉公所，2007），頁438-439；文中記載創始人黃庚的出生日期與2020.12.29採訪李黃仔伶所提供資料於記年上多有錯誤。《洄瀾神境》紀錄廟址：瑞穗鄉中正北路162巷50號，經確認應為官方紀錄的瑞穗鄉瑞穗村15鄰慈天路50號。

[345] 2020.12.29採訪李黃仔伶，瑞穗慈天宮創始人黃庚之女，現任宮主；電話：0915-087581。

[346] 2021.02.16採訪林茂利先生（現年88歲），豐濱鄉靜港天上聖母廟管理人，因病氣切無法言語，以磁板書寫方式與筆者溝通。豐濱鄉靜港天上聖母地址：花蓮縣豐濱鄉港口村一鄰15號。

圖 3-34 書寫者林茂利-左，林妻-中、筆者-右
攝影：卓麗珍．日期：2021.02.17

圖 3-35 靜港天上聖母廟貌

圖 3-36 花蓮市港口順天宮廟貌
攝影：卓麗珍，
日期：2020.12.25

　　壽豐鄉順民宮主祀神媽祖為「麥寮拱範宮媽祖」，於 1970 年迎自臺東太麻里遠天宮。據張金生[347]表示，壽豐鄉順民宮創始人張文溪（？-2010）是雲林縣保中人，後遷居臺東太麻里，自幼可通靈，後人多以「媽祖張仔」稱其名。張文溪一生建廟二座：其一

---

[347] 2020.12.295 採訪張金生（手機：0960-636128），壽豐鄉順民宮係創始人張文溪（2009-2010 年間歿）之子，現任宮主張聰明的親弟弟。退休後從北部回花蓮，協助輪流顧廟。

位於臺東，祭祀台西五條港西安府的張李莫府三千歲。[348]其二是舉家遷徙至花蓮縣壽豐鄉溪口村後，將舊居改建為「順民宮」以祭祀媽祖。本廟主祀神媽祖的神像，初期是由私人供奉的自家神，後經村人提議與共商並得媽祖應許，於 1990 年改建張文溪之舊宅為廟堂，而媽祖神像亦轉為供大眾祭祀的公眾神祇。[349]而本廟的鎮殿媽祖則於廟宇建成與入火後，才執行開光點眼的入靈儀式。採談人也表示，本廟是在地的公廟，所以固定安排有 2-3 人輪流駐守與顧廟。張金生則感嘆的表示，目前鄉下的年輕人很少，因此參與廟宇活動的人也相對不多，不止導致多數農業種作土地荒廢，寺廟的熱鬧榮景也已不復過往。

　　花蓮市港口順天宮位於漁港內，是專屬於漁民的媽祖廟，廟中除主祀神媽祖以外，較為特別的陪祀有大禹治水的禹帝。1981年間本廟僅以一小矮房作為供奉媽祖之所。直至 1990 年改以爐主輪祀的方式供奉媽祖。此祭祀方式緣起於漁事作業中多有災難、不順遂或死傷，故眾善信起意迎請媽祖坐鎮家中以保眾民安康，漁業順利。此後又因矮房年久塌陷，於 1992 年建屋以供奉媽祖。又於 2017 年廟體重建呈現貌（圖 3-36）。據查本廟的主神來自於花蓮市福慈宮，但今廟方不願多談此事。宮主林武雄表示因涉及利益關係，未免非議，故多不談與福慈宮的淵源與關係，以免落人口舌。[350]今廟中的祀神皆是廟方請雕刻師製作，後由中壇元帥降乩為神像開光點眼。

---

[348] 訪談人張金生表示忘了廟名。參閱，同上註《全國宗教資訊網》：據查臺東縣太麻里鄉供奉張李莫府千歲的廟宇，最可能是位於大王村 12 鄰順安路 39 號的「順安府」；2019 年主任委員是林明裕，089-781360。

[349] 內政部，〈宗教團體查詢-花蓮縣壽豐順民宮〉《全國宗教資訊網》；《花蓮縣-99 年調查寺院宮廟基本資料》第 21 冊。「民國五十九年左右，村民張文溪自臺東太麻里鄉來到溪口時，從太麻里的香蘭、大王二村，請來媽祖、王爺、太子爺三尊神明，在家供奉。後因村人黃新發、梁錦源有意成立委員會，建廟供全村人膜拜，張文溪遂將此事請示神明，得到應許後，於七十九年改建張文溪的舊居為順民宮，主祀神祇為媽祖。」

[350] 2020.12.25 採訪花蓮市港口順天宮林武雄（現年82歲）宮主、宮主夫人林張敏美、李文玲總務夫人。

「後山媽祖」的信仰、神蹟及其類型研究

　　西元 1951 年間壽豐鄉順天宮奉祀媽祖於草屋，神像來源無紀錄，而眺望太平洋的廟宇因多次遭受颱風吹毀，於 1993 年間地方募款購地興建。[351]據鄭力維表示，本宮主祀神媽祖的神像是1993年廟重建後，從宜蘭縣蘇澳鎮南方澳南天宮迎回。[352]亦即壽豐鄉順天宮的主祀神是南天宮媽祖分靈。藉由文獻與實際訪查結果比對，或可推斷早期的草屋被毀後，原始供奉的媽祖神像已被移出或遺失，致使廟方人員無法闡述相關的事實。根據李啓誠主委表示，本地人口以原住民族群為多數，媽祖信仰很難推動，且目前鮮少有對外的交誼活動或參與，整體呈現停滯之狀；本廟形同「蚊子館」。[353]今壽豐鄉順天宮正面臨閩南人（漢人）信徒的遞減、老輩信仰者的離世，以及原住民族群信仰媽祖者少，所導致的經營困難窘境。2017 年管委會決定將此廟改成景觀廟，僅提供作為觀光參訪之地。（圖 3-37）同年啓動各項設計的策劃，並於 2018 年開始施工，預計於 2021 年竣工。筆者以為，封閉的主神殿、被阻斷的御路、無法遠眺太平洋的廟宇，失去的不僅止是神聖的空間，同時也是媽祖神的悲歌。2022 年 3 月「豐濱順天宮媽祖金殿」正式對外開放，新建立的廟方網站也啓動。網頁中撰寫了一篇「關於順天宮」，補充蒼白的歷史沿革。經營者在逆境中掙扎，尋求廟宇空間以另類面貌重生的機會。[354]

　　壽豐鄉慈南宮座落於花蓮鯉魚潭邊，早年因鯉魚潭溺水事故頻傳，村民提議興廟崇祀媽祖，以庇護地方安寧、神人安妥。本廟於1989年建成，主祀神媽祖神像是1991年從宜蘭蘇澳南天宮迎

---

[351] 參閱，內政部，《全國寺院宮廟基本資料》第 21 章（臺北：行政院內政部，2010），編號 21-117。
[352] 2020.12.31 採訪鄭力維，壽豐鄉順天宮重建拜亭策劃，馬賽克鑲嵌。
[353] 筆者於 2021.12.21 pm14:50 與主委李啓誠的電話採談內容。2022.07.30 再查《全國宗教資訊網》壽豐鄉順天宮資訊已移除。
[354] 取自：〈關於順安宮〉（https://hlctw.com/index.php）《豐濱順天宮媽祖金殿》，2022.07.30 摘錄：「豐濱順天宮媽祖金殿於民國四十九年由宜蘭南方澳南天宮迎金身來到豐濱，置於福佬人周石頭家，供鄉民參拜，民國七十年安座落成。豐濱鄉漢人約百戶左右，多為福佬人，以來自宜蘭、雲林及彰化為多；移民來此之初，一半改成賴捕魚維生，並以稻米、花生、玉米為農作。近年來多不捕魚，青壯年人口外移，媽祖也有從海神變遷為農業神的傾向。」

第三章 花蓮縣媽祖信仰

圖 3-37 封閉的拜亭已成馬賽克鑲嵌景觀

圖 3-38 來自蘇澳南天宮的軟身大媽祖

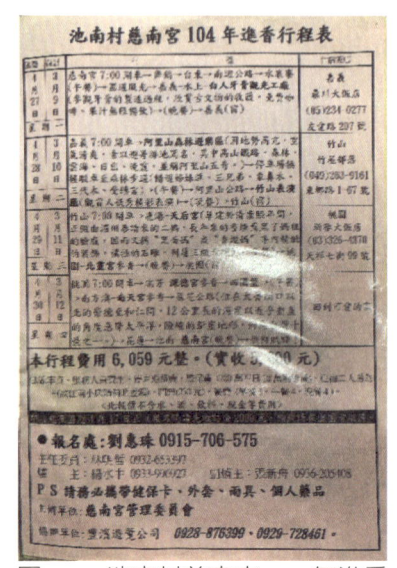

圖 3-39 池南村慈南宮 104 年進香行程表

攝影：卓麗珍，日期：2021.01.01

回的軟身大媽祖（圖 3-38），亦即此廟的主祀神早已不是北港朝天宮的北港媽。此項資料可從 2015 年廟方的進香行程表得到證實（圖 3-39）。據章瑜芬表示，內政部所錄關於本宮的歷史沿革及祀神源說，今已無知曉者。而廟宇永久管理者是張庭豪主委與劉惠珠幹事，不會變更。[355]從此廟僅有的二塊落款日期皆在1992年10月 11 日的匾額，其一是花蓮市長魏木村贈「慈南宮」匾（圖 3-40），二是花蓮縣魏氏宗親會賀本會會員清風宗長獻地建廟誌慶「光昭神恩」匾（圖 3-41），或可推測早期本廟的管理或運作人員應與池南村聖功堂有其關聯性，表徵下的結果顯示現在的管理者亦無法否定的事實。又寺廟登記字號前後期不同[356]，應是廟宇的經營權已易主而產生應行補正及變更的情事，因此才會有「永久管理者」的說法。

　　傳統社會裡，神明、社區和居民之間存在著顯而不隱的共同生命連帶。從神像的歷史源流出發，輔以田野調查來考證與解讀花蓮地區的媽祖信仰，以及探討現代信仰的變遷形貌，發現花蓮地區的媽信仰因著時代而轉變，融入區域居民生活、以及今昔所扮演的不同社會功能。或許對於媽祖的信徒來說，在宗教信仰中媽祖神像的來源可能不是最重要的考量，但神像所隱含神靈的隸屬淵源是不容忽視，更是神權的象徵。

（四）無據可考或不明者

　　一座廟宇的出現，容或呈現出在地住民生活的面相，也呈現出其背後深層的社會價值與功能。本項分類著重於無法具體明列主祀神來源者，或語淵不詳者，意圖以此基點展示本調查收集的廟宇進行解析。筆者歸類於本項的媽祖廟有二座，分別為吉安鄉東天宮、花蓮港天宮。

---

[355] 2020.12.31 採訪章瑜芬（現年 70 歲），壽豐鄉慈南宮的宮主夫人，以及張婕葳（現年 30 歲），廟務管理。2018 年經第二屆信徒大會選任新負責人為張庭豪。
[356] 2018 年核發的花蓮寺廟登記：花寺登字第 121 號，而內政部補辦登記寺補字第 062 號。

第三章 花蓮縣媽祖信仰

圖 3-40 花蓮市長贈匾
攝影：卓麗珍，日期：2021.01.01

圖 3-41 魏氏宗親會贈匾

圖 3-43 廟宇興建工程示意圖

圖 3-42 吉安鄉東天宮的天公爐
攝影：卓麗珍，日期：2020.12.25

　　吉安鄉東天宮，原設立於花蓮市老宮主許先傳的住家。草創時期祀神來源已無可考據。據許文和[357]表示，早期許先傳與數名友人共同經營一神壇，提供信眾參拜媽祖及問事服務， 1970 年左右雙方因理念分歧而分裂。雙方協議由一方迎走媽祖神像，而許先

---

[357] 2020.12.25 採訪許文和，吉安鄉東天宮宮主，在地的花蓮人；解說相關廟宇的歷史。1988 年前立廟堂於花蓮市美崙基泰大樓。1988 年原廟址：花蓮縣吉安鄉南昌村昌隆四街 21 號，今改址：花蓮縣吉安鄉南昌村文化二街 106 號。媽祖神像是父親許先傳所傳下，約莫記得大概五十多年前就有。訪談人許嘉惠，宮主之女，解說廟裡其他各項的事項。

傳取得一只天公爐（圖 3-42），亦即一方得神像，一方得香火爐。分爐後許先傳重新迎回媽祖神像一尊，即今東天宮主祀神，繼續為信徒服務。又許碧月表示，1974-1975 年起她即經常來參拜東天宮的天上聖母，亦見證分廟的事實。[358] 東天宮於 1988 年遷址到許先傳位於吉安鄉的祖宅空地，當時建有鐵皮屋以供奉媽祖神像。此後東天宮信眾逐具規模，策劃啓建新廟已在進行中（圖 3-43）。許文和再表示，拆夥後得媽祖神像者，已另集資建廟，即今花蓮縣境內建築規模最大的媽祖廟「花蓮港天宮」。此段訪查結果可為一震撼，至今未見於任何文獻之中。

　　從東天宮執事者的分家，對於許先傳選擇天公爐的決定，可從張珣的研究看出端倪。香爐與神像代表不同層次的靈力，一般認為香爐比神像重要，崇祀神明或祖先時皆不能缺少的器物，因為香灰與香爐是神聖的結晶與器物。[359] Sangren 說，香爐所代表的神明靈力，也是信徒自我生產能力 (self-production) 的再現 (representation)。[360] 此外，常見民間廟宇的進香活動，神像多數是公開的供眾人膜拜，而香爐卻是私密且被保護的存在。又如常見祭祀可以沒有神像，但香爐卻是不可或缺的一樣。林瑋嬪則指出，神的靈可以定著於神像之上，但並不表示神靈與神像永遠不分離。[361] 因神像與神靈的分與合，唯有透過儀式操作才能使之完整。香爐的私密性，顯現香爐所聚合的靈力，然而令人更在乎的，是否做為凝聚信徒向心力的象徵，或保證廟務運作之昌盛，著實才是值得關注的焦點。

　　花蓮地區廟宇建築群規模巍峨，佔地最龐大的媽祖廟為花蓮港天宮，位於花蓮市區內。根據姚誠的紀錄顯示，花蓮港天宮的主祀神媽祖神像，源於清嘉慶年間有林姓人氏自福建莆田湄洲島

---

[358] 2020.12.25 訪談許碧月，宮主夫人的妹妹，東天宮的信徒。

[359] 張珣，〈香之為物：進香儀式中香火觀念的物質基礎〉《台灣人類學刊》4 卷 2 期，（2006．12）：37、58。

[360] P. STEVEN SANGREN, "History and Magical Power in a Chinese Community",. Stanford, CA, Stanford University Press. 1987, p230. 參閱張珣，〈香之為物：進香儀式中香火觀念的物質基礎〉《台灣人類學刊》4 卷 2 期，頁 59。

[361] 林瑋嬪，《靈力具現：鄉村與都市中的民間宗教》（臺北：國立臺灣大學出版中心，2020.01），頁 57。

聖母廟迎來，臺灣光復後將神像託送花蓮簡姓市民供奉。[362] 1973 年花蓮縣長夫人楊薛彌獻地 5000 多坪起造廟宇，1977 年正式興工，期間媽祖顯靈督促建廟的神蹟傳聞不斷。[363] 此段記錄多謄寫於花蓮港天宮的歷史沿革。相關此廟的歷史與主祀神源流，除官方網頁及全國宗教資訊網已登陸由廟方撰寫的沿革以外，筆者並未尋獲有關的學位論文或單篇期刊論文的研究，以及訪談資料。因此藉據廟方沿革所提供的文本加以分析。沿革內文記載：

> 花蓮港天宮始於清朝嘉慶年間，由福建省莆田林姓祖先從湄洲聖母廟奉請大媽金尊渡海來台奉祀，林家在台灣光復後返回大陸，臨行之前將大媽金身託送予花蓮市簡姓市民供奉。民國三十八年大陸淪陷，大媽在湄洲祖廟無法繼續救世渡眾，乃雲遊列國，在台灣上空見到信眾虔誠信仰，……，決定在台灣弘道救世，……。[364]

上列內文所述，1945 年 10 月之後莆田林姓祖先已將湄洲聖母廟大媽神像送人，而後並無任何說明簡姓人士返還神像的紀錄。「大媽在湄洲祖廟無法繼續救世渡眾，乃雲遊列國」，此段敘述表明，神靈遊歷於太虛之中，並無實質的物存在。又：

> 民國四十年，花蓮發生大地震，大媽為鎮壓地震對人民的危害，於是選擇台灣東部的花蓮鎮守，花蓮地區受到媽祖拯救的居民不計其數，因此地方人士發起鳩資建廟，並擇定港天宮現址。民國六十六年正式動工興建，始有今日宏偉廟貌。目前廟地有五千多坪、建地一千五百坪，……，為花蓮市廟宇規模最大。[365]

---

[362] 姚誠，《洄瀾神境：花蓮的寺廟與神明》，頁 73-75。
[363] 同上註。
[364] 取自：《花蓮港天宮》https://www.50015.com.tw，2019.12.23。
[365] 同上註。

本段文字的敘述同樣含糊不明，1951 年「大媽選擇台灣東部的花蓮鎮守」文意隱含著沒有媽祖神像的事實，似有規避神像來源的意圖。再則 1951 年至 1973 年獻地僅間隔 22 年，意含在此之前廟宇早已運作，相關祀神歷史應不難追朔，何以廟方卻選擇忽略此重要的記事，而著重於廟宇的興工建築。相較著眼於臺灣西部擁有百年媽祖神像歷史的廟宇，花蓮港天宮如何展現媽祖的榮耀，或許更令人拭目以待，且不再蒼白無力。

倘若從花蓮的移民史來看，此化外之地，清政府採封閉政策將民番劃界，嚴禁漢人出入，媽祖信仰的移入如何可能呢？因此大膽假設，開基媽祖非原始福建省莆田林湄洲聖母廟的金身，而此歷史猶像是杜撰的文本。容或媽祖神像是源於其他方式迎來或入靈，則上述歷史沿革就說得通了。另外，第三者吉安鄉東天宮許文和的報導，得到媽祖金身的仕紳另起爐灶，為將媽祖香火再延續，故而文本創造就顯得重要無比，同時試圖屏蔽不能被揭開拆夥的故事就勢在必行。誠如姚誠所言，這段廟宇主祀神源流被譽為美談，語者皆津津樂道，實則是無法考證的歷史，藉由媽祖的神蹟為信仰加以潤色更顯斑斕，趨近人心。

1935 年後兩岸分隔，交通斷絕，湄洲進香成為絕響。臺灣歷史悠久的媽祖廟成為迎請分身或分靈供奉，最佳的選擇。1938 年臺灣總督府全面推行寺廟整理運動，未對後山花蓮的媽祖廟造成影響。臺灣西部的移民，帶著原鄉信仰記憶進入後山，穩定安居後，順理成章於落腳處建立信仰中心－媽祖廟逐一建成。在此我們見到，花蓮地區媽祖廟的主祀神，多數由私家供奉轉成公眾祭祀，其中的連結介質是人的感應，以及與神的交往所促成。祀神的變更與讓位，原住民參與了媽祖廟的建立，提供族群的救助與紓困，開展出各自的獨特性；縣境內的二次遷徙，皆再創立新廟宇的紀錄；山區仍然是媽祖廟的空白地域，而漢人力量較薄弱的區域，際遇相同，無媽祖廟。

三、　附設組織

廟宇的空間可以是傳統工藝中心，傳承民俗文化與歷史，也可以是人在神聖空間之間，透過組織附設的團體參與其中。如動態性的民間遊行藝術表演團體：陣頭（Leader of the Parade），[366] 禮頌讚經的團體：誦經團，自願性的信徒服務組織：義女會。對媽祖信仰來說「義女」是虔誠的信徒，相對的也是宗教活動中不可或缺的人力資源。以媽祖為信仰中心，由信徒所組成的志願性組織—媽祖會。以上三種附設組織，田野調查紀錄顯示，在花蓮地區的媽祖廟因規模、信徒多寡，以及運作方式，略有差異。從廣義的陣頭組織而言，獅鼓車是必備的行頭。多數廟宇有神將千里眼、順風耳大神尪之設備，此二者是配對式的存在，缺一不可，從一對至三對皆有之。神尪的來源有廟方出錢自製，或祖廟所贈或信徒集資捐獻。此外，開路先鋒的太子爺（中壇元帥）、濟公禪師、土地公（福德正神）等神尪，是媽祖廟大神尪陣頭中最常見的搭配。黃文博所歸類的廣義陣頭，[367] 在此地的陣頭僅有神尪、獅鼓車、媽祖鑾轎等，作為接神、迎賓、交陪、神祇遶境活動、熱鬧之顯赫神威作用，其他則未見之。花蓮市美崙福慈宮算是最特別的，大鼓車、小鼓隊以及媽祖鑾轎皆限制僅有女性可以參與，神尪操弄則一律由男性擔任。吉安鄉聖南宮則擁有全台唯二的西螺吳厝廟媽祖八卦轎，引以為傲。整體而言，花蓮地區的媽祖廟，神尪、大鼓車皆是標準配備；廟宇規模大者，組織神將會、神將班、轎班，以及鼓隊等，不在少數（表 3-7）。

---

[366] 吳騰達，《台灣民間藝陣》（臺中：晨星出版社，2002），頁 14。黃文博，《台灣民俗田野現場實務》（臺北：常民文化，1999），頁 190：「藝陣就是『藝閣』和『陣頭』的合稱。」

[367] 黃文博，《台灣藝陣傳奇》（臺北：臺原，1991），頁 19-13：「陣頭概況將其綜合歸整為：宗教類、歌舞小戲類、音樂類、趣味遊藝類、武術體育類、喪葬類及其它類，共七類陣頭表演供參」。

表 3-7 花蓮地區媽祖廟的附設組織明細表

	宮廟名	附設組織
花蓮市	花蓮 天惠堂	無（也無媽祖的慶典）
	港口 順天宮	大鼓陣（早期有三團）、神尪、轎班，總人數：約 30-50 人
	花蓮 港天宮	神將班、誦經團、武轎、鑼鼓隊
	花蓮 慈天宮	目前無陣頭（早期有大鼓陣、神將班） 正信會
	美崙 福慈宮	由女信徒操持：義女會、大小鼓隊、鑾轎隊 由男信徒操持：神尪
吉安鄉	九洲 天后宮	無
	后德宮	媽祖聯誼會
	東天宮	神將班約 20 人，有專人負責帶領； 神尪三尊：三太子、千里眼、順風耳。
	南濱 天后宮	無
	聖南宮	神將班（年齡：20-55 歲）20 人 西螺吳厝廟媽祖八卦轎（全台唯二） 大轎班（年齡：50-60 歲）20 人 祭祀組（有乩童辦事）約 20 人 吉安媽祖聯誼會
玉里鎮	玉里 媽祖宮	義女會：約 100 多人 神尪：千里眼及順風耳。 有鼓隊，無陣頭組織，需要時組織志工集合訓練。 玉里媽祖會
瑞穗鄉	瑞穗 慈天宮	二組神將班（千里眼、順風耳），神尪來源有二：1. 民 80 年由新莊的宮廟所捐獻、2. 神將班自行訂製安裝的。組員大約 10-20 人；但近 1-2 年間因人員離鄉多或因結婚生子需顧家、賺錢而暫無經營。

第三章 花蓮縣媽祖信仰

	宮廟名	附設組織
	瑞穗 聖安宮	神將班
壽豐鄉	壽豐 順民宮	有神柁五尊，因老一輩人離世後，年輕世代皆未傳承而斷層了。故今多置於倉庫之中，無人操弄。
	壽豐 慈南宮	無
豐濱鄉	豐濱 順天宮	無（早期有子弟戲、大鼓陣）
	靜港天上聖母	靜港媽祖會（102年登記成立），成員約10人。 爐主會
富里鄉	竹田 聖天宮	神將班、轎班、鼓車
	慈雲宮	無

資料來源：筆者根據西元 2019 年至 2022 年 01 月止期間田野調查資料製表

媽祖會是由信徒所組成的志願性團體。林美容從廟宇的發展出發指出，寺廟的神明會有從因應建廟之需而組織的神明會、待廟建成後持續運作且附屬廟方的神明會，以及超越原始信仰區域性的神明會（如，聯莊性或跨鄉鎮）等三種分類。[368]此處關注於建廟後附屬於廟宇的神明會，花蓮地區有后德宮媽祖聯誼會、花蓮市慈天宮的正信會，有獨立的管理及運作系統，但與廟方彼此間有合作關係。花蓮地區有財團法人花蓮港天宮、吉安聖南宮、玉里媽祖宮等三座，除了各自皆有自組的媽祖會組織，同時也跨鄉鎮參與由台中市大甲鎮瀾宮於 2001 年創會的「台灣媽祖聯誼會」。此跨境的活動整合通常會與宗教祭儀與觀光活動做結合，此外還有政府單位的官方加入，最明顯的存在為創造廟宇收益。[369]例如，吉安鄉聖南宮舉辦「聖南宮媽祖文化季」既結合「北港媽」為活

---
[368] 林美容，〈彰化媽祖的信仰圈〉《中央研究院民族學研究所集刊》第 68 期（臺北：中央研究院民族學研究所），(1989)：43-44。
[369] 張育銓，〈台灣的宗教觀光及其研究：方法論與本質論的探索〉《育達科大學報》第 27 期，（2011.06）：65-84。

動主軸,並以「雙媽會」為號召,未來可望推展至「太平洋文化季」。

　　媽祖廟,一直以來都與臺灣的傳統社會緊密結合,是人的心靈寄託,也是精神慰藉的場域。走進宮廟,除了向神明祈求保庇,尋求身心靈慰藉外,促進親友的交流,感受宗教氛圍所帶來的體驗,以及神聖的護佑與應答等都將成為信仰的意義。李豐楙曾說過,生活的壓力,是造成人際關係日益疏離冷漠的主因,參與民俗的廟會活動可以增進彼此的互動,並提昇對於生活的社區、場域的認同感建立。[370]因此集體參與廟會民俗活動的團體動力,可說是臺灣經常見到的宗教現象,這種正面觀點也是宗教動機與價值的重要來源。當我們尋訪花蓮縣境內的媽祖廟時,將能帶動氣氛、製造歡樂的高潮,以及整合宗教祭儀與觀光活動,創造廟宇收益的附設組織納入探討的範圍,[371]藉此窺探區域內的發展現況。西元2019年末,一場始於中國湖北省武漢市首例確診的嚴重特殊傳染性肺炎—COVID-19(Coronavirus disease 2019)成為人類歷史上致死人數最多的流行病之一。疫情所引發的傳染病持續的肆虐與延燒,導致全球各行各業的停滯,宗教的活動也在其列。廟宇停止了對外的交陪聯誼、進香、遶境等等活動,信徒則因法令限制,以及避免染疫的健康考量,取消廟宇參拜與集會。筆者的田野調查正逢疫情期間,觀看廟宇面臨所受的影響更為深刻。雖然活動延宕、信眾參與減少、人流來往的景象不再,以及鬧鼓喧天的不響,卻仍不減對媽祖信仰的希冀。

---

[370] 李豐楙,〈臺灣慶城醮與民間廟會文化—一個非常觀狂的文化休閒論〉收於《「寺廟與民間文化」研討會論文集》(上冊)(臺北:行政院文化建設委員會,1995.03),頁41-64。

[371] 張育銓,〈台灣的宗教觀光及其研究:方法論與本質論的探索〉《育達科大學報》第27期,(2011.06):65-84。

第三章 花蓮縣媽祖信仰

第四章　　臺東縣媽祖信仰

　　臺東縣位於臺灣的東南隅，本是原始住民悠遊的天地。1874年牡丹社事件之前，一直被視為化外之地。[372]臺東古稱崇爻，亦稱卑南覓；[373]或有「寶桑」、「卑南」之稱；[374]昔日臺東的土地為群番所據。[375]「台灣山後，蛤仔難、崇爻、卑南覓等社」[376]；文中闡明，自清代起「後山」或「山後」是對臺灣的東部地區的稱名。「後山」的指涉區域，隨時代的不同與時光的推進，所涵蓋的範圍也有所變動。此變動可從漢人深入山後開墾的區域看出其差異。初始漢人入墾宜蘭時，「後山」泛指中央山脈以東地區，包括宜蘭。當漢人拓墾滲入臺東、花蓮時，「後山」的範圍逐漸變成專指花東地區。[377]而今臺東與花蓮併稱臺灣的後山；整體開發與區域改進皆較臺灣西部遲緩許多，發展亦落後，是臺灣最晚開發的二縣份。臺東縣，舊時因開發晚且交通不便故工商多有不興，今則人文景觀發達，海岸山脈東側仍分布著許多文化遺址。

　　寺廟，是地區發展史的縮影；舊時是區域居民生活與精神的重要核心，今時是吾人理解地區發展概況的線索之一。1996 年臺東縣

---

[372] 《開闢後山舊例馳禁碑記》碑碣拓片碑文說明：清同治 13 年（1874）牡丹社事件發生，清廷命欽差大臣沈葆楨來臺處理各項防務與善後事宜。沈氏以為臺灣東部地曠物豐，屢遭外人垂涎，唯有後山開禁，鼓勵墾殖，以解決原住民常居化外的遺憾；乃推行「開山撫番」政策，調兵分南、北、中三路鑿山開道，又將南路理番同知移駐卑南（今臺東），並於關防內加「撫民」二字，以落實經營後山諸項措施。按，後山指臺灣東部。……碑文曾收錄於「中碑集成」、「明清碑碣選集」。（資料來源：國家圖書館 臺灣記憶 https://tm.ncl.edu.tw/）

[373] 施添福總編纂、孟祥瀚纂修，《臺東縣史・開拓篇》（台東市：臺東縣政府，2001），頁9。

[374] 安倍明義，《台灣地名研究》（臺北：蕃語研究會，1928），頁 288-289：漢人音譯「ボオリン」（Poosan）為「寶桑」，位於卑南大溪畔的近海處，原為卑南族所居地。伊能嘉矩，《台灣地名辭書》（東京：富山房，1909），頁 172：西班牙的宣教師ハヒントエスキヴェル所寫，台灣東部地名表中所列 Kita Fosobol，即指寶桑。

[375] 參閱《臺東史誌》（https://www.taitung.gov.tw/）臺東縣政府，2022.03.15 摘錄。

[376] 藍鼎元，《平台記略》（臺北：大通書局，1987），頁 30。

[377] 施添福總編纂、孟祥瀚纂修，《臺東縣史・開拓篇》，頁 8。

政府及文建會,致力於該地區的寺廟調查,結果顯示臺東縣境內大小寺廟有百來座之多,每座皆具有在地的或移民社會的特色。從臺東縣政府調查的 135 座寺廟的資料顯示,媽祖廟興建的數量佔全縣之冠,而王爺廟次之,此一結果相異於臺灣的西部。此外,多數居民與雲林縣的北港朝天宮,有地緣上的絕對關係。[378]媽祖廟廣佈於臺東縣八個鄉鎮市,其中包括了平地的鄉鎮,山中的聚落和山村,以及臨海邊上的港口村落。依此所見,媽祖信仰的發展與傳播在臺東地區著實深且遠。而此項文獻的論述,提供我們重新探索臺東縣媽祖廟分佈與移民關係的曲徑。

　　西元 1936 年 7 月的「民風作興運動」,日本總督府在臺灣推行皇民化運動(1937-1945),企圖消滅漢人民族意識。[379]1938 年全面展開「寺廟整理運動」(じびょうせいりうんどう),又稱神佛升天運動,[380]以整併、拆除、撤祀地方傳統寺廟,燒神像、毀寺廟或將寺廟改為神社等。估計導致台灣寺廟與齋堂的數目銳減三分之一,以達到消滅民間信仰的目的。俗諺云:「慘得無佛可燒香」,一言以蔽之。道教的宮觀唯兼供奉佛教神像或民間神祇,才能保全;即民間廟宇為避免神廟被毀,改廟為寺,信奉三寶,唯此方暫能「趨避」被整理的命運。然信仰恆在,民間仍然隱匿神像暗中奉祀,如期舉行祭儀,而更甚者,導致民間佛道不分的現象。細看全台各地的宮廟,自清代至日治時代的轉變,稍有歷史的廟宇多能看到日人的控制下的痕跡。例如,臺東縣關山鎮天后宮、成功鎮成廣澳天后宮[381],就是日本統治下臺東地區媽祖廟最佳的寫照。

---

[378] 臺東縣後山文化工作協會編著,《臺東縣寺廟專輯》,頁 198。
[379] 林君穎,〈祭祀活動鞭炮煙火惹民怨　台宮廟真能重回日據時代找傳統?〉(https://www.hk01.com/,12020-12-15)《香港 01》,2022.04.05 摘錄。
[380] 蔡錦堂,〈再論日本治臺末期神社與宗教結社諸問題——以寺廟整理之後的臺南州為例〉《師大臺灣史學報》第 4 期,(2011.09):67-93。
[381] 許秀霞編著,《逐鹿傳說:東臺灣文化地誌》(臺東:臺東大學,2009.05),頁 195-198。成功鎮小港天后宮是成功鎮居民的信仰中心,亦稱成廣天后宮,或成廣澳天后宮。

「後山媽祖」的信仰、神蹟及其類型研究

　　媽祖信仰不只是宗教信仰，蘊含著臺灣人對於鄉土文化的情懷、知識，同時也是在地化的寶庫。媽祖在信眾的心中，是具慈悲、和樂的胸襟，是人們生命中重要的依賴。李乾朗被譽為繼林衡道之後，最具權威的臺灣傳統建築研究者曾說，寺廟中的碑、匾、聯，就其形式而言，它是一種書法藝術；從內容來看，則是重要的史料。[382]因此我們將藉此探索臺東縣境媽祖廟的源流。媽祖信仰早在明代中葉已盛行於閩粵境內；而臺灣的媽祖信仰主要植根於清代。[383]以臺東縣境內媽祖廟的沿革記載來看，臺東地區的媽祖信仰始於清代光緒年間。而日治時期的資料顯示，有三座媽祖廟已登錄進入臺東廳；[384]此外方志編纂的內文紀錄同為三座；然卻皆未有名錄。[385]是此，成為追朔探詢的動機，藉由廟宇書寫之沿革書冊或碑碣內文，提供解題之可能。

　　本章主要以臺東地區媽祖信仰為研究調查基礎，並以臺東媽祖廟的創立、主祀神祇來源，及其附設的宗教組織之形成與發展為指標，作為探討信仰起源與地區意義及其深刻的社會基礎。研究進行輔以田野調查與訪談為主要根據。其次，藉由解析廟方所編寫的沿革史冊或碑碣內文等史料的運用，以提供理解臺東地區媽祖信仰變遷，以及宗教組織服務運作模式的管道。各項研究資料，主要源於筆者二階段的田野調查，期間蒐集與未公開的資料。此外，整合比對自 2017 年起至 2022 年 7 月搜集的文獻資料，以及自 2014 年 2 月至 2020 年 12 月間嘗試全面性的訪查與口述歷史蒐集的方式進行。

　　臺東地區的媽祖廟與移民的拓墾或遷徙，具有其連結的重要性。因此對寺廟發展之理解、陣頭文化型態之探討分析，以及論述現代寺廟的社會服務功能，自有其意義。最後為了能有效輔助

---

[382] 〈台灣古蹟的守護者李乾朗〉（https://ylib.com/author/lan/index.htm，11 月非常作家）《遠流博識網》，2022.05.08 摘錄
[383] 王見川、李世偉，《臺灣媽祖廟閱覽》（臺北：博揚文化，2000），頁 32。
[384] 增田太福郎，《臺灣の宗教》（東京：養賢堂，1939.05），頁 25。
[385] 李添春纂修，《臺灣省通志稿 卷二：人民志宗教篇》（臺北：臺灣省政府，1956.06），頁 215。

第四章 臺東縣媽祖信仰

閱讀與辨別在寺廟名稱用語上，同樣延續前二章採廟宇慣用或冠予行政區名、地區名等方式進行探討。

第一節　臺東媽祖信仰的人文社會

廣義「後山」的空間範疇，從宜蘭的蘭陽平原到花蓮、臺東的花東縱谷，以及東海岸到綠島。臺東縣於清咸豐五年（1855），始有漢人居住的紀錄；[386]開拓者為鳳山人鄭尚。[387]臺東的社會人口不斷的遷移，從史前到當代，臺東的移民持續的發生；《臺東縣志》記載：

> 漢族來東墾植者日增、聚居成為村落，有寶桑、成廣澳、璞石閣、花蓮港等街庄。[388]

寶桑成為臺東平原上最早有漢人聚集的地方，同時也是第一個漢人聚落。[389]日治時期，花東地區曾為日本農業移民所壟斷的殖民地，因此文化的形態和臺灣西部頗有差異。[390]此時文獻所示，1960 年調查臺東縣的媽祖廟僅有四座，[391]皆未列明廟宇名稱。藉由追溯媽祖廟主祀神的神像源流以探得答案。其次，臺東縣自開發以來，移民從臺灣南部各縣遷徙而來的最多，相較於花蓮地區則多由北部各縣來者。[392]根據田野實訪結果亦顯示，臺東地區的媽祖廟確實以臺灣南部移民所創立者多，符合學者所調查之區域移民族群。此外，何以臺灣南部移民者眾，主要與天然災害以及原鄉生活困頓，

---

[386] 林衡道，〈臺灣東部宗教調查〉《臺灣文獻季刊》11 卷 4 期，（1960.12）：108。
[387] 林衡道，〈東部臺灣的名勝〉《臺灣勝蹟採訪冊》（臺中：台灣文獻委員會，1977），頁 148。
[388] 臺東縣文獻委員會，《臺東縣志卷首：(下)大事記》（臺東：臺東文獻委員會，1963），頁 8。
[389] 後山文化工作群著，《后山代誌．第二輯》（臺東：東縣文化，1995），頁 5。
[390] 林衡道，〈臺灣東部宗教調查〉《臺灣文獻季刊》11 卷 4 期，頁 108。
[391] 林衡道，〈臺灣農村寺廟分佈情形之調查〉《臺灣文獻季刊》13 卷 3 期，（1962.09）：165；此文中記載臺東縣的媽祖廟只有二座。林衡道，〈臺灣東部宗教調查〉《臺灣文獻季刊》11 卷 4 期，頁 108；本調查紀錄，亦未明確列出媽祖廟所在地及廟名。
[392] 林衡道，〈臺灣東部宗教調查〉《臺灣文獻季刊》11 卷 4 期，頁 110。

或尋求新的安身立命天地等相關。相較於花蓮縣各類志書的出版，宜蘭縣、臺東縣政府所策劃及出版的數目著實算是豐富。提供我們追朔區域的歷史、自然人文與宗教信仰，是為一大助力。

臺東地區很早就有人類的活動遺跡。依據政權統治的歷史脈絡，臺東縣經歷荷治、清領、日治、以及戰後國府等四個政權的統治。[393]早期的臺東縣是以原住民為主流的地區，移民拓墾存在著多重的阻礙與限制，區域發展則遲至日治時期的中後期方有較顯著地展開。[394]縣史紀錄，漢人入墾開發晚，且移入地以外島的綠島先於整個臺東地區；1947年後漢族人口數漸增並超過原住民，漢人逐漸成為臺東縣的主要人群。[395]從人口族群來看，清代至今，臺東地區的人群包括有原住民（多個族群）[396]、漢人、客家人、外省人。其中自清代起，閩、客族群即是兩大主流。戰後則有移民臺東的「外省人」；主要跟隨國民政權遷台，來自中國各省的軍公教人員及其眷屬，以及大陳義胞等，[397]其中以榮民的人數最多。在這構成複雜的住民中，臺東境內仍有一處由「外省人」所建的媽祖廟：臺東縣大武鄉尚武大陳義胞天后宮。此外，東河鄉進天宮則曾有「外省人」身任乩童的足跡，是一獨特的存在。從族群屬性上來看，臺東境內除「外省人」所建的媽祖廟以外，還有原住民作為媽祖廟創始者亦可見一二，例如臺東東后宮；其他則多為廣義上的漢人移民所創始與啟建的媽祖廟。

從狹義上而論，「後山」可單純直指臺灣東部的花蓮、臺東二縣。清朝時期交通不便，相對人口稀少。因此在地理景觀上，

---

[393] 林玉茹等纂修、施添福總編纂，《臺東縣史地理篇》（臺東：臺東縣政府，1999），頁12。

[394] 鄭全玄，《台東平原的移民拓墾與聚落》國立臺灣師範大學地理研究所碩士論文，臺北，1993，頁I。

[395] 施添福、林美容等，《臺東縣史·漢族篇》（臺東：臺東縣政府，2001），頁13。

[396] 參閱〈探索臺東〉（https://www.taitung.gov.tw/cp.aspx?n=15107）《臺東縣政府》，2021.11.13摘錄。臺東縣人口約有21.5萬人，縣內的原住民有阿美族、卑南族、布農族、雅美族、排灣族、魯凱族、噶瑪蘭族等七族。佔全縣人口總數30%以上，是全國原住民人口比例最高區域。

[397] 劉萬枝，〈臺灣的民間信仰〉《臺灣風物》39.1（1981），頁81。

第四章 臺東縣媽祖信仰

仍保留較完整的原始樣貌,高山多、耕地少,所以農業不發達。1895-1945 年間日本殖民統治時期,臺灣東部山澤林野資源豐且開發少。此項利多因素,從日本政府採取嚴禁臺灣人移墾後山,但卻選擇區域作為日人的移居地,並加以改善對外交通。[398]糖廠的設立勞工需求量增,日本人掌握了地方經濟脈動,人口逐漸緩慢聚集靠攏。[399]直至日人移民政策的失敗,1922 年以後開放臺灣人移入,促使漢人移民也逐漸增加,但卻因宗教政策導致臺灣民間信仰不揚反抑,寺廟數不增反減。日人統治近五十年的時空下,臺東地區仍未有新建的媽祖廟痕跡。但隱而不顯的媽祖信仰,早已隨人口的移入順勢在民家默默地發展。例如,東河鄉都蘭地區即是一寫照,都蘭協天宮的人員就來自於糖廠。

　　光復以後,臺東地區的人口移入相當頻繁,且以移墾性質的遷徙最為顯著。盛行於臺灣西部的媽祖信徒也跟隨移民的腳步,從媽祖聖地更多的進入臺灣東部地區。若從交通建設來看,清代所修的道路有三,其一是自恆春經中央山脈南端至臺東、其二是自蘇澳沿海到花蓮、三自南投橫越中央山脈到玉里。[400]此三路,雖於日治時代多已毀損嚴重,但其中一路卻是成功鎮小港(成廣澳)天后宮,主祀神媽祖來到臺東地區的路徑。1972 年南部橫貫公路通車,1979 年北迴鐵路通車,1982 年東線鐵路完工通車。從此東線鐵路與北迴鐵路連接,縮短了東西部往返的距離,間接也促進了區域的繁榮;1992 年南迴鐵路全線通車,自此全臺環島鐵路系統全

---

[398] 參閱施添福總編纂、孟祥瀚纂修,《臺東縣史‧開拓篇》,頁 106-108。公路完成時間:昭和 5 年(1930)海岸公路臺東-靜浦段,昭和 6 年(1931)蘇花公路,昭和 8 年(1933)花東公路—縱谷線,昭和 9 年(1934)臺東大橋,昭和 14 年(1939)南迴公路。鐵路:東線鐵路於大正 15 年(1926)全線通車。港埠方面,昭和 7 年(1932)新港(今成功港)完工。航空:昭和 13 年(1938)臺東飛行場落成啟用。東部的交通建設基礎,至此大定。

[399] 林獻振,《台糖六十週年慶紀念專刊—台灣糖業之演進與再生》(臺南:台灣糖業公司,2006),頁 342-349。「台東糖廠」建於 1913 年日治時期;先後屬於台東製糖株式會社與明治製糖株式會社。國民政府於 1946 年接管後改稱「臺糖公司臺東糖廠」。後因臺東環境變遷以及改作高經濟價值之農作物,直至 1995-1996 年期作完成後關閉。

[400] 參閱施添福總編纂、孟祥瀚纂修,《臺東縣史‧開拓篇》,頁 106。

線貫通,臺東地區整體經濟與外界的連結更為全面。[401]臺東的媽祖廟謁祖的曲徑與路線變得更為多元,此現象可從寺廟進香的行程安排,以及交陪廟宇的改變而知。

媽祖信仰對臺灣的人文與社會是具有意義的,臺東地區亦然。意義的釐清包含內在目的與外在關係。當試圖從時間、空間或社會、自然來理解,將發現社會與自然的概念,本身就蘊含著空間的展延性,而我們所關注的不只是局部而是整體。歷史長河中,臺東地區媽祖信仰的發展,以及主祀神媽祖神像的功能變遷,顯然在時間的延續性是不可或缺的;正足以描述拓墾移民、遷徙的每一個人所存在與活動世界的概念。

一、臺東的地理環境

臺灣地域風貌各異,區域史的研究極具意義;[402]提供探索信仰可能的移動與發展。各區域的媽祖信仰傳播,除了媽祖的信徒外,往往尚需政治、經濟、社會以及人的移動來推波助瀾。現代社會則有科技的運用使其更廣且深。不同時期與地域的媽祖信仰傳播,是通過何種方式、曲徑而抵達它的所在地?地理環境的樣貌、人群的移動以及聚落的形成,提供我們抓緊這寶貴的歷史機遇,提供強有力支撐。

臺東縣是全臺海岸線最長的縣份,整體地勢狹長,海岸線略呈東北至西南走向,從南到北長達 176 公里跨距;[403]土地面積佔全臺總面積 9.78%,僅次於花蓮縣與南投縣,位居全台第三大縣。[404]《光緒朝東華續錄選輯》載:

---

[401] 參閱施添福總編纂、孟祥瀚纂修,《臺東縣史・開拓篇》,頁 163。

[402] 施添福,〈揭露臺灣島內的區域性——歷史地理學的觀點〉《中等教育》45 卷 4 期,(1994):62-72。

[403] 〈臺灣海岸詳介—臺東海岸〉(https://www.wra.gov.tw/News_Content.aspx?n=3253&s=19362)《經濟部水利署》,2022.02.15 摘錄。

[404] 蔡文彩編纂,《重修臺灣省通志卷三 住民志聚落篇》(南投:省文獻會,1997.12),頁 543。

第四章 臺東縣媽祖信仰

> 後山形勢,北以蘇溪為總隘、南以卑南為要區,控扼中權,厥惟水尾。其地與擬設之雲林縣東西相直,現開路一百九十餘里,由丹社嶺、集集街徑達彰化。將來省城建立中路,前後脈絡呼吸相通,實為臺東鎖鑰。擬添設直隸州知州一員,曰臺東直隸州。左界宜蘭、右界恆春,計長五百餘里,寬約四十里、十餘里不等,統歸該州管轄,仍隸於臺灣兵備道。其卑南廳舊治,擬請改設直隸州同一員。[405]

文中以明臺灣東部設治之相關管轄以及地理位置。以今日之言說臺東的地理位置,東臨太平洋,西南隔山與高雄、屏東為界,北與花蓮縣接連,縣境內中央山脈及海岸山脈夾峙。屹立於太平洋上的綠島、蘭嶼及小蘭嶼,皆隸屬於本縣管轄。[406]全縣的地形多變,包含中央山脈、海岸山脈、花東縱谷以及火山島等四類型,有山、有海、有溫泉。[407]早期受地形封閉之故,交通不發達,與外界的溝通曲徑頗為隔絕且不易。又由於「封禁」政策、自然的地理環境影響,與經濟發展的基本條件等差異,造就東部的臺灣與臺灣西部發展上極大不同。

臺東縣設治之初,地廣人稀,行政區劃分未盡宜,僅粗分為北中南三路。北路岐萊、中路秀姑巒、南路卑南。2003 年《成功鎮志》記載:

> 清光緒 13 年(1887)劉銘傳奏設臺東直隸州,行政區域包括花東二地。明治 42 年(1909)日人析設花蓮港廳,自此時起,臺東一詞乃專指今日的臺東縣。[408]

---

[405] 清‧朱壽朋,《光緒朝東華續錄選輯》選輯(下)卷八十五,(臺北:臺銀經濟研究室,1969)頁 141-142。
[406] 林玉茹等纂修、施添福總編纂,《臺東縣史地理篇》,頁 11-12。
[407] 張彬等,《縱遊綠色林徑:台東自然步道導覽》(臺北:行政院農委會林務局,2009),頁 5-6。
[408] 蕭明治、王良行、姜柷山撰,《成功鎮志—社會文化篇》(臺東:東縣成功鎮公所,2003.12),頁 76。

文內已說明,清光緒 13 年「臺東」一詞就沿用至今,[409]直到 1909 年才專指臺東縣。而行政區的劃分,始自荷西,歷清領至日治,到戰後,經歷多次的變遷。[410]又文獻記載,1945 年臺東縣設立,1950 年 9 月 8 日行政區調整。[411]臺東縣共轄 16 個行政區,劃分為一縣轄市:臺東市;二鎮:成功鎮、關山鎮;十三鄉:從北到南分別是長濱鄉、海端鄉、池上鄉、東河鄉、鹿野鄉、延平鄉、卑南鄉、太麻里鄉、金峰鄉、達仁鄉、大武鄉,以及離島的綠島鄉及蘭嶼鄉。[412]從地形及形勢而言,本縣整體呈東西窄南北長之形狀,全境多山,佔全縣總面積的 59%。[413]金峰、達仁、延平、海端,以及最南端離島的蘭嶼等五鄉皆為山地鄉。以地勢的型態觀察臺東的媽祖信仰發展,可發現如同我們在花蓮縣所見一樣:臺東縣境內的五個純山地鄉,即使有漢人的足跡,仍然沒有媽祖廟的創立。此外,池上鄉雖縣誌中列為平地鄉,但至今亦無媽祖廟的足跡,多以家戶祭祀為主。[414]成功鎮與關山鎮,是臺東縣境內二個鎮級的行政區;成功鎮是作為東海岸的門戶,而關山鎮則為花東縱谷南段的交通樞紐。此二鎮於清領時期,就陸續已經有平埔族人及漢人的移入。因此臺東地區最早的媽祖廟之二也就出現在這二地。

臺灣光復後,移民持續地進入臺東地區,拓墾的腳步不曾停息。根據《臺灣省各縣市鄉鎮概況一覽》調查 1945–1960 年臺東地區的資料,探討臺灣西部移民遷徙的落腳與媽祖廟建立可能的地理關聯性。田野調查結果揭露,臺東地區的媽祖廟都分佈在平地鄉,除去池上鄉以外,其他的區域皆已建有媽祖廟。以太麻里鄉

---

[409] 吳彥,〈第十五章臺東縣〉《臺灣省縣市鄉鎮概況一覽》(南投:臺灣省民政廳,1952.10),頁 333:「本縣為於省之東部,故名臺東,於清光緒十三年開始沿用,……,民前三年改為臺東廳,光復後改為臺東縣」。
[410] 林玉茹撰,施添福總編纂,〈第一章緒論〉《臺灣地名辭書(卷三)臺東縣》(南投:省文獻會,1999.12),頁 1-6。
[411] 夏黎明等撰述,施添福總編纂,《臺灣地名辭書(卷三)臺東縣》,頁 6-8。
[412] 劉林顏總纂,《重修臺灣省通志卷二 土地志轄境篇》(南投:省文獻會,1989.05),頁 112。
[413] 劉林顏總纂,《重修臺灣省通志卷二 土地志轄境篇》,頁 113-114。
[414] 蕭春生等編輯,〈第八篇 宗教〉《池上鄉志》(臺東:池上鄉公所,2001),頁 697-746、763。

第四章 臺東縣媽祖信仰

而論,此地原為排灣族(舊稱拜彎族)、阿美族(舊稱阿眉族)所開拓的居地,後因排灣族組織日益擴大而被獨佔。[415]日治時期漢人逐漸由新竹、臺南移殖本鄉。移民眾多數集中於美和、華源,且以從事開墾及種植維生,而工商業則不發達。1956年之後始有雲林麥寮的移民進入,而首座的媽祖廟就是他們所興建。且該鄉內的媽祖廟多數與雲林麥寮人有關。從地勢來看大武鄉,背山面海。日治時期因實施街庄制度,故名大武庄役場,1945年更現名,各項交通皆尚未完善。[416]此地唯一的媽祖廟係1955年由隨國軍撤退的大陳人所建立。因紀念鄭成功而得名的成功鎮,原是荒蕪不毛之地。史料記載,百年前由花蓮人及馬蘭原住民所開發。鎮民多以務農、捕魚為生。[417]成功鎮的小港是臺東最早的港口,幾乎是臺東地區對外貿易的拓展起點,同時也是見證漢人登陸臺東僅存的見證。[418]而此地的小港天后宮(或稱成廣澳天后宮、成廣天后宮)成為臺東第一座媽祖廟。

　　農業與工商業皆頗為發達的卑南鄉,清光緒末年稱「埤南」,日治稱卑南庄。昔為蕃地,漢人受禁山之控,不得入。待至咸豐年間漢人方逐次遷入並與蕃人雜處。[419]本鄉最早的媽祖來源於北港朝天宮,1970年被以贈送的方式進入臺東卑南鄉的普濟宮。東河鄉因耶馬溪,溪流向東而得名;地形多屬山地,平原絕少。[420]居民以農業種植為主。境內轄有東河、泰原、北源、隆昌、興昌、都蘭等六村。媽祖廟分佈於北源、都蘭、興昌等三地。以北源村而論,地理位置於泰源盆地的北端,全村的腹地範圍甚廣;主要有阿美族人的美蘭部落、順那部落,以及北溪部落等三個聚落所組成。

---

[415] 吳彥,〈三、太麻里鄉〉《臺灣省縣市鄉鎮概況一覽》,頁336。
[416] 吳彥,〈四、大武鄉〉《臺灣省縣市鄉鎮概況一覽》,頁337-338。
[417] 吳彥,〈十五、成功鎮〉《臺灣省縣市鄉鎮概況一覽》,頁349。日治時代設區役場,民26年(1937)廢區改庄,光復後更今名。
[418] 參閱林建成,〈漢人登陸後山僅存的見證—台東「廣恆發」商號〉《后山代誌‧第三輯》(臺東:東縣文化,1996),頁43。
[419] 吳彥,〈二、卑南鄉〉《臺灣省縣市鄉鎮概況一覽》,頁335-336。
[420] 吳彥,〈十四、東河鄉〉《臺灣省縣市鄉鎮概況一覽》,頁348。大正九年(1920)設都巒區役場,昭和12年(1937)改都蘭庄役場,民35年(1946)更名東河鄉公所。

「後山媽祖」的信仰、神蹟及其類型研究

北源村農民多為漢人,移民來自臺灣南部地區;大多種植晚崙西亞(柑橘類),今則有高經濟作物的甜柿。因北源村多漢人移墾,此地媽祖廟就佔三座:北源天后宮、北源進天宮、美蘭聖祐宮。而最早的媽祖廟建於 1969 年,但媽祖神像有紀錄最早進東河鄉的時間在 1949-1950 年間。長濱鄉因沿繞海濱故名長濱,舊名「加定灣」,鄉民多務農。本鄉的地勢不甚平坦且多丘陵,是第一個連接花蓮縣的鄉鎮。[421]目前僅以一座 1990 年建於樟原地區的媽祖廟。

　　史料記載阿美族人於清末葉由屏東恆春遷入鹿野鄉。鹿野鄉昔日為荒野之地,因常有鹿群棲息而得鄉名。除鹿野高原及薪良丘陵外,其餘的皆屬平坦的地形。[422]明治 38 年(1905)設治,光復後地方才逐漸開發,人口亦日眾。早期的交通不通暢只有東部鐵路通過。根據鹿野鄉媽祖廟的碑碣顯示,第一座媽祖廟於 1973 年建成的鎮安宮。而最早出現有媽祖神像進入本鄉的時間在 1951 年間,永安村的聖安宮及新豐村的聖豐宮。綠島鄉又名「火燒島」,孤懸海外;據文獻記載,漢人最早入墾綠島來自小琉球。[423]舊時高雄琉球嶼鄉民海上往來屏東恆春貿易時,因船受颱風所害,漂至本島。因島上林木豐富而招故里眾民遷居開墾,從事經營木材買賣。[424]島上唯一的媽祖廟「綠島天后宮」建於1985 年;此廟也是臺灣東部外島僅存的媽祖廟。臺東市昔日為蕃地厲禁漢人通往。[425]地勢平坦;農業以米谷為主;鐵路、公路、水運等交通便利。臺東縣境內唯一由官方所建的媽祖廟—臺東天后宮;於清光緒 17 年

---

[421] 吳彥,〈十六、長濱鄉〉《臺灣省縣市鄉鎮概況一覽》,頁 350-351。早期本鄉設有一樟腦場。
[422] 吳彥,〈九、鹿野鄉〉《臺灣省縣市鄉鎮概況一覽》,頁 343。
[423] 趙安雄總編輯,《綠島鄉志》(臺東:臺東縣鄉公所,1988),頁 44。資料來源:臺灣記憶 https://tm.ncl.edu.tw/。
[424] 吳彥,〈八、綠島鄉〉《臺灣省縣市鄉鎮概況一覽》,頁 342。
[425] 吳彥,〈一、臺東鎮〉《臺灣省縣市鄉鎮概況一覽》,頁 334。清咸豐年間稱「寶桑庄」,光緒 13 年改設臺東,直隸州衙於本鎮遂名臺東。本鎮昔日為蕃地厲禁漢人通往,至咸豐年間,漢人冒險移居漸眾,皆活動於卑南大溪流畔海岸一帶,名為「寶桑庄」。

第四章 臺東縣媽祖信仰

(1891)初建，1930 年毀，1933 年移地重建。[426]此後直到 1955 年臺東是才有第二座媽祖廟的出現。關山鎮，舊名里壠鎮（阿里壠，蟲名）。[427]最早的媽祖廟建於光緒 20 年（1894）的關山天后宮，亦是臺東縣境內具有歷史年代的寺廟之一。關山天后宮早期的信仰圈非常的大，已跨越到鹿野鄉。第二座媽祖廟則在 1976 年始建於電光區域。

臺東縣整體的生態環境，主要有四個特點，一是地形崎嶇、山多平原少；二是海岸線長而單調；三是生物項具有過渡性；最後是南北狹長、氣候據過地性。[428]境內各地名的源起與原住民有著密切的關連，而歷史與地理的環境造就這片獨特的土地。試圖以臺東縣境內地名的源起探索，有助於理解媽祖信仰在此縣境內，信仰族群為何表現出得以相互融合契機。生態環境及地名提供追朔歷史時空變遷下，臺東地區的人文與社會的脈絡，更可獲知往昔地方開發的演進以及景觀的多樣性。臺東地名的命名方式，概約可以從以下幾種方式探討：其一以地形、地貌為命名者，可見多與原住民族人的用語有關，如 Tolan，意指亂石堆很多，即今東河鄉的都蘭（舊名都巒），是阿美族人開墾之地。Pynasky，卑南語，山坡之意，即今位於卑南鄉卑南山半山腰的檳榔。其二以自然、植物而得名者，如金峰鄉的金崙，即源於排灣族語 Kanalun，雞母珠之意，故舊名為虷仔崙。成功鎮的麒麟，源於阿美族語 Chiliksiz，是蚊子很多的意思。又如成功鎮舊名「麻荖漏」，後名為「新港」，於距今約 140 年前因海嘯被侵蝕，導致草木多枯死稱 Raurau，後為海岸阿美族都歷社人移墾後的耕地得名 Madawdaw。

---

[426] 姜柷山撰，《臺東天后宮紀實》（臺東：東縣文化局，2007），頁 33。〈臺東天后宮沿革〉（https://www.taitungtianhou.org.tw/）《財團法人台東天后宮》，2021.08.25 摘錄。

[427] 吳彥，〈十一、里壠鎮〉《臺灣省縣市鄉鎮概況一覽》，頁 345。舊名里壠鎮（阿美族人稱紅蟲名—阿里壠）；民 22 年間施行地方自治。日治時期設有製紙工廠及小型製材、營造、木工、碾米等工廠及零售業。

[428] 林玉茹撰，施添福總編纂，〈第二章 縣名緣起與地區特色〉《臺灣地名辭書（卷三）臺東縣》，頁 17-19。

[429]其三是與聚落的功能相關的，例如阿美族抓捕鹿群的寮所稱鹿寮，今則稱鹿野。而昔日阿美族人捕魚的馬武窟，Babulwan，意指撒網捕魚，此地即是今日的東河。[430]其四是從動物的棲息地或生態相關者，如阿美族語稱 Hawak，是指野雁棲息之意，即今東河鄉的北源村。此地因位於馬武窟溪的上游北溪河谷地，是野雁常於冬季時在此棲息而得名。最後則是與移民息息相關的地名言來，如日治時期原名七腳川的鹿野鄉的景豐，即緣起於原住民與日人的抗爭。[431]此外具有日本風格的村名，如池上、敷島、旭村等等，皆源於日本政府為鼓勵日人移民所設立的移民村。

　　臺灣的河流都很短小。[432]臺東境內主要河川水系的卑南溪、太麻里溪、秀姑巒溪、知本溪、金崙溪、安朔溪等；區域內的河川多由西向東流，特徵亦是河身短、坡度大、枯水期水量小，所以並不適於航行。[433]因此臺東地區媽祖信仰的移入與廟宇建立的位置，皆未見有透過河川傳播，或緊鄰河川而建立者。臺東的海岸線多岩岸，海岸的類型在成功以北為岩岸、成功以南則是砂岸。沿海由於海岸山脈逼近海岸，所以臨海無廣大的腹地，導致可耕作種植的面積受限，亦缺乏天然海港的優勢，故難以發展。今沿海僅有成功、富岡、小港三漁港較具規模，其餘的則為小型的漁港，或作為停泊膠筏的船澳，[434]沿海居民以農漁業參半為生活方式。臺東境內的小型漁港中，有大武漁港時受漂砂淤積港底之苦，導

---

[429] 李玉芬撰，施添福總編纂，〈第四章成功鎮〉《臺灣地名辭書（卷三）臺東縣》，頁 49。邱陽董、林崑成、李瓊瑩編撰，《臺東蔴荖漏紀實》（臺東：東縣府，2008.01），頁 57-58：光復後選用「蔴荖漏（malaolou）」作為官方用地名標準。

[430] 趙川明，〈海端不在海的這一端─台東縣地名初探〉《后山代誌．第一輯》（臺東：東縣文化，1993），頁 11。

[431] 趙川明，〈從卑南覓到台東〉《后山代誌．第二輯》（臺東：東縣文化，1995），頁 3：1907年日人為封鎖太魯閣的泰雅族人而設隘勇線，強徵阿美族人為隘勇，因此引起花蓮七腳川南勢七社的反抗，日人以武力彈壓後，強制遷到鹿野鄉後乃命名七腳川。

[432] 蔡文彩編纂，《重修臺灣省通志卷三 住民志聚落篇》，頁 3。

[433] 蔡文彩編纂，《重修臺灣省通志卷三 住民志聚落篇》，頁 2。

[434] 〈臺灣海岸詳介─臺東海岸〉《經濟部水利署》，2022.02.15摘錄。

第四章 臺東縣媽祖信仰

致港口逐漸失去機能。莊春菊表示,早期居民以捕魚為生,後因漁港淤沙日漸嚴重無法處理,多數居民都外移,外移後的居地以新北市中和區者多。[435]1920 年時成廣澳天后宮(又稱小港天后宮)的所在地成廣澳[436],亦是如此。

文獻顯示,1955 年從浙江大陳島撤退來台的義胞 18,000 餘人,國民政府依據職業別對島民給予分配與安置,[437]被分配至漁港地區定居者,包含:宜蘭、花蓮、臺東、高雄、屏東等五縣的 36 處新村。[438]前章已論及,宜蘭地區有頭城鎮的合興天后宮,即是由大陳義胞所建立的媽祖廟,其主祀神源於浙江省溫嶺縣大陳島娘娘宮。花蓮縣則未見有此群族人所建立的媽祖廟宇。而分配到臺東的大陳義胞以富岡、尚武兩處為主。定居於大武鄉尚武披星新村的義胞約數百戶,多以捕魚為生,主要來自於大陳島紅美山的金烏居民。根據大武天后宮的廟誌沿革碑碣顯示(圖 4-1),1959 年撤退時將原鄉天后宮的媽祖(雙架媽祖)、長頭盇平水禹王、漁師大帝等有五尊神像隨船迎祀來台。1969 年大陳島民集資改建公共庫房為廟宇,直至 1976 年建成「尚武大陳義胞天后宮」(圖 4-2),成為當地大陳義胞精神信仰中心。

---

[435] 根據 2020.12.17 筆者訪談內容;莊春菊,廟婆,自民 88 年起來大陳尚武義胞天后宮服務。尚武大陳義胞天后宮位處於臺東縣大武鄉尚武漁港區域。
[436] 後山文化工作群著,《后山代誌.第二輯》(臺東:東縣文化,1995),頁 4。
[437] 陳緯華,張茂桂,〈從「大陳義胞」到「大陳人」:社會類屬的生成、轉變與意義〉《台灣社會學》第 27 期,(2014.06):61。
[438] 趙川明撰。同上註,陳緯華,張茂桂,〈從「大陳義胞」到「大陳人」:社會類屬的生成、轉變與意義〉《台灣社會學》第 27 期,頁 70-72。政府依職業別安置大陳居民,分配到臺北、桃園、基隆、宜蘭、花蓮、臺東、新竹、臺南、高雄以及屏東。大陳居民以漁民居多,同村的人大多仍分配在同一新村;有攜帶神明者,也跟同村的人分配至同一新村。

「後山媽祖」的信仰、神蹟及其類型研究

圖 4-1 尚武大陳義胞天后宮廟誌
攝影：卓麗珍，日期：2020.12.17

圖 4-2 大武鄉尚武大陳義胞天后宮

圖 4-3 富岡海神廟貌（左）、「台東奇蹟」（右）
攝影：卓麗珍，日期：2014.09.28

　　大武鄉尚武大陳義胞天后宮是由大陳義胞所創建，主要祭祀媽祖的宗教場所，也是本縣唯一由外省人所創立的媽祖廟。早期是僅供大陳人祭祀與信仰的空間，後因港口漂砂淤塞致使功能漸失，大陳人生存利器不在，逐漸外移導致信仰人口遽減。因此該廟也就順勢成為尚武村的村廟、公眾廟[439]，信徒不再是單一群族。富岡地區的義胞來自於漁山列島，移居富岡後，此處並無義胞所建立的媽祖廟，但有一座名為中華民國空軍所興建，由大陳義胞

---

[439] 參閱林美容，《媽祖婆靈聖：從傳說、名詞與重要媽祖廟認識台灣第一女神》（臺北：前衛，2020.04），87 頁。公廟或稱公眾廟，指某個地域範圍內，公眾共同擁有與管理的廟宇。

所供奉的，臺灣唯一主祀如意娘娘的海神廟。[440]（圖 4-3）從宗教信仰的角度而論，幾乎所有由大陳人所組成的「新村」都有自己的村廟。居民與神廟的組合多延續舊時大陳的樣貌。不同於民國政府遷臺後，給榮譽國民及其眷屬（外省人）定居的眷村，沒有建立臺灣民間信仰寺廟的傳統。[441]從現象來看結果，雖同為「外省人」，但在媽祖信仰的基礎上，兩者間有著極大的差異。

二、 臺東的歷史人文脈絡

全臺史前遺址數量最多的縣市—臺東縣。[442]早在二萬至二萬五千年以前，臺東地區就有人類活動的痕跡。臺灣最早的人類遺址—長濱文化（舊石器時代），以及 1979 年列升為臺灣地區三級古蹟，由人類學家鳥居龍藏紀錄的卑南遺址（新石器時代）[443]，以及鹿野忠雄認為可能與中南半島的巨石文化有淵源的成功鎮的麒麟文化（新石器時代）等，[444]多層文化層重疊的原住民文明，皆在臺東縣境內。從出土的史前遺物顯示，臺東境內的出土文化紀錄了歷史，早在一千餘年前漢人早已在臺灣從事貿易。詹素娟說，

---

[440] 盛世豪，〈記憶搜尋—大陳〉（https://ndweb.iis.sinica.edu.tw/，2010/01/16）中研院社會學研究所《臺灣外省人生命記憶與敘事資料庫》，2022.02.15 摘錄。1955 年 2 月大陳島上軍民全數撤退來台時，漁山島居民將娘娘廟的神明與附近廟宇的神明，全數裝箱隨船搬運來台。在民 54 年聚資建廟，取名為海神廟。民 59 年時空軍建立富岡基地，因此遷移至此。
[441] 張茂桂，〈生之地景—大陳人在台灣〉（http://ndweb.iis.sinica.edu.tw/TWM/Public/pdf/dachen.pdf。2014.05.09）《台灣外省人生命記憶與敘事資料庫》，2022.03.05 摘錄。
[442] 陳勝順，〈從台東卑南國立史前博物館看分佈台灣各地的史前文化〉（https://www.peoplemedia.tw/news，2022-02-10）《民報》歷史回顧，2022.04.28 摘錄。
[443] 葉美珍，《卑南遺址與文化: 概要及書目彙編》（臺東：臺東縣政府，2004），頁 13。
[444] 趙川明，〈台東的史前文化〉《后山代誌．第一輯》（臺東：東縣文化，1993），頁 25。

臺灣島上紀錄著各種人群在時空中的來往、互動的歷史。[445]依此觀察臺東地區的人群，試圖從各族的歷史與聚落遺址的調查顯示，原住民並非初始即原居於臺東，而是各族均在不同時期分別從各地移入。[446]漢人則分為數個時期，由微入盛的移入，又由盛入微的移出。[447]漢人的移民政策從早期的官方掌控、官方招募，到移民政策改成民墾，由民間有力人士擔任並負責與原住民協議，乃至日治時期的招募墾戶拓墾開發臺東的重要時期，以及光復後臺灣西部農民大量的移入、隨軍方撤退的義胞，進而形成的聚落的發展等轉變，都揭露出臺東縣是一「再移民」的社會結構。

簡而言之，臺東的移民拓墾和聚落發展，深受「官方的政策」與「族群間的互動」所影響。如連橫〈臺東拓殖列傳〉記載：

> 臺東，天府之國也。平原萬畝，可農可工，而森林之富，礦產之豐，久為世人所稱道。顧開闢二百餘載，而少有經營之者。……光緒元年，牡丹之役既平，欽差大臣沈葆楨奏設恆春縣，劃鳳山絕南以擴其地，而臺東之南亦有至者。當是時，開山撫番之議既行，以總兵吳光亮帥中軍，同知袁聞柝帥南軍，提督羅大春帥北軍，三道而入，募商工隨行，設招墾局，獎勵移民，建卑南廳以理之。於是至者日多，漸有闢田廬長子孫之計。十一年，建省，陞卑南廳為臺東直隸州，

---

[445] 李宛儒，〈臺灣的「人文歷史多樣性」—訪詹素娟老師〉（https://case.ntu.edu.tw/blog/?p=18090，2014-06-10）國立臺灣大學科學教育發展中心《CASE 報科學》第 11 期：臺灣足跡-自然與人文溯源，2022.04.28 摘錄。「中研院曹永和院士在 1990 年代提出了「臺灣島史」概念，打開了歷史跟著土地走，而不僅是跟著人走的新視野。」

[446] 趙川明，〈從卑南覓到台東〉《后山代誌．第二輯》，頁 8-10。

[447] 李玉芬，〈臺東縣〉（https://nrch.culture.tw/twpedia.aspx?id=1384，2009.09.24）《文化部-臺灣大百科全書》，2022.07.28 摘錄。1972 年以前農業發展時期，農業及鄉村指向的人口移動、安置退除役官兵開發河川地與山坡地等邊際土地及安置大陳義胞等，使臺東人口大幅成長。從 1946-1972 年人口成長指數達 326%，且漢人增加的比原住民多。1972 年以後，工業發展及都市指向的人口移動全面取代鄉村指向的人口移動，廣大的臺東縣皆是人口外流的主要起源地。

第四章 臺東縣媽祖信仰

> 而臺東之局勢一展。然當荒昧之時，天氣瘴毒，野獸
> 猖獗，生番出沒。而我先民如陳文、賴科、吳全輩，
> 入其地、闢其土、利用其物產，勇往不屈，險阻備嘗，
> 用能以成今日之富庶。[448]

文中以示執政者政策的干涉與操作，直接影響了移民的拓墾與族群互動。1875年吳光亮越過海岸山脈，開通花蓮玉里到臺東成廣澳的「安通越嶺古道」，促使人口漸增；成廣澳也成為早期漢人開發臺東的重要據點之一。成廣澳天后宮成為臺東最早的媽祖廟，[449]據聞此本廟可能就是吳光亮的士兵所建。[450]光復之後臺灣荒地仍多，尤以東臺灣的花蓮、臺東兩區的土地最為集中，且地曠人稀而形成大片的荒區。[451]國民政府對墾荒制度有極大的政策更迭，此後以有效利用剩餘勞力、增加糧食省產及調節土地分配問題。臺東地區吸引眾多的自耕農到來，並促使農業生產合作社、墾殖農場設立與組成。臺東地區的媽祖廟創始人或建廟者，多與農業生產者有直接或間接地相關。從早期種植稻米、甘藷、甘蔗等糧食為主，到近期以高經濟價值的作物，如釋迦、晚崙西亞、柿子、荖花等。到田裡找人回來訪談，成為田野的現場趣聞；而釋迦盛產期，調查者以釋迦當早餐是受訪者給的「盛寵」。

整體而言，移民的遷徙與聚落的形成，無論是藉由官營或民營的操作，乃至日本人或臺灣人的移入，官方的政策與導向起著關鍵性的因素與影響力。在族群結構上，上述除原住民外，多為近150年以來陸續遷徙、拓墾移居而來。追溯臺東族群的來源，若以時間段分期，文獻清楚記載漢人移墾臺東可分為四個時期：清領以前（1636-1683）、清領前期(1683-1871)、清領後期(1871-1895)、日治時期(1895-1945)。[452]前三期的人數稀疏且分散，至日治時期遷

---

[448] 連橫，〈列傳三/臺東拓殖列傳〉《臺灣通史・卷三十一》（臺北：臺灣銀行經濟研究室，1962），頁813。

[449] 邱陽菫、林崑成、李瓊瑩編撰，《臺東蔴荖漏紀實》，頁48、72-74。

[450] 趙川明，〈從卑南覓到台東〉《后山代誌》第二輯，頁7。

[451] 民政廳地政局編，《開墾荒地》（臺北；臺灣省民政廳地政局，1949），頁1。

[452] 取自：〈臺東史誌〉（https://www.taitung.gov.tw/）《臺東縣政府》，2022.04.11摘錄。

入臺東者概述，最早也最佔「地利」者是屏東恆春人，臺東大圳也是這群人所完成。第二則是來臺東經商者，臺北、鹿港、澎湖人。第三是以拓墾山園、開創糖廠的臺南人—學甲人最多。最後是客家人由桃竹苗地區的移入等。從清代至日統，臺東境內的媽祖廟只有四座。二座啓建於清朝時期皆稱「天后宮」，且都與官方有直接的關係，即台東天后宮、成廣澳天后宮。文獻則記載臺東天后宮，是臺東縣境內唯一清代官修的廟宇。[453]《成功鎮志社會文化篇》載，1871 年劉進來通事自鹿港天后宮請「媽祖」分身隨行庇護，1874 年遷居廣成澳後興建廟宇，[454]成為臺東境內首座媽祖廟。另二座建於日治時期，係由移民所集資鳩工興建，即關山鎮天后宮、臺東聯天宮（舊名接天宮）。媽祖神像則由台中州人、雲林北港人的媽祖信徒攜入。此結果也回應了 1960 年〈臺灣農村寺廟分佈情形之調查〉林衡道的調查。

　　光復後除隨撤退的軍民以外，1955 年大批的農民自屏東萬巒地區移入，來開墾東河鄉。1959 年臺灣發生嚴重天然災害「八七水災」[455]，中南部的苗栗縣、臺中縣、南投縣、彰化縣、雲林縣、嘉義縣及臺中市等受災最為嚴重。因此頗多臺灣西部的災民進而遷居臺東，從事開墾山園、種植等活動。根據上述，漢人在不同的時空背景下，懷揣著不同的目的遷徙進入臺東，最為顯著的樣貌有三，拓墾或經商、撤退時的軍民，以及避難或尋求新的生活場境者等。臺東地區因而聚集眾多族群的定居、繁衍，逐漸發展形成為一個多元族群文化融合的社會面貌。[456]此後更有拓墾發展順利

---

[453] 姜柷山撰，《臺東天后宮紀實》，頁 33。

[454] 姜柷山撰，〈第三章 宗教〉《成功鎮志—社會文化篇》，頁 77。

[455] 黃昱豪，《臺灣「八七水災」之研究》國立中正大學歷史學系碩士論文，2011.07，頁 12-25。黃素慧，〈颱風災後臺灣省政府的救濟措施〉《臺灣文獻》第 60 卷 4 期，頁 308-309。許峰源，〈八七水災與家園重建〉《檔案樂活情報》146 期（2019.08.16），2022.08.09 摘錄。資料來源：國家發展委員會檔案管理局 https://www.archives.gov.tw/ALohas/ALohasColumn.aspx?c=1961

[456] 維基百科：https://zh.m.wikipedia.org/zh-tw/臺東縣。臺東縣由於從西岸及東岸各縣市移入的人口頗多，縣內有臺南同鄉會、嘉義同鄉會、雲林同鄉會、彰化同鄉會、六堆同鄉會、宜蘭同鄉會等同鄉組織，聯誼之外，在各項選舉中也頗發揮作用。

第四章 臺東縣媽祖信仰

者,返回原鄉邀請同鄉人來佔地開墾,而農村型聚落形成勢在必然。媽祖信仰更隨之拓展開來,繼而媽祖廟也陸續興立。例如太麻里遠天宮即是「八七水災」後由雲林、彰化二地人移入屯墾後所創立,太麻里華源村的拱天宮亦如是。另外據查太麻里源天宮建廟人林枝萬,於日治時代即已到臺東太麻里地區發展。[457] 拱天宮與源天宮二廟,先後建立,彼此間時因存在著人事關係斷裂而生的角力問題。

上述,臺東地區的移民墾殖與臺灣西部人的流動有著密不可分的關係。根據田野調查的結果已知,目前臺東縣境內有媽祖廟的區域,共分佈於十個鄉市鎮:大武鄉、太麻里鄉、成功鎮、卑南鄉、東河鄉、長濱鄉、鹿野鄉、臺東市、關山鎮,以及離島的綠島鄉。若從區域理解移墾者選擇的落點而論則會發現,《臺灣省各縣市鄉鎮概況一覽》調查 1945-1960 年顯示,地區的設治及設役場、地勢平坦、曾被開拓的居地、腹地範圍甚廣,以及海上的對外貿易拓展等幾個需求面向,是促使移民落腳的重要根據。因此「聚落」(settlement)[458] 形成後,從早期的安身到立命,乃至祈求心靈的依靠,從而媽祖廟在移民聚集之所興立就顯得必要與重要。在歷史流動的時空與族群融合的過程中,墾殖者或移民者為因應環境所建構的家園,離不開一群人共同築建的社會關係和組織。

在此嘗試再從宗教活動類型作為臺東縣媽祖廟探討焦點。從 1938 年日本學者岡田謙提出的祭祀範圍概念[459],至 1973 年許嘉明指「祭祀圈」為漢人村落的地域組織,人們將為保障生計、財產、身家,而團結村落成為一大社會群體,表徵是共同崇奉鄉土主祭

---

[457] 根據筆者訪談:林百川(1936-)太麻里源天宮主事人。他表示本廟係由其父林枝萬(民前 4 年生,歿)所創立。林枝萬於「日本時代」就獨自來臺東發展了;因家中兄弟眾多,財產分配不足,導致生活困難,因此離家。筆者揣測應與逃躲日本徵兵有關。

[458] 郭肇立,〈傳統聚落空間研究方法〉《聚落與社會》(臺北:田園城市,1998),頁 8。「聚落」是一套維繫情感的制度,從有意義的集體聚居,藉由建立彼此溝通的方式、符號,以及社會的倫理,進而形成地域的文化。

[459] 參閱岡田謙著、陳乃蘗譯,〈臺灣北部村落之祭祀範圍〉《臺北文物》第 9-卷第 4 期,(1960.12):14,指「共同奉祀一個主神的民眾所居住之地域」。

神，而該祭祀廟宇亦是區域中的樞紐。[460]林美容的信仰圈論點，指「為了共神信仰而共同舉行祭祀的居民所屬的地域單位」。[461]臺灣社會中漢人祭祀的共同文化傳統，不離天、地、人、神、鬼；「圈」的範疇在臺東媽祖信仰與媽祖廟之間，存在著公眾廟、村廟（或稱地方公廟）及私人廟之別。臺東縣境內媽祖信仰者的族群融合與信仰疆界的破裂，促使媽祖信仰的人群早已脫離單一族群，而信仰的疆界亦因人口流動以及廟務的運作而異動。田野現場中口述的歷史顯示，採訪人說：「我們的廟是村廟。來拜拜的都是村內的人，外人很少」、「本廟是地方公廟、村廟，信徒以漢人為主，原住民信徒約佔三分之一，以阿美人及布農族人為主」。[462]鹿野鄉東天天后宮邱進南主委則表示：「本廟屬於公眾廟宇，而非村廟」。[463]游書哲說：「由於本宮是私人宮廟，因此未設立管理委員會，亦無爐主會，僅有廟方自行早晚奉香。」[464]同樣位於鹿野鄉的二座媽祖廟，相距 500 公尺的距離；但清楚可聞信徒言語中重要據點「村裡的」所指，早已排除「非隸屬」於聚落中的媽祖廟。此外，村廟（地方公廟）、公眾廟或私廟三者之間，對外交陪的廟宇及「熱鬧」的程度等差異，皆顯示無法將「圈」的概念全數套用。

然而田野訪查結果也顯示，2003 年起臺東鹿野鄉開始舉行全鄉的庄廟聯合遶境活動。此活動成立的主要目的是辦理鹿野鄉庄廟聯合廟慶。參與的廟宇包括有，鹿野福佑宮（媽祖廟）、瑞和福明宮（媽祖廟）、永安聖安宮（媽祖廟）、瑞豐協天宮（關聖

---

[460] 許嘉明，〈彰化平原福佬客的地域組織〉《中央研究院民族學研究所集刊》36 期，(1973)：165。
[461] 林美容，〈從祭祀圈到信仰圈：臺灣民間社會的地域構成與發展〉收入張炎憲編，《第三屆中國海洋發展史論文》（臺北：中央研究院三民主義研究所，1988），頁 95-125。祭祀圈的內涵包括：共神信仰、地域單位以及共同祭祀活動、組織、經費等。共神信仰則意指漢人共同祭拜天地鬼神的文化傳統。
[462] 筆者 2017.02.04 訪鹿野永安村聖安宮；訪談人林伯龍、雷黎。地址：永安村永安路 512 號。
[463] 筆者 2020.12.16 訪鹿野東天天后宮主委邱進南訪談內容。地址：永安村永安路 479 號。
[464] 筆者 2020.12.16 訪卑南鄉東德宮宮主游書哲訪談內容。

第四章 臺東縣媽祖信仰

帝君廟)、龍田崑慈堂(瑤池金母廟)、瑞源源聖宮(玄天上帝廟)等七座廟宇共同舉辦。[465]庄廟聯合廟慶的活動時間、慶祝方式，皆由主辦的廟方規劃與設定後辦理。年度的主辦者，由參與的七座庄廟採輪流方式逐一進行。實施日期以主辦一方的廟慶日為原則，餘廟應配合的各項活動進行與安排。此一宗教活動類型呈現出祭祀與信仰之間的交和現象。

後山媽祖信仰在臺東地區的村庄祭祀及宗教活動，最顯著的特色在於：以村里的行政區為單位，並且媽祖的慶典佔有絕對的優勢。媽祖作為臺東縣縱谷地區的漢人移民重要的共同信仰對象，延續原鄉信仰早在村里庄廟還未建立前，以行政區的聯庄方式祭祀媽祖，即衍生出一種猶如臺東製造的獨特共組祭祀組織：媽祖戲。[466]大抵依照地理脈絡所組成的，亦即在各行政村中由區域組成的媽祖戲單位，是一類同或等同於媽祖會共同運作的組織。通常於每年農曆二月或三月份舉行，作為媽祖聖誕祝壽、滿足庄民信仰需求，以及娛樂、凝聚社區鄰里情感的存在。早期媽祖戲盛行於臺東縱谷地區；出現在鹿野地區、關山鎮電光地區，以及池上鄉的萬安、新興等地。關山地區最遲在 1947 年就有媽祖戲的演出。[467]如關山鄉「電光部落蘇家土樓媽祖戲」於1962年間由廣興、東興、南興三地的居民組成媽祖會。媽祖會每年以擲筊方式選出爐主一名、頭家十人，於農曆三月「做媽祖戲」時負責酬神、演戲、籌

---

[465] 筆者 2017.02.04 訪鹿野鄉永安聖安宮廟祝雷黎明提供。夏黎明總編撰，〈第十篇宗教篇〉《鹿野鄉志》下冊（臺東：鹿野鄉公所，2007.08），頁 1030-1031、1066。照片顯示，民 92 年新豐聖豐宮、民 93 年龍田崑慈堂、民 94 年瑞和福明宮、民 95 年鹿野福佑宮。

[466] 邱彥貴，〈第三章 地方公廟與公眾祭祀〉《臺東縣史·漢族篇》，頁 85-86。資料來源：國家圖書館-臺灣記憶 https://tm.ncl.edu.tw/。每年三月媽祖聖誕，無媽祖廟的村庄聘請媽祖戲班來演出，戲班都會恭請媽祖神像隨行。廟會演出期間，設香案，供當地信眾膜拜。村庄媽祖會的爐主組織，組織聯庄「媽祖戲」。

[467] 趙川明等撰，《日出臺東-縱谷文化景觀》（臺東：國立臺東生活美學館，2011）頁，60。據稱因 228 事件，演媽祖戲的戲班無法回去，雷公火地區的漢人遂以蕃薯代替戲金，留戲班繼續演出，直到事件結束才離去。……，每年固定在農曆 3 月 15-16 日「做媽祖戲」，……。約在民國 96 年為讓村民平時祭拜方便，才固定供奉於廣興蘇家。

「後山媽祖」的信仰、神蹟及其類型研究

圖 4-4「蘇家土樓」及廳中媽祖神像
資料來源：翻拍自 https://www.zztaitung.com/8140/kaadaadaan-3，2022.11.06

金等事宜。因庄內沒有媽祖的神像，所以酬神廟會須從關山天后宮迎請媽祖神像[468]來主壇，待慶典結束會再送還關山天后宮。場地則借用蘇家土樓的曬穀場（圖 4-4），作為漢人移民酬神演戲集會的場所。[469]1971 年間村民苦於無神像可借，媽祖會商議集資雕塑媽祖神像，並由值年爐主輪祀。直至 2007 年媽祖神像不再輪祀，固定供奉於廣興蘇家土樓。

圖 4-5 電光媽祖會收支明細簿
資料來源：自由時報記者王秀亭攝，2022.05.22 截圖

---

[468] 羅忠政等撰文，黃學堂主編，《瑞和村史》（臺東：東縣府，2013.10），頁 112-113。
[469] 參閱 KEVIN，〈【台東景點】電光部落蘇家土樓：時代變遷，仍凝聚社區鄰里的媽祖廟〉（https://www.zztaitung.com/8140/kaadaadaan-3，2020.10）《臺東製造》，2022.05.22 摘錄。電光部落係原住民部落，阿美族人占 70％。今蘇家人多已搬離「蘇家土樓」，蘇家土樓媽祖廟地址：關山鎮電光里 9 鄰廣興 10 號（電光社區半山腰處）。

該組織的組成已跨越逾 50 年，不曾因產業沒落或時代變遷而中斷。[470] 以現存的電光媽祖會自 1974 年至 2003 年的收支明細簿爲證（圖 4-5）此地拓殖移民以北部客籍爲主，因日治時期咖啡產業的興起及民 40-50 年代香茅的種植而聚集，更因產業沒落而離散。至今信仰人口銳減，蘇家土樓的媽祖廟僅留有一尊媽祖神像被供奉於廳堂（圖 4-4），2011 年後仍有九人組成三個爐主團輪流，繼續維持「媽祖戲」的運作。[471]

　　鹿野地區的「臺東鹿野瑞和媽祖戲」祭祀者及信衆主要多來自於苗栗、雲林的移民所組成。民 40 年代（1951），早在瑞和村還未有媽祖廟建立之前，即有媽祖戲。當地信衆爲慶祝媽祖聖誕主動奉獻「戲金」支出，並承攬搭建戲台工事，後邀請戲班來演出酬神戲。因本庄沒有媽祖神像，民衆就以膜拜隨戲班而來的媽祖神像，當地耆老稱「媽祖隨戲籠」。[472] 碑文紀錄，1966 年鍾萬章自北港朝天宮刈香迎請聖母金身乙尊分靈回莊，奉祀於家堂是本村有聖母金身之始。[473]（參圖 4-6、附件 4-12）初期媽祖神像每年由輪值的爐主請回供奉，1982 年瑞和福明宮竣工落成，並擇期農曆三月廿三日正子時（4 月 16 日 pm11:00）安座，同時舉行祭典普度等法事。此後來瑞和演「媽祖戲」的戲班，不再需要帶神像來供信衆祭拜。戲班所需的戲棚搭建地也改在福明宮前的廟埕，「媽祖戲」演出順理成章地成爲外臺戲。在沒有太多娛樂的年代，媽祖廟會活動是地方的年度盛事，家戶聚集看熱鬧成爲農村最亮眼的景緻。臺東縣境內的關山鎮、池上鄉、鹿野鄉等鄉下地區，「媽祖戲」的聯庄祭祀組織因應廟會慶典而生，而「外臺戲」[474] 則作爲酬神祭儀最顯著的目的。早期每年的農曆二月底至三月廿三

---

[470] 參閱王秀亭，〈關山電光媽祖戲 50 餘年不間斷〉（https://news.ltn.com.tw/news/，2016.04.21）《自由時報》，2022.05.22 摘錄。
[471] 王秀亭，〈關山電光媽祖戲 50 餘年不間斷〉。
[472] 羅忠政等撰文，黃學堂主編，《瑞和村史》，頁 112-113。「早年，演媽祖戲時，若當地尚無媽祖廟，戲班會事先到關山天后宮恭請媽祖尊隨行。關山天后宮的媽祖有大媽、二媽、三媽，大媽鎮殿、二媽白臉、三媽黑臉，以擲筊杯決定恭迎二媽或三媽」。
[473] 羅忠政等撰文，黃學堂主編，《瑞和村史》，頁 112。
[474] 「外臺戲」指的是依附在民間廟會慶典，酬神祭儀爲目的的歌仔戲。

「後山媽祖」的信仰、神蹟及其類型研究

日媽祖聖誕前,皆是媽祖戲的旺季,八月底至十月中重頭戲則是平安戲。然而今日「做戲」似乎已難再吸引群眾聚集的焦點,產業的沒落造成人口外移的主因,亦是導致媽祖信仰傳承與延續最大的阻力與無奈。臺東媽祖廟慶典的酬神戲,多出現戲台下無人,僅提供給神明看的「布袋戲」。在五光十色的現代科技下,傳統的野台戲劇早已無法滿足人的視覺刺激。反而是農曆的元宵節,臺東天后宮所組織的遶境,以聯庄方式邀請縣內各廟宇參與,已被認定為「縣級無形文化資產」的「炸寒單」活動,或臺東市聖賢宮(圖4-7)的什家將、官將首的出團更能吸引大眾的眼球。

　　至此已明顯可見臺東縣的移民社會中,人的群聚與其原鄉地的生存及生產地的生態環境有極大關係。墾民的移入帶來原鄉的信仰,移民落居之所必然與生態環境的利弊脫離不了關係。其次,人與人之間,群族與群族之間,不同的族群文化與生態交互的影響,彼此依靠著「生存」所衍生出的「文化」相互的交流與包容,進而形成獨特的在地聚落文化。臺東地區各族群混合而居的現狀,平埔族、閩南人、客家人、外省人,甚或原住民等混居的聚落,所呈現的是族群的融合。因此,媽祖信仰在村落中展開,阿美族人拜媽祖或成為媽祖的代言人―乩童,似乎就顯得不那麼突兀了。

圖4-6 福明宮略誌碑
攝影:卓麗珍,日期:2017.02.05

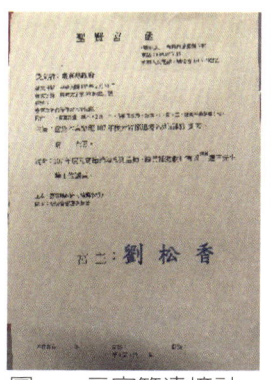

圖4-7 元宵節遶境計畫公函
攝影:卓麗珍,
日期:2020.12.30

第四章 臺東縣媽祖信仰

第二節　臺東媽祖信仰的歷史與變遷

臺東縣地處於臺灣的邊陲之地，早期的建設落後且人民的生活條件不足。從臺灣西部遷徙而來的移民，或開墾、或避難，皆因生活所需遠離故鄉，不遠千里輾轉來到此未完全開墾的土地上，重新組建新天地。媽祖作為信仰的對象，象徵慈悲雨露潤霑，護佑移墾初民，一路平安，新居地安樂順遂。因此，離鄉時從原鄉媽祖廟迎來香火（袋）、令旗、香爐等在自家宅供奉，或待生活趨穩、經濟稍佳後回返故鄉，迎來神明金身或雕刻金身。分靈、分身、分香等目的，皆可謂藉此以祈求或感懷神明庇護，完成遷徙者的渴望與期望。同時臺東地區墾植移民者，促使媽祖信仰在此地發光發熱的途徑與寫照。媽祖信仰者藉由捐資獻地以設壇建廟，媽祖從私家祭祀神祇，轉變成為供大眾祭祀的神明，繼而將整個鄉鎮納入祭祀的範圍。例如，太麻里遠天宮、拱天宮等皆屬此類。

遷徙而來的移民，因原鄉天災所導致的生活困頓，故而寧願堵上一把，選擇離鄉背井，到外地尋找生存機會或開創新的生活。但同時也因為落居地的天災而再次選擇離去。因此落地生根，只是時間長短的問題，若為在地的情緣或成為氏族大家久居則少。臺東的媽祖廟多數為村廟或庄廟，且信仰人口的計算又多以家戶為主。整體而論，並無以整個縣區域作為祭祀範圍的大廟，更少具有以宗教信仰為主軸，又具觀光性質的廟宇。依觀察所聞，如上所述目前僅有鹿野鄉有數座廟宇，包括媽祖廟與非媽祖廟組成的聯合遶境活動。而臺東天后宮則以炸寒單最著名，可說是唯一較知名且俱有觀光價值的宗教活動，但可惜卻不是專為媽祖所舉辦的慶典。林崑成指稱，1980 年開基建廟的東海龍門天聖宮，是台東唯一具有觀光性質的人群廟。[475] 該廟建築群巍峨，主神殿內金碧輝煌；為因應大量的進香香客住宿需求，於 1996 年興工完成可容

---

[475] 林崑成撰、臺東縣後山文化工作協會編著，〈東海龍門天聖宮〉《臺東縣寺廟專輯》，頁61。

400 人的香客房。期待東海龍門天聖宮的知名度,成為可比擬於西部的媽祖廟。

早在清代及日治時代,媽祖信仰就已成為漢人街肆及聚落重要的存在。追朔臺東媽祖廟的調查及發展概況;始於 1915-1918 年間的《臺灣宗教調查報告書》第一卷,首座媽祖廟直指成功鎮成廣澳的天后宮。[476]此後 1939 年《臺灣の宗教》中紀錄有三座。1956 年《臺灣省通志稿 卷二:人民志宗教篇》紀錄仍維持不變。1960 年林衡道以臺東縣文獻委員會及日治時代台灣總督府寺廟臺帳為基礎的調查結果,紀錄顯示有四座。1996 年《臺東縣寺廟專輯》屬較全面性的口述寺廟歷史訪查紀錄,本書訪查紀錄為 25 座,各廟歷史沿革簡介詳盡,可作為研究者田野調查參考基礎的手邊書。2010《臺東縣-99 年調查寺院宮廟基本資料》有 10 筆。[477]2015 年國立中正大學《媽祖文化研究中心》的調查結果,16 筆。[478]2018 年《續修臺東縣史—宗教篇》中「臺東縣已登記天上聖母廟宇一覽表」紀錄 28 座,實則僅 27 座,因書中所錄內容有錯,誤植位於關山鎮德高里東明 30 號的關山鎮朝天宮,該廟主祀神應五年千歲譚府千歲。[479]最後是由各寺廟方提供資訊後,收錄於內政部《全國宗教資訊網》官網的資料庫內容,[480]以及分散於臺東各鄉鎮市志書中的紀錄。根據各類文獻及調查紀錄顯示,臺東境內媽祖廟的數量,呈現逐漸遞增的趨勢。

---

[476] 丸井圭治郎,《臺灣宗教調查報告書—附錄》第一卷,(臺北:台灣總督府,1919),頁 6、10。

[477] 內政部,《臺東縣-99 年調查寺院宮廟基本資料》第 22 冊,臺北:中華民國內政部,2010。

[478] 根據 2019.05.26 摘錄於國立中正大學《媽祖文化研究中心》http://mazucrc.ccu.edu.tw/about。今 2022.10.28 查該中心網頁資料庫內容已刪除,故無法查詢;只剩活動與工作坊訊息。

[479] 徐雨村主撰,孟祥翰總編纂,《增修臺東縣史．宗教篇》(臺東:東縣府,2018.11),頁 103-105。

[480] 內政部,《全國宗教資訊網》https://religion.moi.gov.tw。

第四章 臺東縣媽祖信仰

一、《臺東縣寺廟專輯》—臺東的媽祖廟

　　《臺東縣寺廟專輯》成書於 1996 年，係由文建會、臺東縣政府及臺東文化中心，動員諸多人力的田野採訪、整理而成。本書內容已被轉成網頁模式，提供閱讀者另類理解臺東，以及進一步詳閱臺東地區寺廟發展史的工具。臺東境內的寺廟共計 135 座。依主祀神分類共計 30 種。排行前六的主祀神者，依次是王爺（不分類）、媽祖、觀音菩薩、玄天上帝、釋迦牟尼佛以及福德正神等，分析比對此結果與全臺各地並無差異。[481]唯根據前人的研究已知王爺廟之多，冠於全台。但臺東地區以媽祖廟的數量居於首位，有 25 座之多，而主祀王爺的廟宇居次，僅有 20 座，可謂是臺東縣宗教信仰的特色之一。

　　《臺東縣寺廟專輯》紀錄，臺東縣境內共計 25 座媽祖廟（表 4-1）。以區域分佈來看，臺東市六座最多，鹿野鄉有五座，東河鄉四座，卑南鄉及太麻里鄉各有三座，成功鎮、關山鎮、大武鄉及綠島鄉則都個僅有一座。依據媽祖廟創廟的時序來看，建於清朝時代的有清光緒 17 年的臺東天后宮，及清同治 13 年成功鎮的天后宮等二座。建於日治時代則有昭和 3 年的關山天后宮。1951–1960 年間有四座，1961–1970 年間有四座 1971–1980 年間有七座，1981–1990 年間有五座，1991 年之後有二座。以上結果顯示，臺東境內的媽祖廟多數啓建於光復以後，其中又以 1971–1980 年之間興建的數量最多。從以上媽祖廟創建年代的敘述中，將會發現與前人的調查不一致，少了一座建於日治時代的臺東聯天宮（舊名接天宮）。透過追溯廟宇的歷史沿革碑碣及田野採訪的比對，西元 1935 年有鍾勇請師雕造媽祖神像，供奉在臺東租屋處，後於 1937 年建造竹編房舍爲廟堂，命名「接天宮」以收萬民香火，但「接天宮」於 1984 年易主，得神諭更廟名爲「聯天宮」。[482]事實證明，古蹟廟宇

---

[481] 臺東縣後山文化工作協會編著，《臺東縣寺廟專輯》，頁 3-5、198。
[482] 筆者於 2020.12.18 訪聯天宮主委曾三煌。民 73 年曾丁添接任主任委員後改廟名爲「聯天宮」。原北港媽祖神像被鍾勇迎請去了花蓮竹田聖天宮，臺東聯天宮則改祀鹿港媽祖。筆者於訪談花蓮竹田聖天宮時，追溯而得部分曾三煌主委不願多談的歷史創傷。同時協助花蓮竹田聖天宮釐清該廟的媽祖緣起。

的價值不敵人事的變革。廟宇的歷史,掌權人不願多談,成為一種不可言說的忌諱。

隨著時間的更迭,廟宇創廟的年代提供拓墾移民落腳地點的線索,從臺東南部地區的太麻里鄉逐漸往北靠—卑南鄉、東河鄉、鹿野鄉,甚或後期則往行政中心的臺東市聚集。

表 4-1《臺東縣寺廟專輯》—臺東媽祖廟(以行政區域筆畫排列)

寺廟名稱	創廟年代	主祀神明	住　　址	電　話
天后宮	民國 44 年	天上聖母	大武鄉尚武村 169 之 1 號	791799
遠天宮	民國 45 年	天上聖母	太麻里鄉香蘭村 17 號	X
拱天宮	民國 43 年	天上聖母	太麻里鄉華源村 26 號	572544
源天宮	民國 75 年	天上聖母	太麻里鄉華源村杉原路 15 號	613451
天后宮	清同治 13 年(民前 38 年)	天上聖母	成功鎮成廣路 33 號	871062
北源天后宮	民國 55 年	天上聖母	東河鄉北源村 14 鄰 2 號	891147
聖佑宮	民國 61 年	天上聖母	東河鄉北源村 17 鄰美蘭 12 號	X
進天宮	民國 73 年	天上聖母	東河鄉北源村北溪號	891147
協天宮	民國 58 年	天上聖母	東河鄉都蘭村 372 號	531590
讚天宮	民國 60 年	天上聖母	卑南鄉初鹿村 185 號之 1	570123

參閱〈竹田聖天宮媽祖廟〉(https://memory.culture.tw/)文化部《國家文化記憶庫》,2021.12.3 摘錄。

第四章 臺東縣媽祖信仰

寺廟名稱	創廟年代	主祀神明	住　　址	電話
鎮東宮	民國 60 年	天上聖母	卑南鄉初鹿村梅園 5 號	571718
普濟宮	民國 59 年	天上聖母	卑南鄉賓朗村 14 鄰 70 號	221187
聖安宮	民國 65 年	天上聖母	鹿野鄉永安村 5 號之 2	551787
福佑宮	民國 82 年	天上聖母	鹿野鄉鹿野村 27-3 號	550235
鎮安宮	民國 62 年	天上聖母	鹿野鄉鹿野村 6 號	X
聖豐宮	民國 84 年	天上聖母	鹿野鄉新豐村 9 鄰 55 號	550131
福明宮	民國 71 年	天上聖母	鹿野鄉瑞和村 12 鄰 25 號	581936
聯天宮	民國 44 年	天上聖母	臺東市中華路一段	311777
天后宮	清光緒 17 年（民前 31 年）	天上聖母	臺東市中華路一段 222 號	325178
天聖宮	民國 69 年	天上聖母	臺東市中華路一段 865 巷 56 號	325795
馬蘭朝天宮	民國 53 年	天上聖母	臺東市北平街 26 號	321437
湄聖宮	民國 61 年	天上聖母	臺東市更生北路 731 巷 9 之 1 號	227959
慈隆宮	民國 79 年	天上聖母	臺東市新園裡新園路 95 號	X
天后宮	民國 75 年	天上聖母	綠島鄉南寮村	672483

寺廟名稱	創廟年代	主祀神明	住　　址	電　話
關山天后宮	日昭和三年（民國17年）	天上聖母	關山鎮中華路2巷1號	811137

資料來源：筆者編製。參閱臺東縣後山文化工作協會編著，《臺東縣寺廟專輯》，臺東：東縣文化，1996。

　　根據文中紀錄嘗試以地勢與人口型態推論，調查資料中未興建媽祖廟區域之宗教信仰及文化內容，試圖解說媽祖信仰如何被排除於外，或未能現其足跡之情狀。山地鄉中有「紅葉少棒隊的故鄉」—延平鄉是原住民鄉；人口族群以布農族群為主，[483]鄉內無任何的寺廟紀錄。金峰鄉，大武山自古即是排灣族與魯凱族的神話起源與部落遷徙發源地，[484]人口80%為排灣族，漢人僅佔2%。[485]除原始的泛靈信仰及部落祭祀外，主要受基督宗教影響為盛。根據《金峰鄉志》統計有15所，可謂教會林立遍及村莊。[486]達仁鄉，位於臺灣東側南端，此地以傳統的排灣族文化為主。[487]蘭嶼鄉是臺灣第二大附屬島嶼，係屬達悟族（舊稱雅美族）的文化體系，擁有其傳統的部落社會制度。[488]以上四鄉皆為原住民人口佔比較高之區域，且各鄉中皆蘊含獨特的原住民傳統文化，宗教信仰以原始族群信仰，以及外來的基督宗教信仰為主，因此四個山地鄉皆無任何漢人的寺廟存在。海瑞鄉是布農族人的居地，此鄉雖為原住民鄉卻有一座建於1980年的「佛緣禪寺」。但該寺的信徒並沒有

---

[483] 取自，〈認識延平〉（http://www.ttypg.gov.tw）《臺東縣延平鄉公所官方網站》，2022.09.28摘錄。

[484] 中華綜合發展研究院應用史學研究，《金峰鄉志》（臺東：金峰鄉公所，2006.02），頁III。

[485] 取自，〈歷史沿革-概述〉（https://www.ttjfng.gov.tw2）《臺東縣金峰鄉公所官方網站》，2022.09.28摘錄。

[486] 中華綜合發展研究院應用史學研究，《金峰鄉志》，頁523-546、557。

[487] 取自，〈在地人文〉（https://www.ttdaren.gov.tw）《臺東縣達仁鄉公所官方網站》，2022.09.28摘錄。

[488] 取自，〈印象蘭嶼〉（http://lanyu.twgov.mobi/home.php）《臺東縣蘭嶼鄉公所官方網站》，2022.09.28摘錄。

第四章 臺東縣媽祖信仰

海瑞鄉的布農族人。[489]平地鄉中查池上鄉有10座寺廟，主祀神以佛教神祇為多，佔50%。[490]長濱鄉僅有四座廟宇，其中並無媽祖廟。[491]然根據《長濱鄉志》所錄，樟原地區實有一座建於1990年的天后宮，唯今信徒人數不多。而池上鄉則有區域內的十村，共同組成六個單位的媽祖戲組織，但至今仍皆未有媽祖廟。[492]

本書的調查成果與集成，提供探索臺東境內民間信仰的文化特色，以及瞭解臺東寺廟的發展概況。藉此以探討臺東縣境內媽祖廟緣起與祀神源流，並提供筆者採訪內容的佐證與助力。但因調查時序生發在1996年，距今已逾十數年，部份廟宇因行政區重新規劃致使資訊錯置，或因廟宇更名、人事變遷的分裂與改制乃至祭祀範圍的更動，或有調查未完整、新建的媽祖廟宇等等，有待增刪補減。

二、政府出版品中臺東地區的媽祖廟

2010年內政部《全國寺院宮廟基本資料》由各直轄市、縣（市）政府提供資料彙集成書，顯示臺東縣主祀媽祖的廟宇只有十座。[493] 2017年《內政部宗教團體》官方網站的資料庫匯出，結

---

[489] 參閱趙川明撰、臺東縣後山文化工作協會編著，〈佛緣禪寺〉《臺東縣寺廟專輯》，頁116-117。
[490] 趙川明撰、臺東縣後山文化工作協會編著，，〈池上鄉〉《臺東縣寺廟專輯》，頁119-133。池上鄉十座廟宇的主祀神包括：玉皇上帝、玄天上帝、關聖帝君、釋迦牟尼、觀世音菩薩、藥師佛、福德正神。其中釋迦佛有二座、觀世音菩薩有二座、藥師佛有一座。
[491] 趙川明撰、臺東縣後山文化工作協會編著，，〈長濱鄉〉《臺東縣寺廟專輯》，頁154-158。長濱鄉內的四座寺廟，以主祀玄天上帝、關聖帝君、三山國王以及觀音菩薩。
[492] 邱彥貴，〈第三章 地方公廟與公眾祭祀〉《臺東縣史·漢族篇》，頁85-86。
[493] 內政部，《臺東縣-99年調查寺院宮廟基本資料》第22冊，頁22-6、22-18、22-27、22-28、22-31、22-35、22-39、22-41、22-57、22-58。調查顯示，臺東縣主祀媽祖的廟宇計有十座，分別是台東天后宮、台東朝天宮、聖賢宮、慈隆宮、湄聖宮、東海龍門天聖宮；太麻里鄉的遠天宮、源天宮；鹿野鄉的瑞和福明宮；綠島鄉的綠島天后宮。

果顯示媽祖廟總計 19 座，而 2022 年則新增至 27 座。[494]二份匯出的資料經比對後，查皆有誤。2017 年資料項重複登錄關山鎮天后宮，導因於行政區登記錯誤；2022 年則是臺東縣太麻里鄉遠天宮的重複登錄。經比對與修正二個年度資料項後，實際的媽祖廟數 2017 年只有 18 座和 2022 年則為 26 座。藉由以上官民合作的調查結果可知，中央行政機關對於寺廟基本的資料掌握有逐年增加的趨勢。調查內容呈現出寺廟的歷史沿革、主祀神祇、配祀或陪祀、建築特色，以及慶典活動等。雖然羅列及彙整的項目與資料有助於索引查詢；但在臺東地區已完成登記的媽祖廟中，能夠完整呈現廟宇相關的資訊者畢竟有限。

根據 2022 年內政部已登錄的 26 座臺東媽祖廟（表 4-2），從行政區來看廟宇的分佈，分別是太麻里鄉三座：遠天宮、拱天宮、源天宮；成功鎮二座：成廣天后宮、成田媽祖廟；卑南鄉四座：雲聖母宮、普濟宮、讚天宮、鎮東宮；東河鄉三座：都蘭村協天宮、北源天后宮、興昌聖母宮；鹿野鄉四座：福佑宮、福明宮、聖安宮、鎮安宮；臺東市七座：臺東天后宮、東海龍門天聖宮、湄聖宮、朝天宮、慈隆宮、聖賢宮、保安堂；關山鎮二座：電光聖母壇、關山鎮天后宮；綠島鄉一座：綠島天后宮。2017-2022 年期間，內政部寺廟查詢匯出資料皆未見大武鄉尙武天后宮，足見該廟始終未參與官方的調查。又太麻里鄉及東河鄉的媽祖廟，則皆於 2019 年後才登錄。此外亦有筆者訪調後才登錄或經建議後登錄者，如太麻里遠天宮、臺東聖賢宮等。

---

[494] 筆者匯出資料時間分別於 2017 年、2019 年、2021 年以及 2022 年；查詢條件：臺東縣、天上聖母、媽祖。此處以 2017 年與 2022 年的時間斷點作為資料項比較分析之基準。參閱內政部，〈宗教團體查詢〉（https://religion.moi.gov.tw/）《全國宗教資訊網》，匯出時間：2022-07-26。

第四章 臺東縣媽祖信仰

表 4-2〈宗教團體查詢〉《全國宗教資訊網》臺東縣媽祖廟一欄表
（以行政區筆畫排列）

宗教團體	行政區	地址	電話	負責人	統一編號	登記	最後更新
遠天宮	太麻里鄉	香蘭村 1 鄰溪頭 17 號之 1	089-780595	卓德雄	10472393	補辦	2022/02/17
拱天宮	太麻里鄉	華源村 1 鄰大坑 26 號	089-512544	王任從	36874288	正式	2020/08/05
華源村源天宮	太麻里鄉	華源村 3 鄰 15 號	089-513451	林富東	36888641	補辦	2019/04/19
成廣天后宮	成功鎮	忠孝里 8 鄰成廣路 33 號	089-871062	詹慶全	36677456	正式	2021/04/13
成田媽祖廟	成功鎮	三仙里芝田路 175 號之 6	089-850226	陳寶興	X	補辦	2017/12/28
北源天后宮	東河鄉	北源村 14 鄰花固 2 號	089-891147	李政雄	62936275	補辦	2019/04/17
都蘭村協天宮	東河鄉	都蘭村 39 鄰都蘭 372 號	089-531590	李元義	36871873	正式	2019/04/16
興昌聖母宮	東河鄉	興昌村興昌 30 之 1 號	093-2020370	翁文一	85724884	正式	2020/06/03
普濟宮	卑南鄉	賓朗村 23 鄰賓朗路 485 巷 9 號	089-221187	吳明勳	X	補辦	2017/12/26

宗教團體	行政區	地址	電話	負責人	統一編號	登記	最後更新
慈雲聖母宮	卑南鄉	初鹿村水源頭16鄰1號	089-571587	陳金英	X	補辦	2017/12/26
鎮東宮	卑南鄉	初鹿村1鄰梅園路5號	089-571434	吳勝雄	10457956	補辦	2019/04/19
讚天宮	卑南鄉	初鹿村初鹿2街109號	089-570123	邱顯東	X	正式	2017/12/26
聖安宮	鹿野鄉	永安村永安路512號	089-551503	林俊宏	X	補辦	2017/12/26
福佑宮	鹿野鄉	鹿野村6鄰福佑路31巷1號	089-550235	陳清斌	37614493	補辦	2019/04/03
福明宮	鹿野鄉	瑞和村瑞景路三段201號	089-581936	徐智雄	X	補辦	2017/12/26
鎮安宮	鹿野鄉	鹿野村13鄰中華路二段185巷5號	089-551810	涂金龍	X	正式	2017/12/26
東海龍門天聖宮	臺東市	中華路一段889巷63之1號	089-325795	陳柔嫻	12065457	補辦	2022/03/29
保安堂	臺東市	卑南里更生北路132巷15號後	089-222769	陳珠風	X	補辦	2017/12/25

第四章 臺東縣媽祖信仰

宗教團體	行政區	地址	電話	負責人	統一編號	登記	最後更新
財團法人台東天后宮	臺東市	中華路1段222號	089-325178		78860103	正式	2019/12/17
朝天宮	臺東市	中心里北平街26號	089-321437	葉雲祿	78861736	正式	2022/04/18
湄聖宮	臺東市	南王里更生北路731巷9之1號	089-224128	粘昭焰	78861790	正式	2021/01/07
慈隆宮	臺東市	新園路95號	089-383137	陳進全	X	補辦	2017/12/26
聖賢宮	臺東市	臨海路一段249號	089-353115	劉松香	X	補辦	2021/04/30
綠島天后宮	綠島鄉	南寮村南寮29號	089-672319	鄭鐵貴	78860976	正式	2019/04/16
電光聖母壇	關山鎮	電光里5鄰中興86之2號	089-951125	李崑玉	X	補辦	2020/02/24
關山鎮天后宮	關山鎮	中福里中華路2巷1號	089-811137	方瑞清	X	正式	2017/12/28

資料來源：內政部，〈宗教團體查詢〉
(https://rcligion.moi.gov.tw/)《全國宗教資訊網》，2022.07.26

　　以上 2022 年的官方資料，「教別」欄皆列為「道教」、主管機關為臺東縣政府。[495]所有的主祀神皆列為「天上聖母」，未見填為「媽祖」之情事。此點在資料搜尋上與宜蘭、花蓮地區有所差

---

[495] 關於「教別」一欄，2017 年匯出的臺東縣主祀天上聖母的資料中，仍有一座臺東天后宮被列在「佛教」。

異。關於上述的寺廟沿革、神祇簡介及建築格局、環境簡介，2022年10月資料庫僅見鹿野鄉福明宮，以及臺東市的朝天宮、湄聖宮、東海龍門天聖宮等四座有相關簡介。關山鎮天后宮則僅標明為「有」一字。而「財團法人台東天后宮」的資料查詢，則僅剩出現於「財團法人寺廟」中，相關簡介皆已無列明，由此或可疑慮是官方系統存在的 Bug(漏洞)。依據官網內容顯示即可知臺東境內多數的媽祖廟，雖於 1996 年已接受過臺東縣後山文化工作協會的採訪，[496]但卻未於成書後收到相關的反饋。筆者於訪查期間證實此一現象，僅有臺東天后宮的報馬仔提及並提供相關訊息。[497]因此在官方資料庫的內容上，廟方無力藉由此以更新資訊，進而顯現口述歷史的內文提供與大眾查詢，甚為可惜與遺憾。

三、臺東地區媽祖廟分佈地圖

前人的研究早已明示，寺廟是區域發展的歷史縮影。臺灣的民間信仰脫離不了民眾的生活與精神。地區的發展與人的移動產生於直接與間接的關聯。這些關聯提供我們理解與探索區域的發展概況，及移民的生活及宗教信仰如何產生與延續。本項調查初步主要取徑於內政部〈宗教團體查詢〉，以臺東縣媽祖廟的名單（參表 4-2）為基礎。其次參酌各類的文獻資料、1996 年臺東縣後山文化工作協會所編著的《臺東縣寺廟專輯》，以及由各鄉鎮市公所出版的志書，作為臺東地區媽祖廟名單的提供及歷史沿革的佐證參考。最後，根據 2014 年、2017 年 2 月至 2020 年 12 月田野工作期間，對於臺東地區媽祖廟的訪查與搜羅，逐一建立寺廟的各項紀錄與採訪內容。相關調查目標仍維持與宜蘭縣、花蓮縣相同的方式進行，僅針對具備有獨立廟體建築之媽祖廟為主，無論其

---

[496] 比對內政部《全國宗教資訊網》官網與《臺東縣寺廟專輯》的媽祖廟名單結果，《臺東縣寺廟專輯》未見成功鎮成田媽祖廟、卑南鄉慈雲聖母宮、臺東市的聖賢宮及保安堂、關山鎮電光聖母壇等五座。而官網則同樣有五座：大武鄉尙武天后宮、東河鄉的聖祐宮及進天宮、鹿野鄉的聖豐宮，以及臺東市的朝天宮，未登錄。

[497] 筆者於 2017.02.25 晚上 19：00 於臺東市臨海路一段 290 號餐廳採訪臺東天后宮的報馬仔。

第四章 臺東縣媽祖信仰

建物規模與大小。無獨立廟體者，或民宅中之私人宮、壇，則不列入調查範圍，除非具有特色之廟宇則不在此限。調查方法仍輔以個人設計的田野調查資料表[498]及編製的調查記錄總表[499]配合訪查日為基準，以期簡單且清楚的呈現田野過程。期間可能需要數次來回與紀錄，且在無文獻資料可供參照時，則採用探詢、轉介紹或詢問當地警察機關，以期減少遺珠之憾。

根據調查結果，嘗試以分區調查明細表羅列，臺東縣境內媽祖廟所在的行政區域、地址，以詳悉其分布狀況。其次藉由創廟年代，作為解析移民拓墾與歷史事件關係。最後自寺廟的歷史沿革中提取主祀神來源的紀錄，以深入探討臺東地區媽祖香火緣起的類型，成為下一節討論的重點。以行政區域分佈而論，臺東地區主祀媽祖（天上聖母）的廟宇共計有41座（表4-4）。區域有一市：臺東市、二鎮：關山鎮、成功鎮，以及七個鄉：長濱鄉、東河鄉、鹿野鄉、卑南鄉、太麻里鄉、大武鄉，還有離島的綠島鄉等。從地勢來看，此十個鄉鎮市都屬於臺東縣境內的平地鄉，亦即臺東縣的媽祖廟 100%全數建立在平地鄉鎮（圖 4-8）。這裡所謂的平地鄉鎮，意指其地形是有較多平坦的地勢，但無法排除有靠山、面海等情事。例如，太麻里鄉中三座媽祖廟：遠天宮、拱天宮、源天宮都分佈在山村。又東河鄉北源村有北源天后宮、美蘭聖祐宮、北溪進天宮等三座，則分別屬於三個山中聚落的信仰中心。至於臺東縣41座媽祖廟分佈，大武鄉1座；太麻里鄉4座；成功鎮4座；卑南鄉7座；東河鄉5座；長濱鄉1座；鹿野鄉6座；綠島鄉1座；臺東市10座；關山鎮2座（表4-3）。縣境內目前仍沒有媽祖廟的地區分別是，平地鄉的池上鄉，以及延平鄉、金峰鄉、海瑞鄉、達仁鄉及外島的蘭嶼鄉等五個山地鄉。

---

[498] 參附件 1、「宜蘭媽祖信仰-田野調查資料表(民間信仰)」；但區域名稱改為「臺東縣」
[499] 參附件 2、臺灣東部媽祖廟調查資料整合表。

「後山媽祖」的信仰、神蹟及其類型研究

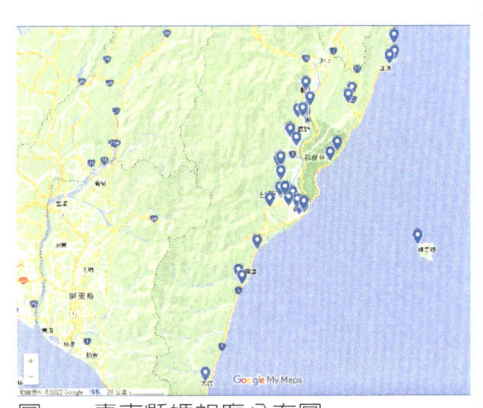

圖 4-8 臺東縣媽祖廟分布圖

表 4-3 臺東縣媽祖廟分佈統計	
平地鄉	山地鄉
大武鄉 1 座	延平鄉 0 座
太麻里鄉 4 座	金峰鄉 0 座
成功鎮 4 座	海端鄉 0 座
池上鄉 0 座	達仁鄉 0 座
卑南鄉 7 座	蘭嶼鄉 0 座
東河鄉 5 座	
長濱鄉 1 座	
鹿野鄉 6 座	
綠島鄉 1 座	
臺東市 10 座	
關山鎮 2 座	
共計 41 座	共計 0 座

資料來源：取自 goole my maps，卓麗珍標示，2022.07.01

　　各項資料揭露，臺東縣境內最早建立的媽祖廟上節已述，乃是成功鎮的成廣澳天后宮，但此廟曾於 1938 年因皇民化運動遭到整理與廢除。[500] 而最遲建者則位於卑南鄉內的太平天后宮，於 2019 年成立。各區域內的媽祖廟數量及建立時間，以臺東市十座占最多數；卑南鄉有七座為次；第三是鹿野鄉六座。大武鄉、綠島鄉及長濱鄉，皆僅有一座媽祖廟；前者建於 1955 年、後者建於 1986 年，長濱鄉則建於 1990 年。此後三地就再無新建的媽祖廟。經查成功鎮朝聖堂現址是為私人住家，故僅紀錄田野所見現狀而排除進行深入採訪。另外位於太麻里鄉的媽玄會，雖是一座建築面積不大的小廟，但該廟是臺東縣境內唯二由原住民所創建的媽祖廟，且也是筆者十數年的田野工作中，唯一所遇年紀最輕的媽祖廟宮主，現年 18 歲。[501]

---

[500] 姜柷山撰，〈第三章宗教〉《成功鎮志—社會文化篇》頁 86。
[501] 筆者於 2020.12.17 晚上訪談：太麻里媽玄會創始人吳少恩，現年 39 歲；現任宮主吳偉翔現年方才 18 歲。

第四章 臺東縣媽祖信仰

表 4-4 分區調查明細表-臺東媽祖廟（以行政區域筆畫排列）

	寺廟名稱	地址	創廟年代	祀神來源
大武鄉	尙武天后宮	尙武村政通五街 30 號	民 65 年（1976）	漁民撈得後建立大陳島紅美山天后宮祭祀。1955 年 2 月 8 日因烽火，金烏居民攜媽祖神像隨撤遷台。
太麻里鄉	遠天宮	香蘭村 1 鄰溪頭 17 號之 1	民 45 年（1956）	1956 年有林省、林萬二人迎來雲林麥寮拱範宮三媽祖。
	拱天宮	華源村 1 鄰大坑 26 號	民 50 年（1961）	雲林麥寮拱範宮聖母
	源天宮	華源村 3 鄰 15 號	民 75 年（1986）	西螺新街廣福宮大媽祖，又稱「新街老大媽」
	媽玄會	香蘭村新香蘭 9-13 號	2020 年	吳少恩於溪床拾遺一斷頭神像後，受媽祖感召再雕刻。
成功鎮	成廣天后宮	忠孝里 8 鄰成廣路 33 號	清同治 13 年（1874）	同治 10 年（1871）劉進來從鹿港到成廣澳擔任通事時，隨行攜鹿港天后宮媽祖神像作庇護。
	三仙宮	白蓮路三仙臺定置漁場旁	民 76 年（1987）	1970 年由當地漢人移民及其後代，自北港朝天宮分靈。
	成田媽祖廟	三仙里芝田路 175 號之 6	民 90 年	早期以輪祀北港朝天宮媽祖令旗，1971 年耆老迎回三媽神像。
	朝聖堂	忠智里五權路 62 號 私人住家	民 61 年（1972）	北港朝天宮三媽

214

寺廟名稱		地址	創廟年代	祀神來源
東河鄉	北源天后宮	北源村14鄰2號	民73年（1984）	居民集資雕塑媽祖金身，遠赴北港朝天宮過爐，迎回部落中祀奉。
	都蘭協天宮	都蘭村39鄰都蘭372號	民58年（1969）	光復初期由雲林移民從雲林麥寮拱範宮迎回並供奉於私宅，後因信徒日眾而組神明會，改採值年爐主輪祀。
	美蘭聖祐宮	北源村17鄰美蘭12號	民61年（1972）	北港朝天宮。原名「文山寺」，1983年更名「聖佑宮」，今廟名匾「聖祐宮」
	北溪進天宮	北源村32鄰北溪40號	民73年（1984）	1949年迎回北港朝天宮媽祖香爐供輪祀。1951年取材雕塑，完成入靈北港朝天宮三媽。
	興昌聖母宮	興昌村興昌30之1號	民78年（1989）	1957年北港人馮善魚、馮治高、蔡國城、葉龍通等四人回原鄉迎來北港媽的神像。初期以輪祀方式祀神。
卑南鄉	普濟宮	賓朗村23鄰賓朗路485巷9號	民59年（1970）	1969年地方仕紳三人等迎回由北港朝天宮贈與之分身。
	鎮東宮	初鹿村1鄰梅園路5號	民60年（1971）	徐鬧閅村長率黃鶴雄、黃虎、曾登貴等至嘉義縣太保鄉後潭鎮福宮迎回媽祖神像。
	讚天宮	初鹿村初鹿二街109號	民60年（1971）	嘉義太保鄉後潭鎮福宮媽祖，於高雄新雕刻的

第四章 臺東縣媽祖信仰

	寺廟名稱	地址	創廟年代	祀神來源
				「粉面媽祖」。原開基媽祖神像已不在。
	慈雲聖母宮	初鹿村水源頭16鄰1號	約民89年（2000）	高雄岡山壽天宮
	東德宮	美農村東成40-1號	民81年	嘉義笨港口港口宮：六媽 因母怪病不癒，神示媽祖欲濟世，擇母親為乩，本宮是私人宮廟。
	太平天后宮	和平路369號	民108年（2019）	虎尾天后宮玉二媽（陳玉環） 未建廟前老宮主傅曾瓊花供奉已逾40餘年。2005年購地，閒置二年後才增建廟庭。搬入現址已屆16年。
	開源天鳳宮	和平路372巷5號	約民84年（1995）	嘉義笨港口港口宮 胡姓廟祝偶得媽祖指示，命其至嘉義「港口宮」請示迎回香火。
鹿野鄉	鎮安宮	鹿野村13鄰中華路二段185巷5號	民62年（1973）	1971年間鹿港天后宮媽祖巡境駐蹕一宿，次日起乩要求欲分靈來此。
	永安聖安宮	永安村永安路512號	民65年（1976）	北港朝天宮 1951年間有老桔仔進香時媽祖顯化欲同返隨永安村濟世渡人。
	瑞和福明宮	瑞和村瑞景路3段201號	民71年（1982）	北港朝天宮 1966年，陳萬于者主動向村眾勸募捐金交由值年爐主鍾萬張等，前往

寺廟名稱	地址	創廟年代	祀神來源
			北港朝天宮刈香，迎請聖母金身分靈回莊，奉祀於家堂。鍾萬章逝世後該金身歸入公有。
福佑宮	鹿野村6鄰福佑路31巷1號	民82年(1993)	彰化縣 芳苑鄉王功福海宮 1974年陳萬好、林輝良、陳面等值年爐主首事發起募捐雕裝金身於彰化縣 芳苑鄉王功福海宮分靈而來。
聖豐宮	鹿野鄉新豐村9鄰55號	民84年(1995)	1951年間有林活、林麗水、林管等三同族人至朴子的佛具店購得神像，再至嘉義笨港口港口宮執行開光點眼儀式及留置寄祀半年才奉迎回台東，供村民輪祀。
東天天后宮	臺東縣鹿野鄉永安路479號	民100年(2011)立廟名	嘉義笨港口港口宮三媽家神轉公眾神。 1982年陳金龍當選村長時，回故鄉迎來笨港口港口宮：三媽，自家供奉的家神。
長濱鄉 樟原天后宮	?	民79年竣工	自雕神像 約1961年代初期，樟原地區閩南人租借媽祖神像做酬神戲。後有信徒倡議塑神像，輪祀於樟原的閩南人聚落之間，

第四章 臺東縣媽祖信仰

寺廟名稱		地址	創廟年代	祀神來源
				組神明會,每年前往北港媽祖廟進香。
綠島鄉	南寮天后宮	南寮村南寮29號	民75(1986)年竣工謝土	1803年屏東縣小琉球鄉相思坡人遷徙綠島營生,因過船渡江險逐奉請媽祖金身一同。
臺東市	台東天后宮	中華路1段222號	清光緒17年(1891),	福建湄洲島天后宮1930年廟毀,1933年移地重建。清光緒16年(1890)間,由鎮海後軍營提督張兆連因平復大庄事件民番之變有功,有感媽祖顯靈聖恩,官兵捐出養廉俸,由福建湄洲島天后宮請靈分身建廟。
	馬蘭朝天宮	中心里北平街26號	民53年(1964)	北港朝天宮 光復後屏東人林慶妹,從北港迎回天上聖母神像,在家設壇奉祀,信徒日多,倡議集資建廟,由林慶妹獻地。
	南王湄聖宮	南王里更生北路731巷9之1號	民61年(1972)	雲林縣麥寮拱範宮 家神轉公眾神。郭振東自臺東太麻里拱天宮,迎麥寮拱範宮三媽於自宅祭祀。
	東后宮	綏遠路一段99巷41號	民90年(2001)	1980-1981年間自嘉義笨港口港口宮迎回正三媽神像,家神。後得正

218

寺廟名稱	地址	創廟年代	祀神來源
			三媽神諭指示開壇濟世。
東海龍門天聖宮	中華路一段889巷63之1號	民70年(1981)	台南市鹿耳門開基天后宮，神像編號「天三號」 1979年中壇元帥意示「台南市鹿耳門開基天后宮天上聖母欲往東台灣救世，庇佑生靈」。得聖母神示編號「天三號」的天上聖母金身，欲往東台灣護佑地方生靈。
新園慈隆宮	新園路95號	民79年(1990)	竹南中港慈裕宮
聯天宮	中華路一段199巷15弄4號	民44年(1955)	原名「接天宮」，原開基北港媽祖神像已被首任主持鍾勇迎到富里鄉竹田村供祀。1984年奉神諭改名「聯天宮」，媽祖擇於鳳山取材雕塑，且經擲筊於彰化鹿港天后宮開光入火，祖廟由北港轉鹿港。
聖賢宮	廟址：臨海路一段249號；登記：強國街3號	民76年	由屏東內埔竹圍的樂善宮偷請來到臺東的媽祖有關。原始神像已還回，1977年重新選材彫刻再入靈。
保安堂	更生北路132巷15號後	民62年(1973)	李青草家族自台南鹿耳門天后宮迎來臺東；原

219

第四章 臺東縣媽祖信仰

寺廟名稱	地址	創廟年代	祀神來源
			為家族供奉。李青草過世後，神明贈予陳家，繼而建廟。
賢興宮	建國里11鄰四維路一段259號	民84年(1995)	新北市三重區五聖宮三媽。神像由北至南幾經輾轉易主三手。
關山鎮 關山天后宮	中福里中華路2巷1號	昭和5年(1930)	光緒廿年(1894)台中州人攜來媽祖神像於民家奉祀。
電光聖母壇	電光里5鄰中興86之2號	民65年(1976)	關山天后宮1995年改建，2020年增建佛祖殿於9月5日入火安座啟用

資料來源：筆者田野調查：2014、2017年-2020年整理。

　　無論從內政部的官方網頁，或民間文化工作者的調查結果資料，皆顯露仍存在著未盡之事宜。從臺東縣各鄉鎮市已出版之志書記載，還可以尋獲漏網之魚。因此統整與融匯各種資料，並加以比對與分析文獻是必要且重要之舉。例如《長濱鄉志》中的樟原天后宮，[502]《成功鎮志》中仍有三仙宮、朝聖堂，[503]皆未被列出，相對亦無採訪或口述歷史等紀錄。此外，如《關山鎮志》未列1976年始建的電光聖母壇。[504]2016年出版的《東河鄉志下冊》寺廟收錄不全，遺漏甚多，不具參考價值。[505]《太麻里鄉志》收錄的媽祖廟資料與《臺東縣寺廟專輯》相同無異，唯其中仍有太麻里鄉

---

[502] 葉志杰主撰、尹章義總編纂，《長濱鄉志-下冊》(臺東：長濱鄉公所，2015.12)，頁124。

[503] 姜柷山撰，〈第三章 宗教〉《成功鎮志—社會文化篇》，頁94、99、101、109。記載本鎮有四座媽祖廟，小港天后宮、成田媽祖廟、三仙宮、朝聖堂。

[504] 吳文星總編纂，《關山鎮志上冊》(臺東：關山鎮公所，2001)，頁188-190。記載本鎮僅有一座關山天后宮。

[505] 樹果文化事業有限公司編纂《東河鄉志 下冊》(臺東：東河鄉公所，2016)，頁490。

源天宮的歷史沿革與筆者採訪所得不一致。[506]針對臺東縣境內媽祖廟創建年代的探討，端賴廟方歷史沿革碑碣所錄的文字，或廟方各自的口述歷史及認知時間點為主。或各有異，故無法正確提供實證者，採取以廟名區或交陪廟宇贈送之入火安座的匾額，作為時間演算推定的證據，以解決採訪者無法確立者的困境。

各種文獻資料顯示，臺東的媽祖廟在不同時期與不同單位的調查，結果呈現多有資料不足及待增補之需要。試將各項指標性的文獻資料比對分析製成分布統計表（表 4-5），有效地輔助讀出不同時期廟宇的變遷。

表 4-5 臺東縣媽祖廟分佈調查統計表

	1996	2010	2022	田野調查
大武鄉	1	0	0	1
太麻里鄉	3	2	3	4
成功鎮	1	0	2	4
池上鄉	0	0	0	0
卑南鄉	3	0	4	7
延平鄉	0	0	0	0
東河鄉	4	0	3	5
金峰鄉	0	0	0	0
長濱鄉	0	0	0	1
海瑞鄉	0	0	0	0
鹿野鄉	5	1	4	6
達仁鄉	0	0	0	0
綠島鄉	1	1	1	1
臺東市	6	6	7	10

---

[506] 葉志杰主撰、尹章義總編纂，《太麻里鄉志》（臺東：太麻里鄉公所，2013），699-700。（資料來源：國家圖書館 臺灣記憶 https://tm.ncl.edu.tw/）筆者與趙川明所訪談之人，皆是太麻里鄉源天宮創始人林枝萬（民前4年生）之三子林百川。林百川表示：林枝萬因兄弟太多，家產分配不均，為求生存於日本時代遷徙台東。初始落腳居於知本「濟公殿」附近，後才遷到太麻里的山上。源天宮未蓋廟之前，林枝萬曾任拱天宮的廟祝，因人事問題離開後立廟。

第四章　臺東縣媽祖信仰

	1996	2010	2022	田野調查
關山鎮	1	0	2	2
蘭嶼鄉	0	0	0	0
廟宇總數	25	10	26	41

資料來源
1996 年：臺東縣後山文化工作協會編著，《臺東縣寺廟專輯》。
2010 年：內政部，《臺東縣-99 年調查寺院宮廟基本資料》第 22 冊。
2022 年：〈宗教團體查詢-臺東縣天上聖母、媽祖〉
（https://religion.moi.gov.tw/）《全國宗教資訊網》，2022.07.26 摘錄。
田野調查：根據筆者自 2017.02-2020.12 止調查結果統計資料。

　　無論如何藉由田野的深入採訪明顯可見，臺東縣境內各鄉鎮的媽祖廟，自光復後如雨後春筍般極速增加。廟宇的新增源於區域空間的開放，促使墾殖遷徙者移步入後山，以及移民安頓後再回原鄉迎神的現象。此外，因天災如八七水災、人禍如二二八事件、躲避日軍的徵招，或得神示、或因祀神易主的接手、撿拾而來的啟發等等，皆是提供媽祖信仰得以於臺東縣傳遞的媒介。從調查結果紀錄顯示（表4-4），1950-1961 年代是臺東地區大移民的開端，此時臺東縣境內的媽祖廟雖僅有 7 座，但待至 1971 年之後則急速增加 19 座；1990-2000 年間新增 6 座；2001 年以後至今則僅見多出 5 座。此結果相較於 1996 年臺東縣後山文化工作協會，前人的調查結果多出了 16 座：成功鎮成田媽祖廟、三仙宮、朝聖堂，卑南鄉慈雲聖母宮、東德宮、太平天后宮、開源天鳳宮，臺東市的東后宮、賢興宮、聖賢宮及保安堂，鹿野鄉東天天后宮、東河鄉興昌聖母宮、關山鎮電光聖母壇，長濱鄉樟原天后宮、太麻里鄉媽玄會等。此一結果有效地補充及更新臺東縣境內媽祖廟的名單，期望能為臺東媽祖信仰的傳播提供一點貢獻。

第三節　臺東媽祖廟考述

慈悲是諸神的根本特性,[507]臺灣的媽祖神蹟與神話很多,有述諸神力庇護、顯靈保護信徒、救助扶危等等不勝枚舉,串流在各地的媽祖廟。眾多的媽祖神蹟,串聯編織成媽祖信仰者共同的集體記憶。在諸多學者的論述下已知,媽祖的神格從海神逐漸轉變成為護國、佑民、助產之救難神祇,甚或媽祖顯身助戰事、避戰亂的傳說也沒有缺席。[508]媽祖作為一個普遍的存在,祂之所以為祂,不再只是想像的產物,而是實在的保護與支持,亦是人所仰賴與依靠的神靈之間真實的關係。[509]因此媽祖廟的香火,引申出的意義將不在僅只是原鄉的記憶、靈力的來源、關係的建立;同時是存在於人內在的一種特殊的情感體驗,也是媽祖信仰者對自身之外強大力量所產生的絕對依賴感(feeling of absolute dependence)。[510]

廟宇中所立之沿革碑碣,提供我們探查臺東媽祖信仰源起的契機。臺東地區的漢人移民多數是第二或第三次的遷徙者。媽祖信仰的傳播在此地區,顯現出幾種模式;主要分為有神像與無神像之差異。首先是移民拓墾初期就已攜帶故里信仰的香火或神像,此時媽祖神像是跟隨移民進臺東,並只供私人祭祀。其次是撿拾而來的神像,此類神像因無法確認神靈的歸屬與源流,所以通常撿拾者會將神像「再整理」(俗稱:粉面),並透過各種可能的操作方式問出該神像身世之謎,或直接重新入神。不管媽祖神像的身世如何,重新入神是必定的做為。此時選擇何地為媽祖的祖廟,則視撿拾者的個人需求與認知。最後的模式是,重回故里迎

---

[507] 德．費爾巴哈著;王太慶譯,《宗教的本質》(北京:商務印書館,2010.10)頁65。

[508] 戴寶村,〈B29與媽祖:臺灣人的戰爭記憶〉《國立政治大學歷史學報》22期,(2004.11),頁223-275。

[509] 黎智添,《宗教研究與詮釋學—宗教學建立的思考》(香港:中文大學,2003),頁14。

[510] 參閱同上註。Friedrich Schleiermacher, On Religion: Speeches to Its Cultured Despisers, translated by John Oman (Louisville, Kentucky: Westminster/ John Knex Press, 1994), pp.94, 101.

第四章 臺東縣媽祖信仰

來分靈的媽祖神像,再者是尋師雕刻或購買神像後,回故里或到知名的媽祖廟,藉由開光點眼的儀式為神像入靈,儀式結束後將神像置留數月或數日,以納祖廟八方之香火。通常置留或不留祖廟以及時間長短,取決於媽祖的神示,信眾多以擲筊方式與媽祖確認後執行。臺東媽祖信仰的傳播,無論是哪一種模式都離不開由家神的私人祭祀轉為公眾信仰的祭祀。除非一開始迎請媽祖神像就是為了興宮建廟後的目的。以上所列的媽祖信仰傳播模式,將於香火緣起的類型中進一步地加以分類、說明與討論。

臺東地區移民的故事與媽祖信仰的變遷,存在於世代間的傳誦,亦提供後人的追朔。在無力為媽祖建廟或雕刻媽祖神像的年代,縱使經濟仍為難,但對信仰的需求與心靈慰藉不減。臺東縱谷地區居民,藉由商借神尊「客神」—媽祖神像以達祭祀之目的,[511]獨特的「媽祖戲」成為大時代下信仰的過渡現象。在此過渡期中,人們透過媽祖信仰為艱苦的生活添加熱鬧的氣氛。為求一神像,媽祖的信徒們自願獻金、獻地,參與各種因應信仰而組成的活動與組織,媽祖神像成為人們心理的冀希與積極追逐的手段。直到經濟與生活趨於穩定,逐組織信眾籌建廟宇、成立建廟宇管理組織,使媽祖信仰得以延續。就廟宇興建的「信仰動機」而言,臺東地區媽祖信仰得以傳播的路徑之一,乃與「感應」、「靈驗」的經驗密不可分,此一要素源於信仰者的宣稱「因感應或因緣而迎請的神明」。[512]不可諱言,媽祖的「靈驗」特性,確實存在於家神轉成公眾神的階段。例如臺東市東后宮林美雲宮主即表示,因媽祖額頭上出現「王」字痕跡後而得聖諭指示建廟;[513]太麻里遠天

---

[511] 林美容,《媽祖婆靈聖:從傳說、名詞與重要媽祖廟認識台灣第一女神》,頁120-121。另參,林美容,〈媽祖婆靈聖:請神迓媽祖的民俗意涵〉(https://think.folklore.tw/posts/4583,2020.04.03)《民俗亂彈》,2022.07.08摘綠。請神行為是台灣普遍的信仰儀式。俗語說:「請媽祖來作客」即將外地的媽祖迎回村庄或區域來看戲,或參與遶境;是群體性的迎「客神」的行為。

[512] 參閱許秀霞計劃主持人,《台東客家族群傳說故事研究》,2007年12月20日,頁62。

[513] 筆者於2020.12.30採訪臺東市東后宮宮主林美雲夫婦。林美雲(臺東人、現年72歲、生肖屬牛),人稱「阿美姐」,具通靈能力;早期奉媽祖神諭起乩濟

宮許龍郎、卓得雄、謝清貴等三人[514]，皆顯示靈驗的經驗是建廟動機之一。臺東縣境內眾多的媽祖廟，其建廟契機與移民組成多有不同。因著外在大環境變遷或個人自我需求，從原鄉信仰的移入或移出，媽祖神對臺東地區深具地方發展的歷史意義。本節試圖為媽祖廟的香火起源及神像來源，加以分類與歸納，以期建立臺東地區媽祖信仰歷史文化的經驗與記憶。

　　田野觀察現象揭露，唯一不變的真理是「變」。此一說法用於指涉寺廟中神祇排放、裝置等變遷最為貼切。「變」或許源於時間的更迭、廟務管理團隊的交接、人員的替換，致使廟宇的外貌、內殿的裝飾，甚至於神像的擺放位置等，皆可能產生變化、移動或更新。臺東地區媽祖廟的主神龕中，除了鎮殿媽祖之外，無論陪祀、配祀、從祀等等，所有的神祇都有可能任意被更換擺放位置。更甚者，不小心將開基媽祖遺失、被偷走或被無知的信徒迎請回自宅等情事，導致無法尋回的憾事，進而只能在秘而不宣的情況下更換主祀神神像者，屢見不鮮。是以在後山地區，像花蓮縣有花蓮港天宮、臺東縣有大武鄉天后宮，採取將開基媽祖神像擺放在不容易被一般人接觸到的地方，有效的保護廟宇開創時期最具歷史價值的　一開基媽祖神像，不致因人為疏失造成廟宇的損失。當然亦有例外者，鎮殿媽祖的更替，如受損、換新亦可能發生。逐漸巨大化的鎮殿媽祖，是持續進行中無法反駁的現象。因為媽祖廟內的動態變更，非採訪無法達成，所以現場的確認與拍照的存檔就顯得非常重要。

　　世救人，今已不願再起乩了；信徒有急需要可自行擲筊求媽祖。民 59 年嫁予謝平和（現年 76 歲、生肖屬雞），嘉義六腳鄉人；與笨港口港口宮桌頭黃成海是鄰居，尊黃為「叔公」。

[514] 筆者於 2020.12.17 採訪太麻里遠天宮委員卓得雄（32 年次，1943 年生）及信徒許龍郎（28 年次，1939 年生）、謝清貴（40 年次，1951 年生）。許龍郎表示，家人於 1960 年自雲林縣麥寮鄉搬遷來太麻里香蘭村，至今正滿六十載，居地不曾變更。卓得雄表示：「以前媽祖實在太靈感了，非常靈驗；祂開的靈符，救了很多人，也除了很多的邪祟」。

第四章 臺東縣媽祖信仰

一、 碑碣形制與內文

眾所皆知在臺灣的鄉村，庄廟，是地方的信仰中心。戴炎輝從法律人的視角曾說，移民聚居日久，村莊集成；村莊既成，則建庄廟，此一庄廟即是村人共同經營的公廟。[515] 此一說法，簡易的闡述移民為神明建廟的歷程。臺東的媽祖廟遍及鄉村為數最盛，且多為村莊中公廟性質的存在。從初墾入臺東到生活穩定，後邀集原鄉故人入墾地，人逐漸的聚攏，圈地、開發、種植等。待得經濟條件稍加後，請神、雕金身以感念神明的護佑，日久成為聚集地民眾共同的信仰。籌金、獻地、設壇或建廟，或再有一位傳達神意的神職人則公眾廟即立，信仰中心亦成。這樣的信仰發展與緣起模式存在於臺灣眾多的廟宇之中，而後山地區的臺東也不離此模式運作。其中不可或缺與持續存在的是，民眾對信仰的需求未曾因遷徙而滅失。

臺東地區地廣人稀，聚落多不是太大，因此村落整體的祭祀範圍也比較小。庄頭中的媽祖廟建築，相對也顯得比較為簡樸。極少數如臺東天后宮是由宏偉的建築群所組成者，以外別無他處。通過揭示臺東縣境內媽祖廟所立的碑碣形制，進而理解寺廟建築工藝的多樣變化趨勢，以及管理者如何在有限的資源下採取因應措施與手段。而藉由梳理媽祖廟的沿革碑碣內容，展現媽祖信仰在歷史時空下於區域發展的現實，以及信仰的起源和人們表達對媽祖的敬畏之心。媽祖廟碑碣的選工用材，因製成時期前後略顯不同，但整體而言，不會因行政區域的分佈而有太大的差異。

（一）形制、材質

由於臺東地區的開發相對較晚，因此媽祖廟的建成時間也就較遲。臺東地區的媽祖廟無立歷史沿革碑碣者有 23 座。以行政區分佈來看在太麻里鄉有 2 座，成功鎮 3 座，卑南鄉 4 座，東河鄉 3 座，長濱鄉 1 座，鹿野鄉 3 座，臺東市 7 座，佔比超過調查總數的

---

[515] 戴炎輝，《清代臺灣之鄉治》（臺北：聯經，1979），頁 112-113。

56%，亦即有一半以上皆沒有設立。[516]因此僅能透過田野訪談加以釐清、探討與比對。另有例外者如卑南鄉讚天宮，雖沒有設置歷史沿革碑碣，但 2007 年廟方出版了以「慶祝建功 35 週年紀念專刊」為標題的《初鹿讚天宮沿革誌》可供參酌。[517]

從現存已調查的媽祖廟碑碣形制及用材上，當可判斷不同時代背景下的差異。如同第二章所述，清代時期的石材與今日用料有本質上的差別。媽祖廟碑碣的選材及用料，在此得以作為證實廟宇建成相關的年代與歷史。目前已知清朝時期留下的花崗岩石碑僅見於臺東天后宮（圖 4-9）。其他的媽祖廟，多採用青斗石、大理石之類的石材為多（參圖 4-12）。唯有鹿野鄉「福佑宮沿革」碑採用原石書文的立式碑碣，並安置於廟外右側鼓樓前（圖 4-10；附件 4-13），以及卑南鄉「鎮東宮誌」亦採用立式碑碣於山門入口處（圖 4-11；附件 4-8、4-9）。

除此之外，媽祖廟所在地的公家機關—如鄉公所，為因應觀光或鄉土教學所需，則會另外設立告示牌作為寺廟及地方簡介；此類製品多數採用極簡的用材，如壓克力板或珍珠板等等的製作（圖 4-13）。紙類印刷者僅見於 1976 年 3 月 23 日立的大武鄉「臺東縣尚武鄉大陳義胞天后宮簡歷」（圖 4-14；附件 4-1、-2），以及綠島天后宮的「綠島天后宮天上聖母由來及建廟簡介」（圖 4-15；附件 4-16、-17）等二處。此二座媽祖廟的簡歷或簡介，顯然前者是用於過渡時期，以取代暫時未立碑銘之前困境，而後者則是與石碑的內文相呼應，增刪補減的作用。在現代科技與印刷工業昌明之下，廟宇的沿革或簡介所採用文字的字體與文體呈現，

---

[516] 截至 2022 年 12 月止，臺東縣境內還未立沿革碑的媽祖廟有：太麻里鄉的媽玄會、源天宮；成功鎮的三仙宮、朝安堂、小港天后宮；卑南鄉的慈雲聖母宮、開源天鳳宮、東德宮、太平天后宮；東河鄉的美蘭聖祐宮、北溪進天宮、北源天后宮；長濱鄉的樟原天后宮；鹿野鄉的鎮安宮、東天天后宮、新豐聖豐宮；臺東市的聯天宮、賢興宮、聖賢宮、保安堂、東海龍門天聖宮、東后宮、馬蘭朝天宮等 23 座。

[517] 陳淑雯主編，《初鹿讚天宮沿革誌—慶祝建功 35 週年紀念專刊》，臺東：初鹿讚天宮管理委員會，2007.10。本書內容記載讚天宮創始初期之重要相關人員的口述歷史為主。

第四章 臺東縣媽祖信仰

更多的是「匠」氣,而少了「匠」心;藝術性的表現就相對地被弱化了。

圖 4-9 清代立碑—臺東天后宮沿革碑
攝影:卓麗珍,日期:2020.12.26

圖 4-10 福佑宮沿革碑
攝影:卓麗珍,日期:2017.02.05

圖 4-11 鎮東宮誌碑
攝影:卓麗珍,日期:2020.12.26

「後山媽祖」的信仰、神蹟及其類型研究

圖 4-12 青斗石製一太麻里遠天宮沿革
攝影：卓麗珍，日期：2020.12.17

圖 4-13 鄉公所設立的「日昇媽祖」簡介
攝影：卓麗珍，日期：2020.12.20

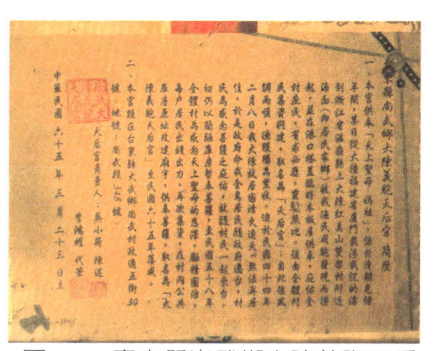

圖 4-14 臺東縣尚武鄉大陳義胞天后宮簡歷
攝影：卓麗珍，日期：2020.12.17

圖 4-15 綠島天后宮天上聖母由來及建廟簡介
攝影：卓麗珍，日期：2014.09.27

（二）碑碣內文

張珣說：「政治改朝換代，過去的典章制度就表現在廟宇裡。廟碑、廟宇、民間信仰是歷史的活化石。」[518] 臺東縣的漢人移民，多數來自臺灣的西南部的二次或三次遷徙移民。根據臺東媽祖廟所立的沿革碑碣，清楚記載多數的媽祖香火亦來自於臺灣西南部。

---

[518] 徐禎苓，〈信仰流動如水，從小女神到媽祖——中研院張珣探究兩岸文化媽祖〉（https://humanityisland.nccu.edu.tw/zhangxun01/，2021.03.03）《人文島嶼》，2022.11.11 摘錄。

第四章 臺東縣媽祖信仰

現象說明了，臺東地區媽祖廟的創建人與初始的信眾，多來自臺灣南部的屏東，以及嘉南平原上的雲林、彰化、嘉義、台南、高雄等諸縣市，移民帶來原鄉盛行的媽祖信仰，以及祭祀的禮俗與方法。

一般來說，媽祖廟宇碑文內容包含，主祀神的源起、祀典、神蹟感應、寺廟建築相關緣起、籌募及獻金或地的表彰香燈田業、成立管理組織，以及表達人們對媽祖的敬畏等等。綜上所述，針對臺東地區媽祖廟碑碣分析結果顯示，值得關注的是本縣的碑碣記述內文所敘述之情事，與宜蘭及花蓮二地略有差異。其中最大的差別在於臺東地區媽祖廟的沿革碑碣，記述了信仰圈的範圍以及移民的原鄉與遷徙緣由。例如，台東市新園慈隆宮。該廟的沿革碑文（圖 4-16；附件 4-21）記載：

> 本宮座落於台東市新園里新園路九十五號，新園國小正對面，其背靠中央山脈，前朝廣闊的太平洋，是一坐西朝東傳統南式廟宇建築。
>
> 本宮位置於六十年代前本地名，俗稱之為知旅罕（日名），也就是目前新園里四、五、六、七、八鄰，行政區屬卑南鄉利嘉村；日後隨著社會變遷，經濟日益繁榮發展及西部人口流入，至民國六十五年臺東鎮改為縣轄台東市，為了行政區擴編，故本地區也隨即更為台東市新園里。
>
> 當時和利嘉村同編一村，當然在信仰方面更是息息相關，所以每年媽祖聖誕之旅罕的信眾都得跋涉到利嘉村祭拜，十分不便，跟隨行政區的劃分，本地長老及建議分媽祖爐到此祭拜較為方便，本宮媽祖神鐏（應為「尊」之誤）雕造於高雄田寮鄉古亭「隆后宮」，……，爾後即成為此地信眾祭拜的神明。
>
> 民國七十八年廖新助先生任值年爐主並發起建廟構想，……。主神為二媽祖暨同祀神鐏有中壇元帥、千里眼、順風耳等諸神，同時正式命名為「慈隆宮」。

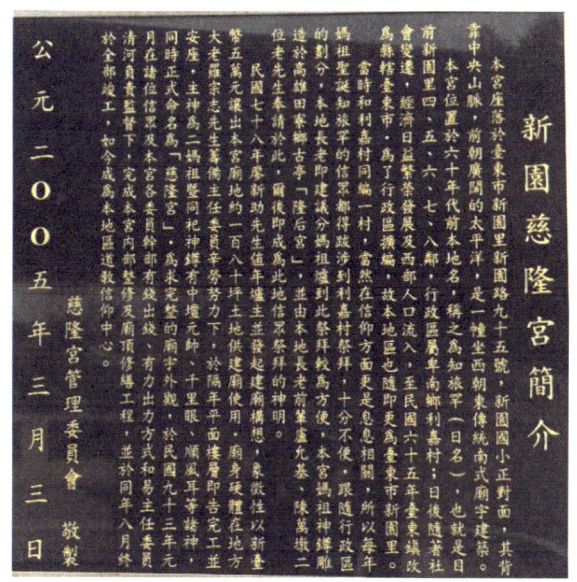

圖 4-16 新園慈隆宮簡介碑
攝影：卓麗珍，日期：2020.12.18

文中詳述了廟宇的位置與地址、行政區域，乃至信仰圈的範圍，此類敘述的內文一般較少見於寺廟的沿革碑碣之中。另有未立沿革碑碣的長濱鄉樟原天后宮，鄉志中亦詳載前身為樟原媽祖會的信仰圈稱「樟原地區」，原係由本庄（樟原村及三間村）、北溪、中溪、小嘉義、南溪等五個村落所組成。[519]

　　另外還有土地公與媽祖同廟共祀的分與合記載，即土地公廟與媽祖廟的二廟合一，與一分為二的廟宇祭祀。例如，卑南鄉普濟宮就是合而為一的例子。1969 年因北港朝天宮贈與一尊媽祖神像，卑南鄉賓朗村村民逐將建於 1955 年的土地公廟主神的土地公與受贈而來的媽祖神像合併祭祀，並取名普濟宮，主祀神變更為媽祖一來自於北港朝天宮（圖 4-17；附件 4-6）。卑南鄉普濟宮的「本廟聖母來歷誌」記載：

---

[519] 葉志杰主撰、尹章義總編纂，《長濱鄉志》，頁 124-125；參閱邱彥貴，〈第三章地方公廟與公眾祭祀〉《臺東縣史·漢族篇》，頁 93-94。

第四章 臺東縣媽祖信仰

緣於民國五十八年三月十六日林查林書雄張炎輝江慶明等人往北港由朝天宮贈與我們天上聖母迎請回來於民國五十九年將民國四十四年林安蘭張如川村長簡順發起興建土地公廟合併重建普濟宮因聖母神靈顯赫香火鼎盛眾信徒會議再建拜亭增加本廟堂鴻今將樂捐芳名列明留念

（以下皆為人名，省略不錄）

圖 4-17 **卑南鄉普濟宮神像來源**
攝影：卓麗珍，日期：2020.12.18

而東河鄉北源天后宮的緣起記述，則是一分為二的從原來的媽祖與土地公合祀，轉為各自立廟的分祀。1966 年北源村民集資蓋一座無立名小廟以合祀媽祖與土地公，後有失意人偶經此小廟向媽祖發願，若得事業成功將為媽祖蓋座新廟。多年後時人遂願捐資蓋一新廟以供奉媽祖，此廟名為北源天后宮。然土地公厚德不敢

分享祭祀，仍願獨留於小廟，故得名北安宮。[520]東河鄉北源天后宮雖未立碑碣以記事，但其緣起可提供作為比對範例。

廟宇是地方所有信仰者們心靈寄託的地方。寺廟建築多講究地理風水之說。在建築領域，風水可被視為古人所創造的環境學，在現今的社會仍甚為實用的科學。[521]古諺云：「一等先生望星斗，二等先生看水口，三等先生滿地走」。[522]堪輿重點除去人的專業知能外，誠如唯心宗混元禪師所言，要論寺廟風水，應當先建「心廟」再談蓋寺廟，理同佛教說「以自渡渡人」[523]。因此廟宇的興工與修整，當建立在人的和諧圓滿之上，才有利於廟務運作以及避免許多不必要的煩惱。從堪輿學的視角引述廟宇的人文地理，如「臺東市南王湄聖宮沿革志」碑碣記載，經堪輿師證實該廟為風水寶地之說。主殿位於「黃旗穴地」之上，乃象徵天通人和之意。（參圖 4-18；附件 4-18-、19）吾人非專業人士，故無法得知「黃旗穴地」寓意為何，終望媽祖聖祐地方安寧、人丁興旺、廟務亨通，與人和安泰。然而人事的權力競爭與角力，一樣發生在媽祖廟的神聖空間之中。選擇融入、緘默或委曲求全，皆須論及修養與信仰的客觀性。

　　最後是，不離俗套的敘事—主祀神媽祖香火源流。臺東地區媽祖信仰真正擴大展開的進程，媽祖不再只屬於私人家中的家神，或僅供小眾的祭祀。媽祖成為一地區的重要神祇，是所有信眾瞻仰與地方祭祀的公眾廟（或有稱庄廟）主祀神祇。再者引用祖廟的歷史沿革以確保媽祖香火來源，連結雙方的關係並作為信仰擔保。從臺灣西部歷史悠久、神蹟靈驗的大廟取得的媽祖靈力，被視為保證具有相近的靈力，同時也形成特殊的信仰體系及層級譜

---

[520] 參閱臺東縣後山文化工作協會編著，《臺東縣寺廟專輯》，頁 137-138。
[521] 王學典，《圖解寶典：居家風水祕笈》（新北市：人類智庫，2012），頁 73-74。
[522] 混元禪師，〈風水與天文學〉（https://www.cjs.org.tw/）《易經風水面面觀》，2022.11.08 摘錄。編輯部，〈陽宅風水學講座寺廟篇〉（https://www.cjs.org.tw/）《風水大師精選集》第 13 期，2022.11.08 摘錄。
[523] 參閱杜保瑞，〈與星雲大師《八大人覺經十講》的智慧對談〉（http://www.bptang.com/4pap/4zen/00zen.htm）《禪宗哲學》，2022.11.05 摘錄。

第四章 臺東縣媽祖信仰

系。例如標明源於北港朝天宮、笨港口港口宮、麥寮拱範宮，或稱日昇媽祖、新街老大媽等等。此類標榜自己香火來源的敘事方式，足以強化信仰的深度並凝聚信仰心理。從目的論來說，媽祖廟所立沿革碑碣，不外乎留下足以令人緬懷的信仰歷史，說清楚講明白根源出處，抑或滿足稱功頌德的心理。所有的痕跡皆可作為實現個人或家族積德之願望。然而根據筆者所拍攝臺東地區 18 座媽祖廟的 23 面碑碣中，仍是有較不合時宜的建廟沿革碑文紀錄。例如東河鄉興昌聖母宮（附件 4-10），將管理委員會的主委、副主委及總幹事三人的行動電話號碼撰刻入文，似乎忽略碑碣實具有永久、固定保存，以及傳播信仰的目的性。依此觀點而論，將動態性的資訊留作歷史沿革，似有考慮不周之疑。

圖 4-18「臺東市南王湄聖宮沿革誌」
攝影：卓麗珍，日期：2020.12.18

二、　香火緣起的類型

2021 年張珣受訪時說：「宗教信仰的傳播靠移民」、「遷移的過程多少出現『在地化』的情況」，如稱呼上就有媽祖、天妃的差異。[524]而我們探討臺東縣境內媽祖信仰傳播與發展，清楚源於臺灣西南部漢族移民。當媽祖信仰入後山的臺東，業已發展出在地特有的信仰模式。神明的靈驗性是媽祖廟香火興盛的關鍵。瞿海源也曾說過，不管神格高低，神明的靈驗最重要也是信徒膜拜的主因。[525]這種功利性的說法或許存在於多數人的心理；但對於媽祖信徒而言，臺東人說「相信是受庇佑的、受照看著的」，所以這才是信仰得以持續存在的主因。

綜合過去學者對臺灣民間信仰研究，關於信徒為神明建廟、雕刻神像的討論，概有幾項因素，如因神祇顯靈、感應神蹟、拾獲漂流木、移民攜帶香火或神像、對天然物的崇拜，以及特殊人物的陣亡或亡故等。[526]張家麟則另提出一項，接到「王船」而立廟。[527]以上建廟的論點，對於臺東地區媽祖信仰的傳入僅持部分的認同。根據臺東地區的田野調查結果，檢視本研究 41 座媽祖廟顯示，臺東縣境內媽祖廟的神像來源還存在著其他的可能性。如遷徙墾殖的生活穩定後的再回鄉請神的亦有之；更有因人事的變遷與分裂後再回故鄉請神者；此二現象顯示，移民人口無法分割原鄉的信仰心理。再者，臺灣西部知名的媽祖廟東部巡境後，神示要留在臺東庇護眾生者；甚或臺灣西部知名媽祖廟贈送神像者，亦有之。除此之外，臺東縣的海岸線雖是全臺最長的縣份，但並未見有從擱淺船隻或海上(邊)拾獲媽祖神像的傳說，卻有因從溪床撿拾而來的媽祖神像啟發而蓋廟，並促使成為讓公眾祭祀的主祀神。

---

[524] 徐禎苓，〈信仰流動如水，從小女神到媽祖——中研院張珣探究兩岸文化媽祖〉《人文島嶼》，2022.11.11 摘錄。
[525] 瞿海源，《台灣宗教變遷的社會政治分析》（台北：桂冠，1997），頁 143。
[526] 劉枝萬，《台灣民間信仰論文集》（臺北：聯經，1995），頁 229。
[527] 張家麟，《誰在宗教中-宗教社會學的詮釋》（臺北：台灣宗教與社會協會，2016.12），頁 3。

第四章 臺東縣媽祖信仰

　　本研究聚焦於媽祖香火緣起的類型問題,討論媽祖信仰下神像如何傳到臺東的歷史變遷?是誰讓媽祖在臺東落地深根?是什麼樣的動力促使人們為媽祖立廟?細數表 4-4 紀錄的 41 座媽祖廟祀神來源,將不難發現臺東縣境內媽祖廟主祀神香火或神像來源,多數與臺灣西半部「知名的」媽祖廟有直接或間接的關係,進而成為移民遷徙臺東最好的證明。統計結果顯示,主祀神來自於北港朝天宮分靈就有 12 座,嘉義笨港口港口宮分靈就有 5 座,雲林麥寮拱範宮分靈有 4 座,以及台南鹿耳門天后宮則有 2 座,以上就佔了總數 50%。其他則同樣源於臺灣中南部的幾個縣市。唯一從本縣知名媽祖廟關山天后宮分靈的僅有電光聖母壇。另外也僅一座源於新北市的媽祖廟香火。為解答這些議題,試圖以田野調查所得為基礎,從媽祖廟的歷史沿革碑碣或沿革書冊,以及蒐集的各式歷史文獻等加以分析並綜整。此外輔以田野訪談為主要分類依據,探索媽祖信仰傳播的內在動力。從現實面來看臺東地區的媽祖信仰傳播,呈現二種時間線:其一是媽祖神像進入臺東的時間,其二是信眾為媽祖建立的廟宇時間。二個時間線不排除有重疊的現象,因此本節將著重以媽祖香火或神像進入臺東地區的時間點作為探討的主軸,當此時間點無法被確認時,則依據創廟年代加以推敲或佐證。

　　根據調查結果分析臺東地區媽祖廟的香火緣起,大致可區分為以下五種類型。這五種類型並不排除一座廟出現二種以上緣起傳說的可能:(一)清代、日治時期—官民傳入;(二)光復初期墾殖的移民傳入;(三)近 30-50 年間的媽祖廟分香;(四)贈與、拾遺、分裂與遺失後重裝。(五)神諭。各類型之間不排除有以時間作為斷面的結果。

(一)清代、日治時期－官民傳入

　　本項分類的時間段點立基於臺灣光復之前的時空背景。臺東地區早期因政治因素,一般人無法隨意進入。因此本時期建立的廟宇,必會有與政府官方有直接關係的媽祖廟。從清領時期至西元 1945 年日治時期的結束,臺東地區共有四座媽祖信仰的廟宇建立。二座建立的關係人與官方有直接關係,另二座則由民間所建

成。分別是臺東最早建立的媽祖廟成廣澳天后宮，臺東唯一由官方所建的臺東天后宮宮，以及臺東地區現存擁有最古老建築的媽祖廟—關山天后宮，第四座是位於外島的「綠島天后宮」。

　　成廣澳（今稱小港）於清領時期即是海運樞紐及海防重鎮的天然港澳。臺灣東海岸第一座媽祖廟成功鎮成廣澳天后宮，建於清同治 13 年（1874）。開基媽祖源於鹿港天后宮「媽祖」分身，是最早進駐臺東的媽祖神像。根據文獻記載，此神像係於清同治 10 年（1871），由鹿港廳派福建籍劉進來到東海岸擔任通事，[528] 管轄區域約在今日的成功鎮至長濱鄉樟原村。[529] 他隨身攜來庇護，後該神像成為成廣澳天后宮開基媽祖。劉氏最先落腳於長濱南竹湖，並安置媽祖神像於南竹湖後。1874 年劉氏遷居成廣澳官舍，安置媽祖神像於成廣澳街道後方水田上，後遷至現址興建廟宇。[530] 日治末期是成廣澳天后宮媽祖的落難開始。1940 年媽祖廟被整改拆修為民眾聚會所，作為宣導政令或召開會議，信徒為避免媽祖神像被日本政府的「寺廟整理」毀壞，移走暫居基隆仙洞巖。[531] 又有一說，「廣恆發商號」溫泰坤長子溫鼎貴得知媽祖「落難」，後冒險攜往臺北寓所藏匿。戰後將媽祖送基隆重裝金身，再迎回成廣澳。1949 年成廣澳發生大火波及天后宮屋頂燒毀，1950 年地方逐發起重修，1953 年修成竣工，[532] 因尋繪師不著，改雇成功鎮基翬一帶八名

---

[528] 參閱 2017.02.03 受訪人陳玉珮提供：王河盛撰，〈台東縣最早建立的廟宇—成廣澳天后宮「媽祖」落難記〉一文。

[529] 林建成撰、臺東縣後山文化工作協會編著，〈成廣澳天后宮〉《臺東縣寺廟專輯》，頁 144-145。由於路途艱辛，沿八通關古道從埔里到玉里，出安通再越過海岸山脈，必須翻山越嶺橫越中央山脈人煙罕至的叢山峻嶺，同時後山昔日被列為蠻荒未開發區域，劉進來臨行前特請鹿港天后宮的「媽祖」隨身護行。

[530] 姜柷山撰，〈小港天后宮〉《成功鎮志—社會文化篇》，頁 77。長濱南竹湖當地阿美族人強烈反對，後經平埔族婦女陳珠出面解圍，得以化解。陳珠隨後成為劉進來的妻室。

[531] 郭兆偉，〈媽祖＋王爺—多元多典故的台灣海神系統〉（https://web.archive.org/web/20170211155942/，2016.11.28）《聯合報》，2022.03.22 摘錄。

[532] 吳珮琪、鄭國正，《尋洄．山海間．成功小鎮》（臺東：東縣府文化處，2018），頁 74-76。

平埔族原住民施作樑上彩繪，此舉無意間創下首次由原住民參與媽祖廟宇建築的事蹟。[533]陳玉珮表示，舊時稱「澳仔媽」，今老輩人仍以此稱之。1949年失火時清廷御賜的「靈昭誠佑」匾已焚毀了，[534]而鹿港媽的神像很小搶救容易所以保存下來了。早期信眾會刮下神像的木屑做藥引，所以媽祖神像上多有受損傷。媽祖雖歷經很多劫難但很靈驗。[535]陳玉珮又表示，成廣澳天后宮是東海岸歷史最悠久的廟宇，一般的廟都來此分靈，所以分靈遍及臺灣各地。除了臺東地區一般的廟宇之外，還有高雄、旗津、林園、崁頂、澎湖、桃園、中壢等等。成廣澳天后宮因日治時期的寺廟整理政策，廟宇遭到池魚之殃「被整理」，[536]主祀神媽祖神像因此一度被外移。而「寺廟整理」的結果以及無妄之火，導致成功鎮區域內已無百年古蹟的老廟，但可喜的是百年老神像仍存在，得見證歷史。

東臺灣首座官方建立的媽祖廟臺東天后宮。相關該廟的介紹及歷史沿革已有許多的文獻資料、官方紀錄及調查結果。清朝清光緒十七年（1891）所立的「埤南天后宮創建紀事碑」（參圖4-9、附件）及「新建埤南天后宮碑記」（參圖4-9、附件）二方碑碣，皆未列明該廟的主祀神媽祖神像來源。1960年林衡道《台灣東部寺廟調查》載：

> 臺東天后宮　原址即今臺東鎮中正路海山寺，後遷建於臺東鎮仁愛里中華路七十號現址。該廟創建於清光緒初年。光緒十六年臺東州正堂宋維釗、

---

[533] 〈成功新港漁港 兼具歷史人文及自然環境的鄉鎮〉（https://www.eastcoast-nsa.gov.tw，2021-11-04）《探索東海岸》，2022.05.13摘錄。

[534] 姜柷山撰，〈第三章宗教〉《成功鎮志—社會文化篇》，頁95：據1996年臺東天后宮鄭裕新前主委口述，當年光緒皇帝欲賜給臺東天后宮的「靈昭誠佑」匾，因小港乃必由之路，運送人員不查逕行將匾額賜給了小港天后宮。因屢等不到，經相關人員再申請頒匾額一方，即現臺東天后宮所懸掛者。而小港天后宮今所懸掛之「靈昭誠佑」者，係1953年由吳石麟、吳寬義所經營的港華鐵工廠所獻。

[535] 筆者於2017.02.03採訪第五任廟祝陳玉。據陳表示她被媽祖召回的，神明要她來廟裡服務。

[536] 姜柷山撰，〈第三章宗教〉《成功鎮志—社會文化篇》，頁86。

提督張兆連等重修並立碑明置水田十五甲為廟產。
民國六年殿宇毀於風災後始遷建於現址。[537]

之後有 1996 年《臺東縣寺廟專輯》云:「光緒十五年,張兆連提督為感謝媽祖的救助,慷慨捐出養廉俸倡議建廟感恩」[538]。以上二筆調查資料亦皆僅顯示臺東天后宮之建廟情事,卻都未論及媽祖神像來源的相關資料。2007 年《臺東天后宮紀實》云:「中港間主祀天上聖母,開基金身為泥塑,高九寸」[539],以及 2010 年《全國孝院宮廟基本資料》及全國宗教資訊網錄有:

> 台東天后宮……,奉祀天上聖母,是前清光緒十六年(1890年)間,由鎮海後軍營提督張兆連因平復大庄事件民番之變有功,為感謝媽祖顯靈聖恩,官兵捐出養廉俸,由福建湄洲島天后宮請靈分身建廟,並由光緒皇帝親頒「靈昭誠佑」匾額壹幅,懸於大殿上方,歷史悠久,迄今百餘年,極具價值。[540]

此二出處的資料明顯已呈現差異,從姜柷山的調查清楚可見他沒有查到任何有關媽祖神像的來源脈絡,因此只能膚淺的就神像外型或材質加以描述,此一結果其實正符合前人的調查與碑碣所繫。而內政部的出版品及官網二份資料,是由臺東天后宮廟方管理者主動提供,因此主祀神媽祖神像來源是否屬實,抑或僅為攀附值得商榷。再則由福建湄洲島天后宮請靈分身建廟,這樣的說法令

---

[537] 林衡道,〈臺灣東部宗教調查〉《臺灣文獻季刊》11 卷 4 期,頁 111。
[538] 參閱陳清正撰、臺東縣後山文化工作協會編著,〈天后宮〉《臺東縣寺廟專輯》,頁 12-16。
[539] 姜柷山撰,《臺東天后宮紀實》,頁 33。〈臺東天后宮沿革〉《財團法人台東天后宮》,2021.08.25 摘錄。
[540] 全國宗教資訊網 http://religion.moi.gov.tw/Religion/FoundationTemple?ci=1,及 99 年《全國孝院宮廟基本資料》,二筆資料內容皆相同

人質疑且經不起考證。[541]從建廟沿革來看,臺東天后宮官網紀載,初建於清光緒17年(1891),1930年地震龜裂毀,1933年移地重建。是以,臺東最古老的媽祖廟之名,從原來的成廣澳天后宮轉變由臺東天后宮接位,但因移地重建「臺東最古老的媽祖廟」之名,只能讓位給關山鎮的關山天后宮。

臺東地區最具歷史價值的媽祖廟建築關山鎮天后宮,於1930年竣工,同年12月5日安座舉行建醮大典。1937年為避免神廟被毀於日本「寺廟整理」,逐改名「關山寺」主祀三寶佛;1945年光復後恢復廟宇原貌,媽祖信仰再次走在陽光下。各種文獻皆顯示關山鎮天后宮的主祀神媽祖神像,係源於光緒廿年(1894)台中州人帶來天上聖母一尊供奉於自家。[542]媽祖輾轉從家神變為信徒的輪祀神,再到萬人供奉的公廟主祀神。各項文獻皆為紀錄媽祖神像的出處,是源於福建地區抑或隸屬於西部的哪座廟宇。如從「關山鎮天后宮簡介」碑碣(參附件)記載來看:

> 本宮于光緒二十年歲次甲午年開始奉祀天上聖母(俗語稱媽祖)。民國十九年在此地建廟命名為天后宮奉祀天上聖母外隨侍韋陀護法順風耳千里眼。……日治時代一度被日本政府廢除改名為關山寺,奉祀三寶佛。民國五十三年由地方信徒樂捐改建(應缺「,」之誤)五十九年落成建醮,六十九年圓滿福醮,……。

文中未錄任何媽祖神像來源資訊。關於廟宇建築則有一筆,1963年廟牆龜裂籌資整修,於民59年10月舉行落成建醮大典。[543]因此針對主祀神來源一事,高國光表示:「我們廟的媽祖神,從哪裡

---

[541] 筆者於2017.02.03訪成廣澳天后宮現任廟祝陳玉珮,她表示:「臺東天后宮的媽祖是從成廣澳天后宮分靈出去,但對方不承認:臺東天后宮的委員都私底下來拜,但不表明。」此一說法,僅作為一參考與說明,臺東地區的民間有此看法的存在。

[542] 趙川明撰、臺東縣後山文化工作協會編著,〈關山天后宮〉《臺東縣寺廟專輯》,頁110-111。吳文星總編纂,《關山鎮志 上冊》,頁189-190。

[543] 吳文星總編纂,《關山鎮志上冊》,頁189-190。

來的無法確認;因為記載不詳,所以廟裡就認北港朝天宮為祖廟」。[544]此一說法,完美的的詮釋了依附關係的重要性。

　　最後一尊源於清代的媽祖神像,在綠島鄉的天后宮。據文獻記載,舊時(清領時期)有高雄琉球嶼鄉民從事貿易工作,經常往來於屏東恆春之間,因偶遇颱風所害,導致船隻漂流到了綠島。[545]時見島上林木豐富而招故里眾民遷居開墾,從事經營木材買賣。[546]島上唯一的媽祖廟「綠島天后宮」建於1985年,此廟也是繼宜蘭縣龜山島上的拱蘭宮因軍事需求被迫撤離後,成為臺灣東部海岸離島唯一有媽祖廟的島嶼。根據「綠島天后宮」廟誌碑碣記載(圖 4-15),1803 年有先人從屏東縣小琉球鄉的相思坡遷移到綠島來,隨行攜帶媽祖神像供奉於家。往後屢出神蹟,1979年聖諭啟建廟堂以為救世之情,迨至民 74 年始整地、興工,同年入廟安座。廟誌內容並未言明祖廟的名稱,但指出來源地。此處清楚顯示移民的遷徙促使媽祖信仰得以擴延與發展,再次得以驗證。

(二)光復初期墾殖的移民傳入

　　媽祖香火或神像緣於移民的遷徙或墾殖而傳入者,在臺東地區可簡略分為二種,其一是源於臺灣西部人的墾殖遷徙,其二是從中國撤退而來的大陳島軍民。此處媽祖香火來源不採「先民攜來」的用語,主要牽涉遷徙入臺東者皆屬民國後的時期,且為本島內二次移民的開墾、種植之目的性強的特性。因此仍以「墾殖的移民傳入」稱之。在此意指移民遷徙之時,一併將象徵媽祖香火之物攜入移墾地,可能是香火袋、令旗、香爐、神像等等。

　　媽祖信仰在各種不同的社會處境下,順應情勢地進入臺東縣境內,而後成立各種不同的地方組織,最顯著者當論是媽祖廟的主祀神媽祖香火建立。臺東縣境內媽祖廟,歸類於本類的媽祖香火緣起共計有四座,唯一隸屬於撤退軍民所攜入的媽祖香火是大武鄉尚武村的大陳義胞天后宮。其餘的分別有太麻里遠天宮、臺

---

[544] 筆者於 2017.02.04 採訪廟祝高國光。
[545] 李玉芬等編,《臺東縣綠島鄉誌 上》(臺東:綠島鄉公所,2014),頁 142。
　　　小琉球移入綠島之說有三,反清避地、遇風漂後滯留、漁民尋與找漁場。
[546] 吳彥,〈八、綠島鄉〉《臺灣省縣市鄉鎮概況一覽》,頁 342。

第四章 臺東縣媽祖信仰

東市的保安堂及馬蘭朝天宮等三座,皆隸屬於臺灣西部人墾殖遷徙迎入的媽祖香火。臺東縣境內唯一座由中國移民所建立的媽祖－大武鄉尚武大陳義胞天后宮(或稱尚武天后宮),也是大武鄉唯一的媽祖廟。根據歷史沿革記載,該廟主祀神媽祖神像,緣於漁民從浙江省溫嶺縣上大陳紅美山雙架村附近海面,拾獲從福建廈門漂流的神像,而後建立大陳島紅美山天后宮祭祀。1955年2月8日因烽火,金烏居民攜媽祖神像隨撤遷台一併進入臺東地區,後於1969年集資蓋廟,1976竣工落成。廟臺東縣尚武村逐成為大陳人在台灣第一個根,外出者或已遷出者多會在媽祖聖誕祭典時組團回來參與。今廟中除主祀神媽祖外,其他祀神中有一尊造像特別的神像蕃王(圖4-19),可謂為一大特色;但相關蕃王神像的源流受訪人無法得知。[547]

臺東地區開放墾殖者進入後,臺灣西部人逐步遷徙而來。如太麻里鄉中的遠天宮、拱天宮、源天宮三座都分佈在山村,此地居民大多來自北港朝天宮的所在地雲林縣有關,[548] 三廟都由

圖4-19 蕃王神像
攝影:卓麗珍,日期:2020.12.18

---

[547] 根據〈大陳義胞天后宮〉(http://crgis.rchss.sinica.edu.tw/)《文化資源地理資訊系統》記載:「據村民韓先生所說,原本的香爐和金製神尊都被偷了,而且部分村民搬走後,就將屋中供俸的神明暫奉廟中,還有蕃王和因水災而暫移廟中的樹王公,所以才有多尊神明齊聚廟中。」資料來源:「台灣『外省人』生命記憶與敘事計畫:大陳寺廟調查表」,2010。

[548] 台東縣後山文化工作協會編著,《台東縣鄉土教材-台東縣各鄉鎮寺廟之旅》,臺東:臺東縣立文化中心。參閱 http://163.28.10.78/content/local/taidon/fuhin/tem/default.htm。

客家移民所建,且之後都有再分靈的出去的現象。如本類中的太麻里遠天宮媽祖,即有分靈到花蓮縣壽豐鄉順民宮。根據太麻里遠天宮沿革碑碣顯示,1956年有林省、林萬等二人自雲林麥寮拱範宮迎來天上聖母(三媽)(圖 4-20)。卓得雄則表示,1956 年林萬從家鄉帶香火來太麻里香蘭墾殖。1958年間因林萬的小兒子林得進(生肖龍,七歲),同叔父在墾殖地跌倒傷重,尋得太麻里三王廟問神祈求救助,後得王爺指示,媽祖欲到太麻里鄉香蘭村濟事。故同年林萬重返故里麥寮拱範宮迎請正三媽金身(尺三神像)安奉於自宅,以供村民祭祀及扶鸞問事。[549]另廟宇應是創建於 1961 年,而非 1957 年。依此可見,太麻里遠天宮的廟宇創建及主祀神祭祀的起源,從沿革碑碣所錄及重要相關人的口述歷史內容實存在著差異。[550]太麻里遠天宮的信徒以香蘭村溪頭部落的居民為主,原始居民人口戶數約有 70-80 戶,現僅餘 30 幾戶,人口外移嚴重。目前已無原住民信徒。

臺東市的媽祖廟有保安堂及馬蘭朝天宮二座,主祀神媽祖源於移民入臺東時所攜入的香火。臺東保安堂媽祖廟的規模不大,廟宇沒有獨立的地址。根據廟地奉獻者楊振明表示,保安堂媽祖的神像是李青草家族自台南鹿耳門天后宮迎來臺東,由李家人所供奉的家神,李氏辭世後贈予陳家,繼而建廟。[551]廟名匾顯示於 1973 年林聖母入廟。早期有從卑南鄉的乩童來問事,保生大帝降神

---

[549] 筆者於 2020.12.17 採訪太麻里遠天宮卓得雄(32 年次)。卓得雄家族與林萬家族是鄰居,與早期創始人及神職人員有親戚關係。正扶鸞手林萬、副扶鸞手許益、筆生林水影(卓得雄的堂兄)。

[550] 此外關於「日昇媽祖」的緣起,「台東太麻里遠天宮天上聖母日昇媽祖」(https://blog.xuite.net/sam780595/twblog/116026237/track,2009.05.19)《隨意窩》,2017.03 摘錄;此網頁介紹內容與口述歷史不符。

[551] 筆者於 2022.12.18 採訪楊振明(現年 68 歲),宮主陳珠鳳(現年 76 歲)的侄子,亦是保安堂廟的獻地者。楊月娥女士(現年 76 歲),富岡人,信徒,1965 年(民 54 年,22 歲)嫁到臺東市;據她表示,嫁來時就已有一小廟供奉媽祖神像。臺東保安堂地址:臺東市更生北路 132 巷 15 號後。

第四章 臺東縣媽祖信仰

圖 4-20 太麻里遠天宮沿革（左）及建廟籌備委員碑碣（右）
攝影：卓麗珍，日期：2020.12.17

為人治病。馬蘭朝天宮非庄廟，分香自北港朝天宮，光復後屏東人林慶妹迎回神像，設壇奉祀於自宅。[552]由於信徒日眾，故1963年倡議籌資建廟並由林慶妹獻地，1964年竣工。根據葉雲錄表示，早期本廟曾有出家眾。依此筆者以為該廟或許曾有齋堂系統的血緣。廟裡設有功德殿，主祀地藏王菩薩，其神像身後有「故主持潘公勤山之香位」及「林清治」的祿位。此專設一殿供奉先輩前人的做法，在臺東縣的媽祖廟中目前僅見於台東市馬蘭朝天宮、卑南鄉讚天宮。

---

[552] 趙川明撰、臺東縣後山文化工作協會編著，〈馬蘭朝天宮〉《臺東縣寺廟專輯》，頁40。筆者於2022.12.18採訪葉雲錄主委，他表示本廟的歷史沿革與源起知之甚少，又前人皆未留下任何紀錄，故請求筆者協助將已蒐集的相關資料提供給予存檔。

(三)近 30-50 年間的媽祖廟分香

　　本類媽祖香火緣起的典型所指，墾殖移民定居、庄社成立後，或有感於庄社中無神可供祭祀逐返回原鄉或知名的媽祖廟分香，或因庄民需求將原屬私人供奉的媽祖神像提供出來，成為公眾共祀的神祇。臺東地區相關這類的媽祖香火來源有幾項特點，首先必定與移民的原鄉有重要的連結，其次媽祖香火多數從臺灣西半部分香。三是與移民初入臺東時攜入的香火無關，亦即媽祖的香火是透過人的「再返回」而來。最後是媽祖香火的顯像物主要是神像。此類的分香或分靈，是臺東地區媽祖廟主祀神明香火緣起最主要的類型。多數文獻中並未尋獲，臺東縣境內媽祖的香火來源與福建莆田湄洲島湄洲媽祖廟有關。目前僅見於大陳義胞天后宮及臺東天后宮的紀錄是源於中國大陸。相關臺東天后宮之紀錄，筆者持保留態度在此不加以論述。

　　臺東縣境內媽祖廟主祀神媽祖的香火源自於臺灣西半部的共有 18 座，其中自本縣內分香者僅有 1 座：關山電光聖母壇，由縣外其他媽祖廟分香而來的有 14 座。自本縣內分香者主要是從具有歷史悠久，創建於 1930 年的關山鎮關山天后宮分香。關山天后宮主祀神源於光緒廿年（1894），寺廟歷經日治時代的「寺廟總整理」，早期祭祀範圍很廣屬於聯庄性祭祀，以關山鎮為中心包含池上、海瑞、鹿野、延平等五鄉鎮，信徒代表組織龐大。[553] 近代因行政區重整與規劃以及參與組織分出，聯庄組織略有所減。臺東縣境內 17 座自本縣以外分香者，僅有一座來源於苗栗竹南，其餘的全都源於臺灣西部嘉南平原上的縣市。而且這些媽祖廟的相關創始人多與分香廟有地緣上的關係。

分項來看臺東境內媽祖廟的分香源流，從以了解香火起源與其內在的傳播動力。其中耳熟能詳的如，自北港朝天宮分香而來的媽祖廟共有 6 座，由嘉義笨港口港口宮分香的有 2 座，從麥寮拱範宮分香的有 1 座。從北港朝天宮分香的 8 座媽祖廟；成功鎮三仙宮位於三仙里白蓮路海岸堤防邊，廟埕前即可遠眺三仙臺跨海步橋及觀看太平洋海景。臺東地區唯一靠近海邊的媽祖廟，主祀神媽祖

---

[553] 吳文星，《關山鎮志 上冊》，頁 189-190。

第四章 臺東縣媽祖信仰

神像於 1970 年由漢人移民及其後代迎入。成田媽祖廟早期由成功鎮高台、三仙台、三仙里的當地八位耆老，從北港朝天宮迎回令旗供信眾以爐主方式輪祀；期間居民共組「稻穀會」收取會費，孳息以累積雕刻媽祖神像之基金。迨至 1971 年迎回北港朝天宮三媽神像。[554]東河鄉美蘭聖祐宮原名「文山寺」創建於 1972 年，1983 年更名「聖祐宮」。[555]時因美蘭地區無廟宇，庄民苦無神可拜，故協商決定自北港朝天宮及斗六虎山巖迎回媽祖分靈。本廟主要的信仰對象以當地閩、客漢人為主。文獻及二方友宮贈匾記錄廟名皆為「聖佑宮」，但實訪後廟名匾為「聖祐宮」故應正名（圖 4-21）。[556]東河鄉興昌聖母宮於 1957 年由北港人馮善魚、馮治高、蔡國城、葉龍通等四人回原鄉迎來北港媽的金身。祭祀媽祖至今已逾六十年，初期以輪祀方式祀神。[557]長濱鄉樟原天后宮前身為樟原地區媽祖會，主要信仰對象是該地區的閩南人。崇祀媽祖的方式，1961 年代初期於媽祖聖誕期間租借神像，在樟原天龍宮旁空地辦酬神戲。後有信徒倡議塑雕塑媽祖神像，以供輪祀於樟原、北溪、

---

[554] 筆者於 2020.12.30 訪陳寶興主委 0912-796337。當地八位耆老：李登才（雲林元長鄉人）、劉曾鼎（苗栗人）、廖光星（苗栗人）、施壬癸、王字合、王德順、王添輝、王進法等。民 61 年蔡萬主導籌資計畫興建廟堂，民 90 年竣工，後成立管理委員會，民 106 年整修。預計於民 110 年完成廟埕土地的購入或借用事宜。原北港朝天宮令旗則歸於「大廟」供奉，不再輪祀；今「大廟」已轉登記為主祀三寶佛的佛寺。

[555] 筆者於 2017.02.25、2020.12.28-12.30 間數次往返皆未遇有人，故無法確認成廟時間。根據二方贈匾揭露，己卯年美蘭聖佑宮聖母登座「神靈昭顯」、入火安座「神威顯赫」，年歲換算之「己卯年」，應為西元 1939 年（民 28）或為 1999 年(民 88)。此二年度，著實與該廟的歷史無法對應；所以難以判斷何者為實。

[556] 數次往返皆未遇有人，故無法確認廟名是何因更改。懸掛於月面上友廟贈與的「神靈昭顯」、「神威顯赫」二方贈匾，以及《臺東縣寺廟專輯》中所錄之廟名皆為「聖佑宮」，但今日廟名匾「聖祐宮」不同，故應正名。

[557] 筆者於 2020.12.29 採訪廟祝張水池。1989 年集資建廟於公有地上(舊宮)。1981 年購入新廟地並於 2013 年年 5 月全村信徒聯名向縣府申請。委員會於 2014 年完成新廟設計圖決議，工程招標於同年 12 月由建銓建設公司得標，並於 2015 年開工破土，2018 年遷至新址。另參閱陳盈貞報導，(http://www.ksnews.com.tw/, 2020.12.15)《更生日報》，2022.10.12 摘錄。

中溪等閩南人聚落。1990年建廟竣工。樟原地區原始信仰範圍涵蓋五個村莊，後因人口遷出今已限縮剩二村。[558]鹿野鄉瑞和福明宮主祀神媽祖神像，於1966年至北港朝天宮開光點眼，並由鍾萬章等迎回；後供奉於鍾萬章之家堂。鍾萬章逝世後該媽祖神像歸入公有，逐鳩金於1980年蓋廟，1982年完工。

圖4-21 東河鄉美蘭聖祐宮廟名匾及二方贈匾
攝影：卓麗珍，日期：2017.02.26

　　臺東縣東河鄉境內今查已建有四座媽祖廟，三座位於北源村。此地原為阿美族聚落的所在，漢人於光復後才移墾入北源，族群逐漸融合。北源村中有二座分屬於本類，一是建於1966年的北源天后宮，二是1984年建的北溪進天宮；此二座媽祖廟的主祀神亦皆源自北港朝天宮的香火。東河鄉北源天后宮拜媽祖緣起於民38-39年間，墾殖移民因宗教信仰需求與心靈慰藉需要，又苦無神可拜，故村民籌資雕塑媽祖神像，返赴北港朝天宮過爐再迎回。[559]初

---

[558] 葉志杰主撰、尹章義總編纂，《長濱鄉志》，頁124；邱彥貴，〈第三章地方公廟與公眾祭祀〉《臺東縣史·漢族篇》，頁93-94。樟原媽祖會由樟原、北溪、中溪、小嘉義、南溪等漢人共份。但三間村南溪17鄰（2-3戶）、樟原20鄰、16鄰小嘉義先分開，後續又有18鄰李姓南投人遷出，爐下僅餘樟原本庄及北溪二聚落漢人。

[559] 趙明川撰、臺東縣後山文化工作協會編著，〈北源天后宮〉《臺東縣寺廟專輯》，頁137-138。

始以爐主輪祀方式供奉,復則將媽祖與土地公同祀於無立名的小祠。偶因一臺東的失意人忽見小廟,誠心祈求媽祖相助的事蹟,應驗後出資為媽祖蓋廟。建成後以「北源天后宮」稱名,也稱大廟。眾人欲迎土地公入大廟同祀,遭土地公拒絕,於是 1966 年原小祠亦立名為「北安宮」專祀崇奉土地公。東河鄉北溪進天宮主祀神媽祖於 1951 年取材雕塑完成,並寄祀於土地公廟。大約 33 年前,未建廟時,僅以輪祀方式由爐主供奉從北港朝天宮迎回的香爐。李崑鵠表示 1959 年「八七水災」後,彰化、雲林的農民大舉移入北源村;此前移入者很少。[560]《臺東縣寺廟專輯》卻說是 1959 年的「八一水災」;顯然二位受訪人李崑鵠與蔡鴻德的說法有出入,抑或撰寫者的疏忽。[561]經李崑鵠確認應為「八七水災」非「八一水災」,又從事件的時間推算論李氏所言是正確。進天宮祭祀圈涵蓋著整個北溪,信徒不分族群,包含閩、客、原住民及外省榮民。北溪進天宮曾有一位外省籍的女乩童于鐵蘭。原住民主要是阿美族人,他們不僅參加廟中的祭典、祭祀,甚至進香活動,同時也出任廟務委員,頭家等職務。以上八座媽祖廟皆分香或分靈於北港朝天宮,但神像的取得方式則不一致,或有廟方自雕,或直接迎請(購買)神像。無論取得管道為何,藉由開光點眼以達到入靈之目的是必要的儀式。

嘉義笨港口港口宮分香或分靈的有鹿野鄉聖豐宮。1951 年間有林活、林麗水、林管等三個同族人,因笨港口港口宮沒有神尊存貨可供分靈,故從朴子的佛具店購買神像,再至笨港口港口宮執行開光點眼儀式,後將神像寄祀留置半年以享神廟靈氣並受八方香火後才奉迎回台東,以供村民輪祀。時參與輪祀的村民約有 60 多戶,原住民不足 3 戶。迨至 1995 年建廟,2003 年成立「台東縣鹿野鄉新豐聖豐宮文化協會」,此協會等同於管理委員會之性質。[562]鹿野鄉東天天后宮主祀神媽祖神像,於 1982 年陳金龍當選村

---

[560] 筆者於 2017.02.03 採訪北溪進天宮李崑鵠,籌資購廟地、第 1-4 屆主委。
[561] 趙明川撰、臺東縣後山文化工作協會編著,〈北溪進天宮〉《臺東縣寺廟專輯》,頁 142。趙明川採訪蔡鴻德的記錄。
[562] 筆者於 2017.02.04 採訪廟祝-林水福,現年 78 歲, 民 77 年(50 歲)時來協助管理新豐聖豐宮;建廟出資新台幣 100 萬。其父林活主籍嘉義縣笨港,遷徙至

長時迎回自家供奉。其子邱進南（1972-）於 2011 年捐自宅、立廟名、乩童開壇問事服務，於 2006 年迎來北港朝天宮媽祖。廟宇重建預計於土地整治及設計藍圖完成，並報申請縣政府核定後執行。廟宇建地約有一甲以上，廟體建築範圍計約佔 5-6 分地。土地來源於邱進南主委自家奉獻。以上二座媽祖廟主祀神分香的進程，清楚可見分靈廟宇對於迎神的變通策略，同時顯示分香或分靈首重於「物」之中靈的出處，並非一定得從祖廟而來。

以下四座同樣分香自雲林縣，但來自於不同的媽祖廟。臺東地區有二座自雲林縣麥寮拱範宮分靈的媽祖廟，其一是臺東市南王湄聖宮。根據郭耀宗表示，本宮香火起源於郭振東（郭耀宗之父）從臺東太麻里拱天宮迎來「麥寮拱範宮三媽」暫時駐駕於自宅祭祀、收驚、問事，服務鄉民。1961 年經太麻里拱天宮引薦至麥寮拱範宮迎回三媽、四媽奉於自宅。信徒日增、興旺，鄉里人士獲悉後逐於1970 年籌資購地、1970 年興工、1972 年完竣、1975 年奉聖諭入火安座並命名為「湄聖宮」。[563] 其二是東河鄉都蘭協天宮，主祀神媽祖於光復初即已迎回，初期由值年爐主以輪祀供奉，後1969 年地方人士倡議籌資建廟。根據施萬得表示，早期本廟由二位余姓人氏共同協理媽祖崇奉事宜，其一是花蓮人，另一則是開藥房的余天賜。二人因細故與糾紛而拆夥。爾後，余天賜推動建廟事宜，余氏逐成為本廟開山祖。[564] 太麻里源天宮媽祖神像源於 1968 年，創始人林枝萬自西螺新街廣福宮迎回大媽祖神像，又稱「新街老大媽」。祭祀媽祖起因於太麻里鄉的秀山、杉原地區本無神廟，居民苦無信仰對象。初始僅供林枝萬自家奉祀，後捐出供公

台東後入贅於洪菊；因家鄉生活不易於民國 40 多年（光復後），經友人介紹來臺東打拚，從事農務種植玉米、蕃薯、花生等。本宮開基媽祖即是林活去迎回的。受訪人總務-袁國展，電話 0933-692986 表示：鹿野鄉聖豐宮於民 92 年辦理寺廟登記時未完成，直至民 102 年委請代書協助代辦為「人民團體」，民 103 年於縣府登記立案，立案字號：民自第 1030107442 號。國稅局統一編號：40767850。葉建興主委為臺東地區的民意代表，電話 0938-365651。

[563] 筆者於 2020.12.18 採訪南王湄聖宮郭耀宗總務。當時有黃姓人士會收驚、問事，所以神、人一起配合服務鄉民。

[564] 筆者於 2017.02.25 採訪都蘭協天宮廟祝施萬得。

眾祭祀,並於 1986 年建廟堂。[565]卑南鄉太平天后宮,主祀神媽祖分靈於雲林縣虎尾天后宮—玉二媽(陳玉環),又稱「虎尾媽」。據王芬蘭表示神像來源於一租屋開壇的乩童(姓名不詳),時因信眾漸多,香火錢變巨,後乩童捲款逃跑,獨留媽祖神像給房東傅曾瓊花(老宮主)供奉,距今已逾 40 餘年。期間虎尾天后宮因緣際會得知臺東有一尊「虎尾媽」,故派人來此尋訪直至找到本宮。[566]太平天后宮的建廟時間較遲,待至 2005 年購地,2018 年才竣工安座。

　　鹿野鄉福佑宮主祀神媽祖,緣於值年爐主首事:陳萬好、林輝良、陳面等發起募捐籌資雕刻媽祖神像,於 1974 年自彰化縣芳苑鄉王功福海宮分靈而來。初始以值年爐主方式輪祀,1988 年 11 月鳩工興建,1993 年落成安座,以供村民敬祀。臺東市新園慈隆宮主祀神媽祖分香源流,據沿革碑碣顯示初期因利嘉村行政區域劃一為二,促使被劃分出的新園里村民顧忌往來路途遙遠,約於 1976 年分出香爐以輪祀,後又至高雄田寮鄉古亭「隆后宮」迎請分靈神像。因此如就碑碣紀錄來看,該廟的分靈是源於「隆后宮」,但未書明輪祀香爐的出處。而根據《臺東縣寺廟專輯》所錄,慈隆宮的主祀神媽祖神像是分靈於苗栗竹南中港慈裕宮,亦即 1976 年輪祀的香爐係隸屬於慈裕宮媽祖分香,爾後遷徙墾殖新園里的村民將媽祖神像一併攜入,1990 年建廟後隔年曾連續三年返祖廟慈裕宮進香。[567]二份資料的內容顯然有著極大的差異,無法判斷何者為實。卑南鄉慈雲聖母宮原名天后聖母堂,因媽祖聖諭而更名,分靈自高雄岡山壽天宮。廟名區顯示於甲申年桐月(2004 年農曆 3 月)入火安座。以上三座媽祖廟分別分香自苗栗縣、彰化縣、高雄縣等三處。

---

[565] 太麻里源天宮,根據訪談人拱天宮郭南宏表示,源天宮林枝萬先生原是本宮的廟祝,今已自行開宮,宮名「源天宮」的闡述。訪談人源天宮林柏川(林枝萬的三子)表示,當時係拱天宮經營的方式,其父與大家的意見相左故而離去。又林柏川表示當時迎請來的媽祖應該是三媽,不是四媽。

[566] 筆者於 2020.12.30 採訪宮主夫人王芬蘭。

[567] 駱國明撰、臺東縣後山文化工作協會編著,〈慈隆宮〉《臺東縣寺廟專輯》,頁 68-69。

地方寺廟的籌建與興工,經常與聚落的形成有直接或間接的相關。從臺東地區媽祖信仰來看,漢人同鄉的移民逐漸聚攏於區域內、生活趨向穩定,庄民共同策劃迎請媽祖神像進而為其興建廟宇,達成整群人的整合來凝聚社區共同意識及安定民心的需要與功能。因此,媽祖廟順理成章的成為居民共同希冀。祀神的演進的過程,媽祖可能從家族的、私人的家神轉化,或庄民共同迎請來的神像,直接或間接的祭祀方式轉變,促使媽祖成為地方社區公廟的祭祀行為。此種轉化源於信仰者的共同輪祀,再無法滿足或回應每一信徒的需求,籌建廟宇變得勢在必行。田野實務顯像臺東境內媽祖廟的宗教功能運作,除透過個人直接祈求、擲筊外,主要仍依賴神職人員的服務,使信仰得以開展並持續的延續與拓展。

(四)贈與、拾遺、分裂與遺失後重裝

臺東地區媽祖廟主神像藉由非主流方式取得者,在此歸類主因為贈與、拾遺、廟宇經營者之間的分裂關係,以及主神像因人為因素所導致的遺失等。此類主祀神媽祖神像來源,田野調查顯示除了因拾遺而來的神像需要「以舊新裝」外,因贈與而得者及因人事分裂或神像遺失者,僅透過重新迎請、雕刻神像並施行相關必要之儀式即可。根據臺東縣境內的媽祖廟可歸於此香火緣起者分別有:卑南鄉普濟宮、太麻里媽玄會、卑南鄉初鹿讚天宮、卑南鄉鎮東宮、臺東市聯天宮、聖賢宮等共六座。此類主祀神媽祖神像源流,皆非來自於移民遷徙時所攜入之香火,都屬墾殖後再返鄉迎神。由原住民所創立的媽祖廟則不在此限。
卑南鄉普濟宮主祀神媽祖神像,乃1969年受贈於北港朝天宮而來。根據廟方沿革碑碣記載因媽祖神像的到來,地方仕紳逐倡議重建1955年的土地公廟,1970年竣工後得神諭合祀二神,命廟名「普濟宮」。此一贈與媽祖神像之事跡,臺東地區僅發生於此地。臺東太麻里媽玄會主祀神媽祖神像,源起於溪床撿拾而得斷

頭神像。根據吳少恩表示，[568]其父乃阿美族巫師，其母亦能通靈，颱風後同家人撿拾漂流木於溪床，眾人往返超過六趟，唯她見倒栽的神像被漂流木夾住，當時她似感應媽祖呼喚。吳母旋即立像於木上，並取一石頭作頭顱，命人急速購香與金紙暫祀。後得臺東觀音堂指示「有媽祖說要跟妳」，期間又歷經多種人事的考驗與神像重新購置等情事。2020年農曆8月23日媽祖安座後「媽玄會」媽祖廟創立，宮主由吳偉翔接任（阿美族）。媽玄會擁有神將團組織，除交陪需要外平時也受聘出團他廟的熱鬧。今媽玄會的陪祀神中壇元帥所穿戰甲，是由宮主外婆自製的原住民傳統服飾（圖4-22），成為廟會場上耀眼的角色。

話說：「天下大勢，分久必合，合久必分」。人或事物的變化無常，分合無有所定，好似必然性的存在，也像是廟宇發展的規律和必然註定。臺東地區因人事、經營理念不合而導致廟宇分庭而立，人事分裂者，在臺東縣境內發現有二座，皆位於卑南鄉初鹿村：讚天宮、鎮東宮。二廟可謂是同源，後因理念不合分道揚鑣。1961年初鹿村村長徐鬧閂率村民返鄉，迎來嘉義縣太保市「鎮福宮」的媽祖分靈：黑面媽祖神像。《初鹿讚天宮沿革誌》記載，初始無廟可供神，輾轉暫居於民宅，村民可隨意前往上香禮拜。半年後始有「升壇」，提供村民「問事服務」。歷經年餘，聖主（媽祖）指示要到林呈追家中設壇，故於1962年「讚天壇」成立。[569]以降鸞及教化為主，女鸞生多於男鸞生。平時晚間都有人來誦經，或辦公事。[570]1967年有鄉紳陳月桂提出，媽祖應自選居處

---

[568] 筆者於2020.12.17晚上訪吳少恩及吳偉翔於筆者下榻的旅店。吳少恩說她16歲時發現自己具有靈異體質，因緣際會與媽祖相遇後有許多的靈驗事蹟；又說她的神師是媽祖、道師是建農太子宮宮主楊進丁（歿），也是他的親二舅。

[569] 讚天宮以「聖主」之名，用以尊稱媽祖。第一代壇主邱垂洲（民103-104.09），彰化縣永靖人：民50年媽祖由他一路從臺東煙草間手抱走回初鹿，第二代壇主林呈追，媽祖指定設壇他家。

[570] 筆者於2020.12.18採訪讚天宮現任住持邱顯東，他從農作園趕回廟裡接受訪問。他說：民61年讚天宮建成，也是本宮的全盛時期，信徒有幾百。但待至民96年，原始信徒已逐漸老化，青年人參與變少。目前所奉祀的媽祖神像是到高雄重新雕刻而來的「粉面媽祖」；原始開基媽祖已腐爛。此處媽祖神像一項，明顯邱顯東所言有待質疑。

之「擲爐主」建議,從此媽祖改為輪祀制。1970年3月間有數位爐主倡議興建廟堂,讓媽祖得享萬世香火。然此時歧見已現,離心的分裂將至。林寬義(讚天宮的正鸞生、鄉民代表)及鄉紳陳月桂等二派人馬溝通斷裂,各自進行籌建興宮建廟事宜。陳月桂一派選地於初鹿村梅園5號,籌劃興工建廟。1971年10月初鹿地區首座媽祖廟「鎮東宮」建成,主祀「黑面媽祖」。隔年(1972)林寬義一派等人另擇地,由李銅華獻地於初鹿村初鹿二街109號建「讚天宮」,主祀「粉面媽祖」,成為初鹿地區的第二座媽祖廟。

圖 4-22 太麻里鄉媽玄會中壇元帥著原住民傳統服飾戰甲
攝影:卓麗珍,日期:2020.12.17

圖 4-23 功德堂、歷代功德主、鸞生之牌位
攝影:卓麗珍,日期:2020.12.18

從二廟的經營模式有著決然的差異，讚天宮以鸞堂方式經營，今則為鸞生自行修養之地。而該廟西廂設功德堂供奉歷代功德主、鸞生之牌位，亦是臺東地區媽祖廟唯一僅見（圖 4-23）。鎮東宮則以媽組信仰傳統廟宇的方式，提供眾善信自由參拜。然而歷盡千帆，鎮東宮雖設有管理委員會但因分工不全，導致目前廟務多有紛亂待整。[571]

同樣因人事分裂導致的開基媽祖，以及廟名皆不復存在的另一例，臺東市接天宮，今已更名為臺東市聯天宮。臺東市接天宮建於 1955 年，以臺東最早的正北港媽著稱，由首任主持鍾勇迎回，1960 年改建為今貌。[572]曾三煌表示，原開基軟身北港媽祖已被請走了，故民 73 年奉神諭改名「聯天宮」。媽祖指示鎮殿媽祖緣於鹿港天后宮開光入火，取材雕塑於高雄鳳山。是以，聯天宮的祖廟由北港轉鹿港。[573]目前臺東市聯天宮設有附屬組織「朝華聖母會」，該會最大的特色之一就是專供學齡前兒童操作的「轎班」，藉以訓練、培養及傳承民俗文化。

最後是因主祀神遺失而重新分香、雕刻神像與入靈的有臺東市聖賢宮及東后宮。臺東市聖賢宮，此廟的主祀神媽祖緣於日治時期。根據劉松香（1947 -，73 歲，屬豬）表示，本宮開基媽祖又稱「聖賢媽」，緣於父親為逃避日本徵兵，自家鄉屏東內埔竹圍樂善宮私自請媽祖神像來到臺東有關。因緣際會開基媽神像，今已被收回。目前本廟所供奉的媽祖神像是 1977 年（宮主劉松香 30 歲時）重新尋木雕刻，再回祖廟內埔竹圍樂善宮開光點眼，已非當年其父迎請的那尊神像。[574]臺東市東后宮的主祀神媽祖，同樣從

---

[571] 筆者於 2020.12.16 採訪蔡碧珠委員，60 歲，龍田嫁來初露，0988-311487。因右側乳癌開刀不覺疼，乃得媽祖庇佑神蹟。2018 年受二聖母召喚指定來廟中奉事。

[572] 趙明川撰、臺東縣後山文化工作協會編著，〈聯天宮〉《臺東縣寺廟專輯》，頁 30。

[573] 筆者於 2020.12.18 採訪宮主夫婦。（49 年次）曾三煌，彰化二林人，1962 年來到台東，1996 年接手聯天宮廟務運作；其夫人莊女士。曾三煌說：1955 年之前還有其他的創始人，非首任主持鍾勇所創立。媽祖神像已被鍾勇迎到花蓮富里鄉竹田供祀；此段歷史於第三章已述。

[574] 筆者於 2020.12.29 採訪劉松香宮主。

家神轉變成公眾神。原始的開基媽祖及隨祀的千里眼神像，因被偷而遺失，獨留順風耳一尊，因此主神殿加裝防盜鐵窗。1980-70年間，自嘉義笨港口港口宮再迎回正三媽神像。時正三媽的額頭現一「王」字，得笨港口港口宮正三媽聖諭，開壇建廟，故信徒多以「王字頭媽祖」稱名（圖4-24）。宮主夫婦早期從事特種行業，初時立廟供奉豬哥仙（圖 4-25）。東后宮宮主林美雲是臺東的原住民，信徒特別為本宮內所有的媽祖神像，製作原住民特色的神衣，蔚為奇觀與特色。本宮信徒組成除漢人與原住民以外，還有軍方及警總的人員。

圖4-24 台東市東后宮「王字頭」媽祖神像
攝影：卓麗珍，日期：2020.12.30

圖4-25 台東市東后宮豬哥仙神像

（五）依神諭，尋木雕刻與入靈

臺灣媽祖信仰在民間傳說最為膾炙人口的就是媽祖的神通。關於媽祖慈悲救苦救難、行善濟世等靈感事蹟遠近馳名，究其一生乃至成神，護國庇民、化導眾生之行，深植民心有口皆碑。李豐楙曾說，從經典到文本各有不同之「感」，具體表現可能是「感動」與「感應」、「感通」與「冥通」等，文辭用以反映各自的心理經驗。當語言作為「譯寫」的傳達過程，就涉及語言的符號性；因此可被體現於儀式與神話之中。[575]臺東地區媽祖廟的香

---

[575] 李豐楙，〈感動、感應與感通、冥通：經、文創典與聖人、文人的譯寫〉《長庚人文社會學報》1(2),（2008.10）：247-281。

火,在各自不同的經驗中傳達意義、旨意。宗教人試圖從語言和文字間經由不同的中介者,表現其神聖的至眞經驗。或許臺東媽祖廟的神職人員或創始人,未必能如宗教的聖人或創作的文人一般成爲宇宙間的創作媒介,但至少表現出他們大美的神秘經驗。

　　本類媽祖香火的分香或分靈,係起因於神明的指示,奉聖諭爲之者,臺東縣境內共有八座。分別是:太麻里拱天宮、卑南鄉東德宮及開源天鳳宮、鹿野鄉永安聖安宮及鎭安宮、臺東市東后宮、東海龍門天聖宮及賢興宮。此八座媽祖廟迎來媽祖神像的成因各有不同,但藉由神蹟、靈感與媽祖神的指示,可謂是相同的存在。根據上述已知,臺東地區媽祖廟自雲林麥寮拱範宮分香者共有4座,其中太麻里鄉就佔了二座。目前太麻里四座媽祖廟中,除去由原住民所創立的媽玄會以外,太麻里遠天宮、拱天宮、源天宮等三座,其委員之間多略帶特殊關係。如太麻里拱天宮與遠天宮委員間的親戚關係,一方是姑表、一方是姨表。而太麻里源天宮創始人林枝萬原是拱天宮的廟祝,也是迎回拱天宮主祀神媽祖神像之一人。[576]臺東縣境內由移民所建立的媽祖廟,在此再次充分顯示出地緣與親屬關係的現象。以下分別逐一簡介各廟的迎神緣起,試圖理解臺東媽祖信仰傳播的媒介之一種。

　　太麻里拱天宮位於華源村,該地區的移民多來自於臺灣西部雲林、彰化等地。其中又雲林縣麥寮鄉人居多,遷徙主因多爲避難或爲開墾而來,是以太麻里拱天宮因應而生。主祀神媽祖源流及建廟時間,根據《臺東縣寺廟專輯》採訪紀錄指出,在民國四十五年間居民即發起自麥寮鄉拱範宮請回天上聖母(四媽)祭祀。[577]此段文獻與該廟於民91年立置的「拱天宮天上聖母由來」沿革碑碣內文所記,時序上明顯有極大的差異(圖 4-26)。碑碣內文顯示,太麻里拱天宮主祀神媽祖應與1960年麥寮拱範宮聖母巡境後指示駐蹕,眾善信有感方商議迎請分靈來鎭座華源,稱曰「拱天

---

[576] 筆者於 2020.12.17 採訪太麻里拱天宮總務郭南宏先生。主祀神媽祖神像是廖樹皮、林枝萬、鄭竹城等三人從雲林鄉麥寮拱範宮迎回。

[577] 駱國撰、臺東縣後山文化工作協會編著,〈拱天宮〉《臺東縣寺廟專輯》,頁 159-160。

「後山媽祖」的信仰、神蹟及其類型研究

壇」。筆者根據舊匾「拱天壇」的記錄推算，麥寮拱範宮贈匾紀錄為辛丑年（即民50年；1961）；據此可知拱天宮早期是「壇」的形式經營，有乩童及桌頭，提供信眾問事服務。[578] 因此供奉媽祖神像的時間不可能早於1960年，除非是由家神轉變而來。但沿革碑碣內文記載晚於後山文化協會的採訪，抑或廟方的記年有嚴重疏失。鹿野鄉永安聖安宮主祀神媽祖於1951年分香自北港朝天宮。1951年間有老桔仔先生進香，途經北港朝天宮奉香時，媽祖顯化欲隨其返回永安村濟世渡人。以上二座媽祖廟都是地方的信仰中心，庄民以「公廟」稱之。

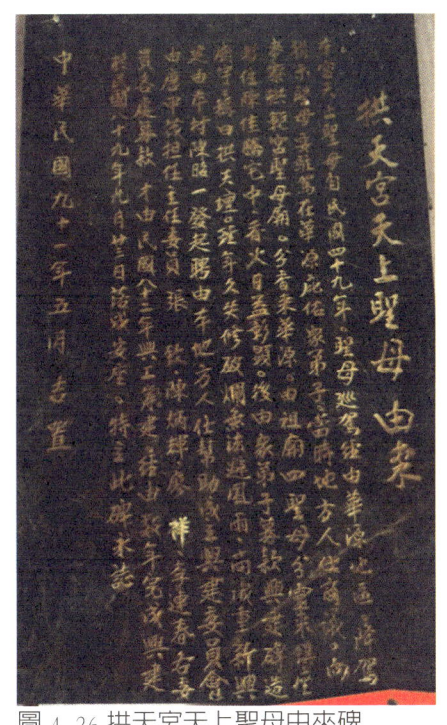

圖4-26 拱天宮天上聖母由來碑
攝影：卓麗珍，日期：2020.12.30

卑南鄉東德宮，是私人宮廟，建於1992年，主祀神源於嘉義笨港口港口宮六媽分香。宮主阿德表示，因母怪病不癒，神示媽祖欲來濟世，要擇母親為乩。[579] 卑南鄉開源天鳳宮，約建於1995年，同樣屬於私人宮廟。時因有胡姓廟祝偶得媽祖指示，命其至嘉義「港口宮」請示迎回香火，藉此開啓專責供奉媽祖，以及為信徒排憂解難的神職之路。臺東市賢興宮，來自於臺灣最北部的新北

---

[578] 郭南宏，太麻里拱天宮管理人，聯絡電話：0909-086758。民70年之前，其父即是太麻里拱天宮的桌頭。
[579] 筆者於2020.12.16晚上採訪游書哲，卑南鄉東德宮宮主。本人於19歲時，有神靈藉由雙胞胎弟弟連進文傳遞訊息指示，他將來會開宮。果驗，於25歲開宮建廟，26歲開竅能通神靈。

市三重區五聖宮的分香。田野訪談時林進興宮主表示，廟中列位神尊皆承接於友人呂錦順開設於太麻里的「聖天宮」，因此並不知曉媽祖分香來源，後透過乩童與媽祖溝通詢問確認。[580]創始人實則與分香來源廟並無地緣關係，但接收媽祖後續的信仰傳承，則是神示後所為。以上三座皆為私人經營的媽祖廟，相對於信徒及年度祭祀活動等較為平淡，但傳承媽祖信仰的決心都來自於神諭。

  媽祖信仰傳播興衰與起落現象的佐證，從以下二座媽祖廟得以見曉。鹿野鄉鎮安宮是鹿野鄉鹿野村中最早的廟宇，建於1973年。鎮安宮自創始人塗有興離世後，該廟的香火延續已漸式微、停滯狀態。目前管理者仍為塗氏子孫，早晚上香禮拜及節日簡單祭祀，對廟宇歷史沿革已不復記憶，知之甚微。今鎮安宮之名，在臺東地區似乎知曉者不多，導因於該廟對外多已無交陪或交往的友宮廟。鍾桂英表示，喜見與期待有緣人來延續媽祖香火。[581]根據田野訪談及《臺東縣寺廟專輯》紀錄顯示，鹿港媽祖於1971年間巡境臺東，在此駐蹕一宿，次日起乩要求在此分靈居住。[582]又查媽祖神像造像及捐獻名錄匾，得以確認本廟分香於鹿港天后宮及建廟時序無誤。媽祖信仰在鹿野傳播的興起因媽祖神諭而來，卻因再無有能傳達媽祖神諭之人而暫時熄燈歸於靜默。臺東市十座的媽祖廟中，東海龍門天聖宮是僅次於臺東市天后宮外，對於廟宇經營及運作較具規模且用心的現代寺廟。東海龍門天聖宮建於1981年，主祀神緣於創始人陳萬船，於1979年得中壇元帥指示「台南市鹿耳門開基天后宮天上聖母欲往東台灣救世，庥佑生靈」之聖諭，後逐隨洽與鹿耳門開基天后宮分靈事宜，並獲迎請編號「天三號」的媽祖金身。[583]1980年陳萬船更受聘台南鹿耳門天后宮重建委員會常務委員，順利建立雙方交往的鏈結紐帶。

---

[580] 筆者於2020.12.31訪談宮主林進興與其夫人施秀美（現任賢興宮乩童）。確認主祀神來源後，宮主林進興特意電話聯絡筆者，表示感謝之意。

[581] 筆者於2020.12.16採訪鍾桂英、塗金龍，鹿野鎮安宮現任管理者，創始人之媳及孫。

[582] 臺東縣後山文化工作協會編著，《臺東縣寺廟專輯》，頁100-101。

[583] 筆者於2020.12.19採訪小編陳珮琪。〈宮廟簡介〉（https://www.donghaimazu.com/）《東海龍門天聖宮》，2022.02.27摘錄。林

媽祖信仰與地方社區的關係密切，臺東地區常作為庄廟的存在與宜蘭、花蓮地區有顯著的不同。本節就上述臺東縣的 41 座媽祖廟，分析其主祀神媽祖的香火或神像緣起的類型。結果顯示，臺東地區並未發現有從地方族姓所供奉的族姓私佛，亦即無藉由族姓私佛而成為地方公廟主祀神的情形。又廟宇主祀神從家神轉為公眾神的事蹟不斷，亦是臺東地區獨特的現象。媽祖廟初始發跡多與神職人員有密切的相關，及藉由降神方式促使媽祖的香火得以開展與延續，但也因無人傳達聖諭而趨於平淡。

三、　附設組織—神將會

　　《臺東縣史漢族篇》顯示，臺東地區現存有多類型的民俗曲藝，包括音樂、舞蹈、戲劇等各種藝術風格的形式。[584]以神將團而論，武陣通常出現於王爺系統、保生大帝的廟宇，而媽祖廟則以文陣為主，即神將團組織多屬演出性較強的陣頭。[585]臺東縣境內雖可見有媽祖廟於廟內或拜亭等牆面空間，排列媽祖屬下神將使用的武器，如火焰槍、鳳翅戟、通天鈀等陳設，但實際出陣或操作現狀還需透過多方採集與觀看。媽祖廟作為臺東地區的宗教信仰與建築最多的廟宇數，有哪些民俗曲藝的類型是存在於臺東縣境內的媽祖廟呢？後山地區的宜蘭、花蓮、臺東三個縣，又有哪些差異呢？引人遐想與好奇。

　　臺東縣境內大多數媽祖廟有附設組織者極少，但神轎及簡易的鑼鼓車是必備的行頭。附設有神將會組織者，除臺東市天后宮具區域指標性與整合性的主導地位外，今僅見於為數極少的幾座媽祖廟。臺東市聯天宮專為學齡前兒童操作的「轎班」，藉以訓練及培養民俗文化的人才及文化傳承。聖賢宮的宮主早期跟忠合

　　崑成撰、臺東縣後山文化工作協會編著，〈天聖宮〉《臺東縣寺廟專輯》，頁 61。
[584] 白安睿，〈第四章民俗曲藝〉《臺東縣史·漢族篇》，頁 137-156。
[585] 同上註。

宮學來的將團—官將首、什家將,今還應邀到學校教授學生操作技能,且規定參與者要有家長同意書才可以加入,以期達到教育與傳承的目的。東天天后宮則附設有官將首、哨角、轎班、大鼓等由 20-40 歲人員所組成的神將團。聖豐宮僅有大神尪。太麻里媽玄會設有轎班 20 多人(文、武轎、大轎),接受各宮廟的邀請,或收費幫忙熱鬧(類似職業陣頭)。大武天后宮,設有三媽會,應活動需求對外徵募或商調相關陣頭參與,此一形式是必需以紅包來付費。

臺東地區的媽祖廟,因祭祀系統或行政區域人口稀疏的問題,今多未獨立設置本廟的陣頭組織。所以當遇上重要祭祀活動時,如媽祖聖誕、慶典,或其他祀神的祭儀等,多數由廟方委員們招集,或商借,或花錢聘請職業陣頭相助。他們說廟方未設立神將會組織的理由,綜整後不外乎幾個因素,如早期有,現在沒有了的原因是:信徒年紀太大無法操作、年輕人不接手、開銷太大廟方無力承擔、住戶太少了人手不夠。又廟方有設備,但沒有可操的人員,只能在需要時就花錢請人來協助。最後是陣頭非隸屬於廟宇,需要時是由委員們去商借與招集。此一委外的執行結果,顛覆筆者最初的設想。

顯然臺灣西部漢人最晚進入的臺東縣,移民於移轉民俗曲藝的類型上,臺東縣境內的媽祖廟並未傳承豐富的藝術性演出陣頭。其次田野調查也顯示,臺東地區媽祖廟的進香方式,呈現異於宜蘭或花蓮地區具地方獨特現象,多採三年為一循環方式進行,即連續進香三年後,停三年,亦或僅於創廟初時的連續進香三年,此後不定時或不再行進香的計劃。因此,相較於其他縣市附設組織的需求,就顯得在人力不足或經費不夠的情況下,不需要耗費精力去經營與運作。又農忙時期,在無法兼顧信仰與生存之需下做選擇。

臺東地區媽祖廟的經營管理者,早期多以農業墾殖維生,奉祀媽祖的原由因移墾保安、穩定人心之需,隨拓墾者的足跡而進入廣佈原住民聚落的東部海岸地區。廟宇創始期的管理群與信徒老化,年輕一輩參與者少,導致無人承襲傳統文化,又人口外移使區域中的信徒人數銳減,間接導致經費來源的減縮與參與人民

的不足。而現代化的社會環境與經濟體系，逐漸改變人們的生活方式與模式，人口外流與遷出影響大多數媽祖廟的經營，人手不足似乎成了多數廟宇的夢魘。面對此種現狀，或許唯有使信仰的年輕化，方有解決之道。2019 年嚴重特殊傳染性肺炎（COVID-19）首次爆發，人類歷史上大規模流行病之一襲擊全球，持續燃燒。田野調查期間見證，臺東地區所有的媽祖廟為配合中央機關的防疫政策，停止所有的大型活動與多人的祭祀儀典。媽祖廟中更鮮少有信徒的來來往往，神聖空間中的時間似乎在時空中暫停，少了喧囂多了一份額外的寧靜。

第四章 臺東縣媽祖信仰

第五章　「後山媽祖」的傳說、神蹟與廟際關係

　　神蹟（miracles）是任一宗教必然存在的事實。[586]神蹟得以彰顯聖神之力，傳說加深信仰之虔誠，更驅使信徒的順從與追隨。媽祖是擁有眾多信仰者的神祇，相關的傳說涵蓋生平與事蹟、造像與神蹟，乃至其神格化過程等的演變與興盛歷程。目前已知，自宋代以降從護衛海上行舟的海神，到守護萬民的多面向神祇，媽祖的傳說與故事承起重要的指導。媽祖的故事亦建立起信仰事實的共識，而護世神蹟則遍傳於民間。從早期的救海難、護漕運、助海戰、平瘟疫，[587]乃至近代的接炸彈、助生產[588]、救疾患等等，媽祖神蹟不斷的轉化與多元化。[589]信仰者從航運的軍民擴充成一般民眾，從漁民擴展為海商，乃至來自士農工商信徒的轉行改業，媽祖的神格、功能以及祭祀的儀式、組織等都應時而變遷。時空的更迭，媽祖形象、職能的擴張，以及神蹟顯現的屬性轉化，使媽祖成為臺灣民間信仰重要的神祇，並貼緊臺灣社會脈動。[590]

　　媽祖是貼近民眾生活的存在，相關的傳說、神蹟與故事廣佈流傳於民間，經常是多數人精神與心靈的寄託之所，亦作為「慈悲守護」與「安定社會」的力量。學界以媽祖作為研究主題與討論，所累積的資料與數據龐大、豐富且多元，非其他臺灣民間信仰神祇可比擬。關於媽祖的研究，學界嘗自《天妃顯聖錄》、《三教搜神大全》、《太上老君說天妃救苦靈驗經》、《聖墩祖廟重建順濟廟記》、《仙溪志》卷9〈三妃廟〉、《莆田比事》、《順濟聖妃廟記》、《聖墩順濟祖廟新建蕃釐殿記》、《靈慈廟

---

[586] Lindsay Jones, Editor in Chief, "Encyclopedia of Religion, Second Edition." Thomson Gale. Printed in the United States of America. 2005. p.8861.
[587] 林明峪，《媽祖傳說》（臺北：聯亞，1980.04），頁126。媽祖於水、旱、疫、饑、退潮、築堤、助戰等皆能發揮神通。
[588] 李露露，《華夏諸神—媽祖卷》，頁145-148。媽祖儼然成為求子、生育之神。
[589] 林茂賢，〈臺灣媽祖傳說及其本土化現象〉《國家與教育》卷1，(2007.03)：93-102。
[590] 張珣、林美容，〈媽祖信仰的文化、敘說與社群專號序言〉《台灣人類學刊》6(1)，(2008)：vi-x。

第五章　「後山媽祖」的傳說、神蹟與廟際關係

記》、《陔餘叢考》、《八閩通志》、《興化府志》、《泉州府志》等等相關史料文獻與志書,[591]得以揭示與印證媽祖傳奇的一生。然而田野採訪結果顯示,多數民眾或信徒,甚至於非關注於媽祖信仰研究的學者,對於上述書籍有涉獵者極少,更甚者則是不曾聽聞。在徵詢243人的過程中證實,其中僅有二冊具有較多的已閱者;一是《三教搜神大全》僅有13人,其二是《天妃顯聖錄》也僅有12人。又《仙溪志》卷9〈三妃廟〉、《莆田比事》、《仙溪志》、《聖墩順濟祖廟新建蕃釐殿記》、〈靈慈廟記〉等五冊,則被採訪人皆未見過。結果顯示,媽祖信徒或一般的民眾知曉媽祖的身世、傳說與故事,絕非直接透過學者的研究成果、數據或學術論述。其中已閱者表示《天妃顯聖錄》[592]書籍在寺廟中流傳的較多故取得相對容易,此外被引介閱讀及談論的機會高。[593]另外關於《三教搜神大全》,寺廟管理人或信徒則表示,多以閱讀《繪圖三教源流搜神大全》為多,主述因有「看圖說故事」之圖像輸入感覺親近,且容易誘發閱讀興趣。

　　後山媽祖廟的緣起與香火來源的探詢,證實後山媽祖信仰的傳播與傳承,無法離開移民和墾民的直接或間接關係。實務上清楚可見,後山媽祖信仰傳入後與地方的社區及民眾的生活密切結合。因此我們還需要再探問,多數民眾如何能知曉有關媽祖的事蹟或傳說?又如何能說明媽祖廟各自的神蹟與故事?探查結果顯示,多數人指出是藉由電視、電影或網際、網絡媒體等,各類影音的傳播媒介與途徑,進而知曉與了解媽祖的傳說與故事。而這

---

[591] 採用以上13本文獻資料,主要根據多位學者研究所得統計而來。如:林美容,《媽祖婆靈聖—從傳說、名詞與重要媽祖廟認識台灣第一女神》(臺北:前衛,2020.04),頁17。張珣,台灣的媽祖信仰－研究回顧《新史學》6(4),(1995):89-126。戴文鋒,〈「媽祖」名稱由來試析〉《庶民文化研究》第3期,(2011.03):40-91。蔡相煇,《《天妃顯聖錄》與媽祖信仰》,臺北:獨立作家,2016.11。

[592] 不著撰人,〈天妃顯聖錄〉《台灣文獻史料叢刊 第九輯》,臺南:大通書局,1960。

[593] 2022.12.10 採訪新莊慈祐宮張淂時理事所得。他是新莊地區的仕紳也是少數對媽祖文獻有較多涉獵者。已閱《天妃顯聖錄》、《三教搜神大全》、《順濟聖妃廟記》、《八閩通志》、《興化府志》、《泉州府志》。

些文本的互文性（intertextuality）是不可被忽視的存在。採訪結果也揭露，多數的信仰者根本上並不在乎或關注文獻的內容。對於信仰者而言，無法閱讀艱深的文字是主要的問題，而透過選擇相對「平易近人」且容易理解的影音創作及資訊內容等，作為主要接收知識及認識媽祖的媒介與管道，才更貼近現實生活。顯而易見的，關於媽祖，對於一般民眾而言，通俗性的故事文本才是傳播於民的途徑。此外，還有透過言說者，多數為口傳歷史，重點不在於神蹟的真偽，更多牽涉到個人主觀的意識、感受與見解；亦即信者恆信之。[594]張珣表示「整個媽祖信仰本身也是一個大型的全國性的『敘述』工作」，只要有人故事就會傳遞。[595]林美容說：「媽祖是台灣人最普遍信仰的神明」；因此媽祖信仰的社會、文化與歷史意義，是可以透過媽祖的相關活動窺探。[596]而我們也將藉此以各種記載於碑碣、廟誌、方志、地方傳奇，以及田野訪查等傳說中的神蹟，進而歸納出神蹟與後山媽祖信仰之間的關係。

　　後山媽祖的神蹟傳說故事，約略可歸納為，媽祖顯聖禳災去煞、救難解厄、建護廟宇、以及警示與靈應的故事等四類。在大的分類下，再細述宜蘭地區 13 類、花蓮地區 11 類、臺東地區 12 類的神蹟故事內容，顯現出精彩多樣，且獨具後山媽祖信仰的風格。丁仁傑說靈驗是和漢人民間信仰操作與發展關係最為密切的一個概念，但至今尚缺少基礎性的理論探討。[597] 當敘述宜蘭、花蓮、臺東，後山地區三個縣境內的媽祖神蹟傳說，在引用或書寫時將側重於對信徒的影響，而非考證事蹟之真偽，抑或事蹟發生的時間考據。採訪的過程中難免多有疏落或不足，但大抵不偏離本文

---

[594] 沈佩璇，《媽祖研究－以鹿港天后宮為例》靜宜大學中國文學系碩士在職專班碩士論文，2013.07，頁 119。

[595] 張珣撰，林美容、張珣、蔡相煇主編，〈從媽祖的救難敘述看媽祖信仰的變遷〉《媽祖信仰與現代社會國際研討會論文集》（雲林：北港朝天宮，2003 年），頁 171。

[596] 林美容著、戴村寶主編，〈台灣媽祖的歷史淵源〉《台灣歷史的鏡與窗》（臺北：國家展望文教基金會，2002），頁 287。參閱 http://www.twcenter.org.tw/thematic_series/history_class/tw_window/e02_20010402

[597] 丁仁傑，〈靈驗的顯現：由象徵結構到社會結盟，一個關於漢人民間信仰文化邏輯的理論性初探〉《臺灣社會學刊》第 49 期，（2012.06）：41-101。

之訴求。後山媽祖神蹟的傳說與故事,由被訪問者口述的內容是精彩、獨特的,而蒐集的篇幅與數量或有未盡完善,謹待後人增刪補減,與臻化境。

後山媽祖信仰主要源於人群的移動,創發出具有在地化特色的信仰形式。從媽祖信仰的歷史時空來看,後山媽祖信仰的歷史不是固定且單一同質的運行模式。在持續的運行過程中牽涉到區域、社區,以及不同人群與權力間的相互角力。[598] 後山媽祖廟發展的歷史與方向,很難分離種種利益與立場的矛盾,以及權力較勁的迴圈。因此藉由協調、批評的過程,促使認同與歸屬的社群及信仰歷史逐漸被建構出來。[599] 田野中,一張象徵媽祖神像身分證明的「契書」,引發一場正統與非正統的紛爭。藉用禮物交換來討論後山媽祖信仰,從看似簡單及自願性的分靈、分香或參與友宮祭祀儀式,以及神將會的「出陣」等交往、禮物行為,理解其背後隱含著複雜交錯的社會因素,亦即禮物交換經濟乃構成全面性社會網絡的重要基石之一。

第一節　宜蘭地區媽祖廟的神蹟

臺灣的媽祖信仰具有富饒的地方風采與傳說,各地的媽祖廟因建立的年代、地域、背景之差異,而擁有各自的神話與傳說故事。媽祖的神蹟或傳說故事被置入於移民、區域開發史及臺灣的政治環境、經濟發展等背景的大架構下來考察、分析,將更顯其意義。從宜蘭地區媽祖信仰的神蹟來看,具體呈現的是一種崇拜的心理與形式。在漫長的歷史空間與時間流中,不曾因外在的理性或文明而有所消退。隨著時空更迭,宜蘭的民眾對媽祖崇拜活動不斷地擴充、累積並增加其豐富性,又直接與地方社會及人文有著緊密的結合。這是全體居民共同營造和整合出的信仰文化現

---

[598] Elana Chipman, 'The Local Production of Culture in Beigang'. "Taiwan Journal of Anthropology "6(1),2008:1-30.
[599] 張珣、林美容編輯,〈媽祖信仰的文化、敘說與社群專號序言〉《臺灣人類學刊》,(2008.06):ix、(v-x)。

象與活動,不僅是對媽祖的崇敬與膜拜,更是在人、神和諧的關係中展現出媽祖的永久魅力。

後山的媽祖廟因主祀神的分靈或香火的來源不同,所以稱名亦有所差異。宜蘭地區的媽祖廟除因分靈、香火的差異外,還存在有因主流信徒群體或寺廟位處不同地方區域而呈現各自的表述。被述說的媽祖稱名與故事,多數也會和媽祖的神蹟與靈驗事蹟有所連結。考察宜蘭縣境內 39 座媽祖廟的碑碣紀錄,以及田野中信眾的口傳歷史,是提供故事來源最佳的工具。

一、 碑碣中的宜蘭媽祖神蹟故事

宜蘭縣境內媽祖廟的碑碣內文,多數的靈驗事蹟以紀錄廟宇興建及主祀神來源為主。宜蘭媽祖廟的田野調查期間,最常聽到的故事是媽祖如何庇佑家宅平安、事業順利、醫病救人,以及得媽祖應許後信徒還願的靈驗傳說。又如,媽祖指定廟基與座向,以呼應早期為求蘭陽士子得以「科甲連登」並丕振文風,故而重建媽祖廟以求蘭陽文風譽滿全臺。再則是媽祖顯靈派遣仙女以裙擺接炸彈,以及媽祖神像來源的特殊性及靈驗性。關於媽祖展神力接炸彈的神蹟傳聞,流傳於臺灣不少的媽祖廟;例如林美容談彰化媽祖的信仰圈時,也討論了相關的故事。唯一不同的是,故事中彰化媽祖接的是美軍投的炸彈,[600]而宜蘭媽祖接的是日本轟炸時的炸彈。[601]或許歷史已證明,接日本的炸彈是一謬誤,[602]但卻無損於民眾信仰的心理。根據國立自然科學博物館的整理,關於媽祖接炸彈的神蹟傳說,在臺灣還有彰化埤頭合興宮、雲林北港朝天宮、屏東萬丹的萬惠宮、嘉義朴子配天宮,台南安平、高雄鳳

---

[600] 林美容撰、張炎憲編,〈由祭祀圈到信仰圈―台灣民間社會的地域構成與發展〉《中國海洋發展史論文集(三)》(臺北:中研院三民主義研究所,1988),頁 115-116。95-125。
[601] 參閱「利澤簡的精神地標―永安宮」一文內容,由五結鄉利澤簡永安宮所提供。
[602] 洪致文,《不沉空母--台灣島內飛行場百年發展史》(臺北:洪致文,2015),頁 x。

第五章 「後山媽祖」的傳說、神蹟與廟際關係

山以及台中新社的媽祖等等。[603]可見關於炸彈的神蹟在全台普及度是極高的。[604]儘管各傳說版本略有差異，整體上不離媽祖施展異能以護衛民眾的身家、性命之安全，以及為地方攘災轉禍為福之神能的顯現。

　　細數宜蘭縣境內媽祖廟碑碣所載的神蹟故事，可見宜蘭媽祖沒有助戰與平亂的神蹟，更沒有防制原住民出草的紀錄，卻有媽祖目睹政治迫害的遺址。從廟宇的建築方位來看，背山面海是多數媽祖廟興建時的常態，寺廟就像照護海上的燈塔能指引、保佑蒼生百姓。面海其意義直指「水德揚靈」之目的性，以照佑海面漁船漁民安全，亦有遙望祖廟的意象。但蘭陽境內二座已被列為縣定古蹟的媽祖廟（媽祖宮）：宜蘭市昭應宮及五結鄉利澤簡永安宮，早期皆有目的性且刻意調轉廟基與座向，反向操作結果在廟門改向後，宜蘭果出進士、能人。神威顯靈相救海上、庇護島民的傳說，紀錄於頭城拱蘭宮、南方澳進安宮、蘇澳南天宮、蘇澳港興宮、羅東震安宮。開海路連接內陸港，在昔日蘭陽平原上最繁榮的港口：奇力港（今利澤簡）發生禱神得應，媽祖使海水暴漲以迎接康熙帝敕封的媽祖神像到來。頭城拱蘭宮始於龜山島，信眾以捕漁維生，島上無設醫療所。若遇海難或生病，藉由神聖降乩為島民能消災解厄。遷移臺灣本島後，媽祖顯神蹟救助心梗昏迷就醫患者，在在顯現媽祖應禱救生的靈驗神蹟。[605]頭城慶元宮：開蘭第一媽祖，因 1947 年 3 月軍隊進駐宜蘭，七名與二二八事件相關之地方仕紳於深夜被捕，軍隊原欲於 3 月 19 日深夜將人載到打馬煙海邊處決，不料卻遇道路中斷，臨時停車於媽祖廟附近並直接槍殺郭章垣等七人，同時二名無辜目睹事件者，因違反宵禁被捕，被迫挖坑埋屍後又遭國軍毒打，造成一死一重傷。此政治

---

[603] 參見：〈媽祖接炸彈〉（http://digimuse.nmns.edu.tw/ ）《國立自然科學博物館》，2022.12.10 摘錄。
[604] Will Lu，〈為何二戰時，台灣從南到北都有「媽祖幫民眾擋炸彈」的傳說？揭密全台最深入人心的媽祖信仰〉（https://www.storm.mg/lifestyle/1489121?page=1，2019-07-16）《新新聞》，2021.12.12 摘錄。
[605] 參見：簡英俊（龜山里長）撰，〈拱蘭宮沿革〉碑，民 100 年立。

事件讓媽祖廟的廟埕意外成為宜蘭地區最大宗的集體坑殺案現場。[606]歷史悠久的媽祖廟與二二八遺址從此畫上等號,而開蘭第一媽祖則見證了臺灣民主化道路上醜惡的政治迫害。

媽祖保護孩童與護生產的故事時有所聞,多數圍繞在母性慈愛的形象上。頭城合興天后宮記載「鄉民於此祈福求子嗣,有感咸應,香火綿延成為地方信仰中心」[607],直指媽祖具有註生娘娘主管懷孕、生產的信仰寄託。媽祖顯神蹟自尋乩子(乩童),後「辦事」、救病扶傷與建廟的故事從不缺席。如頭城更新北天宮傳有村婦形似精神錯亂有月餘,原來是媽祖抓乩;此後始開壇問事、「點地」建廟及救助重病之人。[608]二百多年來宜蘭二結仔城底是陳氏宗族歷代駐居地,二結仔昭安宮因應而生。昔日醫術與醫療資源不足的條件下,如若風寒、傷病或外出行商,都託付於駐守的媽祖與聖祖護佑,庄內子弟果皆得神賜平安解脫痊癒,[609]是受媽祖聖佑的結果。宜蘭市慈航宮紀錄有漢與番的群族衝突,昔時境域番害頻仍,每有入山者,必於神前擲筊祈佑,此行必平安歸來,是以神威顯赫、境緣靖安。[610]礁溪玉鼎慈天宮媽祖顯慧眼,從數筆土地中擇地建廟,準確點選交通便利且廟基於庄內三個聚落的中心點位置。[611]又有南方澳漁船海上漂流至湄洲島,意外迎回二尺七寸的軟身媽祖神像,原訂供奉南方澳南天宮,媽祖顯神威示

---

[606] 參見:頭城鎮慶元宮第五屆管理委員會製,〈慶元宮創建歷經兩世紀史略〉碑,民90年立。〈二二八遺址資料庫—頭城慶元宮〉(https://www.228.org.tw/eseki-view.php?ID=56)《二二八事件紀念基金會》,2023.03.05摘錄。二二八事件被逮捕七人,林蔡齡(台灣銀行宜蘭分行行員),宜蘭警察:呂金發、賴阿塗、曾朝宜,二二八事件處理委員會宜蘭分會:郭章垣 主任委員(宜蘭醫院院長)、蘇耀邦 總務組委員(宜蘭農業學校代理校長)、葉風鼓 保安組委員兼組長(宜蘭警察課代理課長),關押於稅捐處宜蘭分處,於3月19日凌晨卡車載到頭城。
[607] 參見:大溪忠孝新村天后宮管理委員會製,〈天后宮沿革〉碑,民96年5月9日立。
[608] 參見:北天宮重建管理委員會製,〈更新北天宮(天上聖母)沿革〉碑,民82年(歲次癸酉年仲秋)。
[609] 參見:〈宜蘭市二結仔昭安宮沿革〉碑,民99年12月12日立。
[610] 參見:〈宜蘭市慈航宮沿革〉碑,民98年3月吉旦立。
[611] 參見:莊春土撰,〈香火鼎盛玉鼎慈天宮前言〉碑,民98年3月立。

第五章 「後山媽祖」的傳說、神蹟與廟際關係

意欲轉往礁溪玉鼎慈天宮享萬民香火。[612]羅東街最早的「媽祖宮」羅東震安宮，自清至民國歷經數次的毀壞與重建，從颱風、火災、樑柱腐朽、廟勢垂危，[613]有半毀有全毀；但無論損壞有多嚴重每個階段皆有媽祖顯聖的事蹟，在深厚的信仰中廟宇不斷的被修復與重建。

　　蔓草檨生、瘴氣瀰漫、瘟疫肆虐是舊時入蘭境的煩惱，亦是早期大南澳未開發前的寫照。大南澳天后宮傳說移民拓荒皆因此無功而返，迨日治時期因徐阿紅攜帶媽祖令旗隨身，逐平安抵達大南澳。此後事業順遂，媽祖神威顯赫之名傳開並得民朝拜。[614]大南澳天祝宮據傳 1990 年 9 月 9 日黛特颱風侵襲蘭陽地區，夜半狂風驟雨，媽祖顯聖影指示：「自大陸運來木材要雕金身，不得他用。妳快起床，隨吾到走湧灣撿拾木材。」果見一批漂流木，其一特長足有三丈六尺以上的桂蘭樹（圖 5-1）可供雕刻神像。[615]數日後

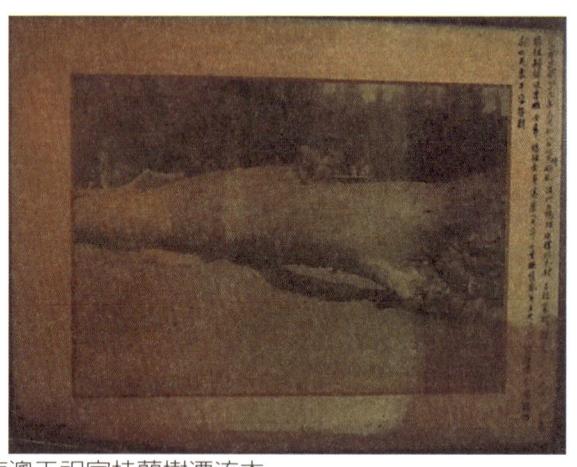

圖 5-1 大南澳天祝宮桂蘭樹漂流木
翻拍，攝影：卓麗珍，日期：2014.02.28

---

[612] 參見：「宜蘭媽祖弘道協會」大會手冊。
[613] 莊雅惠，〈羅東震安宮〉《蘭陽博物》第 48 期，2009-01。參閱 https://www.lym.gov.tw。
[614] 參見：〈大南澳天后宮沿革〉碑。
[615] 參見：林李桂香、天祝宮重建委員會委員，〈天祝宮沿革〉碑，民 91 年立。

終成站姿七尺二寸媽祖神像（武身）。三星忠天宮記載本境居民素感媽祖神靈護佑，所以五穀豐稔、安居樂業，即使天災洪水多次來襲，人丁也皆安。[616]在宜蘭地區數十座媽祖廟的碑碣中，唯有三星忠天宮記錄與農業種植相關之文字。

艾倫‧鄧迪斯（Alan Dundes）從民俗學上說，神話是指關於人類和世界變遷的神聖故事。[617]廣義來說，神話可以是任何的傳說，可藉由故事的方式來表達。[618]神話和傳說之間是否有明確界限，非本文要追問的。但各種類型的神蹟傳說與故事，在媽祖廟中被各自的信徒傳誦著，而宜蘭地區媽祖廟的碑碣紀錄，二百多年來先民的篳路藍縷，以及災難發生時或預示有災或平時的祭祀與祈求，皆是大眾仰賴媽祖顯靈救助的渴望。神話是眾人的夢，神蹟是眾信的渴望，無論是反映早期移民拓荒的困境，或任一時候對抗天災、人禍的無助，媽祖顯聖救難與解除困境的庇護故事，散播在蘭陽平原上，更加強信徒對宜蘭媽祖的信仰，因此宜蘭媽祖信仰能夠屹立不墜。

二、 宜蘭媽祖神蹟的類型

誠如最多人閱讀過的主流傳說版本《天妃顯聖錄》所云，媽祖「生而靈異，少而穎慧，長而神化」，[619]相傳是觀音菩薩的轉世。媽祖的神蹟為世人所稱頌者，如神功廣大，救世利人，扶危濟困，「慈航寶筏」，以及度一切苦厄的慈悲至性。上至保衛國家，下至拯扶陷弱的黎民蒼生。即有危難驚疑，信者仰空號祝或焚香設案而禱之，即見「神妃閃忽遙臨」。媽祖的神異蹟不一，而其神

---

[616] 參見：〈忠天宮沿革〉碑。
[617] Dundes, Alan. Introduction. Sacred Narrative: Readings in the Theory of Myth. Ed. Alan Dundes. Berkeley: University of California Press, 1984. p.1.
[618] Kirk, G.S. *Myth: Its Meaning and Functions in Ancient and Other Cultures.* Berkeley: Cambridge University Press, 1973. p. 74； Kirk, G.S. "*On Defining Myths*". *Sacred Narrative: Readings in the Theory of Myth.* Ed. Alan Dundes. Berkeley: University of California Press, 1984. p. 57.
[619] 孫堯俞撰，「序一」〈天妃顯聖錄〉《台灣文獻史料叢刊 第九輯》，頁一。

第五章 「後山媽祖」的傳說、神蹟與廟際關係

靈庇佑,猶如見其形、聞其聲,可謂是百禱百應。[620]以上之說,為臺灣各媽祖廟所採信,在宜蘭地區的媽祖廟及其信眾也同樣堅信不疑。

媽祖事蹟頻傳,隨著媽祖信仰的神性發展,應時應地而生。以下將以文獻資料、媽祖廟的碑碣及田野調查等素材,爬梳媽祖在蘭陽平原上發生的故事。

(一) 轟炸時接炸彈

媽祖在臺灣的傳說不少,然而單就媽祖接炸彈的傳說而言,猶如全台媽祖廟共享的神蹟故事,隨處可聞。雖是多座廟宇所傳述,內容則有不同的表述變化,但整體故事經過大同小異。基本指向第二次世界大戰時,臺灣仍屬日本管轄的領土,因此成為盟軍的作戰範圍。

宜蘭地區有三座的媽祖廟述及炸彈的神蹟事件。首先見於大南澳震安宮記載,蒙天上聖母等諸神保佑,使南澳地方平安渡過第二次世界大戰時美軍空襲臺灣,安然無事。其二是海軍北方澳進安宮的神明顯聖傳說,話說日治時代北方澳為日軍防禦據點,1945年二次世界大戰的戰事頻繁,九月初秋有三艘日本小型戰艦拋錨停放澳中,美軍機飛過領空時發現即展開砲轟及轟炸,幸賴聖母庇護,炸彈竟然一顆顆掉入海中,而陸地面全然無損,村民亦皆幸免於難。[621]事後,有人聲稱看見半空中有女神用裙襬拍開炸彈,於是村民恍然若知是媽祖顯聖庇護。[622]其三是五結鄉利澤簡永安宮,文本紀錄媽祖於日本轟炸臺灣時,媽祖顯靈派遣雲端白衣仙女以裙襬接住炸彈並將炸彈投落海中,才讓利澤簡永安宮免於轟炸之險,廟體完整無損與破壞。本地居民津津樂道媽祖顯靈傳說。

歷史事件紀錄顯示,二戰期間臺灣仍屬日本國所統治管理,戰爭爆發後盟軍為壓制在臺起飛的日軍,破壞主要的機場與港口,

---

[620] 黃起有撰,「序二」〈天妃顯聖錄〉《台灣文獻史料叢刊 第九輯》,頁三。
[621] 參見;海軍蘇澳後勤支援指揮部,〈海軍北方澳進安宮沿革紀實〉碑,民96年仲夏立。不著撰人,〈北方澳進安宮天上聖母沿革史〉碑,民78年多立。
[622] 游謙、施芳瓏,《宜蘭縣民間信仰》,頁300。

以戰果振奮人心，進行分階段戰略性的突襲戰術及戰略轟炸。[623]遭受盟軍（美軍）連續數日空襲的臺灣居民，惶惶不可終日。為何利澤簡永安宮錯將美軍機的轟炸，誤認為是日軍的事件？根據洪致文的說法，可追溯至日本成為戰敗國而離開臺灣後，臺灣人的記憶遭替代與消抹，被以日本侵華的中國史觀取代，以及南方作戰（日語：南方作戰）臺籍日本兵返臺台後多噤聲不語，政治操作是導致臺灣人逐漸遺忘自己的歷史與荒謬的報導。[624]受採訪者表示，或許身受空襲威脅的臺灣人，面對連續的空襲與盤旋高空的戰機，根本上或許無法判斷轟炸者該歸屬日本或美國。媽祖作為臺灣民間最普遍的神明，祈求庇佑莫受砲火轟炸，靈驗後衍生出媽祖擋下／接下／撥開砲彈的神蹟故事，成為信仰必要希冀。

為何臺灣從南到北都有「媽祖接炸彈／砲彈」的傳說？其背後的意涵或與移墾社會中，期望苦難的能被看見與救度。此外，媽祖作為全臺最多廟宇與信徒的存在，全島無能倖免的大空襲記憶，成為共同交織出的傳說。

（二） 廟基改向出進士

在臺灣媽祖廟的建築方位與向位，多有講究，以背山面海或面向有水之處而建為主。宜蘭地區的媽祖廟打破這項媽祖廟門朝海的建築慣例，成為全台僅少數的獨特存在。除了蘭陽溪以北的宜蘭市昭應宮之外，在溪南則有「溪南第一宮，開蘭人文廟」之稱的五結鄉利澤簡永安宮，以及地方人稱「嘉義仔媽祖」的羅東聖安宮。

宜蘭昭應宮原名「天后宮」，清嘉慶 13 年（1808 年）初建時，廟基是座西朝東的面海兩殿式小規模建築，主要秉持媽祖廟面海庇護海上生靈之意的傳統。隨著時間的更迭與宜蘭發展日盛，環境地貌改變，居民有意擴建狹小的廟宇。時有堪輿師占卜易卦言，若昭應宮廟門向朝東則「物產豐饒」，如易廟以向西則蘭陽子弟必主「科甲聯登」。於是道光 14 年（1834）間，宜蘭市昭應宮打

---

[623] 杜正宇，〈論二戰時期的臺灣大空襲（1938-1945）〉《國史館館刊》第 51 期，（2017.03）：59-95。
[624] 洪致文，《不沈空母--台灣島內飛行場百年發展史》，頁 x。

第五章 「後山媽祖」的傳說、神蹟與廟際關係

破媽祖廟門朝海的慣例，遷建後調轉廟門向西呈背對海而建。同治七年（1868）蘭陽地區果有楊士芳(1826-1903)高中進士，相繼有李望洋(1829-1901)於1859年舉人及第。[625]信眾以為皆是媽祖聖佑，在宜蘭地區傳為佳話。媽祖傳說故事持續發展，從宜蘭唯一的進士楊士芳，以及「宜蘭幫」始祖李望洋，人稱「李刺史」的舉人，乃至臺灣社會運動及民族運動的重要代表性和領導人物之一的蔣渭水，皆有所連結。民眾於此津津樂道。

五結鄉利澤簡永安宮，背海面山而建的廟基與座向，都是媽祖指定。朝西而不面向大海的媽祖廟，除有出「能人」之說外，還有因舊時奇力港海水倒灌與地理環境變遷的說法。臺灣是高山型海島國家，森林資源豐富；檜木、扁柏等珍貴的木材蘊藏其中。早在1915年起，日本政府就有計畫性地進行伐木、集材、運材等作業。其中以第一大林場：宜蘭太平山林場的產量最豐，檜木質地及品質最佳。更是構築日本神社、明治神宮的重要建材。昔日羅東鎮是木材集散地，也是最具規模的「官營」林場，更是臺灣林業重鎮，被譽為「木材之都」。[626]是時吸引許多臺灣西部來尋找機會的創業移民。羅東聖安宮媽祖的信徒組成，早期以嘉南地區的移民為主，鄉親相邀同來，因此族群性強，復多從事木材業的經營。「嘉義仔媽祖」顯聖指示，眾善信乃多為羅東木業打拼。所以，廟基方位應面太平山方向，而不面海，即座東北朝西南，此吉向有利於事業發展，果驗。[627]眾皆感謝媽祖神威顯靈顯聖照護與靈感。

（三）媽祖借靈寵助陣

媽祖借靈寵助陣的傳說，傳誦於利澤簡永安宮。據說因地域關係，昔日張法主公多以庇護原住民為主，而王爺公則偏重保護

---

[625] 參閱〈宜蘭 昭應宮宮前大樓概略〉。另參：維基百科：https://zh.wikipedia.org/zh-tw/昭應宮，2022.12.10摘錄。

[626] 參閱「羅東鎮徽」（http://www.lotong.e-land.gov.tw）《羅東鎮公所》，2022.06.11摘錄。

[627] 參閱康乃心，《羅東嘉義仔媽祖廟聖安宮與地方發展》佛光大學人文學院宗教學研究所碩士論文，宜蘭縣，2019年，頁32、37-38。

平地人。張法主公和王爺公二神因各自為政,所庇護照顧的族群不一樣,相爭不斷,經常鬥法。某次王爺公在一次鬥法中落敗,急急求援於利澤簡的媽祖,媽祖無奈只好派出神獸虎爺去助陣,結果戰後虎爺未回,導致從此以後利澤簡永安宮之虎爺只餘神位而無神像。[628]

(四) 媽祖廟公化冬

　　星雲大師《星雲說喻》說,每年春節前夕,叢林裡的佛教寺院僧眾會挨家挨戶地拜訪信徒,藉機送去平安符及說些吉祥話,信徒回贈以一碗米,即是「化冬」,也是「化緣」之意。[629]宜蘭有句俗話說「廟裡和尚化緣,媽祖廟公化冬」。[630]緣於早期農業社會生活貧苦,媽祖廟的收入有限,難以支薪給廟祝。因此每年宜蘭水稻一年兩次的收成期,一至六月為上冬(夏)、七至十二月為下冬(冬),媽祖廟的廟公趁農戶稻子收割後,挨家分送「媽祖平安符」,以及已祭祀過媽祖的供品(餅乾及糖果)。分享媽祖聖佑,農家回贈稻穀作為廟公的薪餉。此一行動就稱之為「化冬」。[631]宜蘭金同春圳前的梅洲慈航宮「化冬」聖母印,即是應此而生。「化冬」聖母印是印製平安符的印模,鉛版雕刻神像圖案,以硃砂為印泥。信眾們相信「媽祖平安符」是媽祖的信物,能逢凶化吉,具有庇佑與驅邪的功用,只要虔誠向媽祖祈求,可以為自己或家人求得好運。不過隨著時代轉變,「化冬」早已成為歷史名詞,宜蘭地區二期休耕也已經超 20 幾年了。

---

[628] 2014.03.02 採訪永安宮主委李富松提供「利澤簡的精神地標─永安宮」。
[629] 參閱 釋星雲,〈207 化冬〉(http://books.masterhsingyun.org/ArticleDetail/artcle10173)《星雲說喻 1》星雲大師全集典子版。
[630] 參閱〈廟裡和尚化緣,媽祖廟公化冬〉(https://yilanart.ilccb.gov.tw/)《宜蘭縣政府文化局:宜蘭線上藝文平台》,2022.08.10 摘錄。
[631] 參閱〈絕跡 40 年 鉛版化冬聖母印 再現宜蘭慈航宮〉(https://www.merit-times.com/NewsPage.aspx?unid=126970,2009.05.22)《人間福報》,2022.08.08 摘錄。

（五）「不肯去媽祖」

五代後梁貞明二年（916 年），據載有日本僧人慧鍔（えがく）奉橘太后之命來唐，登五台山得觀音神像。奉歸日本途中，經海路，舟觸新螺礁不能前進，慧鍔禱曰：「使我國眾生無緣見佛，當以所向建立精藍。」須臾海面平靜、船動了，但卻停在梅岑島潮音洞下徘徊，久久不肯離去，居民張氏見狀，舍宅供奉，呼名「不肯去觀音院」，而神像得名「不肯去觀音」傳說。[632]梅岑島更名普陀山，成為觀音菩薩的應化勝地。臺灣後山地區今有「不肯去媽祖」傳說，神像的故事緣於，一是媽祖顯聖要留在原來供奉的寺廟，不肯去新廟。二是媽祖來到後山的村莊想留下來，不願離開。三是媽祖選擇跟著信眾回到居地，永駐不走了。最後是媽祖神像歷經滄桑，去了又再回來等四種型態。分別發生在後山媽祖的故事之中。

海軍北方澳進安宮的紀錄，媽祖來自於 1812 年鄭氏部將蔡牽所率領的水軍殘部。媽祖神像原被安置於僅容一人進出的天然石洞內，1820 年居民有感祭祀不便，乃伐木築建約三坪小廟，道光年間又擴建為 15 坪。1974 年北方澳闢建為中正軍港，居民奉令全數遷村，兩百年歷史的開基媽祖隨同村民遷至南方澳，暫居於北濱一村民宅內。而北方澳進安宮的鎮殿媽祖，成為第一種「不肯去媽祖」，媽祖執意留在軍港中，成為全台唯一由中華民國海軍所供奉的媽祖，而且民眾想參拜時，還必須要事先申請。

（六）媽祖示警止禍、治病

頭城更新北天宮傳媽祖顯靈起駕自選廟地，但卻遇廟地取得困難，主委於神前「發口願」任期內定完成廟地取得。期間適逢地主林萬身患重疾生命垂危，經信徒代向媽祖起願，如若病症獲早日痊癒願協助處理廟地事宜，果驗，經媽祖聖佑為病者加添六

---

[632] 刑莉，《華夏諸神：觀音卷》（新北市：雲龍，1999），頁 236。〈南海普陀山不肯去觀世音菩薩〉http://www.shengengong.org.tw/show_sacred.aspx?pID=24。

年壽命。林家子弟為感念媽祖恩典,同意從原有二筆土地以半價半捐獻方式六十萬元完成出讓。[633]

頭城拱蘭宮遷移至臺灣本島後,於 2008 年間有臺北黃姓警官因心肌梗塞在醫院昏迷三天,其家屬求助媽祖,數日後病癒且平安無事。[634] 羅東天后殿的殿主陳泩福幼時臨時患急病,母以北港朝天宮媽祖聖像圖作為祭祀後得救,成年後成為北港媽的乩童。[635] 五結鄉大吉順安宮媽祖,於 1765 年自漳州內地來台,自家供奉時祈求庇佑靈驗,鄰近居民知曉後求佑亦頗靈效,未幾建小祠共同奉祀。[636] 又傳媽祖顯聖,請聖母醫院的醫生(外國人)來救名喚阿朗的信徒。[637]

(七) 媽祖顯聖與夢境

2019 年一則新聞標題寫道:「郭台銘:媽祖託夢要我出來為台灣做事」,內文針對是否參選 2020 年總統選舉時,鴻海科技集團創辦人郭台銘回應「要去問關公、問媽祖」[638],引來外界聯想。他同時表示會遵照媽祖指示做好事及為臺灣帶來和平繁榮。我們無法證實媽祖是否真的託夢給郭董,但回顧臺灣媽祖信仰的過往傳說與神蹟,媽祖作為臺灣最具代表性的神祇,祂現身於戰役、天災,似乎從未缺席過每一重要的時刻。

---

[633] 參見:北天宮重建管理委員會製,〈更新北天宮(天上聖母)沿革〉碑,民82 年(歲次癸酉年仲秋)。
[634] 參見:簡英俊(龜山里長)撰,〈拱蘭宮沿革〉碑,民 100 年。
[635] 2021.01.01 採訪羅東天后殿殿主之母陳林阿絲、曾仲德委員(22 歲)、陳珮瑄(陳泩福甥女)。
[636] 參見:大吉村順安宮沿革,中華民國六十八年歲次己未孟春之月吉旦甲戌年重刻安置。
[637] 2014.03.01 採訪五結鄉大吉順安宮前主委蔡財王(36 年次)。
[638] 參閱李錫璋編輯,〈郭台銘:媽祖託夢要我出來為台灣做事[影]〉(https://www.cna.com.tw/news/,2019/4/17)《中央通訊社》,2022.06.11 摘錄。新聞針對 2020 年總統選舉郭台銘曾參拜板橋慈惠宮及淡水武聖廟的行程,引來外界聯想。

第五章 「後山媽祖」的傳說、神蹟與廟際關係

圖 5-2 南方澳進安宮「寶石珊瑚媽祖」神像
資料來源：取自綺麗珊瑚官網 https://www.cljewels.com/，2023.04.05

圖 5-3 南方澳進安宮石雕珊瑚媽祖
資料來源：取自自由時報，記者江志雄攝，2023.04.05

一尊以寶石珊瑚與黃金搭配製成，價值不菲的媽祖神像轟動全臺，源於一場媽祖顯聖的夢境。臺灣唯一的寶石珊瑚媽祖神像（圖5-2），亦是世界最大珊瑚媽祖，以重50多斤的稀有寶石桃紅珊瑚原枝雕成。高約160公分，重達600公斤，於2009年7月隆重現身於南方澳進安宮。同年9月聯合國教科文組，已正式將珊瑚媽祖列入「人類非物質文化遺產」。話說2006-2007年間，綺麗珊瑚洪明麗董事長在機緣巧合之下，得黑面媽祖託夢顯境後與宜蘭南方澳的進安宮媽祖結緣。因發願決定以高貴的珊瑚來雕刻一尊媽祖，敬獻給廟方。南方澳進安宮這尊世界僅有的「寶石珊瑚媽祖」，從此成為具有文化價值與意義，又能保衛漁民與黎民百姓的無價之寶。[639] 是宜蘭媽祖信仰獨特的存在，以及促進地方觀光事業的利器。南方澳進安宮張瑞雄指稱，南方澳海難事故頻傳及2019年10月1日宜蘭縣南方澳跨港大橋斷裂坍塌意外事件，造成多名人員傷亡，以及船隻、車輛損壞，並連帶影響周邊居民與港務交通；[640] 是日寶石珊瑚媽祖「託夢」予他，神諭盼擇地安奉一媽祖神像，以鎮地方安寧。該媽祖神像以青斗石雕刻一體成形，取名「石雕珊瑚媽祖」（圖5-3）。經管委會以擲筊請示媽祖，得聖意將新雕媽祖神像安座於進安宮右側戶外（虎邊），即南方澳通往蘇花公路的起點處。[641] 寶石珊瑚媽祖「託夢」之說，在信眾間口耳相傳，眾皆稱奇。

　　大南澳天祝宮林李桂香說，1990年她隨同觀光團到中國湄洲天后宮進香。同年9月是日夜半三點時分，忽然感應到媽祖的聖靈與她對話，媽祖告知與她搭乘同一班機齊來臺灣，並且從中國運

---

[639] 參閱〈世界最大珊瑚媽祖〉（https://www.cljewels.com/）《綺麗珊瑚》，2022.09.11摘錄。
[640] 參閱張瑞雄，南方澳進安宮第十屆管理委員會主委。江志雄，〈南方澳跨港大橋斷橋偵結，依過失致死、過失傷害罪起訴6人〉（https://news.ltn.com.tw/news/，2022/08/29）《自由時報》，2022.09.11摘錄。
[641] 參閱江志雄，〈媽祖「託夢」促成？南方澳進安宮石雕珊瑚媽祖開光點睛〉（https://news.ltn.com.tw/news/，2021/12/28）《自由時報》，2022.09.12摘錄。

第五章　「後山媽祖」的傳說、神蹟與廟際關係

來一批木材就在走湧灣，催促林李桂香儘速起床隨祂去撿拾，果驗。[642]

（八）媽祖聖諭封神

羅東震安宮自創建以來，歷經多次的修建起因各異，如遭祝融、街道拓寬、地震導致廟勢傾頹、年久失修、建築老舊等。1978年廟方組織「修建委員會」，有工程組長林莊旺（新協和木材公司董事長），竭盡心力，事必躬親。1981年終因操勞過度而病故，未能親睹竣工全貌。後來，修建委員會奉媽祖飛鸞聖諭，敕封工程組長林莊旺為「紀善仙官」。[643]

（九）媽祖顯聖採乩[644]

根據林富士〈「童乩研究」的歷史回顧〉的研究顯示，早在日治時（1895-1945）就有學者開始研究臺灣民間信仰中的童乩（或稱乩童）研究。[645]「乩童」的角色在信仰的場域中，象徵在人神之間溝通的橋樑，是詳盡地解釋與傳達神明的意志的代言人，具有不可或缺的地位。神透過各種儀式具象於神像，而神可以藉由各種試煉具象於人，此人即是「乩童」的身上。[646]

從 2010 年起，筆者從事田野調查所得，乩童的揀選概約分有三，一是神明自行挑選，二是由老乩童傳承或教授而來，三是個人修習而得的靈應。無論藉由何種管道而來，人的品性與德行以及心性是必須被嚴格的要求與限制。因此透過經歷閉關受禁（坐禁）、過火、請示神明等的過程，皆是不可少的考驗與訓練。其中又以第一項由神明揀選者，顯現最多的傳奇故事。

媽祖神在人間的濟世救度，尚需與之契合者成為「神明的代言人」，用以溝通人、神。宜蘭地區媽祖顯聖採乩的故事中，頭

---

[642] 2014.02.28 採訪大南澳天祝宮主委林聰明，及住持/宮主林李桂香（冠夫姓）。
[643] 游謙、施芳瓏，《宜蘭縣民間信仰》，頁 298。
[644] 「採乩」指媽祖尋找適當人選為代言人，俗稱乩童或童乩。
[645] 林富士（穌童），〈「童乩研究」的歷史回顧〉，《北縣文化》37，(1993)：36-42；收入氏著，《小歷史—歷史的邊陲》，頁 40-60。
[646] 林瑋嬪，《靈力具現：鄉村與都市中的民間宗教》（臺北：臺大出版中心，2020.01），頁 57、63。

「後山媽祖」的信仰、神蹟及其類型研究

城鎮更新北天宮傳有一村婦每每黃昏時刻便意識恍惚、自言自語，持續月餘後，猶如神魂附體，後被媽祖收做乩童。媽祖神諭雕塑金身、設神壇，以及顯靈起駕自選廟地。[647] 1986 年發生在礁溪鄉玉鼎慈天宮，時有南方澳漁船在海上遇颱風，漁船竟漂流至湄洲島沿岸，船員黃正淡決定迎回二尺七寸的軟身媽祖神像，原欲供奉於南方澳南天宮，但船行將至時全員忽感精神恍然，遂擲筊請示媽祖，在眾多宜蘭媽祖廟的名片中，聖示欲往玉鼎慈天宮受萬民朝拜。[648]

羅東聖安宮「嘉義仔媽祖」託夢創始人黃啓，囑託建廟是聖母為造福羅東地區百姓與救世濟民天命之所需。時有信徒持疑不信，故夥同鄉親合資購入輦轎試圖請神問事，然未果。直到 1963 年二扶轎輦手，忽感莫名之力的拉扯，遂隨輦轎跳入圳渠，媽祖顯威神之力，眾人目睹實況方確信黃啓所言非假，都說是媽祖神靈已然降臨。爾後，逐號召嘉南地區齊來羅東打拼的鄉親們，共組媽祖會以及後續興宮建廟等諸事。2000 年聖安宮媽祖指示購置廟外右方的土地做為停車場基地。惟廟方仍有貸款未清，經費拮据，又幾經交涉地主討價談不攏，實難完成媽祖神意。事後，未料地主竟主動來到廟裡，轉述媽祖顯像入妹妹的夢中，表明媽祖要買地的情事，久未聯繫的妹妹所以交代兄長如要賣地，要算媽祖便宜一點。媽祖再顯神蹟，揭露信眾燒化財帛的金爐安置地點。根據廟宇擴建規劃藍圖，廟地擴大後，原計劃外移金爐所在地略顯不便與窄迫的現況，但媽祖降駕指示該處乃聖安宮的財庫位置，不可隨意更動。[649]

聞珍珠慶安宮現任宮主洪宏毅所述，其母何惠珍自幼即被告知「帶天命」，必須為神服務。未修行之前身體羸弱經常生病，後透過舅媽的帶領參與「訓體」，而後逐漸入道，並於 2004 年先

---

[647] 參見：北天宮重建管理委員會製，〈更新北天宮（天上聖母）沿革〉碑，民82 年（歲次癸酉年仲秋）。
[648] 參見：「宜蘭媽祖弘道協會」大會手册。
[649] 康乃心，《羅東嘉義仔媽祖廟聖安宮與地方發展》佛光大學人文學院宗教學研究所碩士論文，頁 33、37。

281

領旨再開宮。其子謝泯軒（從母姓）14 歲時就被媽祖抓乩，來為神服務。

「童乩興一半」[650]是信徒所言，意謂一座沒有乩童的廟宇容易導致人與神的關係面臨一些難題。媽祖廟從昔日的門庭若市，到門可羅雀的景象，在廟宇經營管理者的心上都是龐大的壓力。尤其是非地方公眾廟更是如此。因此從早期僅依靠信徒自行擲筊問神，至今多數媽祖廟有乩童代神言語的狀況，人們可以具體感知與瞭解他們所崇拜神明的特性，更加深對媽祖信仰的附著力。

（十） 擁浪濟舟

羅東街最早的「媽祖廟」羅東震安宮，昔日是「蘭東」，即今羅東、五結、冬山、三星等四鄉鎮的信仰中心。清末時期，羅東已是宜蘭縣溪南地區的商業重鎮，水路運輸發達，人們經常前來媽祖廟參拜為求往來船貨平安。人多謂神明靈應感人，羅東震安宮媽祖靈驗不在話下。日治時期來此參與祭祀的人群者眾，萬人空巷，鐵道加開臨時列車一日三往復於宜蘭蘇澳間，在媽祖香期[651]輸送前往羅東參拜媽祖的信眾與遊客。

昔日往來於「三龜快堡」（即今利澤簡）是以平底仔船運，當遇水淺時則難入港。利澤簡永安宮主祀神媽祖，相傳是康熙帝所敕封的 12 尊天上聖母中的一尊。當奉請媽祖神像行至三龜快堡卻遇水淺難行，時船員速仰禱媽祖，不久海水果然暴漲，平底仔船得順利進入內陸河道。又昔日地區居民為表對媽祖的崇敬，凡有喪事送葬隊伍一律避開廟前大道，改行小巷。永安宮著名的「走尪」活動，亦是媽祖神諭以掃除瘟疫、祈求境內居安與和諧

---

[650] 林瑋嬪，《靈力具現：鄉村與都市中的民間宗教》，頁 82。
[651] 〈羅東震安宮落成〉《臺灣日日新報》，1926 年 1 月 20 日，版 4：「羅東震安宮，……，舉行落成式。……入醮與祭典，蘭陽三郡參拜者甚多。鐵道部於宜蘭蘇澳間，加發臨時列車一日三往復，自羅東驛乘降遊客。二日間有二萬百四十名，其他附近部落來集者，約三萬人。」〈羅東之兩祭典〉，《臺灣日日新報》，1926 年 3 月 26 日：「羅東奠安宮，訂舊曆三月初三日，舉行玄天上帝祭典。……又宜蘭羅東間，亦有增加四回之列車，為例年希有之熱鬧云」。

為主要目的。值得慶幸的是從舊時僅限男性參與的活動，自 2004 年破除傳統，開放給有興趣者皆可參與。

　　來自船上所供奉地媽祖神像，稱作「船仔媽」或「船頭媽」。宜蘭地區有頭城龜山拱蘭宮及北方澳進安宮的媽祖香火緣起，便是起祀於海上漂來無人船隻所供奉的神像。居民請出船隻中的媽祖神像，將媽祖的到來視為機緣，是要來守護地方的，所以移出的神像被奉祀於廟中或建草屋祭祀。

　　相傳海軍北方澳進安宮媽祖，來自於 1812 年鄭氏部將蔡牽所率領的水軍殘部。頭城拱蘭宮原位於宜蘭東方太平洋上龜山島，意為拱護蘭陽、庇護島民是島民信仰中心。龜山島上的拱蘭宮原奉祀太子爺（哪吒）。島民多以討海維生，視媽祖為海上守護神。1896 年間於北岸海邊拾獲海上漂來船隻中的媽祖神像，繼而迎入與太子爺同祀。島民以為媽祖神格高於太子爺，故改主祀神後拱蘭宮即成為媽祖廟。1949 年前祭祀媽祖的殿堂，同時也作為孩童讀書的學堂。據傳早期有一漁民海上作業，遇突起的狂風大浪，險象環生，漁民皆仰天默禱，請求媽祖顯靈神威相救。須臾海上霞光萬丈，頓時波瀾不興，風平浪靜，眾感媽祖聖靈庇佑島民，感念萬分。

（十一）　　　許願得應驗

　　「有靈即興」是臺灣民間信仰常聽見的靈應敘事。冬山鄉珍珠慶安宮宮主洪宏毅說自己是靈感體質，2016 年因進香與白沙屯媽祖結緣，2017 年在報名參與進香行程時感應聖母要分靈來宜蘭，經擲筊請示（三聖筊）確認與同意後，同年四月就迎回供奉於主殿內的虎龕中。[652]

　　礁溪澤蘭宮有「開蘭聖母」之稱，媽祖神像是 1796 年吳沙從三貂嶺入墾宜蘭時，從福建漳浦到臺灣時所攜帶而來。據傳日治初期，因往來香客眾多被誤認為是圖謀抗日的集會所，日人於是縱火焚燬廟堂。幸得吳氏族人搶救，媽祖神像逃過一劫，沒被燒毀只略為燻黑，居民傳為奇蹟。百年媽祖神像歷經此劫後則供奉

---

[652] 2021.01.01 採訪珍珠慶安宮宮主洪宏毅，及蕭佳琪（洪宏毅之妹，從繼父姓）。

第五章 「後山媽祖」的傳說、神蹟與廟際關係

於吳氏公廳,即使沒了廟宇仍不減對媽祖的崇信。光復以後,傳有一信眾林榮吉與媽祖許願,若出外經商順利就捐出私有田地,作為媽祖廟重建的基地。果然如願以償,媽祖應許了林氏的願望。1990 年林榮吉依願實踐諾言,捐出土地獻給媽祖興宮建廟,完成佔地八百多坪的澤蘭宮,延續媽祖濟世護民的慈心。[653]

玉鼎慈天宮傳說先賢祖居漳洲府時,因年有溫州柑歉收,逐於湄洲進香祈願如若年內溫州柑豐收,裝媽祖金身供庄內奉祀,是年果然溫州柑大豐收。1816 年先賢率眾遷徙之時,便將莆田縣湄嶼祖廟分香的媽祖神像攜入宜蘭。二百餘年來玉鼎慈天宮媽祖,相繼於祭祀圈中輾轉輪祀,等待輪奉的機會顯得格外珍貴與難得。[654]

(十二) 　　　　流浪媽祖助漁產豐收

蘇澳鎮豆腐岬旁漁港碼頭中有一座媽祖廟,名喚南方澳港興媽宮,此廟猶如「流浪神明之家」,收留許多汰舊漁船上的「船仔媽」,以及不知為何落海的飄泊神像。南方澳港興宮,緣起於漁民拾獲的媽祖神像,信眾以「港興媽」稱其名。傳說漁民不捨神像在海上漂泊,每每拾獲的神像皆暫安放在南方澳大橋下方的路旁。無主神像日曬雨淋,後有漁民搬來舊的「大公樓仔」(駕駛艙),暫時權充數尊神像的供奉地。[655]但為避免不敬與草率,漁民們乃重新粉刷大公樓仔,以及為神像開光點眼儀式後才安座。因地處南方澳漁村,媽祖因具海神性格必然成為主祀神。自從港興媽安座後,南方澳漁民無論在海上或港區拾獲沉浮的神像,只要將神像整理後並安奉於「大公樓仔」,無不魚產豐收。漁民視其為無主神明,特賜予黎民百姓的福報。[656]

---

[653] 取自:〈寺廟巡禮-開蘭第一媽宜蘭礁溪澤蘭宮天上聖母〉(https://blog.xuite.net/o927603252/twblog/179686277,2011.04.22)《隨意窩》,2022.08.08 摘錄。
[654] 資料取自:「宜蘭媽祖弘道協會」大會手冊
[655] 廖大瑋,〈港興媽宮〉(https://sites.google.com/,2021.03.29)《南方澳聚落部 南方澳文史工作室》,2022.08.20 摘錄。
[656] 2013.08.10 採訪港興媽宮葉先生。

（十三） 媽祖助孕與保護孩童

除了頭城更新北天宮有相關紀錄之外，冬山鄉鹿安宮信徒陳佩文講述，2012 年生小孩後第四個月又懷孕，胎象不穩有出血現象。媽祖說是雙生子，要照顧好，信女不信，直到產檢時確定是雙胞胎。媽祖復交代安胎的方法要去天公廟求玉皇的香灰，於每日上午仰天祈請天公加持後入水飲用保胎。又醫生建議孕期到七月要剖腹產，不料孕期至五個月時，胎死腹中。事後鹿安宮媽祖還幫胎兒命名，又令其到東嶽殿舉辦立牌位儀式，執行儀式時還「吹狗雷」，夫婦倆直呼毛骨悚然，更讚嘆媽祖靈驗。

另外一例是，六個月出生的早產兒黃君棠，其父母原就是媽祖的信徒。據其母（博愛醫院的護理師）所述，孕期於上班途經道路施工，忽感不適又微出血、胎息不穩緊急住院。其夫求救於冬山鹿安宮媽祖及中壇元帥，得知乃受沖煞（土煞）而胎動欲出。廟方即刻請神開壇、書符、行法，救助產婦及胎兒皆安。媽祖及中壇元帥持續照顧此不足月之小兒，時至今日該小兒已滿五歲，活潑好動、聰明伶俐，經常同父母到媽祖廟玩耍，此外，其母亦因此被中壇元帥收入麾下為道生協助聖壇，其父則協助神將會之事務。

最後二則未分類的宜蘭媽祖廟，一是因走私來自中國湄洲天后宮的媽祖神像，以及擁有一尊高 6 尺 3 吋以 5300 兩純金打造的媽祖神像，而遠近馳名的南方澳南天宮。[657] 傳聞在 1980 年代臺灣經濟蓬勃，游資泛濫，民眾為求致富多投入各種地下經濟之中。民眾篤信各種超自然現象中會出現「明牌」，即大家樂中獎號碼，紛紛湧入各式的祠廟、甚或墳場「求明牌」。當時開獎號碼依附於愛國獎券，彩迷將選好號碼的獎券壓在神像底下暗中拜求，但疑似彩迷未中獎，因此媽祖神像的頭頸曾被砍得幾乎裂斷。二是三星忠天宮，三星鄉唯一的媽祖廟，傳由於媽祖庇佑讓境內災禍遠避，即使天災、洪水多次來襲，居民均能平安得渡。所以，庄內入丁日旺，香火愈盛，廟宇腹地不敷使用。

---

[657] 〈南方澳南天宮金媽祖〉（http://www.lanyangnet.com.tw/scenic/scenic.asp?Scenic_Id=61）《蘭陽百景》，2023.03.11 摘錄。

第五章 「後山媽祖」的傳說、神蹟與廟際關係

第二節　　花蓮地區媽祖的神蹟

「自然純樸的花蓮,是原住民最初的發源地;刻苦的漢人翻山越嶺而來,從激烈衝突到相愛聯姻,血脈伸延,新的後山文化於是崛起。」趙莒玲如是說。[658] 有趣的是花蓮地區尚處蠻荒時,此地除了是拓荒者的新天地外,也同時成為漢人逃匿躲藏之地。懷揣著不同目的進入花蓮地界的漢人,帶來了漢人發展出的「後山文化」與信仰的故事。臺灣媽祖信仰深入民間,其發展與地方社會融合。有關媽祖顯靈救難的神蹟故事很多,在花蓮地區媽祖廟除了主祀神與廟宇啓建故事外,就屬早期移民的開墾與海洋漁業有較多的相關。海上貿易與漁民作業,關乎於氣候、海象的詭變,危險重重,祈求海神媽祖的護佑成為漁民們心裡的冀希。神像來源的傳說,供奉於船上的媽祖神像,「船仔媽」或稱「船頭媽」從船上請出後改奉祀為主祀神的媽祖廟,並未出現在後山的花蓮縣。因此也不會有相關媽祖的傳說故事。原住民的社會中出現媽祖的乩童,身負媽祖託付代天巡狩的重責,是其他地方未曾聽聞與見聞的。二次移民的漢人,開啓「化外」之地的媽祖信仰,西部傳承百年的信仰傳統,到此進一步演化成具獨特性格的信仰方式。

　　探討花蓮地區媽祖的神蹟與故事,會發現無論是碑碣的紀錄,抑或田野採訪,多數仍以救難的敘述為重。亦即無論花蓮地區的社會條件如何的變遷,在苦難之中需要媽祖救援是不變的願望。在眾多的救難敘事中可發現花蓮媽祖信仰表現出的幾個特點。如原始的擲筊行為演變成媽祖的直接顯聖;信徒指出「以前來拜媽祖都自己擲筊問媽祖,不曾有媽祖的乩身。」此點筆者在宜蘭冬山鹿安宮前主委林阿杏,亦是創辦人之一,採訪時她也曾有此一說。另外,臺東鹿野永安聖安宮廟祝雷黎也曾如是說。可見「媽祖沒乩身」的概念,存在於早期媽祖的信仰文化中是不爭的事實。再者言說媽祖救難,從注重個人或各家的身家到重視社區(或庄頭)整體生命的概念,在後山地區三個縣境內皆有之,花蓮的採

---

[658] 趙莒玲,《臺灣開發故事 東部地區》,頁61。

訪印象最為深刻的是吉安東天宮的組織分裂,以及玉里媽祖宮的沿革碑所錄和採訪二者間的差異現象。還有媽祖顯聖警示或諭示災難的可能性,從被動的聆聽轉為主動的救助。花蓮媽祖警示蔭屍的故事,最令人毛骨悚然,以及台鐵鐵道上的災難及地震來臨前,九州天后宮媽祖諭示祭天儀軌,禱天護佑臺灣人的生命安全。採訪時宮主面露哀傷與無奈的神情,令人動容。最後是媽祖照護的族群,從早期只關注漢人的信眾到近期原住民的加入。臺灣後山三個縣境內的人群獨特性,原住民信奉媽祖的人數有逐年增加的趨勢。宜蘭縣有建於山地村的媽祖廟,花蓮縣與臺東縣則有原住民創立的媽祖廟,這是在其他縣市中少有的現象。

　　媽祖信仰與媽祖的傳說故事,是互為表裡的。截至 2022 年為止,查花蓮地區 19 座的媽祖廟,有關媽祖的神蹟傳說取材所得的文字資料,包括與區域內媽祖廟有關的各種文字出版品、報紙雜誌,及地方政府所發起的調查,如分散於各鄉鎮市的方志,及花蓮地區媽祖廟所流傳的歷史沿革和軼事。比對結果顯示,以《洄瀾神境:花蓮的寺廟與神明》紀錄較為完整。發現在碑碣與文獻中,花蓮地區媽祖的傳說故事仍不離神像的來源、寺廟的啓建,以及極少數的媽祖神蹟傳說,甚至抄錄於媽祖的通俗故事[659],但口述的神蹟故事則精彩許多。本節將對各類文本及採訪結果進行爬梳與分類,盡可能地呈現有關花蓮地區媽祖神蹟故事與傳說,或難免有疏落與缺失,但足以展現其豐富性及經由積累蒐集的人文景觀。

一、　碑碣中的花蓮媽祖神蹟故事

　　查 2023 年花蓮地區 19 座的媽祖廟已設置碑碣者,有花蓮慈福宮、吉安鄉聖南宮、花蓮慈天宮及玉里媽祖宮等四座,未立者有 15 座。

　　花蓮地區媽祖廟的神蹟各有不同,依據媽祖廟的碑碣紀錄顯示,花蓮慈天宮則僅紀錄了主祀神的來源。吉安鄉聖南宮有記錄

---

[659] 內政部,〈瑞穗慈天宮 21-133〉《全國寺院宮廟基本資料—第 21 冊花蓮縣-99 年調查》(臺北:內政部,2010),頁 34。

第五章　「後山媽祖」的傳說、神蹟與廟際關係

說，該廟信眾 20 人因受西螺請來的媽祖所感化，進而成立爐主會並有乩童起乩能替信眾解決疑難雜症。[660]次有媽祖尋地準備蓋廟，無人知曉的行程卻就有一老婦攜供品前來祭祀媽祖。老婦說得因於媽祖托夢，媽祖交代今日要來南海四街看地，所以她帶著甜點來拜拜。第三個傳說源於吉安鄉聖南宮的建廟用地，該地原為萬善祠用地被挪用來蓋媽祖廟。吉安鄉聖南宮為不觸怒萬善爺，所以在廟宇後方幫萬善爺蓋了一座新廟，並且媽祖廟的正殿與萬善祠被定在同一日落成，以慰萬善爺之心。[661]

從廟宇的命名來看，全臺媽祖廟的廟名多有相似，不離幾個常用的字。林美容說，研究媽祖信仰的學者關注於「女性神」或「母性神」的爭論焦點，而一般信眾所期待或仰賴的則是媽祖慈悲護佑，因此媽祖廟多數以「慈」字來命名，用來強調與彰顯慈愛母性的特徵。[662]花蓮地區的媽祖廟除了「慈」字以外，天上聖母的「天」與「聖」二字，乃至「順天」、「順民」被廣泛地使用，且佔比甚高。例如：慈天宮（有二座）、慈南宮、慈雲宮、聖安宮、聖南宮、聖天宮、順天宮（有二座）、順民宮。命名的方式，在此被視為一種崇尚恭敬的禮節。如福德正神退讓主神之位給媽祖的事蹟發生在花蓮市福慈宮。媽祖與福德正神合祀後，媽祖指示應禮敬福德正神，所以廟名必須將代表福德正神的「福」字置於「慈」字之前，而成廟名「福慈宮」。

花蓮港天宮的大媽祖傳說，因國共政治權力變遷使媽祖神靈離開湄洲祖廟，繼而雲遊東南亞列國，行於臺灣上空有感信徒誠心，故而擇留於東部花蓮弘道救世。民 40 年（1951）花蓮地區發生了大地震，媽祖展現神蹟受拯救者不計其數。又言媽祖顯靈督促建廟，以及在無足夠經費的情狀下降旨執意動工的傳聞。話說時有一女子聲稱是花蓮港天宮廟方的全權代表，於動工前數日拜訪籌建的設計師，並囑咐廟宇興建的規模需面寬 240 尺，高度為 72 尺。事後廟方查證時並沒有尋到此女，咸認為該女子為媽祖化身。

---

[660] 取自，吉安鄉聖南宮張貼的公告文。
[661] 姚誠，《洄瀾神境：花蓮的寺廟與神明》，頁 133。
[662] 林美容，《媽祖婆靈聖—從傳說、名詞與重要媽祖廟認識台灣第一女神》，頁 34。

至於建廟經費充裕一說,則與地理的傳說相關,指花蓮港天宮前有美崙山後有美崙溪,前者山形如拜桌,後者以「有水斯有財」之說。當廟宇建成後,美崙溪的溪水轉成伏流,意為「錢財降至人間」。[663]

綜上所述,花蓮地區媽祖廟碑碣紀錄的媽祖神蹟故事,依其內容分類除媽祖建護廟宇的故事之外,還有因天災時媽祖救難解厄的神蹟,以及媽祖禮敬其他神祇的退位顯現在廟名用字之上。

二、 花蓮媽祖神蹟的類型

花蓮媽祖的神蹟故事與傳說,田野採訪期間常聞,花蓮地區的信眾們口述媽祖如何的靈感,如何的顯聖與降靈,又先輩們是何機緣將媽祖帶到花蓮的落居地。花蓮媽祖信仰有許多莊嚴且富傳奇性的神蹟故事,感動了世代的人,引領著後人持續傳遞鮮活的媽祖神蹟故事,以及傳承媽祖的信仰。原住民形象色彩鮮明的花蓮縣,雖然土地面積很大但因族群的特性及信仰差異,相較於宜蘭縣及臺東縣,所建立的媽祖廟數量卻不多。

靈驗性是臺灣民間信仰的基底特徵之一,瞿海源說廟宇香火的鼎盛與否受此特性所影響。[664]林茂賢則說,神蹟越多的廟宇,民眾的信仰越堅定。[665]林美容從信仰圈與祭祀圈的概念談媽祖靈力來源時指出,臺灣的大廟以媽祖廟最多,因此得以形成區域性的信仰中心,亦是媽祖信仰興盛不衰的主因。[666]自宋建隆元年至今,從中國的湄洲嶼再到大半個世界,媽祖從鄰家的少女演變成為海上的守護神。媽祖拯救世人事蹟與神蹟廣佈,內容涵蓋了官與民。清政府歷朝的敕封,天后、天上聖母之名因應而生,媽祖的影響

---

[663] 姚誠,《洄瀾神境:花蓮的寺廟與神明》,頁 73-75。
[664] 瞿海源,〈第五章 臺灣的民間信仰〉《臺灣宗教變遷的社會政治分析》(台北:桂冠,1997.05),頁 143。
[665] 林茂賢,〈臺灣媽祖傳說及其本土化現象〉《國家與教育》卷 1,(2007.03):102。
[666] 林美容,〈台灣地區媽祖靈力諸說探討〉《民俗研究》第 6 期總第 118 期,(2014):89-90。林美容,〈台灣媽祖的歷史淵源〉《台灣歷史的鏡與窗》(臺北:財團法人國家展望文教基金會,2002 年),頁 287-295。

第五章 「後山媽祖」的傳說、神蹟與廟際關係

力已是無遠弗屆。媽祖的傳說與故事傳播，藉由信眾集體的力量，從自組媽祖會或信友會和進香、謁祖等活動的機會，一再繁衍累積，不斷廣為流傳。而原住民與媽祖的緣分，從媽祖找上門信仰就啟動了。媽祖照顧原住民的故事也開始發酵，精彩的神蹟故事與辛酸史，值得花更多的心思細品。

下文嘗試從寺廟碑碣、口述傳說與故事，以及前人所記錄的資料，來分析花蓮縣媽祖神蹟的類型。神蹟的類型仍延續上節所述，從四大類中概略細分為 11 類。分類過程難免產生無法正確歸類的困境，因此採取神蹟內容雷同性較高者為一分類，同時也不排除一座廟宇跨足二類或以上的情事。

（一） 媽祖降靈濟世救人

媽祖顯聖救難的神蹟，全臺多有所聞，花蓮地區的媽祖廟也不惶多讓。瑞穗慈天宮李黃仔伶說，父親黃庚（1919-2004）害怕被日人本抓去南洋做軍伕，當時花蓮蠻荒且人煙稀少不易被找到，所以逃到鶴岡附近躲藏順便幫原住民工作換吃住，後與當地原住民結婚。光復以後，黃庚受媽祖感召而行濟世救人之事，又因花蓮市到玉里鎮之間沒有媽祖廟，發願建廟使眾民以得媽祖之護佑。期間有豐原慈濟宮來進香時，他們的媽祖指示要留下來此地濟世，信徒傳媽祖神蹟美談。自從瑞穗慈天宮迎回湄洲媽後，媽祖神諭計劃舉辦回祖廟謁祖及進香，但第三次的行程卻適逢 SAS 疫情爆發而停辦，無奈黃庚於同年離世，導致無法完成謁祖情事，獨留遺憾。[667]

壽豐鄉順民宮的創始人張文溪（民 98-99 年間往生），據聞自幼可通靈，眾以「媽祖張仔」稱其名。一生中蓋了二座廟，臺東的張李莫府三千歲以及花蓮的順民宮媽祖廟。奉媽祖神諭濟世救人，蓋廟供善信祭拜媽祖，同沐神庥。[668]

曾有一北埔消防隊隊長的家屬入山，家屬找不到人，直到九洲天后宮媽祖感應到此人的位置後，即刻前往救助脫險。九洲天后宮媽祖指示，廟中放置讓信眾隨手投放的是捐資箱，用來做愛

---

[667] 2020.12.29 採訪瑞穗慈天宮宮主李黃仔伶。
[668] 2020.12.29 採訪壽豐鄉順民宮張金生；創始人張文溪（民 98-99 年間歿）之子。

心公益的所以稱「圓滿箱」，不可稱作「功德箱」。此外不稱「天公爐」，而是「通天爐」。七月普渡只祭祀祖先，不拜「好兄弟」；此點倒是符合原住民祭祀祖靈的思想。

（二） 媽祖神諭：祭天平災難、賜密文、授代天巡狩職

花蓮地區地震頻仍，[669]氣象局地震測報中心統計，每年在臺灣觀測到的有感地震「700 至 2 千次發生在花蓮占近一半」[670]。有關地震的災難預告，首次聽聞於花蓮吉安鄉九洲天后宮。據聞九洲天后宮媽祖諭示災難將降臨，宜儘速去宜蘭三清宮舉辦祭天儀式，祈求上天賜福保佑臺灣。因為沒有人相信，且被宜蘭三清宮拒絕，所以最後祭天儀式也就沒有做成。結果媽祖預告的災難果然顯現，2018 年 2 月 6 日花蓮發生 6.0 強震，導致花蓮統帥大飯店塌陷，花蓮大橋、七星潭大橋的橋面龜裂、隆起，造成國軍附屬花蓮醫院的混亂。此外，蘇花公路路面裂痕，導致蘇澳到崇德全線已預警性封閉，阻斷了宜蘭到花蓮的路徑，只能從中南部進入花蓮地區。此事造成溫玉蘭心中極大的負罪感與不捨。另一則與媽祖賜密文有關；九洲天后宮主神龕上掛有一媽祖賜的文字對聯，媽祖諭示賜聯密文「九洲廷遍神光仙臨淨，龍凍王聖山王三王見。」（圖5-4）待有緣人來解，但時至今媽祖聖諭仍未能被解開。第三則是媽祖聖靈有感於臺灣諸多媽祖廟人事多有亂象，不行正道，人心為惡，或以神明之名行不義之事等，所以媽祖聖諭授予九洲天后宮代天巡狩，統管九洲之職。主神龕後的密室中，安放著九座諭令，非有緣人不對外開放，筆者得緣於媽祖聖恩，且被允許進入且拍照留存。

---

[669] 張恩維、林樞衡、邱建智、鄭文昕、盧詩丁著，〈與大自然和諧共存的先決條件—因地制宜，從瞭解地質敏感區開始〉《地質》41 卷 3、4 期合刊，（新北市：經濟部中央地質調查所，2020），64-68。
[670] 曾以馨責編，〈地牛翻身東部人超淡定！〉（https://news.ttv.com.tw/news/11111260012100I/amp）《台視新聞網》，2023.02.06 摘錄。

第五章 「後山媽祖」的傳說、神蹟與廟際關係

圖 5-4 待有緣人來解開的密言對聯
攝影：卓麗珍，日期：2021.04.10

圖 5-5 九洲天后宮湄洲天后奏旨
由九洲天后宮提供，攝影：卓麗珍，日期：2021.04.10

（三） 媽祖顯聖採乩，選地、雕金身

玉里媽祖宮建廟創始人黃裕泉說，大概每一至三天媽祖會降靈他身上，但自 2006-2007 年間開始與媽祖「心通」方式交流。沒蓋廟之前，玉里媽祖宮媽祖一度因輪祀的媽祖會散伙，導致媽祖流浪到壽豐鄉順民宮暫住。後來因兩地相隔，信徒覺得來回奔波不是辦法，想將媽祖再迎回。但某日媽祖突然降乩指示，本廟媽祖之靈已降至吳山豹的家，媽祖要求請走神像離開小矮房。之後，又再顯夢境指示建廟位置，供眾善信祭祀以護佑玉里地境。但眾人不信建廟是媽祖的指示，為此黃裕泉率眾人在媽祖神前擲筊，連得 36 聖筊，證實所言非假在場眾人無不驚呼，感嘆媽祖靈感。

九洲天后宮的宮主從巫師變乩童，導致眾叛親離三年不往來，後因婆家親戚生病被媽祖醫好，關係才逐漸恢復。1992 年媽祖神像請回來後，每日被媽祖壓在案桌下修煉。爾後，媽祖教會她辦事，如祭解、消災、看風水，還有冥婚牽線煞。九洲天后宮聲稱本宮媽祖的靈來自於湄洲天后宮祖廟，2016 年元月媽祖指示要盡快回去認祖歸宗，於是 2016 年 3 月 11 日回到湄洲天后奏旨（圖 5-5），並由祖廟的道士專程趕來執行儀式，成為第一座在祖廟奏旨的媽祖廟。

南濱天后宮的宮主潘素玉是平埔族人，30 多歲時逢媽祖抓乩，持續入夢來教導。某日有一會通靈的人說：「這裡祀奉的媽祖想要『發揮』」。幾經反覆證實，機緣具足，設壇，蓋廟讓媽祖有濟世救人的基地，並與媽祖協商不操五寶為條件才為媽祖的乩身，最終完成神明交代的事務。潘素玉說操五寶看起來很醜，又很痛，還有她的家人多數都在為神服務，跟神很有緣分應該是家族遺傳。本宮媽祖開壇濟世的主要業務是以辦地府陰事、祖先救度、鬼靈纏身等靈驗事蹟著稱。[671] 壽豐鄉慈南宮流傳著因有村民領神諭而建媽祖廟，而順民宮則是請示媽祖後才建廟。[672]

---

[671] 2021.01.01 採訪潘素玉於南濱天后宮內，宮主，14 歲始學藝理髮，17 歲出師，行業 20 餘載，育有三女一子。
[672] 林澤田、龔佩嫻總編纂〈宗教篇〉《壽豐鄉志》（花蓮：壽豐鄉公所，2002.01），頁 615-617。

（四） 媽祖托夢：救疾患、認祖歸宗、蔭屍通知

佛洛伊德（Sigmund Freud）《釋夢》言，關於夢的性質在亞里斯多德以後才有不同的解釋。於此之前，古代人對於夢所持的態度，公認夢是與神的世界有聯繫的，相信夢來自於神靈的啟示。對於夢者而言，這是十分重要的，且是對未來的喻示。夢，是神派來的使者向你昭示、警告或卜示未來。[673]在此不是要針對預知夢的真或偽作討論，更不想深究夢的可信度，而是指出在眾多的夢境中，媽祖托夢的正是指向神靈的啟示。當媽祖的信徒口述夢的內容，許多都超乎邏輯與日常生活經驗，因此當夢境與現實不謀而合時，即是媽祖神蹟的源頭。

玉里媽祖宮建廟創始人黃裕泉敘述他的夢境，2008 年媽祖說祂 1049 歲，蓋廟以後要取廟名為「𣕧靈宮」；但百般尋不著此字，所以媽祖再次指示改「玉里媽祖宮」。某日得一夢，夢境中看見「佛祖斥責媽祖，賜『佛水』用以救人」。夢醒得神示至臺東八仙洞裝回二瓶水（佛水），供奉於神龕上。隔日就遇玉里一自助餐老闆相告是癌末（血癌）患者，祭拜媽祖後就將佛水贈他治病，囑咐入於中藥共烹製。患者原臥床不起，於服用後第二日竟然能起身，於是又來求取佛水。連續服用三個月後，竟然痊癒，並能再次勞動與種作。有一年廟裡準備執行社會救濟計劃，但籌募的募資似稍嫌不足，結果媽祖示夢境「山凹處出現水池，內有鯉魚一條重約 45-50 斤，分割其肉給民眾。」不日花蓮港天宮董事長就來發白米，解決困境。

九洲天后宮現任宮主原漢名楊崑溢（泰雅族人），經媽祖顯夢指示要他認祖歸宗；言即是媽祖徒孫就是林氏子孫，故改姓林，名崑溢不變。林崑溢說我們媽祖神蹟很多，「楊」姓是國家規定原住民的姓名漢化後，家族長老們選的，1989年媽祖指示後就改了。蔭屍通知的夢境，發生經歷在前宮主溫玉蘭的身上，無端的顯夢很難跟家屬溝通，輾轉透過旁人提點後開棺，果驗。之後，與家屬討論撿骨及重新安葬事宜，才解決此一隱患。

---

[673] [奧]佛洛伊德（Sigmund Freud）著、車文博主編，《釋夢（上）》（北京：九州，2014.04），頁 27-28。

（五）　許願得應驗

靜港天上聖母廟的媽祖是宜蘭人到花蓮大理石包商工作的工頭，許願若工作順遂又有賺到錢就請媽祖到花蓮，果驗。於是獨資雕刻媽祖神像供靜港、靜浦二村的村民輪祀。蓋廟於臺 11 線秀姑巒溪出海口處，眺望太平洋，王茂利說庄頭廟，信徒都是漢人，以捕魚為生，媽祖靈應保護漁船安全，使漁業順利、豐收。有廟以後，媽祖就不出門了（停止輪祀），村民有急需就主動前來禱神擲筊問事。[674]

（六）　「不肯去媽祖」

瑞穗慈天宮的開基媽祖源於北港朝天宮。大殿內陪祀神有嘉義朴子配天宮媽祖及豐原慈濟宮媽祖。宮主說，交陪廟豐原慈濟宮來進香時，該廟的媽祖指示，不走了，要留下來此地濟世。從此豐原慈濟宮的媽祖就留在花蓮，與瑞穗慈天宮的媽祖一起濟世救人，護佑瑞穗地境眾民。瑞穗慈天宮媽祖成為第二種型態的「不肯去媽祖」。

（七）　熟食祭陰魂

中元節農曆七月普渡的民俗意象，以祭孤魂亡靈為主，從各家庭、社區及公司行號，以及廟宇，藉由「普渡」佈施的祭祀儀式，使「好兄弟」（亡魂）得到安撫，祭祀者家宅安寧、事業順心。瑞穗慈天宮媽祖指示，每逢中元普渡祭祀烹食必須是現煮的食物供祭亡靈（好兄弟），要如待客之道使其飽餐一頓，不可以只準備乾糧或乾料等的食材，方顯媽祖慈悲及照護靈界眾生。

（八）　靈符回生（救病）

富里鄉竹田聖天宮（舊稱青龍山聖天宮）媽祖救人的神蹟發生在 1932 年，當時有鍾勇的伯母受傷不省人事，鍾勇手持媽祖令旗至屋外，仰天呼請媽祖救助之後其伯母病情竟然痊癒。[675] 竹田聖天宮媽祖賜靈符、施藥治癒重症病人。話說 40 年代，花蓮縣初闢

---

[674] 2021.02.16 採訪靜港天上聖母宮主王茂利夫婦。
[675] 姚誠，《洄瀾神境：花蓮的寺廟與神明》，頁 243。

第五章 「後山媽祖」的傳說、神蹟與廟際關係

富里竹田村時，交通往來非常不便利且醫療水準落後。當地居民多以務農為生，年或有作物欠收，或又苦於瘴癘、瘟疫。某日適逢一金母娘娘的乩身名喚潘蓮子，從富里永豐村來竹田村訪親友，卻見一病重之人無可醫治，於是急焚香膜拜，祈求娘娘降駕救治，得賜靈符又施藥，數次施藥救助來往於病人家宅終得病癒。救重病者痊癒的神蹟傳因此傳開，村民紛紛前往請求治病，由於靈驗非常所以信眾日多，聖母又訓練村民三人跟隨潘氏共同服務信眾。[676]

（九）　從海神轉成農業神

媽祖從海神轉變為農業神的神性變遷，故事發生在豐濱鄉順天宮。該廟信眾以宜蘭、彰化與雲林的福佬人移民為主，早期仰賴捕魚維生以及部分的農業種作，近年來因青壯年人口外移，村民多不捕魚了而以農業散作為主。[677]

瑞穗聖安宮主祀神媽祖向玉帝領旨救世於東方，故稱「東方天上聖母大媽娘娘」。現任總務潘文龍說，先人帶著湄洲媽祖神像及令旗往來經商，航行中遇大風浪，媽祖神像不慎掉落海裡，只帶著媽祖令旗從打狗（今高雄）上岸。之後，徒步朝東直到公埔（今花蓮縣富里鄉豐南村）落腳，開墾土地、買賣農作物。因經商需要，二次遷徙並定居於瑞穗鄉富貴城（今瑞穗鄉富貴路），村民們感念媽祖慈悲就雕刻金身供奉。由於媽祖欲再行濟世救人之職，時有護駕生張春香攜媽祖神像四處尋地，確定地點後請乩童潘來春起乩代媽祖回答廟基方位，遂有瑞穗聖安宮。[678]

---

[676] 2022.01.12 採訪竹田聖天宮 face book 小編莊淑君，本案以文字溝通方式進行。因 COVID-19 疫情期間限制行動範圍，因此筆者無法親自到場，故照片亦由莊淑君提供協助拍攝。

[677] 2020.12.31 採訪鄭力維及電訪李啓誠主委。姚誠，《洄瀾神境：花蓮的寺廟與神明》，頁 170。

[678] 2022.07.30 採訪瑞穗聖安宮現任總務潘文龍；本案以文字溝通方式進行。因 COVID-19 疫情期間限制行動範圍，因此筆者無法親自到場。

（十）　擁浪濟舟

花蓮是港口順天宮唯一座落於漁港區內的媽祖廟，主要的信徒都是當地的漁民，及魚市場中的攤商。林武雄宮主說，漁民海上作業風雲詭變，難免偶遇損傷。不知何因，忽然有一年漁民屢屢遇海難，大小災禍不斷，甚至還有人員死傷，人心惶惶惴惴不安。是時有人主張應該迎請媽祖來坐鎮，以海神的威神力護佑大家漁獲順利、漁船豐收、人員平安。於是 1990 年迎來媽祖供眾人輪流，二年後改在漁港區內蓋一矮房供奉媽祖；多年來承媽祖聖佑，漁業順遂，人員均安，信眾廣增。[679]

（十一）　　現神光顯神威

九洲天后宮（舊名花蓮湄清宮）媽祖於 2016 年前往中國參加「兩岸千家媽祖聯誼交流」時，信徒拍到主祀神媽祖頭頂上顯現特殊猶如髮冠的炫光，眾皆視為媽祖神蹟顯靈（圖 5-6），特地將照片洗出來贈與廟方，感嘆「媽祖神威無所不在啊！」

壽豐鄉慈南宮的廟前就是花蓮縣著名的旅遊景點鯉魚潭，山頭的陵線上媽祖顯相，信徒拍下神聖的瞬間，並贈與廟方留存。照片中晴朗的天空光潔無雲，忽有彩雲聚集，騰空而起的雲霧形象就像是媽祖顯靈一般（圖 5-7）。今照片被仔細的保存在玻璃框中，並放置在廟中龍片邊供來往香客瞻仰。

花蓮地區媽祖的神蹟故事所述的內容，多數來自於信眾們的生活經驗。以傳說、神蹟的故事來解釋，各種神秘而令人敬畏或恐懼的力量。經由神明傳說以撫慰心理及宗教需求，透過這種方式來獲得生命的安頓。

---

[679] 2020.12.25 採訪花蓮市港口順天宮宮主林武雄。

第五章 「後山媽祖」的傳說、神蹟與廟際關係

圖 5-6 九洲天后宮媽祖神光顯現
翻拍，攝影：卓麗珍，日期：2021.04.10

圖 5-7 花蓮壽豐鄉鯉魚潭慈南宮媽祖娘娘顯像照
翻拍，攝影：卓麗珍，日期：2021.01.01

第三節　　臺東地區媽祖的神蹟

　　臺東地區媽祖的神蹟故事，是種族融合的見證，產業發展與開墾歷史的辛酸史。臺東猶如臺灣後山的一美麗的後花園，16 個鄉鎮市分布在幅員遼闊的南北狹長地形中。媽祖傳說的故事可能源於豐沛想像力的投射，但更多的是對生活的寄望與傳達對媽祖靈力的需要。

早期媽祖的神蹟傳說,大多偏重於中國原鄉的靈驗事蹟,極少站在臺灣本土信仰者的立場來說明。爾後,臺灣學界的研究趨向仍專注於臺灣西半部地區,極少從東半部的區域性深入。媽祖信仰傳入臺東地區後,獨自發展地域性化的色彩是相當明顯的。從主祀神的略歷與靈驗事蹟,以及廣爲信衆所知與流傳的故事,如何輾轉而來後成爲地方公衆所崇奉的過程,如何與信衆共同歷劫等等而被當地信徒廣爲傳頌。例如,鹿野村多數村民是在光復後才遷徙入臺東的「新移民」,雖然信仰上自有前原鄉帶來的舊俗,但爲延續媽祖信仰的傳承,卻創出屬於臺東地區專有的信仰方式。成功鎮成廣澳(小港)天后宮,1938年(昭和13年)因日政府的皇民化運動,廟宇遭到整理,開基媽祖神像險些被集中燒毀。[680]小港媽祖被迫離家藏身數年,最後在信徒的不懈努力,才尋回媽祖神像並將祂帶回的故鄉。除此之外,臺東多數的媽祖廟所附屬的活動組織,其運作模式也多有不同,迥異於後山不同地區的媽祖廟。

　　本節就上章所述臺東地區41座媽祖廟,分析其主祀神媽祖的神蹟、傳說故事的類型。在區域開發以及地方政治政策的時間軸上,臺東地區媽祖廟和宜蘭地區一樣,皆有受二戰轟炸事件的影響,因此有媽祖顯聖接炸彈的神蹟故事。其次,族群的共融,促使原住民也加入臺灣民間信仰,成爲媽祖信仰者、廟宇創立者,與漢人一起傳誦媽祖的神蹟與故事,同時展現屬於族群自己的特色。截至2022年12月止,除了17座已立沿革碑的媽祖廟,可依據碑碣內加以討論相關媽祖神蹟與傳說,仍未設置者24座則以田野採訪蒐集的口述傳說爲主述。綜合來看,臺東縣境內41座媽祖廟的神蹟傳說,大致也離不開四個大分類,即攘災去煞、救難解厄、建護廟宇、以及警示與靈應的故事。以四大類爲基底,分項討論媽祖神的類型,無法排除同一座出現二個或二個以上傳說的可能性。

---

[680] 蕭明治、王良行、姜柷山合撰,〈小港天后宮〉《成功鎮志—社會文化篇》(臺東:成功鎮公所,2003),頁86。

第五章 「後山媽祖」的傳說、神蹟與廟際關係

一、 碑碣中的臺東媽祖神蹟故事

臺東縣境內已設置沿革碑的媽祖廟，大武鄉：大陳義胞天后宮，太麻里：遠天宮、拱天宮，成功鎮：成田媽祖廟，卑南鄉：普濟宮、鎮東宮，東河鄉：昌興聖母廟、都蘭協天宮，鹿野鄉：福明宮、福佑宮、永安村聖安宮，綠島鄉：綠島天后宮，臺東市：台東天后宮、南王湄聖宮、新園慈隆宮，關山鎮：關山天后宮、電光聖母壇等共 17 座。從碑刻內容來看，多數記述媽祖神像與分靈的朔源，建築物的修建、財產和捐贈，以及媽祖神蹟感應。其中相關媽祖顯聖神蹟的敘事一項，相對較少。雖是如此，但仍具參酌價值，作以探討臺東地區媽祖信仰的神蹟故事。

有關寺廟與地方的關係討論議題，學界的研究就早已言明，地方性的公廟或稱庄頭廟其主祀神有一定的轄域。我們無法從媽祖廟的碑碣中看出端倪，但受採訪人卻明確的表述，從甲地到乙地之間的區間地段沒有媽祖廟，所以媽祖指示要到信仰荒漠開拓，行濟世救人的宏願。如座落在原住民社區中的關山鎮電光聖母壇即如是說。臺東縣境內的媽祖廟，多數屬於地方性的公廟，所以將土地公（福德正神）擺在一起合祀，而非單獨啓建廟祠供奉。如卑南鄉普濟宮、東河鄉北源天后宮，將土地公廟與媽祖廟合併重建後香火鼎盛，媽祖神靈顯赫從此成為村落的精神信仰中心。[681]
從內政部數據上來看，臺東縣 22 座主祀福德正神，除了臺東市 12 個里，及分佈於大武鄉 2 座、池上鄉 3 座、成功鎮 2 座，以及卑南鄉、綠島鄉各 1 座等建有獨立廟宇之外，其他鄉鎮皆未有所獲。此現象著實與同位於後山的花蓮縣、宜蘭縣有極大的差異。關於造成差異的背景及影響因素是一有趣的課題，或可多視角的觀看與研究，端賴於未來的追蹤探索與研究，此處不做討論。

臺東地區媽祖靈驗神話傳說，從清軍掘井九仞（高約 21-24 公尺）不見泉水，向媽祖焚香膜拜禱告後的甘泉立湧，解除圍困數日的乾渴難耐，使軍心大振後平定民亂。因此，清光緒帝敕賜匾一方「靈昭誠佑」。媽祖廟中的榕樹樹根水氣聚集，滴水成「龍

---

[681] 參見：卑南鄉賓朗普濟宮，〈本廟聖母來歷誌〉碑，民 67 年 10 立。

泉」，養人與治病。颱風過後地殼變動，媽祖點地甘美泉水外湧，成為村民汲取的聖水。漁民海上遇颱風，生死未卜，媽祖降乩指示人船平安不用擔心。從屏東小琉球到臺東的綠島，行船渡江不可少，海上危險要問神托佛，初民奉請媽祖一同遷徙，說是好的打算。來自海上撈拾而來的媽祖神像，成為庄頭的信仰中心，即使因戰爭撤退的遷村也沒忘帶著媽祖一起走，在新的安居地重啟祭祀與延續信仰。

開墾初期移民的生活困苦，環境條件差，移墾拓荒者的保安，顯聖、托夢與採乩是媽祖濟世的手段與方法。乩童領媽祖之諭令，傳達媽祖的旨意並代行濟世救人之宏願。顯聖降乩，開靈符、賜靈藥，為人療病解惑，抓妖除邪祟為民禳災阻禍，救人於危難。臺東地區媽祖廟各種的神蹟傳說，從海上到陸地流傳故事內容各有異同。蒙媽祖神靈降聖「點靈穴」蓋廟，堪輿專家出手驗證，逐成莊嚴宏偉的廟宇。發願來祈求媽祖神相助，還願以感謝媽祖的靈應。他廟的媽祖神靈來訪臺東作客，不願離開想留下來的神蹟故事也不缺。社會環境的變遷，生活型態的改變，媽祖廟的生態環境也隨之變化。可以代傳神諭的人少了，媽祖的代言人「從缺中」是現實的困境，借乩的現象在此地持續詠唱。媽祖廟碑刻內容的記述，難以滿足傳述媽祖神蹟的故事。敘事的內容未必乏善可陳，媽祖儼然已成為救苦救難的象徵，是不可取代的真實故事。

二、 臺東媽祖神蹟的類型

臺東地區的媽祖信仰，是由移民入墾及遷徙所傳播與延續。昔日的後山被列為蠻荒的未開發區域。因此移民初期由於路途艱辛，又必須橫越中央山脈的叢山峻嶺，翻山越嶺攜媽祖隨身護行，成為必要的行裝。當順利且安全抵達進入未開發區域時，媽祖護佑之名不脛而走，於是媽祖駐進地方落腳生根，庇佑移墾漢人、往來的眾民及海上作業的漁民。臺東媽祖廟的訪查過程中多有信徒表示，即使不曾聽聞自己的媽祖廟有何神蹟的故事，但對媽祖的慈悲以及護佑百姓居安、救苦救難的崇敬心理，不曾有所減損。

第五章 「後山媽祖」的傳說、神蹟與廟際關係

普濟宮的信徒說：「拿香的人就是尋求一種精神寄託與安慰」[682]，遵循的是一種對神聖的仰望與需求。

（一） 避開空襲轟炸

1945 年 6 月二次世界大戰期間的第三階段轟炸臺灣戰術，目的封鎖臺灣以達「無力化」，美國被指派攻擊高雄、基隆、臺東等城市的建築物。[683]建於清代的臺東天后宮也歷經二戰時的轟炸戰略。雖然盟軍在臺灣執行戰術性的空襲，災情慘重，臺東街道滿目瘡痍，但臺東天后宮卻躲過空中擲下的數枚巨型炸彈未被擊中，安然避開空襲，民眾甚感驚奇且更敬服媽祖的威神力。

（二） 媽祖保護兒童

1997-1998 年間，事情發生約在臺東市聯天宮參與陣頭遶境時，媽祖信徒的小孩子因不慎跌倒後遭汽車輾過，所幸人完好無傷，稱頌媽祖聖佑。但經此一事，本廟就取消參與所有這類活動。直至近幾年來才重組「朝華聖母會」並特設專供學齡前兒童操作的「轎班」，藉以訓練、培養及傳承民俗文化。[684]

鹿野鄉新豐聖豐宮總務袁國展口述，1941-1951 年間因醫學不發達，偶有小孩生病難醫，只能請神來並求助於神靈。當時有村民去嘉義東石偷走一尊媽祖神像回來，供村民問事，被發現後，笨港口港口宮來討要回去。

臺東市聖賢宮的「聖賢媽」，緣於先人為逃避日治時代徵兵，從自家鄉屏東內埔竹圍的樂善宮私自請來到臺東的媽祖神像有關。媽祖指示教授什家將、官將首，與台東地區的學校配合施行對青少年民俗文化教育，強調家長認同與同意者加入學習課程。藉由「孝行千里，賜福寶島」遶境活動，推展孝道與愛護自己的家。Face Book 有則看似荒唐但實際故事：「凡界需要避孕套，困苦貧

---

[682] 參閱臺東縣後山文化工作協會編著，《臺東縣寺廟專輯》，頁 77-78。
[683] 杜正宇，〈論二戰時期的臺灣大空襲（1938-1945）〉《國史館館刊》第 51 期，頁 71-73。
[684] 2020.12.18 採訪臺東市聯天宮宮主曾三煌及其夫人莊小姐。

爸常因節育認知不足而生育過多更陷貧苦....泣求神明護佑，天降避孕套...」，顯示該廟的信仰族群偏向青少年，不羈的行為模式。

（三） 媽祖降靈救人、救病、救急難

早期華源村拱天宮有乩童提供問事服務，乩童要領媽祖的「通令旗」才可以辦事、濟世。因此乩童若卸任或離世，必須繳回「通令旗」，媽祖會自己再尋適合的人選。綠島天后宮傳光復以前，居民就多信奉媽祖，廟中有林再為乩童傳達媽祖的旨意，媽祖顯聖救苦救難無數。[685]

電光聖母壇由媽祖降靈以乩童為信徒療病解惑，信徒來自各地，電光里因原住民居多，信徒較少。媽祖降靈預示壇主之父，要做之事可能會有變數，還是把自己的生意顧好較重要。其父原從事碾米廠的生意，23歲時國民黨原要提名他參選議員，但於登記前八天臨時取消。媽祖所預告之事真的發生。

成田媽祖廟新任主委陳寶興，營造商，因病（腦溢血）不堪繼續工作，只能休養生息。2014年媽祖廟慶典期間，受友人相邀給媽祖請客「吃平安餐」，並參與爐主擲筊競杯，連得9聖杯接任值年爐主。陳寶興甚感欣喜因病得福，感謝媽祖願意隨奉自宅，護佑病體早日康復。隔年，值年爐主任期結束，媽祖聖諭示請他接任成田媽祖廟第三屆管理委員會主任委員一職，協助媽祖聚合信眾，以及處理廟埕土地取得和協調商借之重任。[686]

2016年的尼伯特風災，造成臺東市聯天宮辦公室的屋頂全部翻倒，損傷嚴重，但緊鄰於旁的廟宇卻毫無損傷。廟方說這是媽祖顯神蹟，神威顯赫讓古蹟得以流傳千古。山坡上的鹿野鄉福佑宮，廟宇興宮期間傳一預拌混凝土攪拌車，於上坡時重心不穩險些翻覆時竟突然化險為夷，目擊村人咸信是媽祖顯靈所致。

卑南鄉初鹿鎮東宮媽祖展神蹟救乳癌患者。蔡碧珠從龍田嫁到初鹿，現年60歲，茶農，育有一智商停留在7歲程度的33歲女

---

[685] 參見：林顯能、綠島天后宮管理委員會，〈綠島天后宮天上聖母由來及建廟簡介〉，2009.11.21。

[686] 2020.12.30 採訪成功鎮成田媽祖廟第三屆主委陳寶興。

兒。她經常偕智弱女到廟中協助擦拭與整理的工作。時遇廟中的長香經常無端發爐，有通靈師姐表示是二聖母指定蔡女來廟中奉事，又告知生病之事媽祖會幫忙，盡快處理。蔡女說因聖母的協助與護佑，右乳罹癌開刀過程非常順利，過程中未有任何的疼痛，且術後三個月就痊癒了，真的很神奇也很感恩媽祖的保佑。[687]病癒後蔡女發心「終身服務」。2019年起開始協助與整頓，將原本多顯凌亂及髒汙之事物、場所等皆重新清整、歸納與安排。

初鹿讚天宮媽祖是以揮鸞方式起駕，用手轎敲打出「孔子文字壇」，文句皆為詩文或七字詩。儀式操作人除了正、副鸞手以外，還有紀錄生、唱生以及最後解釋文意及疑惑給信徒明瞭的解釋生。鸞手將身體借給媽祖為信眾排憂解難，媽祖威神降臨憑藉人的肉身展神蹟，是現在的科學無法解釋的。[688] 1969 年初鹿土地公廟連續發生幾樁怪事，先是一名胡姓羅漢跤仔在廟裡喝農藥自殺，後有一瘋癲之人，堆積甘蔗葉於廟中放火將廟燒毀。地方上人心惶惶，議論紛紛，眾人齊聚祈請媽祖調查。於是初鹿讚天宮媽祖出巡，逐一巡視庄頭，降乩指示要將地界內所有陰界無家可歸、流浪街頭的孤魂野鬼招魂並集中於一處祭祀，建「萬善堂」供奉度化。此萬善堂的「有求必應」眾口皆知，六合彩風行的年代，成為「求明牌」的勝地，經常擠得水洩不通，人滿為患。民眾回禮的戲碼從古裝戲到現代脫衣舞秀花樣百出，這是一則媽祖顯聖安撫亡魂後無心插柳的神蹟故事。[689]

（四） 媽祖顯聖採乩、選地理、雕金身

媽祖顯聖自選濟世接班人的事蹟，同樣流傳於臺東地區的媽祖廟。早期太麻里香蘭地區生活困苦，村民以開墾種植農作物維生。1958 年間，林萬的兒子林得進 7 歲時跟叔父去墾殖地（作物生薑）時跌倒，因傷總醫不好，家人帶去太麻里三王廟問神。王爺神諭表示有媽祖要到臺東濟世。同年林萬迎回媽祖，也成為媽祖

---

[687] 2020.12.16 採訪卑南鄉初鹿鎮東宮蔡碧珠（0988-311487），至 2021 年 7 月服務滿三年。
[688] 2020.12.18 採訪初鹿讚天宮宮主邱顯東。
[689] 陳淑雯主編，《初鹿讚天宮沿革誌》，頁 46-47。

的代言人,展開媽祖濟世救人的聖事。此後,太麻里香蘭遠天宮逐步建立,媽祖展神蹟醫好很多的人。

關山電光聖母壇創始人李宋玲子,大概在 1972 年左右出現精神異常、舉止怪異,會徒手抓生魚來吃,遍訪各大精神科醫院(如臺北榮總、台大、…)都沒改善。後經一媽祖信徒指引去問神,被告知神明要找此人做乩童為眾生服務。其夫婿是臺東縣關山鎮的仕紳[690],得知消息後覺得有失體面堅決反對妻子當乩童。李宋玲子身體每況愈下,已然神智不清,即將進入安寧病房。此時夫婿終於妥協,願意放下矜持與執著接受神明的安排,只求妻子能存活。宋氏成為媽祖的代言人後,身體逐漸好轉,健康如昨。眾人都說是媽祖靈感神蹟。

臺東市東后宮媽祖神像額頭出現「王」字的痕跡,笨港口港口宮正三媽神諭指示,要開壇濟世。媽祖示意主事人林美雲必須先領玉旨、銅牌、劍印,後蓋廟。若無法在約定限期內依旨意完成開宮建廟,玉旨將會被收回,而且神像上的「王」亦也會消失。再則,東后宮的廟地是警總管轄的軍方土地,媽祖屢顯威神力協助軍方解救居民,如八八水災時的救難。時至今日,軍方人員仍是得空就來參拜,感謝媽祖護佑,以及祈求媽祖加持護佑軍民均安,少災少難。[691]

臺東市賢興宮的媽祖是自選跟隨信徒繼續濟世救人,屢藉夢境諭示、教導與傳承各種秘法,示意開宮立廟、請神領玉旨。宮主夫人施秀滿答應媽祖願意濟世後(同意當乩童),媽祖再顯神蹟派新北市九份一老菩薩,來臺東教授收驚、施術等「辦聖事」的行儀。與此同時,媽祖指示「道、法雙修」除學法術外,也必須持續持誦經典以加強實力;爾後媽祖藉此繼續濟世救人的宏願。[692]

卑南鄉東德宮宮主游書哲表示,19 歲時有神靈藉由雙胞胎弟弟連進文傳遞訊息,神諭未來會開宮替神服務,果驗於 25 歲時。

---

[690] 李至明之父,是臺東縣關山地方鎮民代表主席、農會監事以及農田水利會代表(會務委員)。
[691] 2020.12.30 採訪台東市東后宮林美雲所得。
[692] 2020.12.19 採訪臺東市賢興宮林進興宮主及夫人邱秀滿(乩童)。

至 26 歲開竅能通神靈。期間養母無故身體不適昏睡十數天無解，故而從臺北萬華西藏路「北安宮」迎請黑面三媽祖回台東；此後母親病體逐漸轉好。經神明指示，得知媽祖欲尋母親為乩童，並興宮建廟以祭祀及服務信眾。經媽祖指示建廟地點。[693]

鹿野鄉新豐聖豐宮 2017 年因鎮殿媽祖神像受損；媽祖指示重塑神像祂要自己找，用料最終採用牛樟木，重塑與製作要屏東女彩繪師邱惠美來處理。綠島天后宮於 1954 年 3 月中旬舉辦媽祖坐轎觀佛儀式，時媽祖降乩傳聖諭要採新乩。此時正逢東港鎮的道師陳森玉來為土地公神像重上新漆，廟方邀請陳道師主持觀佛法事。觀佛儀式時媽祖指示，要取剛服完兵役返家的林增傳為乩身。初始媽祖降乩時，乩身林增傳無法開口言說，道師陳森玉當即畫一道「開口符」，化水服用後，隨後開口傳達媽祖旨意。直到 1978-1979 年左右，媽祖降乩辦聖事結束前，忽然傳達要蓋廟的諭示。

太麻里玄媽會吳少恩說：「我家本來也有拜媽祖，後來全部燒掉了」。事隔多年，有次颱風過境後與親友往返溪床至少六趟，忽然感應媽祖呼喚，下一刻就拾獲倒栽在漂流木之中的斷頭神像。將其安放在平坦的地方，再拿石頭代替頭顱，即刻讓人買香跟金紙來拜拜。事後臺東觀音堂的師父指出「有媽祖說要跟妳」。之後，媽祖說祂是從大陸廣東漂流來的，想回家，但因緣未到無法回去。吳少恩正式成為媽祖的代言人後，媽祖降乩時能用日文、韓文、台語、中文、原住民語，跟信徒溝通。吳奶奶說，九天玄女降乩時也說韓語。吳奶奶會用日文、韓文跟九天玄女溝通。吳少恩又說，他第二個師父楊進丁往生後，其子燃一把香傳給吳少恩，意指香火傳承給她，自此她可以自行開宮。

（五） 許願得應驗

東河鄉北源最早是阿美族的聚落，北源天后宮是部落的公廟。早期媽祖與土地公合祀，祭祀與信仰人口不多，大概十來戶。民 60 年代，花蓮人陳穀村因事業失敗，騎機車經過媽祖廟，

---

[693] 2020.12.16 採訪臺東東德宮宮主游書哲。

見廟小又雜草叢生，焚香祈求媽祖並發願，若事業能成功要替媽祖蓋座新廟。北迴鐵路完工後，花蓮新站附近的土地價格驟漲，陳氏事業再起為感謝媽祖保佑還願，捐出新台幣160萬蓋新廟給媽祖住。此後村民晨昏燒香，甚至還有信徒來分香。[694]

臺東市東海龍門天聖宮小編陳佩琪原是國會助理，因車禍損傷頸椎三、四、五節可能導致癱瘓，得媽祖媽媽應許開刀無事，痊癒後到廟裡休養及持續受媽祖照顧，並以己之力服務。[695]她說媽祖媽媽嚴格要求擦地板時必須一塊塊的擦，並且要邊擦邊念聖號，幻化成蓮花，使厄運消除、人心淨化，所以從門生、效勞生到志工或信徒遇有困境，都自主的勞動，以洗塵滌慮。本宮是全台第一座台南鹿耳門天后宮分靈廟，開基媽祖歷經民73年鹿耳門天后宮舉辦的四十九天羅天大醮加持後開光的，所以能量特別強。

（六） 擁浪濟舟

後山地區唯一僅存於外島的媽祖廟，綠島天后宮。綠島環海，南寮村民多數信奉媽祖是海上的守護神。清領時期移民從屏東小琉球遷徙到綠島，傳媽祖還是家神時期，就經常有神蹟顯現，最後信徒越來越多逐漸變成聚落的信仰中心。1979年鄭石林兄長的船「新棋全」到蘭嶼捕魚遇上颱風，全無音訊，家屬著急請媽祖降乩問吉凶，媽祖指示人船平安勿憂，數日後兄長果然平安歸家。鄭家人感念媽祖靈感，許願如果媽祖有意建廟，他們願意發起鳩工集資建成媽祖廟，使全村皆能得媽祖護佑。[696]

漁民深信媽祖能護海祈安，於是漁民在福建廈門海上撈獲的神像，帶回家鄉浙江省溫嶺縣上大陳紅美山雙架供村民們祭祀。而媽祖也不負眾人所望，有求必應，護佑漁民海上平安，靈驗無比。烽火連天的時代，村民撤退來到臺灣，也沒忘記請媽祖一路庇佑。

---

[694] 2017.02.25 採訪北源天后宮會計委員黃碧桂。
[695] 2020.12.19 採訪台東市東海龍門天聖宮陳珮琪所得。
[696] 參閱臺東縣後山文化工作協會編著，《臺東縣寺廟專輯》，頁184。

第五章 「後山媽祖」的傳說、神蹟與廟際關係

（七）「不肯去媽祖」

1960年間麥寮拱範宮聖母巡駕經由華源地區,來到太麻里拱天宮地界。媽祖降駕指示,聖母要駐駕在華源,庇佑眾弟子。當時地方人仕商議分香來華源,最後迎來麥寮拱範宮四聖母分靈來鎮座。[697]1951年有一老桔仔帶著「陳乃夫人」神像回嘉義一帶進香,行經北港朝天宮奉香時,鹿野鄉聖安宮的北港媽祖顯化,欲隨進香人返回鹿野永安村濟世救人,於是北港媽從此落座下鹿寮前日本神社的所在地。[698]

成功鎮成廣澳天后宮,傳聞最早進駐後山的媽祖。主祀神媽祖的神像歷經多重劫難,初始有來自原住民的信仰排斥,日治時期因日人廢廟而險被燒毀,再到流浪藏身於外鄉等經歷。信徒感念媽祖長久來的護佑,1940年時有溫鼎貴偕女英淑、芳淑、子敦彰等,將神像攜往臺北藏匿。[699]後漁民又連夜從海上護送媽祖神像到基隆海邊的石洞內藏身。光復後,信徒計劃迎回「落難媽祖」金身,熟料石洞中避難的媽祖神像竟有數尊,現場擲筊又沒有結果。當夜媽祖顯靈入夢於信徒,指示「兩頰上有一顆黑痣的即是成廣澳的媽祖正身」。隔天眾人盡數細觀每一媽祖神像,只見其中一尊臉上似有黑點,走近看竟是蒼蠅停在上面。眾人認為這是媽祖顯夢之意,再經擲筊請示果然無誤,一時之間成廣澳天后宮媽祖,十分靈驗的威名響徹東台。[700]小港媽祖被迫離家藏身數年,最後在信徒的不懈努力,終於尋回媽祖神像並將祂帶回的故鄉。

（八）媽祖伏妖制祟

太麻里遠天宮的移民初期生活困苦,沒電,沒醫生;以茅草為屋,簀木為床。山精鬼怪的傳聞也很多。早期媽祖以雙人手轎扶鸞救世,傳聞有一村民經常口中發出奇怪的聲響,行為怪異,

---

[697] 參見:〈拱天宮天上聖母由來〉,民91年5月吉置。
[698] 參見:〈永安村聖安宮簡介〉碑,歲次丁亥(2007)年臘月吉旦。
[699] 蕭明治、王良行、姜柷山合撰,〈小港天后宮〉《成功鎮志—社會文化篇》(臺東:成功鎮公所,2003),頁94-95。
[700] 林建成撰、臺東縣後山文化工作協會編著,〈成廣澳天后宮〉《臺東縣寺廟專輯》,頁144-145。

生活逐漸不能自己，村民見之不與相近。經媽祖顯聖查看，得知是有妖邪作怪，後來媽祖出手相救。

（九）　靈符回生（救病）

太麻里遠天宮的被採訪人卓得雄說：「以前媽祖實在太靈感了，非常靈感，救了很多人，也除了很多的邪祟」。早期媽祖以雙人手轎扶鸞給信眾問事、解疑。媽祖顯聖降乩時開「軍神藥」符[701]、施藥、治病救人，也到村民家中抓妖、除煞。記憶中曾抓過狗妖，過程非常驚悚、緊張。遠天宮媽祖的「軍神藥」符，是扶鸞手在刈金上書寫符文，提供信眾治病，蒸煮服用。在早期醫療資源不發達，醫藥貧脊的社會，人們為安身立命，唯求請於神靈方是自救的途徑。媽祖以雙人手轎扶鸞濟世，救人於苦難，醫病無數，除多方妖邪。村眾讚嘆不已，感激媽祖靈驗無比。[702]

成功鎮成廣澳天后宮有「聖母萬能符」，只要蓋上媽祖印，信眾用符洗淨煞氣皆可解。早期信眾刮下媽祖神像的木屑作為藥引，同中藥一起燉煮，服用者並皆可痊。

（十）　媽祖廟靈穴地理、出甘泉

前文碑碣中的臺東媽祖神蹟故事已提及，臺東市天后宮，1888 年 6 月據說大庄客民劉添旺因抗議徵收田畝清丈費過苛，聯合當地墾民與平埔族人共同起事，燒毀埤南廳署，圍攻提督張兆連及鎮海後軍。官兵被困堡壘內數日，因無水源口渴難耐，逐命陳添等人臨時掘井，深約 21-24 米仍未出泉水，眾人焦急萬分。[703]張提督燒香仰天祈禱媽祖，剎那間甘泉立湧，軍心大振，半個月後，臺灣巡撫劉銘傳派援軍趕來平定。為感謝媽祖的救助張兆連捐俸倡議建廟，歷時一年臺東市天后宮建成，光緒皇帝賜頒「靈昭誠

---

[701] 「軍神藥」，即是扶鸞手在刈金上書寫符文，提供信眾治病，蒸煮服用。
[702] 根據綜合三位訪談人的表述，遠天宮應是創建於民 50 年(1961)，而非民 46 年(1957)。卓得雄家族與林萬家族是鄰居，並且與早期創始人及神職人員多有親戚關係。
[703] 許秀霞編著，《逐鹿傳說—東臺灣文化地誌》（臺東：臺東大學，2009.05），頁 25-26。

佑」匾額一幅。[704]據 1996 年臺東天后宮鄭裕新所述,此匾額當時因運送人員的疏忽,在成功鎮小港漁港上岸後,被直接送到港口前的成廣澳天后宮。以致於臺東天后宮久候匾額不到,只能請有力人士重新申請,後清朝廷再頒一方。[705]傳說中的成廣澳,是卑南、花蓮之間的小港口,供商船寄泊,西部物資也由此運到後山。匾額運送人上岸後,第一眼就見到媽祖廟,順理成章將光緒帝賜「靈昭誠佑」匾交付,是失誤也是媽祖神蹟。

1968 年 9 月艾琳颱風重創臺東鹿野永康村, 35 棟房舍全毀傷亡嚴重。永康溪水又持續暴漲,多個村莊恐遭淹沒之災,庄人紛紛走避於媽祖廟附近的高地。庄中長老見勢,聚衆焚香膜拜祈請媽祖保佑,頓時雷鳴乍起,直破永康溪,洪水忽然轉向北移流入鹿寮溪。數日洪水退,本村境內無人傷亡。[706]災後永康溪一分為二,一經永康溪流向鹿寮溪,二經地下水流向高台坑溪。原高台坑溪出水處泉水極小,此後水量大增且清澈甘甜,可供挑水飲用,村民嘖嘖稱奇。此泉眼經媽祖請中壇元帥降乩,在湧泉之地插入七星寶劍「制靈定穴」,特賜名為「玉龍泉」,終年不涸。村民感念媽祖神蹟救民於難,提議建廟以答謝媽祖的庇佑;媽祖指示廟地就在媽祖施法退卻洪水所立之處。[707]

臺東市南王湄聖宮地理出靈穴,地理師說是天通人和的「黃旗穴地」。媽祖顯聖降旨以靈穴作為興廟腹地,靈穴之上蓋主殿,媽祖賜名「湄聖宮」。[708]

臺東市東海龍門天聖宮神殿外,有老榕樹氣根聚集水氣滴下的泉水而成的「龍泉」,傳聞相當靈驗,常有信衆取回治病或平時飲用。另外有一巨石傳說發生於 1981 年間,當時廟的龍柱有一蛇盤著其上,廟方逐將蛇圈養籠中,五天後無端消失,衆等皆視

---

[704] 〈寺廟的歷史及人文〉(http://www.taitungmazu.org.tw)《台東天后宮網頁》,2020.07.07 摘錄。
[705] 蕭明治、王良行、姜枕山合撰,〈小港天后宮〉《成功鎮志—社會文化篇》,頁 95。
[706] 參見:〈永安村聖安宮簡介〉碑,歲次丁亥(2007)年臘月吉旦。
[707] 參見:聖安宮管理委員會,〈玉龍泉誌〉碑,民 97 年 12 月吉日立。
[708] 參見:第十屆管理委員會,〈臺東市南王湄聖宮沿革誌〉,民 109 年 4 月置。

之為「靈蛇」，是媽祖聖靈的預示。1986年間廟基開挖時，果然挖出一大巨石（金黃琅玉），形若當年「靈蛇」再現，取名「玉龍公」；至今祭拜不輟。[709]

（十一）　　　預告離世消息

電光聖母壇的媽祖乩身李宋玲子，於2018年佛誕日前五天預告其子李至明，即將在佛誕日跟隨阿彌陀佛往西方極樂世界去，果驗。現任總幹事李至明說，因母親早期多受佛祖的照拂，遂使身體逐漸好轉。臨終交代遺言有二，其一是照顧好父親及弱智的弟弟(安置於門諾醫院壽豐分院)、二是完成佛祖殿的建設。原訂以九年時間完成佛祖殿的工程，因緣俱足只費時七個月就完成，都是媽祖與觀音佛祖的保佑。

（十二）　　　得媽祖度化成仙

綠島天后宮有少女亡故後，媽祖慈悲將她渡化成神的故事。據聞此離世少女，家住媽祖廟旁。得媽祖度化，兄長為她雕刻神像，稱「蓮姑仙子」，安奉於綠島天后宮供居民膜拜。

臺東地區媽祖傳說與神蹟還不少，以上僅是較廣為流傳的部份，或已成為信徒歷來所津津樂道的話題。媽祖神蹟、傳說與故事的傳播，藉由沿革碑碣刻文留存下來，也透過信徒集體力量在人與人交互往來的機會、人際網絡以媽祖廟的各式活動下，使媽祖的神蹟更加廣為流傳，民眾的信仰更為堅定。田野採訪時，也常遇信徒無法具體回答，到底他們拜的媽祖有什麼樣的神蹟或傳說，以及為何拜媽祖的探問。此時信徒給的口述應答，信仰媽祖的好處，簡單的說就是，「只要有信仰，對社會、對自己的人生，就能看得開，放得下，比較不會固執」。或有說，拜神是一件好事，「沒拜不會比較窮，拜了也不會比較富有」，但因為喜歡拜拜求平安，所以鄰人說拜媽祖勝過拜土地公也就跟著虔誠的拜，一拜就是三、四十年。一女性年長者說，因為沒有讀過書，所以

---

[709] 〈太平溪畔百年老榕樹〉，（https://www.donghaimazu.com）《東海龍門天后宮》，2021.05.08 摘錄。臺東縣後山文化工作協會編著，《臺東縣寺廟專輯》，頁61。

不識字，只有去拜拜求平安。後來媽祖說要找地來蓋廟，丈夫說土地給人家蓋廟，他樂見其成；建好的媽祖廟就在住家旁邊很方便，隨時可以去。雖然不識字，「加減學、加減修、加減拜」，人就該如此，才有好福報。所以媽祖是否回應信仰的靈驗與神蹟實況，對信徒而言，只需簡單的回覆：「我信，祂就靈」。

表 5-1「後山」媽祖廟的傳說與神蹟比對

區域	宜蘭地區	花蓮地區	臺東地區
媽祖神蹟與傳說		「不肯去媽祖」 許願得應驗 擁浪濟舟 顯聖採乩	
	廟基改向出進士 媽祖廟公化冬	靈符回生（救病） 媽祖顯聖選地理、離金身 媽祖降靈救人、救病、救急難	
	轟炸時接炸彈 助孕與保護孩童 媽祖聖諭封神	X	避開空襲轟炸 媽祖保護兒童 得媽祖度化成仙
	示警止禍、治病 媽祖顯聖與夢啓	托夢：救疾患、認祖歸宗、蔭屍通知	X
	流浪媽祖助魚產豐收 媽祖借靈籠助陣	媽祖神諭：祭天平災難、賜密文、授代天巡狩職 熟食祭陰魂 從海神轉成農業神 現神光顯神威	媽祖伏妖制祟 預告離世消息 媽祖廟靈穴地理、出甘泉

資料來源：筆者製表

「後山媽祖」的傳說與神蹟，歷來藉由集體力量在宜蘭縣、花蓮縣、臺東縣三個區域之間各自流傳。媽祖信仰與其神蹟彰顯緊密相關，整合神蹟類型結果可發現「後山媽祖」的神蹟具有其

共同性與差異性。(參表 5-1) 媽祖神靈透過夢啓或乩童以傳達神諭,成就「救世」的宏願並回應、解決信仰者的需求。借尋覓有緣人及點選吉地為「發揮」做準備。信眾口耳相傳的靈驗性故事內容,是影響廟宇香火鼎盛與否的重要特徵。人們不懷疑那些歌頌式的傳說,神蹟越多則信仰更堅定。如前所述,許願得應驗、擁浪濟舟、顯聖採乩與「不肯去媽祖」是宜花東三縣市共同擁有的神蹟。而廟基改向後的地靈人傑及媽祖廟公化冬的故事,獨屬於宜蘭地區媽祖信仰的特殊存在。面山不面向海的媽祖廟,存在著居民對於神聖的希冀,期盼藉由反常態性思維模式的改變,以促使地方發展與改善民眾生活有所增進。神蹟現象顯示,神聖是人們心靈慰藉不可或缺的需要與期待。而從過去普遍較為貧苦的農村生活,農家以自產的資源作為廟公的薪餉,糧食或物資的交換能有效解決媽祖廟的收入困境,又能提供在地居民心靈支持與陪伴。即使隨著時代變遷,化冬已成為歷史名詞,但在此,匯聚了宜蘭人對開蘭先賢的緬懷之情,以及生活的智慧亦可見淳善虔誠的信仰。

在臺灣媽祖信中仰鮮少可見,媽祖給逝者封神的故事,但它卻現跡於宜蘭及臺東二地。媽祖顯聖敕封已故建廟有功者的仙官之位,以及度化純真少女亡靈成仙子並賜仙名。封神故事彰顯人們行功立德和利眾實績的重要性,是為「有功於民,民則祀之」的宗教思想。神是聖潔不容被玷污的思維,直指純真少女所表述的潔淨觀念,可涵納身體、禮儀、道德、靈性等等方面之意義,同時傳遞出倫理教訓。依此可作為教化的律條以培養自制的美德,促使信眾逐漸邁向象徵「聖潔」的一步。終將彰顯媽祖的神威顯赫及其無遠弗屆的影響力。

綜觀「後山」媽祖廟的傳說與神蹟對比,三個地區呈現異同相交雜的現象。媽祖廟神蹟中,內涵教化、指引、救度、懲罰、心理慰藉、生活安頓等象徵意義及需求目的。對於「後山媽祖」的信徒而言,傳說與神蹟揭示了媽祖救難於危急、救苦於為難才是重要的。甚或全臺多數媽祖信徒的想法亦然。而在臺廣泛被流傳的接炸彈或避空襲事件,無論媽祖廟如何宣稱,即使無確鑿的證據藉由此類能趨吉避凶、保家拯民性命的傳說與神蹟,促使民

第五章 「後山媽祖」的傳說、神蹟與廟際關係

眾深信媽祖具足化解危機的神力,從而助於減弱戰爭所引發的恐懼,乃至撫慰心靈與克服外來的壓力。相信媽祖擁有更豐富的知識與無上能力,顯聖、夢啟、降靈等各類預示性的神意則被視為媽祖的一種職能,且對信仰者的影響深遠。因此在神諭發佈的過程中,清晰可視神的代言人將成為最核心的人物或傳達的工具,所以其重要性不可言喻。然而現象也顯現在對於神祇崇拜的轉換與移情作用,導致信仰者對人、神之間的界限產生模糊或倒置,是不可被忽視的存在。

第四節 「後山媽祖」的廟際關係

　　社會的人際交往存在一種禮物的場域,送禮是人類社會行為,禮物應以符合對方需求與喜好。但最重要的是驚喜或新意,亦或是具有象徵意義、經濟價值,或者禮物背後所應付出的代價?馬瑟・牟斯(Marcel Mauss)以人類學的禮物與饋贈行為的討論,提供我們如何面對這個議題。[710]探索後山地區的宜蘭縣、花蓮縣、臺東縣三個縣的媽祖信仰起源,及其主祀神源流時,不難發現媽祖廟的香火或靈力來源,以及廟宇之間附屬組織神將會的儀式交陪,都存在著權力及義務的象徵意義。祖廟與分靈廟、神將會與神將會之間是透過交換來建立所謂的關係,以大規模的儀式性交換爭取最大的利益,換到跟隨者想要換的,贈予者透過慷慨且大方的贈予來吸引跟隨者。媽祖扎根於臺灣後山的土地上,逐漸發展出屬於自己的特色,成為獨具臺灣味的本土神祇與文化象徵。此一自成體系的文化,是由官方、宗族、姓氏族群移民,乃至廣大信仰者的崇拜所組成。

　　媽祖信仰的發展脫離不了神的分靈、神廟的興起與信仰者所成立的各式組織,而人的移動與傳播則是不可或缺的要件。林開

---

[710] [法]馬賽爾・莫斯(Marcel Mauss)著,盧匯譯,《論饋贈—傳統社會的交換形式及其功能》(北京:中央民族大學,2002.08)(The Gift: Forms and Functions of Exchange in Archaic Societies)

唐晉濱,〈【禮物論】天下沒有免費的午餐,也沒有免費的禮物〉(https://www.hk01.com/,2021-03-26)《香港01》,2023.03.22 摘錄。

世說：「人作為一個行動者必然隨著特定的社會文化脈絡，而採取不同的策略。」[711]當媽祖信仰被移植，神像的來源、儀式的操作與寺廟的組織，將因應需要或整體的社會文化而複製或延展出各自的相貌。這些被複製或被發展而來的產物，勢必建立在關係與利益的基礎之上。莫斯（Marcel Mauss）《禮物》指出，「交換(échange)與契約(contrat)總是以禮物的形式達成，理論上這是自願的，但實際上，送禮和回禮都是義務性的(obligatoire)」。[712]事實證明，從媽祖廟經營的觀點來看，無論是香火取得、神像物的契約、神將會出團（人工的交換）或香油錢付出等，皆在「禮物」的範疇中，更是無法避免的行動。所以給予、接受和回報這三重義務雖是為古式社會的基礎，同樣亦是今時寺廟交陪與往來時重要的基礎。而這個基礎不僅止是交換，而是「交換—禮物（échange-don）或者說「禮物—交換」（don-échange）的對等關係。

禮物是人類社會制度下的寶貴資產。各種不同型態的禮物交換模式，是建立在「全面性的報稱體系」（the system of total prestation）[713]的概念之上。這個概念包含了物的給予、接受、回報

---

[711] 林開世，〈人類學與歷史學的對話？一點反省與建議〉《臺大文史哲學報》第59期，(2003.11)：13。

[712] [法]馬塞爾．莫斯（Marcel Mauss）著，汲喆譯，《禮物：舊社會中交換的形式與功能》（北京：商務印書館，2016），頁 7。參閱牟斯著，汪珍宜、何翠萍譯，《禮物：舊社會中交換的形式與功能》（臺北：遠流，2004.09）取自：http://andy84858.blogspot.com/2017/11/blog-post_72.html ， 2017.11.19 ），2020.09.01 摘錄。

[713] 在日常生活裡，互惠、人情往來、餽贈等現象，普遍存在於各民族的禮物交換行為。莫斯的研究卻顯示：表面上是「禮物」，骨子裡卻是「交換」。「理論上，這些禮物是人們自願送的，實際上這一類送禮、還禮的行為都是義務性的」。牟斯將這種「禮物交換」稱為「報稱」（prestation，法文），而將其背後的社會機制稱為「全面性報稱體系」（the system of total prestation），它要求擁有財富者必須給予，因此「給予」便成了義務。同樣的，「收取」也是義務，因為拒絕禮物「無異於宣戰，是一種斷絕友誼和交往的表示」。（牟斯 1989：14）。參閱〈2011.12.21 從牟斯的《禮物》談當代社會的禮物〉（https://ocw.nycu.edu.tw/course_detail-c.php?bgid=19&gid=0&nid=310&pid=367）《國立陽明交通大學開放式課程》，2023.03.18 摘錄。

第五章 「後山媽祖」的傳說、神蹟與廟際關係

等行為過程,以及在整個交換行為中各方需負擔的社會壓力和責任義務。禮物通常是自然或他人的饋贈,而「義務」在概念中特別被強調,說明收受禮者負擔有回禮的義務,反之拒絕回禮或回報,通常在社會中將遭到非議或詆毀。[714]簡單來說,人有送禮物的義務是受贈予行為,或說是社會習俗與人們相處的模式,要求的義務所致;人有收禮物的義務,則是出於因拒絕禮物可能導致與贈予者之間產生矛盾。依此來看,媽祖廟的香火、儀式及對外組織的神將會在這禮物交換的迴圈中,無法獨立於交換關係之外。[715]

為何送禮者必須做出義務性的回報?主要原因之一是,交換已建立起一種雙重關係。此外,交換之物並不僅侷限於物資或財富等關於經濟上有用的產物。[716]再則是受「禮物之靈」(the spirit of gift)的影響,因為禮物交換具有交換禮物的「唯物」屬性,也同樣具有無法分割的「文化」與「道德」性。[717]禮物交換象徵富饒生活所延伸的文明現象與人情世故,以及互惠原則和流動的債務,同時也是權力與聲望的建立。[718]從文化人類學的觀點來看,禮物交換不在於物本身的價值幾何,而是交換的過程中人與人之間的關係。物的衡量會跟隨著當地文化的差異而有所轉化。因此「物」是有名字的、有靈魂的,而且具有擁有者的特性,

---

[714] [法]馬塞爾.莫斯(Marcel Mauss)著,汲喆譯,《禮物:古式社會中交換的形式與理由》(北京:商務,2016),頁 5-7。

[715] Mauss, Marcel, The Gift: Forms and Functions of Exchange in Archaic Societies, tr. By IanCunnison, (London: Cohen & West Ltd., 1954), p.76. 轉引自:[法]馬塞爾.莫斯(Marcel Mauss)著,汲喆譯,《禮物:舊社會中交換的形式與功能》:頁 7。

[716] [法]馬塞爾.莫斯(Marcel Mauss)著,汲喆譯,《禮物:古式社會中交換的形式與理由》,頁 11-29。交流的是禮節、宴會、儀式、軍事、婦女、兒童、舞蹈、節日和集市,其中市場上的財富流通只是交換之一種與契約中的一項而已。再者,呈獻與回獻儘管從根本上說是一種嚴格的義務,但它們卻往往透過饋贈禮物的這樣自願的形式來完成。

[717] 唐晉濱,〈【禮物論】天下沒有免費的午餐,也沒有免費的禮物〉(https://www.hk01.com/,2021-03-26)《香港 01》,2023.03.22 摘錄。

[718] 賴俊雄,〈上帝的禮物:再探禮物與交換經濟〉《中外文學》第 33 卷第 9 期,(2005 .02):161。

在「物」的流通過程中可讓「物」的整個生命與記憶更加的豐富，亦即透過物的流通過程去表述，其過程中的所指向的交換網路到底是什麼。

一、 神像與香火

　　總體而言，後山媽祖廟的神像與香火，始自清領時期由中國地區攜入的神像，至臺灣本土媽祖廟主祀神的分靈、分香或分身，或臺海兩岸三通未開放前與開放後直接海運迎請湄洲媽祖分身，甚至海上撈拾者等不同的來源。選擇行動時，祖廟與分靈廟之間已然產生連結。此一連結是二者之間的母廟與子廟關係確立，抑或是交易的關係建立，已然反映出不同社會的禮物交換文化共同認識與主題，即神像中具一種神秘力量迫使受物者做作出回報。媽祖神像被認為具前所有者的精神、靈魂的一部分，因此取得或佔有他人的物品是危險的，必須通過某種儀式，使其遺忘或抹除原所有者，從而注入新的精神力並驅除對己的不利影響。所以媽祖的稱名在後山媽祖廟被冠以各自不同的稱號，甚至賦予不同的職能。如宜蘭冬山鹿安宮的鹿安媽[719]、花蓮吉安九洲天后宮（原名湄聖宮）湄聖媽[720]、臺東市賢興宮的賢興媽[721]等等稱名。

　　無論是新雕刻或被拾獲的媽祖神像，靈力是通過特定的儀式操作為神像入靈。而舊神像則透過進香的儀式及香火交換，藉由汲取知名度高的廟宇來增添靈力，甚或返回母廟（或老廟）為神明的靈力充電。從強調交換的對稱上來看，沒有純粹的禮物（pure gift）、也沒有免費的禮物（free gift）。媽祖的分靈現象，學界多

---

[719] 宜蘭冬山鹿安宮計劃性以「鹿安媽」逐漸取代「港口媽」的對外聲稱，建立威信。又中壇元帥降神指示，邀筆者書以草體「鹿安媽」三字以轉印於團體服，供 2024 年謁祖信徒穿著。

[720] 2020.04.09 採訪溫玉蘭主委，聲稱開基媽祖靈力源於湄洲天后宮，亦是全台第一座在湄洲天后宮奏旨的媽祖廟。因該廟媽祖領有「代天巡狩」特殊懿旨，故聖諭應以「湄聖媽」稱之。

[721] 2020.12.16 採訪林進興宮主，本廟原名「聖天宮」。因媽祖神像被多次輾轉易主與安置，於民 84 年重啓入靈、領旨等儀式，並更名為「賢興宮」，同時媽祖稱名改成「賢興媽」。

第五章　「後山媽祖」的傳說、神蹟與廟際關係

有研究認可似形成家族譜系般樹狀結構,具鮮明的輩份層級關係或位階差別,其香火淵源的關係中仍具有特殊的關係倫理意涵。又或近年來各廟宇著重較平等的參香拜會與交陪關係,而較不強調位階差異,但是禮尚往來之間仍有來源與階序的意識形態。因此香火交換與靈力充電都只是暫時的擁有,不因輩份層級關係或位階差別,主動性、被動性或自願性、非自願性,最後還是要送出去,亦即受物者為接收媽祖香火靈力,最後以非靈力之「物」還回去,[722]從資本主義社會的整體來看是保持均衡。

其次是交換的目的不僅僅只是經濟人的理性計算,或只為謀求個人私利,或媽祖廟的最大利益。禮物交換包含情感的因素,不是只有工具性的目的,而是為了追求獲得榮譽和聲望。[723]這樣的現象在多數後山媽祖廟的碑刻內文中可見,與知名老廟或知名度高、話題性強、靈驗性多的寺廟建立交換關係,從而提高自身寺廟的聲望與可見度,甚或得到支援與資源。另外,媽祖神像(圖5-8)來源的項目之一,直接與希望目標廟宇簽訂分靈契書(圖5-9),明面上是迎請媽祖神像的過程,實則是隱藏經濟性的交易。[724]交換隱含高位者的神靈,移轉到低位人的手上,給予和接收形成一種義務和借貸關係,帶有他者人性的禮物,同時無形的壓力就自然產生,被託付的靈力將來勢必要償還回去,還回可以是任意的「物」。從分靈契書的內容所示:

---

[722] 宜花東多數廟宇主事者(宮主、主委、組織頭人)揭露,廟宇間的交流、交陪活動,即使是祖廟若無長期的來往反覆,關係實難維繫。更甚者從信徒集體「添油香」多與寡舉動也被檢視,以及神將會交陪的規模(包含紅包中的數額),皆成為未來繼續交流的參考依據。

[723] 鹿野鄉東天天后宮邱進南主委表示,申請加入中華媽祖文化交流協會(中國),透過交流和合作經,以及捐款、贊助等活動,積極維持友好關係、增加該廟曝光度。期望成為東部第一廟。

[724] 2020.12.16 採訪鹿野鄉東天天后宮邱進南主委,本廟供奉有北港朝天宮、大甲鎮瀾宮、笨港口港口宮等知名廟媽祖的分身。他透過奉請(即購買)神像,以及配合每年謁祖等相關規範,進而積極建立分靈關係。此操作能有效增進雙方友好,同時獲相對的支援與補助,並依此擴大在地方的知名度與展現實力。

圖 5-8 北港朝天宮（朝加）分靈神像　　圖 5-9 北港朝天宮（朝加）分靈契
以上兩圖攝影：卓麗珍，日期：2020.12.16

分　靈　契　書（一式二份）

中華民國臺灣省**東天天后**宮（廟、寺、堂）負責人主委邱進南
代表全體信衆向北港朝天宮恭請　媽祖迎回永久供奉
朝拜　並年年回宮進香謁祖　藉以香火相連綿延千萬年
敬具契願用表虔誠

　　　　　　　立契願人：台東縣鹿野鄉永安村永安路 479 號
　　　　　　　　　　　　東天天后宮　　宮（廟寺、堂）

朝加 3 尺 6 寸　代　表　人：主任委員　邱進南
　　　　　　　監　契　人：財團法人北港朝天宮
　　　　　　　代　表　人：董事長　蔡詠鍀

　　　　　　　　　　　　　　國　十　　　十四
歲次　丙申年（西元二〇一六年）　　月　　　日
　　　　　　　　　　　　　　農　九　　　十四
　　　　　　　　　　　　　　　　　No 00263

　　台　笨　朝　契　字　第　貳　陸　參　號

第五章 「後山媽祖」的傳說、神蹟與廟際關係

> ……向北港朝天宮恭請　媽祖迎回永久供奉
> 朝拜　並年年回宮進香謁祖　藉以香火相連綿延千萬年
> 敬具契願用表虔誠

在交換的關係中，接收媽祖神像以及神像中的靈力，還回的是「年年回宮進香謁祖」的義務。因此禮物研究說，交換與契約總是以禮物的形式達成，送禮和回禮看似是自願為之，但實際上都是義務性的，交換與禮物以對等關係的形式存在。禮物交換是要遵守互惠的原則，初步的關係連結與進香謁祖的約定，贈予者回饋不遠千里的參與寺廟祭祀儀式、活動，建廟基金的籌措（添油香），循環反覆的進行。

從交換→禮物、禮物→交換，可以發現禮物的交換之所以能夠持續的進行，主要源於送出去的禮必然產生回禮。從回禮的到來後，新一輪的送禮又開始，如此不斷地循環反覆將人們、媽祖、靈力、寺廟納入禮物交換之中，促使交換的施與受二者遵守互惠原則。

二、 儀式與祭典

臺灣的寺廟是地方的集議場所，經常透過各類宗教活動凝聚地方社會。[725]後山媽祖廟因各區域的獨特性差異頗大。廟宇間的交誼，透過信仰、祭祀儀式、進香遶境或醮典等相關的活動，達到聯合各庄社，甚至跨越村莊形成聯防組織，不會僅限於單一信仰的媽祖廟。若僅就媽祖廟而論，以宜蘭地區媽祖廟間最顯熱絡，廟與廟之間有著緊密的交往與連結。從各鄉鎮的媽祖廟舉辦的祭典、遶境、活動，甚或誦經生與大神尪等的教學，乃至由地方政府所主辦的各項大型活動等交陪頻繁，呈現地區整體性的樣貌。相較於臺東縣則多偏向於同區域內的互動，而花蓮縣就更顯獨立的運作模式。

---

[725] 王志宇，〈廟會活動與地方社會－以臺灣苑裡慈和宮為例〉，《逢甲人文社會學報》第 12 期，（2006.06）：239-262。慈和宮媽祖廟透過建醮、普渡等宗教活動與儀式，藉此動員全鎮的人力投入，以凝聚地方社會。

「後山媽祖」的信仰、神蹟及其類型研究

　　媽祖廟之間交陪的基礎是互助，寺廟之間的互助是以互惠作為基本原則。廟宇之間互助行為的背後，蘊涵著文化的內涵與社會的意義，可以說是以人情及關係作為基礎的社會交換。這種社會交換既是情感的表達，也是履行義務的方式，更是利益交換的工具。最直接的行動方式，就是「分享」儀式與祭典的參與。王梅霞以人類學者視角區分「禮物交換」與「商品交換」時指出，「分享」的性質相當於「禮物交換」，而「以物易物」的交換過程需藉由交換雙方的溝通以確定「物」的等值與否，過程可能會以儀式來建立彼此的社會關係，因此並非純粹的禮物交換或商品交換。

　　田野訪談有一關於正統性的認證消息，臺東東天宮是一座近期才建立的媽祖廟，但在臺東的發展卻受到臺灣西部知名的媽祖廟多方的關注，同時臺東東天宮與北港朝天宮、新港奉天宮等皆密切往來。更在大甲鎮瀾宮、北港朝天宮等迎請回數尊大小不一的媽祖神像，據被採訪人表示索貲不菲，但卻為該廟的發展與擴大建設帶來龐大的助力。東天宮積極的向外拓關係鏈，從臺灣到中國，展現出極大的野心；與湄洲媽祖祖廟（圖5-10）、廈門銀同天后宮（圖5-11）、福建漳州海澄天后宮締結友好宮廟（圖5-13），當選為中華媽祖文化交流協會會員（編號ZHMZHY[2015]4號）（圖5-14），以及參與「二〇一三世界媽祖會北港」活動，獲頒最多道教神像齊聚金氏世界紀錄證明（圖5-12）。主事人運用此種方式連結彼此情誼並建立祖輩關係，以期從中得到助益、榮譽和聲望。事實證明，傳聞早已流蕩於周邊的媽祖廟之間。經費的挹注，廟宇的建設與發展需要大量的資金與信徒的協力，一般來說，較難以個人之獨力完成。因此，透過交換的儀式建立人我關係，就顯得重要無比。惟方法上該如何操作與執行必有相當的手段或思考。在禮物交換的互惠原則下，交換的雙方溝通以確定「物」的等值與否，因此被迎回的媽祖神像不再侷限於單一形制或數量，而是更符合溝通後的樣貌。祭典與儀式時重要人物的出席和到場，經費的挹注等都不是非交換關係者可參與建立的社會關係。

第五章 「後山媽祖」的傳說、神蹟與廟際關係

圖 5-10 湄洲媽祖祖廟董事長贈匾（仿刻清乾隆五十三年頒旨原文）

圖 5-11 廈門銀同天后宮紀念牌

圖 5-12「二〇一三世界媽祖會北港」金氏世界紀錄證明。

圖 5-13 福建漳州海澄天后宮締結友好宮廟證書

圖 5-14 中華媽祖文化交流協會會員證書（編號 ZHMZHY[2015]4 號）

攝影：卓麗珍，日期：2020.12.16

三、 附屬組織—神將會

陣頭，傳統的街頭藝術，是臺灣民間信仰中「流動式」的即興表演文化，可謂「臺灣式的行動劇場」，模式迥異於西方街頭定點固定式的表演。[726]舉凡民間廟會慶典，宮廟交陪的廟會活動皆具重要的存在價值，更是臺灣民間信仰不可缺的文化傳統。後山地區的媽祖廟，每逢媽祖聖誕或廟會期間，多可見各類民俗陣頭參與活動的進行。其目的在凝聚地方向心力，活潑化熱鬧的氣氛，使神聖、莊嚴的祭典活動提升藝術性及娛樂性，最重要的是展現媽祖信仰旺盛的生命力，同時保存與延續民俗文化的傳統。陣頭的種類繁多，林茂賢指出陣頭目前仍無學術上的定義。但陣頭的分類與組成依民俗藝陣性質可概分為：宗教類、音樂類、歌舞類、遊藝類、武術類、體育類及其他等七種形態。[727]

「神將」，道教與神話傳說中對統帥天兵的神祇指稱。[728]在媽祖信仰中，神將專指主祀神媽祖駕前首席左右護駕，千里眼與順風耳二將軍。依據林茂賢的宗教類臺灣民間陣頭所示，以神將為參照模型製作而成的大型偶，稱為「大神尪」。既然稱神將，理所當然不會沒有媽祖的大神尪，更不會不出現在陣頭之中。至於未來是否會因信仰形式的變遷而有所改變，不得而知。大神尪的演出，通常配合北管或鑼鼓演奏，或由大神尪及武轎班、淨爐、獅鼓和旗隊等所組構成的團體組織，俗稱「大神尪仔陣」，後山地區也以稱「神將會」或「將團」稱之，有別於臺灣西部的稱法。神將會在的禮物交換關係中，為廟宇交陪建立起一種給與受的雙重關係。透過你來我往、團體的人數、大神尪的多寡、表演的精彩度與可看性，以及紅包厚薄展現二者間的等級關係。

神將會可以說是臺灣廟會及遶境活動中，最常見與不可或缺

---

[726] 參閱林茂賢，〈陣頭的傳承與創新〉（https://www.ntl.edu.tw/）《焦點報導》，頁4。
[727] 林茂賢，〈陣頭的傳承與創新〉（https://www.ntl.edu.tw/）《焦點報導》，頁5。
[728] 參閱林蔚嘉，《臺灣神將會文化研究》國立臺北藝術大學傳統藝術研究所碩士論文，臺北市，2005年，頁3。

的陣頭之一,發源於宜蘭縣。[729]因此,宜蘭地區的每一座媽祖廟或多或少,都有一組甚至數組千里眼與順風耳的神尪,擺放或供奉於寺廟之中,興盛程度不一般。花蓮地區19座中僅10座,臺東地區41座僅13座的媽祖廟裝有二神將的尪,亦即廟方沒有組織附屬的陣頭組織,比例上可見後山三個地區的差距。根據上百座後山媽祖廟的神尪來源統計,基本上有三種方式,由廟方出資購買組裝,次由分靈的祖廟贈予,再則是建立關係的友宮所贈。[730]現象顯示二神將與媽祖神像取得方式不同,千里眼與順風耳神尪必須以一對同時取得,鮮少有單一千里眼尪,或單一順風耳尪的贈予或購買。而有媽祖廟的主事者表示,從祖廟迎來的(購買)媽祖神像,被祖廟要求必須同時搭配千里眼與順風耳的神像,除非從佛具店請人雕刻。單一事件發生於臺東東后宮,2005年左右千里眼神像被偷,獨留順風耳一尊,因祖廟規定而造成無法彌補遺憾。

　　神將會,是筆者對後山地區以媽祖信仰為中心,集合信徒所組成的志願性陣頭組織採用的統一稱名。除有別於由人所扮演的官將首或什家將的陣頭外,主要緣於大神尪在製作完成後,廟方皆會為其進行開光點眼的儀式,使神尪具有靈力並得以享祀香火,不再具備「偶」的特性。此外,「神將會」的稱名亦符合多數後山媽祖廟的用法。自2019年起因受流行傳染病的影響,基本上媽祖廟神將會出團的次數已少了很多,訪查的期間呈現「田野間靜悄悄的」。上段已述,後山三個縣的媽祖廟擁有大神尪的比例差距很大,那麼該如何應付熱鬧的需要,以及廟宇之間的交陪?首先以宜蘭地區而言,該地區的神尪在數量與精緻度上較花蓮、臺東二地明顯突出。媽祖廟的神將會已發展非常的成熟,交陪的宮廟以跨「神」界及跨地界交誼。神將會出團多數由廟方自行解決了,無須對外借助人才或神尪。其次是花蓮地區,依筆者觀察目前除花蓮市和吉安鄉有較積極性的廟會活動外,其他鄉鎮的規模及範圍相對較為封閉。最後是臺東地區的現象顯示,多數的媽祖廟沒有自組的神將會,更沒有大神尪;東河鄉、卑南鄉、成功鎮三個

---

[729] 黃文博,《當鑼鼓響起—台灣藝陣傳奇》(臺北:台原,1991),頁78。
[730] 2020.12.29 探訪花蓮瑞穗慈天宮李黃仔凌主委,該廟現有二組千、順將軍的神尪,其中一組即民80年受贈於新莊的交陪廟宇。

鄉鎮，沒有一座媽祖廟有神梃或神將會組織。但也有特例的，如鹿野東天天后宮有哨角隊、臺東是聖賢宮有什家將、官將首團，而太麻里媽玄會吳偉翔說，也應他廟的需要充當「商業陣頭」，賺紅包。

臺灣民間傳統的陣頭組織，多數由信徒或區域內的民眾自發性的組成。參與者的動機多源於宗教信仰，主張為媽祖服務，彰顯媽祖神威，重在參與盛典而非強調表演的藝術性。探究花蓮與臺東二縣缺乏神將會組織的導因，主要是區域內參與人口的老化、人口數減少、年輕人的離鄉、問神的機制消失、農忙時間以及信仰傳承斷層的困境。在沒有可供熱鬧的交陪工具下，媽祖廟如何完成迎接與參與友宮的到訪及活動，又如何展現廟會的熱鬧氣氛？亦即廟方完成送禮／給予、收禮／接受，以及最後回禮的義務。社會形態的轉變，以表演為主的「商業陣頭」出現，原本義務性的出陣旨在凝聚民心與建立交誼，此時禮物交換的流動關係介入經濟性的交易，回禮的義務多了一項經費支出。花東地區的媽祖廟多數都表述因人力資源有限，信仰人口分散，丁口收入短缺等情況，以致經費的拮据而選擇暫時撤除附屬組織，改為商借人力協助，或直接付費外聘專門的商業陣頭，以壯大遶境陣容聲勢。相較之下，筆者未曾聽聞，宜蘭地區付費外聘商業陣頭的情況，但廟宇之間彼此商借人力倒是時有所聞。

禮物交換是全面性的，社會中的每個成員都無法脫離，這個由社會網絡交織而成的禮物之網。交換關係或饋贈，本身就是一種持續性的慷慨行為或隱蔽性的暴力，因為它已非利益分享形式來實現。禮物交換可以使雙方距離更近，就像媽祖廟的神將會交陪，往來反覆之間展現彼此真誠與善意，子母廟的香火靈力更加穩固，祭典與儀式的分享得以延續。反之在社會意義上，饋贈卻使雙方疏遠，因為在未償還饋贈之前，不回禮或降低回禮價值就等於宣誓自己的無能，呈現受禮方有負於贈予方，這也將影響到社會地位與名聲，更有甚者造成授受者間的衝突。因此，媽祖廟的禮物交換行為，是出於善意，還是只是被利用的一種手段，或許應該從更多真誠善意來看待饋贈行為，以期達到雙贏的局面。

第五章 「後山媽祖」的傳說、神蹟與廟際關係

第六章 結 論

　　自 2009 年 9 月以來，筆者一直從事臺灣東部媽祖信仰之研究，從單一廟宇的儀式與組織研究到整個宜蘭縣媽祖廟的調查，自 2017 年起將研究範圍擴展到花蓮縣與臺東縣，涵蓋整個臺灣的東半部地區。以臺灣「後山媽祖」信仰為中心，調查主祀神源流、宗教組織與活動。田野調查的過程中除了與研究主題相關的資料採集與採訪之外，受訪人經常性地會主動報導、分享許多與寺廟相關或地方上與媽祖相關的故事、傳說或俗語等等。這些口傳的資料，提供筆者以不同的視角審視與思考，媽祖信仰與在地人之間的交互關係和互動因素。對於面對口述傳說資料，就算在無法詳錄報導人的用詞或想法時，聆聽、書寫與反覆再三確認是重要的過程，除增添彼此的信任感與尊重，在歡愉和諧的氣氛下，因此帶來更多參與口傳資料蒐集的人群。照相、錄音是田野必要的手段，與被採訪者確認照片的使用與刊登，告知採訪中的錄音意願確認，最後與筆者的合照成為相遇與信任的證據。所以為提高資料的有效性及可讀性，田野筆記與影音資料的整理是龐大的工程，學界至今仍未有一學者獨立完成臺灣整個東部地區的媽祖信仰研究，而筆者嘗試做第一人。

　　「後山」，在世俗的觀念中是落後與偏僻的隱喻。然若從另一視角觀之，實則有蘊含著「後來居上」的潛能和條件。其次，更可能是創造的代名詞。偏僻落後的陰影藩籬已破。歷史文獻、地方志與各類出版品，提供探討「後山媽祖」的信仰與傳承曾經的樣貌。田野調查，整合與分析「後山媽祖」信仰的傳承與類型之間的關係。針對廟宇沿革探詢祀神來源與香火緣起，清楚可見香火的起源象徵權力的支持與來源，同時也是廟務運作經費的來源之一。信徒透過進香遊走在寺廟之間，帶來了香油錢的收入，廟與廟之間的交陪行為活絡地方的經濟，觀光活動的促進。祖廟雕塑神像提供各地的廟宇來分靈，建立彼此之間的分契關係，並藉由分契書以證明神像來源的真偽。關係一旦建立與確認，要求經費的贊助或活動的協助，將變得理所當然與順理成章。甚或代

第六章 結論

爲訓練祭祀的相關人員,例如臺東天后宮與大甲鎮瀾宮報馬仔的教學與培訓。隨著社會的不斷變遷,媽祖信仰在「後山」的宜、花、東三個縣市,以不同的方式各自描繪出變遷的圖像。廟宇應神諭或地方「頭人」或重要關係人而生,卻也因組織人事的輪替或離析致使媽祖廟的分裂,以及主祀神的變更。

當試問後山的媽祖信仰因何而來?因何而延續?這類論題時,經常發現多數研究者直觀的回應,從原鄉攜入移居地或臺灣西部幾座知名人潮廟來的。難道問題的答案真如此簡單嗎?首先發難的將是,媽祖神像來源的時、地、人、事、物的再次回問。「時」,即時間日期或朝代,指向媽祖神像何時從祖居地被移出,以及何時落腳。「地」,追問媽祖的祖居地、曾經暫留之所,以及隨信仰者遷徙的最後落腳處。「人與事」多同時生發,有人就有事,人遇事而動,動的人是誰又爲何而動及其經歷過程,原因論與目的性的探索。「物」指向媽祖的靈力來源與形式,並追朔形變的契機及最終的型態。歷經一連串更完整的提問與解答,足以說明後山地區媽祖信仰的特色,及其延續的主因。關於後山媽祖廟主祀神的來源,不離俗套,同樣是先民從閩粵或臺灣本土遷移來到後山,隨身攜帶祖籍的神祇以爲守護,在後山的區域落地生根,祖籍神祇:媽祖,從家祀神演變成爲公眾神,提升爲受眾民崇奉於庄頭的在地主祀神。此外,空手入後山的移民,也在落腳安居後重回原鄉迎請媽祖。但後山地區媽祖廟的主祀神,在臺海二岸斷絕通航的情況下,卻也踰越政治藩籬,經由漁船海運迎來了湄洲島上天后宮的媽祖神像,此一「特例」冠於全台。

從歷史的時間來看,啓建於清領時期的媽祖廟,主祀神媽祖的香火或神像都來自於中國大陸,但並未單純指向福建莆田市湄洲天后宮的湄洲祖廟。而且多數是神像,而非媽祖的香火袋或其他象徵物。在宜蘭地區有頭城鎮慶元宮、宜蘭市昭應宮、羅東鎮震安宮,五結鄉的利澤簡永安宮、大吉順天宮,以及冬山定安宮等。由漢人成功進入蘭陽平原之先驅者,有「開蘭第一人」稱譽的吳沙(1731-1798),所攜帶入蘭地的「開蘭聖母」或「開蘭第一媽」媽祖神像,早期僅供奉於吳氏族堂,直到其後人捐出神像,

才有礁溪澤瀾宮的出現。在臺東地區，則有臺東市天后宮及成功鎮成廣澳天后宮（也稱小港天后宮）。

這類的神像來源都是經由領有官職的「公務員」，因任務或派任需要被分派入臺或入番地時所攜來。其中只有臺東市天后宮的媽祖神像，不是直接帶進來的，而是光緒十五年（1889）提都張兆連解決民亂報請朝廷後才出現。花蓮地區因漢人入墾時並未有長久居留的打算，所以清領時期並無媽祖廟的興立，更無可供大眾膜拜的媽祖神像。又宜蘭縣三星忠天宮遲至光復後才建廟。頭城鎮龜山拱蘭宮及蘇澳鎮北方澳進安宮（也稱海軍媽祖），皆聲稱媽祖神像於清領時期從海上撈拾而來，宜蘭市梅州慈航宮則於洪水爆發的水圳撈獲；而北方澳進安宮因關建軍港遷村，開基媽祖已改供奉於南方澳進安宮。臺東縣關山鎮關山天后宮有台中州人帶來媽祖神像，綠島鄉南寮天后宮紀錄 1803 年媽祖同移民自小琉球遷徙到綠島。以上六座媽祖廟除了三星忠天宮可確認祀神來源以外，其他五座皆因主祀神的來源，多有不同的傳說，沿革碑碣所錄與文獻比對實是為難，因此只能以神像的時間來歸類，而無法直接驗證是否從中國大陸來的。但根據宜蘭地區不同季節性的海洋流及宜蘭海岸沿線的狀況來判斷，媽祖神像藉由三大洋流進入蘭陽地區是有可能的。清領時期，後山地區媽祖廟主祀神的神像都源於中國大陸，主要由官派的人員及販夫走卒所攜入，其中又以官派者居多。經由海上或水中撈拾而來的神像，無從判讀真實的源頭，僅能知曉拾獲人為誰以及起始供奉的歷程。

日治時期受政治因素的影響，此時移民的遷徙以臺灣島內的移動為主。兩岸通航受禁制，又港口淤積也造成不便，所以主祀神媽祖香火來源開始出現不同形式的轉變。後山地區只有宜蘭縣紀錄有移民來自於新竹以北，進入蘭陽地區時攜帶的媽祖香火是令旗。攜帶香火之人，乃隨日本樟腦局同行前來，具有官派民營的身份。花蓮縣與臺東縣受日本政府「禁山令」的約制，漢人很難進入該二地區。而花蓮地區受二次世界大戰的牽連，成為逃避被日軍遠遣南洋當軍伕而夜逃者的藏身地，逃難者隨身攜帶媽祖保身符從深山野嶺，爬山涉水輾轉進入花蓮。媽祖香火靈力的象徵物，成為媽祖信仰得以引起的動力源。臺東的媽祖廟，因日治

第六章 結論

末期總督府當局推行皇民化運動,實施寺廟整理運動(又稱神佛升天運動),期間信徒救出媽祖神像以漁船運出至北部藏匿,得以逃過被焚毀的命運,日後才有機會又再回到臺東地區。媽祖的神像來源,自 1895 年日本殖民時代的開始,至 1987 年臺灣解嚴前,二岸關係緊張,臺灣不可能再有媽祖來自中國大陸的分靈與分身。只有 1955 年 2 月 8 日大陳島金烏居民因烽火攜媽祖神像隨撤遷台。因此,信仰者只能退而求其次,轉向本土的媽祖廟靠攏。

臺灣移民進入後山地區建立媽祖廟的時間線,以宜蘭地區最早,臺東次之,花蓮最晚。從歷史的事件來看,1915 年起宜蘭地區因臺灣第一地林場:太平山林場產量豐盛,「木材之都」羅東,吸引許多臺灣西部人前來創業的移民。自 1946 年臺灣光復以後,更多臺灣西部移民逐步進入後山地區。此時後山地區的媽祖廟,如鴨行鵝步緩慢的興立。1959 年「八七水災」重創臺灣中南部,災情北起苗栗南到屏東,又以嘉南平原傷亡與產財損失最為嚴重。此後臺灣西部的受災戶大舉進入東臺灣地區,或已婚或未婚,或因家中兄弟太多分配不均等等,選擇遠赴未知的荒地開墾。他們多數協同鄰里或親戚隻身前來,待安頓後再回家鄉接出妻小,甚至有親戚委託將小孩先行帶去拓墾地。「食好鬥相報」是臺灣西部移民族群性強的寫照。相約故鄉人遷徙到後山的臺東拓墾,新起爐灶開發荒地,種作農作物,再者輾轉遷徙至花蓮地區也有。離鄉背井、艱辛刻苦是遷徙墾拓移民的寫照,隨身攜帶原鄉信仰神明的靈符、令旗,以祈求神明護佑此舉能成,也是媽祖信仰在東部地區即將大量傳播開來的訊號。統計分析後山媽祖廟的興立,多集中在 1970 年至 1990 年之間,此二十年間無論是宜蘭、花蓮、臺東,所建立的媽祖廟數量,如同雨後春筍一般,比例皆高於其他時間點。除了宜蘭縣於清領時期有 8 座,臺東縣有 1 座,日治時期僅見於宜蘭縣的 2 座。花蓮縣的媽祖廟則集中於第一階段 1980-1990 之間及第二階段 2000 年,二個時期所建立。後山媽祖廟的建立與移民關係密切,因此建立者以第一次移民為多,第二次移民者亦有之。至於主祀神媽祖香火的緣起及形制,除了分身以外,還有靈符、令旗、圖片等不同形制的象徵物。

「後山媽祖」的信仰、神蹟及其類型研究

　　後山媽祖信仰的傳播與延續，證實主要來自於臺灣本土內的遷徙移民，早期遷徙主因起於天災以及人禍，近期則因生活需求、職業與經濟收入等需求。但觀之二者皆多數與信奉媽祖的人群相關，其最主要的差別在於不同時期的現象，呈現出時代與環境的變遷，社會經濟、政治的參與影響，以及個體心理與集體意識。又臺灣民間信仰者一般具較強的宗教性相信神鬼及靈魂的存在，「訴求神助」源於信神與社會平安的希冀，也傾向於世代間應有相同宗教信仰與傳承的概念。此外長期參與各項宗教祭儀活動，以及浸潤於媽祖的種種傳說、神蹟、故事和歷史中，進而逐漸肯定宗教的社會功能，遂使媽祖信仰得以傳承與延續。關於臺灣媽祖信仰的香火問題，「香火」觀念早已存在於我們的祖先崇拜和神明信仰。神明基本上就是「食香煙 ê」（受享香火的）。學者雖早已做過相關的研究與探討，但始終未見有臺灣東部地區全面性的資料。後山媽祖信仰的香火來源地，以宜蘭境內的媽祖廟香火來看，依時間軸而論可分為二路徑，一是清朝時期源自中國大陸的香火，其二是源於臺灣西部知名的媽祖廟香火。臺東縣境內的媽祖廟多數屬地方性公衆廟的性質，與民衆生活息息相關，媽祖的香火多數也是從臺灣西部知名媽祖廟而來。花蓮縣比較不一樣的是有源自於宜蘭蘇澳南天宮迎來的主祀神。國境的開放與閉合，島內的禁制啓動與解除，是導致晚近後山媽祖廟呈現出更多分香自西岸的媽祖廟現象主因。Schipper 指出中國民間信仰的重要特性：「宗教信仰與社會經濟互相滲透」，得以說明分香、分靈不是單一客體事件，而是互動後的結果。而漢人移民大量的移入後山原住民居地，二者間由衝突，再互動，進而促使原住民同化入漢人群體。融合的結果就是媽祖的信徒不再局限於漢人世界，媽祖降神顯聖的代言人有了原住民「巫師」加入，展現更多元的樣貌。分香與廟際關係所呈現的跨地域連結更頻繁，甚至有了相互「比拼」的勢頭，關係顯得更為複雜與重要。當然其中不無有例外者，故不可一概而論。

　　關於後山媽祖信仰的香火延續的方法，簡言為分身、分靈二種不同的模式，但值得注意的是延續過程及其靈力取得方式。無論靈力來源為何，最終主祀神媽祖的形制必定是神像，勢必透過

儀式的操作，使媽祖神靈注入神像之中。神像的來源主要有三：直接由祖廟來的分身、信徒尋師雕刻或佛具店購入、撿拾而得。至於靈力的來源有二：直接由祖廟來的分身，其靈力在信徒迎請（購買）時，入靈儀式廟方或即已完成。非透過祖廟迎請的神像，多數由信徒自行執行入靈的相關程序及儀式人員等的安排。有在祖廟執行入靈儀式，亦有直接在媽祖供奉地仰天請靈的方式，此法所入媽祖靈力之歸屬，是自由心證的。所謂自由心證，就是全憑媽祖降神諭及廟方主事者所決定。神像與靈力，藉由儀式的執行，原始崇奉的象徵物之靈力會被轉移注入神像之中，使其合而為一，而象徵物將被焚化不在留存。焚化象徵物的原因，可能因為「物」已不堪使用，或「物」的靈力消失無留存之必要，或避免邪靈侵占等因素。至於是否將已焚化的灰燼置入神像之中，廟方多表示未如此操作。依此可見，神像與靈力的關係交合，除單一直線的存在外，是多元複雜的交織而成。

　　蓋廟需要有神像，因此先有媽祖神像，後有廟是必然的過程。初始媽祖之靈存在於不同「物」之中，比例上多數由民家自行供奉。當「物」產生質變後，媽祖神像被一群信仰者輪流供奉，故而媽祖信徒組織應勢而來，如神明會、媽祖會、正信會等等稱名不一而足。引發蓋廟最重要的契機是神蹟，其次是地方居民認為需要有拜拜的地方，所以源於個人需求或整體性的安民保境。初期媽祖的神蹟，藉由顯聖採乩是最直接的方法，也是多數媽祖廟啟建的動機。因為需要，媽祖神需要一個可以執行普渡眾生、救人濟世的宏願之所，人需要媽祖神靈的護佑，排憂解難。後山媽祖廟多數源起於家庭或家族的崇祀，進而興工建廟，後山媽祖信仰因此得以延續與發展。

　　人們為求安身與立命，選擇離開原鄉「去打拼」，並且隨身攜帶屬於媽祖神靈的神聖物，或者落腳安居後再回原鄉請神供奉，抑或從事媽祖的祭祀與興工建廟等一系列的過程。從阿德勒目的論來看，人的行為習慣主要由我們要達到某種目的決定的。對於過去任何經歷本身賦予的意義是自己主動選擇的，也就是說，我們是由於某種目的，自己選擇賦予所經歷的意義。對於後山地區媽祖的信仰者們而言，因為行為習慣期望將所願之事寄與神靈之

力來達成目的，藉由主動的選擇而賦予我們即將經歷或已經經歷的事件給予它們意義。因此媽祖信仰在後山發展成他自己想要的樣子。如宜蘭地區媽祖廟的附屬組織，神將會，其人員皆由廟方信眾所組成，甚至聯誼教學蔚爲特色，更有縣政府文化機關的助力。而花蓮縣及臺東縣二地，則多採用「商業陣頭」，鮮少由廟方自組神將會團體，一因人力不足，二因經費缺失，三是「民以食爲天」由臺東地區媽祖廟給的答案，因種作需照顧，農忙抽不出時間，所以在信仰上無力透支。再者臺東地區的媽祖戲最具地方特色，宜蘭縣與花蓮縣未出現過。臺東縣出現過外省人的女性乩童，花蓮地區有原住民成爲媽祖代言人，更因此改姓，但在宜蘭地區至今未聞。後山媽祖信仰在區域內發展各自的信仰風格。

　　許多媽祖的傳說故事在臺灣的民間與民眾的生活之中流傳。觀看後山媽祖信仰的媽祖神蹟故事，清楚可見多數故事源於寺廟及主祀神起源的傳述，以及媽祖顯聖採乩童，開辦聖事爲信眾解決疑難、救病扶傷、保地方與社區的安穩。除了共同傳說之外，因著時代、地域的不同而衍生出的區域傳說故事，皆可能被賦與新的意義。後山媽祖信仰得以發展的契機，是神蹟的顯現、神話的流傳與人的被救贖。主祀神的來源與職能變遷，從家神到公眾神，所展現的是「神愛世人」的慈悲與人的祈求依靠。後山媽祖傳說故事源自於人與人之間的言語傳遞與轉述，言說與傳遞的過程難免有不符史實之處，但卻能在某種社會文化之下反映出現實的情狀與需求。這些被傳頌的神蹟與故事，也因爲具有豐富的人性、期望與想像力，在無形中發揮勸人向善的宗教勸化功能，強化人們對媽祖慈悲護佑的期待，以及因自然環境或人爲的災難得到救贖的滿足。媽祖顯聖的故事正是讓世人所期待且津津樂道的。

　　田野工作最大的障礙與困境，源於無法預測的變項、時間的限制及廣大的調查範圍。廟宇神殿中神像擺放位置的變更，或因神像受損重新「粉面」，或開基媽祖神像被原始請神來的人拿走了，或其家族人員討要回去等等的情勢，都成爲難以判斷主祀神是否爲某些人爲因素，以及不可控的變因而發生變遷。又現代社會的資訊日新月異，社交平台、網絡媒介與網路資源使用頻繁的時代，用心著力寺廟經營者，有效利用網絡資源平台宣傳、曝光

第六章 結論

各項資訊給大眾,以社交媒體作為聯繫信徒手段,主動搭起媽祖廟宇與信眾之間的溝通橋樑。政府機關於宗教團體的各項的資料調查,已陸續可見廟宇逐年的更新資訊,普及涵蓋更廣。然而後山媽祖廟真正能有效利用資訊平台的畢竟有限,寺廟設置電腦化作業的更少,多數由廟方人員或信徒認領來完成。即使有創建完成的網路平台,也可能因管理者的交接與汰換而無能力管理。被動地配合更新政府官方資訊,就是現實的狀態。因此對研究者而言,著手處理、比對相關的工作就顯得沈重無比。信仰的緣起與緣滅,從無到有,從有到興盛,從興盛再到趨於平淡。新興的媽祖廟期望藉由媽祖香火、祭典或儀式與神將會團體組織,作為禮物交換與溝通條件,以獲得正統的正名與樹立領導的地位,用心良苦。後山的臺東地區媽祖廟的興衰,因區域人口外移所導致的信徒減少,信徒年齡老化,沒有接班的年輕人是現況無法改變的事實。努力爭扎的媽祖廟嘗試改變現況,將廟宇變成一座金殿,期望大開花蓮宗教之改變。但御路不見了的神廟,在信仰人口的急遽減少,觀光人口亦不多的海邊小鎮,大膽地改變是否真能一舉成名呢?媽祖廟是否能再展盛況?值得關注與期待。筆者也期望對於後山媽祖的研究成果,得以作為可堪運用的參考資料。

參考文獻

（依字首筆畫順序排列）

一、古籍、文獻

〈奏請噶瑪蘭收入版圖狀〉，清·方維甸，收入《宜蘭史略》，宜蘭：宜蘭縣政府，1973。

〈聖墩祖廟重建順濟廟記〉，南宋·廖鵬飛，收錄於蔣維錟、鄭麗航，《媽祖文獻史料彙編》第一輯碑記卷，北京：中國檔案出版社，2007。

《八閩通志》，明·黃仲昭修纂，福州：福建人民出版社，1990。

《三教搜神大全》，不著撰人，元代成書，明代完本（1368-1644年），共七卷。《三教源流搜神大全》明刻本（明初永樂年間1403-1424年）

《六亭文選》，鄭兼才，臺北：臺灣銀行經濟研究室，1962。

《天妃顯聖錄》，不著撰人，不分卷，國立中央圖書館臺灣分館藏，僧照乘刊、徒普日、徒孫通峻重修本。

《太上老君說天妃救苦靈驗經》《正統道藏》洞神部，第19冊，臺北：新文豐出版社，1988。

《太上老君說天妃救苦靈驗經》《道藏》第11冊，上海：上海書店，1988。

《仙溪志》卷9〈三妃廟〉，南宋·趙與泌、黃巖孫纂修，上海：上海古籍，1995。

《四如集》卷二〈聖墩順濟祖廟新建蕃釐殿記〉，元·黃四如，收入《欽定四庫全書》本。

《台灣文獻史料叢刊 第九輯》〈天妃顯聖錄〉，臺南：大通書局，1960。

《平台記略》，藍鼎元，臺北：大通書局，1987。

《平臺紀略》，藍鼎元，臺北：臺灣銀行經濟研究室，1958。

參考文獻

《光緒朝東華續錄選輯》選輯（下）卷八十五，清‧朱壽朋，臺北：臺銀經濟研究室，1969。

《使署閒情》卷二、詩(二)〈再疊臺江雜詠原韻十二首〉，六十七輯著，臺北：臺灣銀行經濟研究室，1961。

《宜蘭全鑑》，宜蘭全鑑編輯委員會編，宜蘭：宜蘭縣史館，1955年。

《宜蘭國土計畫草案》，宜蘭縣政府編，宜蘭：宜蘭縣政府，2019。

《宜蘭縣寺廟專輯》，宜蘭縣民政局文獻課，宜蘭：宜蘭縣政府，1979。

《宜蘭縣環境保護計畫（第六版）》，宜蘭縣政府編，宜蘭：宜蘭縣政府，2018。

《東征集》，藍鼎元，臺北：臺灣銀行經濟研究室，1958。

《東華續錄選輯》，臺北：臺灣銀行經濟研究室，1968。

《東槎紀略》，清‧姚瑩，南投，臺灣省文獻會1996。

《東槎紀略》，清‧姚瑩，臺北：臺灣銀行經濟研究室，1957。

《花蓮縣志稿 卷一總記、疆域、氣候、地質、土壤》，駱香林主修，花蓮：花蓮縣文獻委員會，1960。

《花蓮縣志稿 卷一總記》，駱香林主修，花蓮：花蓮縣文獻委員會，1957。

《花蓮縣志稿 卷三（上）民族、宗教》，駱香林主修，花蓮：花蓮縣文獻委員會，1959。

《花蓮縣志稿 卷六人文志》，駱香林主修，花蓮：花蓮縣文獻委員會，1959。

《花蓮縣志稿 卷四之三戶口、土地》，駱香林主修，花蓮：花蓮縣文獻委員會，1962。

《花蓮縣志稿 卷首大事記》，駱香林主修，花蓮：花蓮縣文獻委員會，1957。

《花蓮縣第三級古蹟吉安慶修院修復工程施工紀錄工作報告書》，中國技術學院，花蓮：花蓮縣文化局，2004。

《咸淳臨安志》卷七十三〈順濟聖妃廟記〉，南宋・丁伯桂，收錄於蔣維錟、鄭麗航，《媽祖文獻史料彙編》第一輯碑記卷，北京：中國檔案出版社，2007。
《泉州府志》，清・陽思謙撰、懷蔭布等修，臺南：登文印刷局，1964。
《畏齋集》〈重修靈慈廟記〉，元・程端學，收入《四明叢書》第一集。
《重修臺灣省通志 卷九人物志人物傳篇》，臺灣省文獻委員會，臺北：臺灣省文獻委員會，1998。
《重修臺灣省通志 卷二土地志轄境篇》，劉林顏總纂，南投：省文獻會，1989。
《重修臺灣省通志 卷三》，劉寧顏總纂，南投：臺灣省文獻委員會，1992年。
《重修臺灣省通志 卷三住民志宗教篇第二冊》，瞿海源總纂，南投：臺灣省文獻委員會，1992。
《重修臺灣省通志 卷三住民志聚落篇》，蔡文彩編纂，南投：省文獻會，1997。
《陔餘叢考》，趙翼，臺北：華世出版社據乾隆湛貽堂刻本影印發行，1975。
《海濱大事記》，臺北：臺灣銀行經濟研究室，1965。
《清代臺灣之鄉治》，戴炎輝，臺北：聯經，1979。
《清季申報臺灣紀事輯錄》〈噶瑪蘭開闢考略〉，臺灣銀行經濟研究室編，臺北：臺灣銀行經濟研究室，1968。
《莆陽比事》，南宋・李俊甫纂輯，收錄於《續修四庫全書》734，上海：上海古籍，1995。
《番族慣習調查報告書－泰雅族》，臺灣總督府臨時臺灣舊慣調查會，中央研究院民族學研究所編譯，臺北：中央研究院民族學研究所，1996。
《開闢後山舊例馳禁碑記》「中碑集成」、「明清碑碣選集」，何培夫，國立中央圖書館臺灣分館，1999。
《雅堂文集》，連橫，臺北：臺灣銀行經濟研究室，1964。

參考文獻

《福建省志·閩台關係志》，福建省地方誌編纂委員會編著，中國：福建人民，2008。
《臺東縣志卷首：（下）大事記》，臺東縣文獻委員會，臺東：臺東文獻委員會，1963。
《臺海使槎錄》《番俗六考》，清·黃叔璥，臺北：臺灣銀行經濟研究室，1957。
《臺灣文獻史料叢刊》第九輯第七七種〈天妃顯聖錄〉，明·僧昭乘著，臺灣銀行經濟研究室編，臺北：臺灣銀行經濟研究室，1960。
《臺灣地名辭書 卷二花蓮縣》潘文富等撰，臺北：國史館臺灣文獻館，2005。
《臺灣府志》，清·高拱乾，臺北：臺灣銀行經濟研究室，1960。
《臺灣府誌》，清·蔣毓英，上海：上海古籍出版社，1997。
《臺灣府輿圖纂要》〈噶瑪蘭廳輿圖纂要〉，臺北：臺灣銀行經濟研究室編，1963。
《臺灣省各縣市鄉鎮概況一覽》，臺灣省政府民政廳編，南投：臺灣省民政廳，1952。
《臺灣省通志稿 卷二：人民志宗教篇》，李添春纂修，臺北：臺灣省政府，1956。
《臺灣省縣市鄉鎮概況一覽》，吳彥，南投：臺灣省民政廳，1952。
《臺灣通史》，連橫，臺北：臺灣銀行經濟研究室，1962。
《臺灣通史》〈列傳四/吳沙列傳〉，連橫，臺北：臺灣銀行經濟研究室，1962。
《臺灣通史》卷三十一〈列傳三/臺東拓殖列傳〉，連橫，臺北：臺灣銀行經濟研究室，1962。
《臺灣通志》資料（二）〈宜蘭防勇開山中伏陣亡優卹案〉，臺灣銀行經濟研究室編，臺北：臺灣銀行經濟研究室，1962。
《臺灣通紀》，陳衍，臺北：臺灣銀行經濟研究室，1961。
《說文解字》，漢·許慎撰，宋·徐炫等校定，《四部叢刊本》卷九下，景日本岩崎氏靜嘉堂藏北宋刊本。

《諸羅縣志》，周鍾瑄，臺北：臺灣銀行經濟研究室，1962。
《噶瑪蘭志略》，清·柯培元撰，臺北：臺灣銀行經濟研究室，1961。
《噶瑪蘭廳志》，陳淑均，南投：臺灣省文獻委員會，1993。
《噶瑪蘭廳志》，陳淑均，臺北：臺灣銀行經濟研究室，1963。
《噶瑪蘭廳志》，陳淑均總纂，【清代臺灣方志彙刊】第24冊，臺北：行政院文建會、遠流，2006。
《噶瑪蘭廳志》，陳淑均纂、李祺生續輯，南投：臺灣省文獻委員會，1993。
《興化府志》，明·周瑛、黃仲昭著，福州：福建人民出版社，2007。
《繪圖三教源流搜神大全（外二種）》，臺北：聯經出版事業公司。
《續修台灣府志》卷十一，余文儀修，臺北：臺灣銀行經濟研究室，1962。

二、臺灣方志
宜蘭縣：
《大同鄉·民族篇》，許炳進主編，宜蘭：大同鄉公所，2009。
《大同鄉·經濟篇》，許炳進主編，宜蘭：大同鄉公所，2006。
《宜蘭市志·歷史建築篇》，蘇美如，宜蘭：宜蘭市公所，2001。
《宜蘭縣壯圍鄉寺廟沿革誌》，張坤三、李東明撰，宜蘭壯圍：李東明，1998。
《宜蘭縣志》，曾迺碩纂修，宜蘭：宜蘭縣政府，1960。
《南澳鄉簡史》，陳英明等，宜蘭：南澳鄉公所2002。
《頭城鎮志》，莊英章、吳文星纂修，宜蘭：頭城鎮公所，1985。
《礁溪鄉誌 增修版》，李心儀、陳世一編著，宜蘭：礁溪鄉公所，2010。
《羅東鄉土資料》，羅東公學校校編著、林清池譯，宜蘭：宜蘭縣立文化中心，1999。

參考文獻

《羅東鎮志》，游永富纂修，宜蘭：羅東鎮公所，2002。
《蘇澳鎮志上卷》，彭瑞金總編，宜蘭：蘇澳鎮公所，2014。
《蘇澳鎮志下卷》，彭瑞金總編，宜蘭：蘇澳鎮公所，2014。
《續修頭城鎮志上冊》，林正芳，宜蘭：宜蘭縣頭城鎮公所，2002。
《續修頭城鎮志下冊》，林正芳，宜蘭：宜蘭縣頭城鎮公所，2002。

花蓮縣：
《玉里鎮志》，葉振輝總編纂，花蓮縣：玉里鎮公所，，2010。
《秀林鄉志》，孫大川總編纂，花蓮縣：秀林鄉公所，2006。
《卓溪鄉志》，海樹兒・犮剌拉菲總編纂，花蓮縣：卓溪鄉公所，2015。
《富里鄉誌下卷 影像志》，張振岳，花蓮縣：富里鄉公所，2002。
《瑞穗鄉志》，宋秉明總策劃，花蓮縣：瑞穗鄉公所，2007。
《壽豐鄉志》，林澤田、龔佩嫻，花蓮縣：壽豐鄉公所，2002。
《吉安鄉志》，徐松海、邱永雙，花蓮縣：吉安鄉公所，2002。

臺東縣：
《太麻里鄉志》，葉志杰主撰、尹章義總編纂，臺東縣：太麻里鄉公所，2013。
《成功鎮志・社會文化篇》，蕭明治、王良行、姜柷山撰，臺東縣：成功鎮公所，2003。
《成功鎮志・歷史篇》，孟祥翰、王河盛合撰，臺東縣：成功鎮公所，2003。
《池上鄉志》，蕭春生等編輯，臺東縣：池上鄉公所，2001。
《卓溪鄉志》，海樹兒・犮剌拉菲總編纂，花蓮縣：卓溪鄉公所，2015。
《東河鄉志 下冊》，樹果文化事業有限公司編纂，臺東縣：東河鄉公所，2016。
《金峰鄉志》，中華綜合發展研究院應用史學研究，臺東縣：金峰鄉公所，2006。

《長濱鄉志上冊》，尹章義總編纂、葉志杰主撰，臺東縣：東縣長濱鄉公所，2015。
《長濱鄉志下冊》，尹章義總編纂、葉志杰主撰，臺東縣：東縣長濱鄉公所，2015。
《鹿野鄉志上冊》，夏黎明總編纂，臺東縣：東縣鹿野鄉公所，2007。
《鹿野鄉志下冊》，夏黎明總編纂，臺東縣：東縣鹿野鄉公所，2007。
《瑞和村史》，羅忠政等撰文，黃學堂主編，臺東：東縣府，2013。
《綠島鄉志》，趙安雄總編輯，臺東縣：臺東縣鄉公所，1988。
《臺東縣綠島鄉誌 上》，李玉芬等編，臺東：綠島鄉公所，2014。
《臺東縣史・開拓篇》，施添福總編纂、孟祥瀚纂修，臺東市：臺東縣政府，2001。
《臺東縣史・漢族篇》，施添福、林美容等，臺東：臺東縣政府，2001。
《增修臺東縣史・宗教篇》，徐雨村主撰，孟祥翰總編纂，臺東：東縣府，2018。
《關山鎮志上冊》，吳文星總編纂，臺東縣：關山鎮公所，2001。
《關山鎮志下冊》，吳文星、施添福總編纂，臺東縣：關山鎮公所，2001。

三、中文專書

丁仁傑，《民眾宗教中的權威鑲嵌：場域變遷下的象徵資本與靈性資本》，臺北：聯經，2020。
中國技術學院，《花蓮縣第三級古蹟吉安慶修院修復工程施工紀錄工作報告書》，花蓮：花蓮縣文化局，2004。
丹尼·林恩·喬根森（Danny L. Jorgensen）著，王昭正、朱瑞淵譯，《參與觀察法》，臺北：弘智，1999。

參考文獻

仇德哉,《台灣之寺廟宇神明(二)》,臺中:臺灣省文獻委員會,1984。

內政部,《宜蘭縣-99年調查寺院宮廟基本資料》第20冊,臺北:內政部,2010。

內政部,《花蓮縣-99年調查寺院宮廟基本資料》第21冊,臺北:內政部,2010。

內政部,《臺東縣-99年調查寺院宮廟基本資料》第22冊,臺北:內政部,2010。

王見川、李世偉,《臺灣媽祖廟閱覽》,臺北:博揚文化,2000。

民政廳地政局編,《開墾荒地》,臺北;臺灣省民政廳地政局,1949。

石萬壽著、李秀美編,《台灣的媽祖信仰》,臺北:台原,2000。

伊能嘉矩,《台灣地名辭書》,東京:富山房,1909。

安倍明義,《台灣地名研究》,臺北:蕃語研究會,1928。

佛洛伊德(Sigmund Freud)著、車文博主編,《釋夢(上)》,北京:九州,2014。

吳彥,《臺灣省縣市鄉鎮概況一覽》,南投:臺灣省民政廳,1952。

吳珮琪、鄭國正,《尋洄‧山海間‧成功小鎮》,臺東縣:東縣府文化處, 2018。

李亦園,《宗教與神話:宗教與迷信》,臺北:立緒文化公司,1998。

李亦園,《信仰與文化》,臺北:巨流圖書,1978。

李乾朗,《臺灣的寺廟》,臺中:臺灣省政府新聞處,1986。

李添春纂修,《臺灣省通志稿 卷二:人民志宗教篇》,臺北:臺灣省政府,1956。

李豐楙,《神化與變異:一個「常與非常」的文化思維》,北京:中華書局,2010。

李豐楙,《誤入與謫降:六朝隋唐道教文學論集》臺北:臺灣學生書局,1996。

李露露，《華夏諸神·媽祖卷》，臺北：雲龍，1999。
李露露，《媽祖的神韻-從民女到海神》，北京：學苑，2003。
李露露，《媽祖信仰》，臺北：漢揚，1955。
林玉茹，〈歷史學與區域研究：以東臺灣研究為例〉，收錄於《殖民地的邊區：東臺灣的政治經濟發展》，臺北：遠流，2007。
林玉茹等纂修、施添福總編纂，《臺東縣史地理篇》，臺東：臺東縣政府，1999。
林明峪，《媽祖傳說》，臺北：聯亞，1980。
林建成，〈漢人登陸後山僅存的見證—台東「廣恆發」商號〉《后山代誌·第三輯》，臺東：東縣文化，1996。
林炬璧著，姚誠、張政盛編，《花蓮講古》，花蓮：花蓮市公所，2001。
林美容，〈台灣媽祖的歷史淵源〉《台灣歷史的鏡與窗》，臺北：財團法人國家展望文教基金會，2002。
林美容，〈由祭祀圈到信仰圈：臺灣民間社會的地域構成與發展〉收入張炎憲編，《第三屆中國海洋發展史論文》，臺北：中央研究院三民主義研究所，1988。
林美容，〈臺灣媽祖形象的顯與隱〉《媽祖信仰與台灣社會》臺北：博揚，2006。
林美容，〈臺灣媽祖研究相關書目介紹〉《臺灣史料研究》，2006。
林美容，《媽祖信仰與臺灣社會》，臺北：博陽，2002。
林美容，《媽祖婆靈聖：從傳說、名詞與重要媽祖廟認識台灣第一女神》，臺北：前衛，2020。
林美容、江寶月、鄧淑慧，《宜蘭縣民眾生活史》，宜蘭：宜蘭縣政府，1998。
林美容、張珣、蔡相煇編，《媽祖信仰的發展與變遷》，臺北：台灣宗教學會，2003。
林美容著、戴村寶主編，〈台灣媽祖的歷史淵源〉《台灣歷史的鏡與窗》，臺北：國家展望文教基金會，2002。

參考文獻

林富士,《小歷史—歷史的邊陲》(增訂二版),臺北:三民,2018。
林瑋嬪,《靈力具現—鄉村與都市中的民間宗教》,臺北:臺大出版中心,2020。
林萬榮編,《宜蘭史略》,宜蘭縣:宜蘭縣政府,1973。
林澤田、龔佩嫻總編纂〈宗教篇〉《壽豐鄉志》,花蓮:壽豐鄉公所,2002。
林衡道,〈東部臺灣的名勝〉《臺灣勝蹟採訪冊》,臺中:台灣文獻委員會,1977。
林衡道,《鄉土と民俗》,臺北:青文,1973。
林獻振,《台糖六十週年慶紀念專刊—台灣糖業之演進與再生》,臺南:台灣糖業公司,2006。
邱陽董、林崑成、李瓊瑩編撰,《臺東蔴荖漏紀實》,臺東:東縣府,2008。
姚誠,《洄瀾神境:花蓮的寺廟與神明》,花蓮:花蓮縣立文化中心,1999。
姜柷山撰,《臺東天后宮紀實》,臺東:東縣文化局,2007。
姜家珍,《後山客家映像:客家文化種子營導覽手冊》花蓮:花蓮縣文化局,2002。
後山文化工作群著,《后山代誌‧第一輯》,臺東:臺東縣立文化中心,1993。
後山文化工作群著,《后山代誌‧第二輯》,臺東:臺東縣立文化中心,1995。
施添福總編纂,《臺灣地名辭書(卷二)花蓮縣》,南投:國史館臺灣文獻館,2005。
施添福總編纂,《臺灣地名辭書(卷三)臺東縣》,南投:省文獻會,1999。
洪致文,《不沈空母—台灣島內飛行場百年發展史》,臺北:洪致文,2015。
涂爾幹(Emile Durkheim)著、芮傳明、趙學元譯,《宗教生活的基本形式》臺北:桂冠圖書,1992。

翁純敏等，《花蓮縣古蹟導覽手冊》，花蓮：花蓮縣政府，1999。
馬塞爾‧莫斯（Marcel Mauss）著，汲喆譯，《禮物—古式社會中交換的形式與理由》，北京：商務印書館，2016。
馬賽爾‧莫斯（Marcel Mauss）著，盧匯譯，《論饋贈—傳統社會的交換形式及其功能》，北京：中央民族大學，2002。
高淑媛編，《宜蘭縣史大事記》，宜蘭市：宜縣府，2004。
張世昌，《地方自明性與休閒產業發展關聯性之探討—以梅山鄉大坪社區十年發展歷程為例》，新北市：行政院農委會水土保持局，2019。
張家麟，《誰在宗教中-宗教社會學的詮釋》，臺北：臺灣宗教與社會協會，2016。
張珣，《文化媽祖：臺灣媽祖信仰研究論文集》，臺北：中研院民族所，2003。
張珣，《海洋民俗與信仰：媽祖與王爺》，高雄：中山大學，2010。
張珣，《媽祖信仰的追尋：張珣自選集（續編）》，臺北：博陽，2009。
張珣，《媽祖信仰的追尋：張珣自選集》，臺北：博陽文化，2008。
張珣、楊玉君，《媽祖研究書目》，嘉義：國立中正大學，2016。
張珣撰，林美容、張珣、蔡相煇主編，〈從媽祖的救難敘述看媽祖信仰的變遷〉《媽祖信仰與現代社會國際研討會論文集》，雲林：北港朝天宮，2003。
張彬等，《縱遊綠色林徑：台東自然步道導覽》，臺北：行政院農委會林務局，2009。
許秀霞編著，《逐鹿傳說—東臺灣文化地誌》，臺東：臺東大學，2009。
許美智等撰，《宜蘭第一》，宜蘭市：宜蘭縣史館，2010。
許美智編撰，《影像宜蘭：凝視歲月的印記》，宜蘭：宜蘭縣史館，2007。

參考文獻

連橫,《雅堂文集 卷三》,臺北:臺灣銀行經濟研究室,1964。
郭肇立,〈傳統聚落空間研究方法〉《聚落與社會》,臺北:田園城市,1998。
陳奎熹,《教育社會學研究》,臺北:師大書苑有限公司,1999。
陳淑雯主編,《初鹿讚天宮沿革誌—慶祝建功35週年紀念專刊》,臺東:初鹿讚天宮管理委員會,2007。
鳥居龍藏著,楊南郡譯註,《探險臺灣:鳥居龍藏的臺灣人類學之旅》,臺北:遠流,2012。
凱文・林區(Kevin Lynch)著,胡家璇譯,《城市的意象》,臺北:遠流,2014年。
彭明輝,《歷史花蓮》,花蓮:財團法人花蓮洄瀾文教基金會,1995。
游謙、施芳瓏,《宜蘭民間信仰》,宜蘭市:宜縣府,2003。
菲奧納・鮑伊(Fiona Bowie)著,金澤、何其敏譯,《宗教人類學導論》,北京:中國人民大學,2004。
黃文博,《當鑼鼓響起—台灣藝陣傳奇》,臺北:台原,1991。
黃國華著、楊鵬飛主編,《媽祖文化三十年(簡體書)》,福建:海峽文藝,2012。
黃學堂,〈三四 竹田聖安宮〉《戀戀九岸溪:竹田・羅山・新興三村歷史》,花蓮:花蓮縣文化局,2012。
黃應貴,《人類學的視野》臺北:群學,2006。
楊建夫,《台灣的山脈》,臺北:遠足文化,2001。
楊國樞、瞿海源編,〈台灣民眾的宗教信仰與宗教態度〉《變遷中的台灣社會》,臺北:中研院民族所,1988。
葉美珍,《卑南遺址與文化:概要及書目彙編》,臺東:臺東縣政府,2004。
廖風德,《清代之噶瑪蘭》,臺北:正中書局,1990。
臺東縣文獻委員會,《臺東縣志卷首:(下)大事記》,臺東:臺東文獻委員會,1963。
臺東縣後山文化工作協會編著,《台東縣鄉土教材-台東縣個鄉鎮寺廟之旅》,臺東:東縣文化,1996。

臺東縣後山文化工作協會編著，《臺東縣寺廟專輯》，臺東：東縣文化，1996。

臺灣省政府教育廳編著，《台灣的地形景觀》，臺北：度假，1980。

趙川明等撰，《日出臺東—縱谷文化景觀》，臺東：國立臺東生活美學館，2011。

趙川明撰，〈台東寺廟發展概況〉《臺東縣寺廟專輯》，臺東：臺東縣立文化中心，1996。

趙莒玲，《臺灣開發故事 東部地區》，臺北：天衛文化，1999。

劉石吉等，《遷徙與記憶》，臺中：國立中山大學，2013。

劉枝萬，《台灣民間信仰論文集》，臺北：聯經出版社，1995。

劉還月，《處處為客處處家—花東縱谷中的客家文化與歷史》，花蓮縣：鳳林鎮公所，1998。

德·費爾巴哈著；王太慶譯，《宗教的本質》，北京：商務印書館，2010.。

蔡文彩編纂，《重修臺灣省通志卷三 住民志聚落篇》，南投：省文獻會，1997。

蔡相煇，《《天妃顯聖錄》與媽祖信仰》，臺北：獨立作家，2016。

蔡相煇著、賴敬暉編，《媽祖信仰研究》，臺北：秀威資訊科技，2006。

黎智添，《宗教研究與詮釋學—宗教學建立的思考》，香港：中文大學，2003。

戴炎輝，《清代臺灣之鄉治》，臺北：聯經，1979。

謝瑞隆、黃毓恒編著，《宜蘭縣媽祖信仰研究》，宜蘭市：宜蘭縣政府，2022.06。

鍾文榮，《拜拜經濟學：有拜有保庇！？大廟小廟香火鼎盛背後的經濟性與趣味性》臺北：時報，2014。

瞿海源，〈第五章 臺灣的民間信仰〉《臺灣宗教變遷的社會政治分析》，台北：桂冠，1997。

參考文獻

瞿海源,《台灣宗教變遷的社會政治分析》,台北:桂冠,1997。
簡瑛欣,〈祖廟在臺灣:台灣民間信仰神明祖廟的權威來源與正統性〉《思想30:宗教的現代變貌》,臺北:聯經,2016。
羅東公學校校編著、林清池譯,《羅東鄉土資料》,宜蘭:宜蘭縣立文化中心,1999。
龔宜君,《宜蘭縣人口與社會變遷》,宜蘭:宜蘭縣縣史館,1996。
懷德海(A.N. Whitehead)著,蔡坤鴻譯,《宗教的創生》,臺北:桂冠,1997。

四、外文著作

Australie, Paris:Quadrig/P.U.F.,1912,4eme edition:1960.
Dundes, Alan. (1984). *Introduction. Sacred Narrative: Readings in the Theory of Myth*. Ed. Alan Dundes. Berkeley: University of California Press, 1-3.
Durkheim, É. (2013). *Les Formes Élémentaires de La Vie Religieuse: Le Système Totémique En Australie*. Préface de Jean-Paul Willaime. Puf.
Elana Chipman, (2008). The Local Production of Culture in Beigan. *Taiwan Journal of Anthropology, 6(1)*, 1-30.
Durkheim, Émile., Mauss, Marcel. (1969). *Primitive Classification*. Translated from the French and Edited withs an Introduction by Rodney Needham. London: Cohen & West.
Friedrich Schleiermacher. (1994). On 戰場與環境特性 Religion: Speeches to Its Cultured Despisers, translated by John Oman. *Louisville,* Kentucky: Westminster/ John Knex Press, pp.94, 101.
Keane, Webb. "The Evidence of the Senses and the Materiality of Religion," *Journal of the Royal Anthropological Institute (N.S.)*: S110-S127.
Kirk, G.S. (1973). *Myth: Its Meaning and Functions in Ancient and Other Cultures*. Berkeley: Cambridge University Press, p.74.

Kirk, G.S. (1984). "*On Defining Myths*". Sacred Narrative: Readings in the Theory of Myth. Ed. Alan Dundes. Berkeley: University of California Press, 53-61.
Lindsay, Jones., Editor in Chief. (2005). *Encyclopedia of Religion, Second Edition. Thomson Gale.* Printed in the United States of America, p.8861.
Mauss, Marcel. (2006). *Biography.* Marcel Fournier. Princeton: Princeton University Press, 442 pp.
Mauss, Marcel. *The Gift forms and functions of ex* (BookFi.org)
Mauss, Marcel. (1954). *The Gift : The Form and Reason for Exchange in Archaic Societies . Tr.* By Ian Cunnison. London: Cohen & West.
丸山宏著,《道教儀禮文書の歷史的研究》,東京:汲古書院,2004。
丸井圭治郎,《臺灣宗教調查報告書》第一卷,臺北:台灣總督府,1919。
大淵忍爾編,《中國人の宗教儀禮—佛教、道教、民間信仰》,東京:福武書店,1983。
鳥居龍藏,〈東部台灣に於ける各蕃族及其分布〉《東人》12卷136號,1897.07.28。
增田太福郎,《臺灣の宗教》,東京:養賢堂,1939。

五、期刊、研討會論文

丁仁傑,〈靈驗的顯現:由象徵結構到社會結盟,一個關於漢人民間信仰文化邏輯的理論性初探〉《臺灣社會學刊》第49期,2012年6月:41-101。
毛正氣,〈海軍軍官應知的臺灣東北角海域〉《海軍學術雙月刊》第51卷第1期,2017年2月1日:119-136。
毛正氣,〈臺灣東北角海域—戰場與環境特性〉《海軍軍官》第36卷第4期,2017年11月:20-31。
王志宇,〈清代臺灣彰南地區的媽祖信仰—東螺街及悅興街的發展為中心〉《逢甲人文社會學報》第15期,2007年12月:143-163。

參考文獻

王志宇,〈臺灣寺廟碑碣與村莊社會(1683-1945)〉《通識研究集刊》第15期,2009年06月:1-23。

王志宇,〈廟會活動與地方社會—以臺灣苑裡慈和宮為例〉《逢甲人文社會學報》第12期,2006年6月:239-262。

王俊杰,〈人類學視野中的禮物世界〉《雲南民族大學學報》第24卷第2期,2007年02月:22-25。

石再添,〈東部蘇花及礁溪斷層海岸的地形計量研究〉《台灣師大地理研究報告》3,1976年:55-88。

何秀煌著,李素月編,〈歷史的「詮釋」和歷史的「還原」—對於宜蘭研究的一些思考〉《「宜蘭研究」第二屆國際學術研討會論文集》,宜蘭:縣立文化中心,1997。

何培夫,〈臺灣碑碣史料之採拓與整理〉《臺灣圖書館管理季刊》第1卷3期,1995年7月:81-96

何培夫,〈臺灣碑碣概覽(上)〉《國立中央圖書館臺灣分館館刊》8卷2期,2002年6月:68-86。

李豐楙,〈媽祖傳說的原始及其演變〉《民俗曲藝》第25期(《媽祖進香專輯》),臺北:財團法人施合鄭民俗文化基金會,1983年7月:119-152。

李豐楙,〈感動、感應與感通、冥通:經、文創典與聖人、文人的譯寫〉《長庚人文社會學報》1(2),2008年10月,247-281。

李獻章,〈媽祖傳說的原始形態〉《臺灣風物》10卷10-12期 1960年12月:7-22。

汪俊石,〈媽祖文化與市場經濟〉《特區經濟》1999年4月:51-53。

汲喆,〈禮物交換作為宗教生活的基本形式〉《社會學研究》第3期,2009年:1-25。

卓麗珍,〈宜蘭地區媽祖信仰及其陣頭文化〉《2014年臺灣道教田野調查專題研究》,新北市:臺灣宗玄道學文化研究會、東南科技大學,2014.04.24。

岡田謙著、陳乃蘗譯,〈臺灣北部村落之祭祀範圍〉《臺北文物》第9卷第4期,1960年12月:14-29。

松金公正,〈日據時期日本佛教之台灣布教—以寺院數及信徒人數的演變為考察中心〉《圓光佛學學報》第三期,1999年02月:192-221

林仁川,〈光復前臺灣農業水資源的開發與利用〉《台灣研究集刊》第4期,2000年:66-74。

林志晟,〈昭應宮與宜蘭人〉《洄瀾春秋》卷2,2005年07月:1-20。

林美容,〈台灣地區媽祖靈力諸說探討〉《民俗研究》第6期總第118期,2014年:頁85-91。

林美容,〈台灣媽祖研究相關書目介紹〉《台灣史料研究》18,2002年:135-165。

林美容,〈媽祖信仰與地方社區—高雄縣媽祖廟的分析〉《台灣省文獻》,1997年:91-109。

林美容,〈媽祖與水利〉《七星農田水利季刊》2,1997年:62-65。

林美容,〈彰化媽祖的信仰圈〉《中央研究院民族學研究所集刊》第68期,1989年:41-104。

林美容,〈臺灣區域性宗教組織的社會文化基礎〉《東方宗教研究》2,1990年:345-346。

林美容,〈臺灣媽祖形象的顯與隱〉《文化雜誌》48,2003年:131-135。

林茂賢,〈臺灣媽祖傳說及其本土化現象〉《國家與教育》卷期1,2007年03月:86-123。

林淑芬,〈宜蘭地區秋季共伴豪雨與聖嬰-南方震盪的遙相關〉《大氣科學》第46期第1號,2018年03月:35-68。

林富士(乩童),〈「童乩研究」的歷史回顧〉《北縣文化》37期,1993年:36-42。

林開世,〈人類學與歷史學的對話?一點反省與建議〉《臺大文史哲學報》第59期,2003年11月:11-30。

參考文獻

林瑞愷,〈當代臺海關係下的媽祖形象建構〉《思與言》第58卷第2期,2020年06月:53-103。

林衡道,〈臺灣東部宗教調查〉《臺灣文獻季刊》11卷4期,1960年12月:108-112。

林衡道,〈臺灣農村寺廟分佈情形之調查〉《臺灣文獻季刊》13卷3期,1962年09月:153-167。

邱秀蘭,〈蛻變的宜蘭城——以歷史空間為例〉《蘭陽博物》第014期,2004年04月:14-19。

侯錦雄、李素馨,〈媽祖信仰遶境儀式的文化景觀閱讀〉國立臺北藝術大學文化資源學院《文資學報》第八期,2004年:1-24。

俞黎媛、彭文宇,〈媽祖文化的精神內核和海峽西岸經濟區建設〉《莆田學院學報》01期,2007年:94-97。

施振民,〈祭祀圈與社會組織—彰化平原聚落發展模式的探討〉《中央研究院民族學研究所集刊》第36期,1973年:191-208。

施添福,〈揭露臺灣島內的區域性—歷史地理學的觀點〉《中等教育》45卷4期,1994年:62-72。

展示蒐藏組,〈保庇新北市 街頭巷尾有神明〉《宗博季刊》第86期,2013年04月:7-7。

徐惠隆,〈隆嶺古道探源紀行〉《宜蘭文獻雜誌》第25期,2007年01月:100-112。

高瑜、廖紫均,〈媽祖信仰文化〉《館訊》第280期,臺中:國立自然科學博物館,2011年:1-5。

張育銓,〈台灣的宗教觀光及其研究:方法論與本質論的探索〉《育達科大學報》第27期,2011年6月:65-84。

張恩維、林樞衡、邱建智、鄭文昕、盧詩丁著,〈與大自然和諧共存的先決條件—因地制宜,從瞭解地質敏感區開始〉《地質》41卷3、4期合刊,新北市:經濟部中央地質調查所,2020年:64-68。

張珣,〈分香與進香媽祖信仰與人群的整合〉《思與言》3(4),1995年12月:83-106。

張珣，〈台灣的媽祖信仰—研究回顧〉《新史學》6（4），1995年12月：89-126。

張珣，〈香之為物：進香儀式中香火觀念的物質基礎〉《臺灣人類學刊》4（2），2006年：37-73。

張珣，〈海洋台灣的民俗與信仰傳統：以媽祖與王爺為例〉《臺北城市科技大學通識學報》第四期，2015年04月：75-84。

張珣，〈進香、刈火與朝聖宗教意涵之分析〉《人類與文化》22，1986年：46-54

張珣、林美容，〈媽祖信仰的文化、敘說與社群〉《台灣人類學刊》6（1），2008年06月：vi-x。

許嘉明，〈彰化平原福佬客的地域組織〉《中央研究院民族學研究所集刊》36期，1973年：165-190。

陳重仁，〈找尋禮物的理論：馬歇·牟斯與牟斯式禮物經濟〉《中外文學》第36卷第3期，2007年09月：201-234。

陳偉智撰，黃于玲編輯，〈「龜」去來兮！—龜山島與宜蘭文化史初探〉「眺望海洋的蘭陽平原》宜蘭研究：第四屆學術研討會論文集」《宜蘭文獻叢刊》19，宜蘭市：宜蘭文化局，2002年：247-288。

陳淑媛，黃新豐，〈媽祖文化品牌在產業界的延伸與創新〉《湖南科技學院學報》11期，2010年：111-114。

陳緯華，張茂桂，〈從「大陳義胞」到「大陳人」：社會類屬的生成、轉變與意義〉《台灣社會學》第27期，2014年6月：51-95。

陳鴻圖，〈東臺灣研究專輯導讀〉《臺灣文獻》69卷第4期，2018年12月：2-4。

陳鴻圖，〈戰後東臺灣的區域史研究：政府出版品的回顧〉《東台灣研究》21期，2014年02月：75-102。

陳顯忠，〈附錄：臺灣史蹟研究論文選輯：六、談臺灣後山之開發〉《臺灣文獻》32卷第2期，1981年06月：184。

郵政總局，《今日郵政》第649-660期，臺北：今日郵政月刊社，2012年：22。

參考文獻

黃秀琳、曾麗琴,〈基於旅遊表述視角的媽祖民俗文化開發與發展對策研究〉《宜春學院學報》第9期,2010年:154-157。

黃素慧,〈颱風災後臺灣省政府的救濟措施〉《臺灣文獻》第60卷4期:299-320。

黃騰華、李小穩,〈清代臺灣地區的媽祖碑刻述論〉《現代臺灣研究》01期,2008年:64-66、27。

楊若雲、蔡宗信〈臺灣武陣文化變遷過程的探析—以後壁鄉新嘉村宋江陣為例〉《國教之友》第58卷第4期,2007月31日:23-31。

葉永韶,〈維護宜蘭歷史空間之自明性—傳統建築木作技藝保存初探〉《蘭陽博物》第014期(宜蘭:宜蘭縣政府文化局文化資產課,2004年04月:41-53。

趙旭東,〈禮物與商品—以中國鄉村土地集例占有為例〉《安徽師範大學學報》第35卷第5期,2007年7月:395-404。

趙星皓,〈《一報還一報》裡的「禮物」〉《中外文學》第33卷第6期,2004年11月:85-104。

劉勝驥,〈海峽兩岸宗教交流(1989-2004)〉《新世紀宗教研究》4卷2期,2005年12月:121-167。

劉萬枝,〈臺灣的民間信仰〉《臺灣風物》39.1,1981年:97-107。

劉擁華,〈禮物交換:「崇高主題」還是「支配策略」?〉《社會學研究》,2010年:157-177。

潘繼道,〈花蓮地區日治時期慰靈碑遺跡初探〉《台灣文獻》第61卷第1期,2010年03日:385-433。

潘繼道,〈淺談東臺灣研究與地方學的發展〉《臺灣史學雜誌》第14卷,2013年06月:89-104。

蔡相煇,〈以媽祖信仰為例—論政府與民間信仰的關係〉《民間信仰與中國文化國際研討會論文集》,1994年04月:437-454。

蔡泰山，〈媽祖文化在台灣民主信仰變遷及發展趨勢〉「臺灣民主的興起與變遷」第二屆學術研討會——人物與事件，臺北：臺灣省諮議會，2007.11。

蔡錦堂，〈再論日本治臺末期神社與宗教結社諸問題——以寺廟整理之後的臺南州為例〉《師大臺灣史學報》第4期，2011年09月：67-93。

盧胡彬，〈頭城的寺廟與地方發展〉《白沙人文社會學報》第2期，2003年：255-304。

賴俊雄，〈上帝的禮物：再探禮物與交換經濟〉《中外文學》第33卷第9期，2005年2月：頁161-191。

戴文鋒，〈「媽祖」名稱由來試析〉《庶民文化研究》第3期，2011年3月：頁40-91。

戴寶村，〈B29與媽祖：臺灣人的戰爭記憶〉《國立政治大學歷史學報》22期，2004年11月：頁223-275。

六、博碩士論文
博士論文：

呂一中，《博論：基隆中元祭禮物交換現象之研究——敘事症狀及意識形態分析》，新北市：輔仁大學宗教學系博士論文，2014年。

林肇睢，《玻璃媽祖廟自然光照與節能之研究》，彰化：國立彰化師範大學電機工程學系博士論文，2014年。

張佩湘，《驗證節慶參與者體驗、認同、與觀光支持行為之線性關係-台灣兩大宗教節慶之實證分析》，雲林：國立雲林科技大學會計系博士論文，2014年。

張榮富，《民間信仰與媽祖神格的建構——宗教社會學的詮釋》，臺中：東海大學社會學系博士論文，1994年。

黃敦厚，《台灣媽祖信仰與商人精神——以大甲、北港媽祖為研究中心》，臺中：國立中興大學中國文學系所博士論文，2012年。

楊淑雅，《媽祖故事與媽祖文化研究》，臺北：中國文化大學中國文學系博士論文，2011年。

參考文獻

葉尚芳,《語言分佈微觀:台語方言地理研究》,新北市:淡江大學英文學系博士論文,2011年。

詹素娟,《族群、歷史與地域—噶瑪蘭人的歷史變遷(從史前到1900年)》,臺北:國立臺灣師範大學歷史研究所博士論文,1998年。

蔡相煇,《明清政權更迭與台灣民間信仰關係之研究》,臺北:文化大學歷史研究所博士論文,臺北市,1977年。

謝永昌,《海神媽祖研究》,香港:珠海大學中國歷史研究所博士論文,2001年。

謝瑞隆,《媽祖信仰故事研究–以中國沿海地區、台灣為主要考察範圍》,嘉義:國立中正大學中國文學系暨研究所博士論文,2015年。

嚴文志,《臺灣媽祖碑碣與村莊社會之研究》,中國福建:福建師範大學中國古典文獻學博士論文,2016年。

碩士論文:

王嘉菜,《漳泉客三系移民與彰化平原媽祖廟》,臺北:國立政治大學民族學系碩士論文,2008年。

任上勇,《戰後臺東市漢人民俗信仰之研究》,臺南:國立成功大學歷史研究所碩士論文,2010年。

吳品儒,《嘉義朴子配天宮媽祖誕辰遶境觀光發展策略之研究》,嘉義:國立嘉義大學體育與健康休閒學系研究所碩士論文,2017年。

吳盛忠,〈全球化趨勢下台灣都市商業街道自明性之研究〉臺南:國力成功大學都市計畫學系碩士論文,2005年。

沈佩璇,《媽祖研究–以鹿港天后宮為例》臺中:靜宜大學中國文學系碩士在職專班碩士論文,2013年。

卓麗珍,《臺灣民間廟宇的歲時活動與宗教祭儀—以冬山鹿安宮為例》,新北市:天主教輔仁大學宗教學系碩士論文,2012年。

林政璋,《台灣與福建湄洲媽祖進香交流研究》,新北市:淡江大學大陸研究所碩士論文,2003年。

林蔚嘉，《臺灣神將會文化研究》，臺北：國立臺北藝術大學傳統藝術研究所碩士論文，2005年。
康乃心，《羅東嘉義仔媽祖廟聖安宮與地方發展》，宜蘭：佛光大學人文學院宗教學研究所碩士論文，2019年。
張伯鋒，《大甲鎮瀾宮新港繞境進香的路線變遷》，臺北：國立臺灣師範大學地理學系碩士論文，2003年。
張家菁，《花蓮市街的空間演變臺灣東部一個都市聚落的形成與發展》臺北：國立臺灣師範大學地理研究所碩士論文，1993。
許旻書，《行銷台灣媽祖文化—海上遶境計畫》，臺中：東海大學建築學系碩士論文，2008年。
陳夢龍，《臺中大甲媽祖節慶活動的在地化發展》，臺北：臺北世新大學觀光學研究所（含碩專班）碩士論文，2019年。
游宏彬，《蘭陽平原溪北與溪南地區發展之比較研究》，彰化：國立彰化師範大學地理學系碩士論文，2002年。
游享城，《宜蘭五結利澤簡媽祖廟－永安宮研究》，宜蘭：佛光大學宗教研究所碩士論文，2018年。
黃昱豪，《臺灣「八七水災」之研究》，嘉義：國立中正大學歷史學系碩士論文，2011年。
劉惠芳，《日治時代宜蘭城之空間改造》，臺南：國立成功大學建築學系碩士論文，2002年。
鄭全玄，《台東平原的移民拓墾與聚落》，臺北：國立臺灣師範大學地理研究所碩士論文，1993年。
賴俊嘉，《羅東嘉義仔媽祖廟聖安宮與地方發展》，宜蘭：佛光大學人文學院宗教學研究所碩士論文2012年。
賴俊嘉，《羅東震安宮與地方發展》，宜蘭：佛光大學歷史學系碩士論文，2012年。
鍾鴻文，《宜蘭海岸地形斷面特性分析與預測》，臺南：國立成功大學水利及海洋工程研究所碩士論文，2003年。

七、網路文章、資料

參考文獻

〈「大家樂」是 1980 年代盛行於臺灣的一種非法賭博方式〉
（https://zh.wikipedia.org/wiki/大家樂（賭博））《維基百科》，2020.08.13 摘錄。

〈2011.12.21 從牟斯的《禮物》談當代社會的禮物〉
（https://ocw.nycu.edu.tw/course_detail-c.php?bgid=19&gid=0&nid=310&pid=367）《國立陽明交通大學開放式課程》，2023.03.18 摘錄。

〈2020 蘭陽媽祖文化節〉（https://cenews.com.tw/2020，2020.10.23）《尖端新聞網》，2020.12.29 摘錄。

〈二二八遺址資料庫—頭城慶元宮〉（https://www.228.org.tw）《二二八事件紀念基金會》，2023.03.05 摘錄。

〈人口族群〉、〈行政中心〉（https://www.sinchen.gov.tw/）花蓮縣《新城鄉公所》，2021.12.29 摘錄。

〈人口結構〉、〈光復沿革〉（https://www.guangfu.gov.tw/）花蓮縣《光復鄉公所》，2021.12.29 摘錄。

〈千年媽祖架金橋—2017 媚洲媽祖金神台灣巡遊回眸〉
（http://www.fjtb.gov.cn/），《海峽瞭望》第 12 期，2017 年。

〈大陳義胞天后宮〉（http://crgis.rchss.sinica.edu.tw/）《文化資源地理資訊系統》。「台灣『外省人』生命記憶與敘事計畫：大陳寺廟調查表」，2010。

〈中央管河川-蘭陽溪〉《台灣河川復育網站（TRRN）》經濟部水利署水利規劃試驗所，http://trrn.wra.gov.tw/，2020.11.29。

〈什麼樣的情況宮廟主神才會換人？〉
https://pttstudy.com/folklore/M.1612994584.A.D02.html）《PTT 學習區》，2022.06.24 摘錄。

〈太平溪畔百年老榕樹〉，（https://www.donghaimazu.com）《東海龍門天后宮》，2021.05.08 摘錄。

〈水族陣〉（https://acrobatic.ncfta.gov.tw/home/zh-tw/Aquarium/25257）國立傳統藝術中心《傳統雜技主題知識網》，2014.03.10 摘錄。

〈世界最大珊瑚媽祖〉（https://www.cljewels.com/）《綺麗珊瑚》，2022.09.11 摘錄。

〈台東太麻里遠天宮天上聖母日昇媽祖〉
（https://blog.xuite.net/sam780595/twblog/116026237/track，
2009.05.19）《隨意窩》，2017.03 摘錄。
〈台灣古蹟的守護者李乾朗〉
（https://ylib.com/author/lan/index.htm）《遠流博識網》，
2022.05.08 摘錄。
〈玉里簡介〉、〈金色風華〉（https://www.hlyl.gov.tw/）花蓮縣
《玉里鎮公所》，2021.12.29 摘錄。
〈印象蘭嶼〉（http://lanyu.twgov.mobi/home.php）臺東縣《蘭嶼
鄉公所》，2022.09.28 摘錄。
〈在地人文〉（https://www.ttdaren.gov.tw）臺東縣《達仁鄉公
所》，2022.09.28 摘錄。
〈地方人文〉（http://www.shlin.gov.tw/tw/About.aspx）花蓮縣
《秀林鄉公所》，2021.12.30 摘錄。
〈地方沿革〉（https://www.fuli.gov.tw/cp.aspx?n=1409）花蓮縣
《富里鄉公所》，2021.12.29 摘錄。
〈寺廟巡禮：開蘭第一媽宜蘭礁溪澤蘭宮天上聖母〉
（https://blog.xuite.net/o927603252/twblog/179686277，
2011.04.22）《隨意窩》，2022.08.08 摘錄。
〈寺廟的歷史及人文〉（http://www.taitungmazu.org.tw）《台東天
后宮網頁》，2020.07.07 摘錄。
〈寺廟查詢〉（http://religion.moi.gov.tw/web/04.aspx）內政部《全
國宗教資訊網》2013.08.10 摘錄。
〈成功新港漁港 兼具歷史人文及自然環境的鄉鎮〉
（https://www.eastcoast-nsa.gov.tw，2021-11-04）《探索東海
岸》，2022.05.13 摘錄。
〈竹田聖天宮媽祖廟〉（https://memory.culture.tw/）文化部《國家
文化記憶庫》，2021.12.3 摘錄。
〈行政區域〉、〈機關願景〉、〈交通指南〉（https://www.feng-
bin.gov.tw/）花蓮縣《豐濱鄉公所》，2021.12.29 摘錄。

參考文獻

〈西林村里簡介〉、〈鄉徽介紹〉、〈西林村里簡介〉（https://www.wanrung.gov.tw/）花蓮縣《萬榮鄉公所》，2021.12.29 摘錄。

〈宋江陣源流〉（https://acrobatic.ncfta.gov.tw/home/zh-tw/Songjiang/25265）國立傳統藝術中心《傳統雜技主提知識網》，2013.02.10 摘錄。

〈宗教團體查詢〉（https://religion.moi.gov.tw/）內政部《全國宗教資訊網》，匯出時間：2022-07-26。

〈宗教團體查詢-花蓮縣縣天上聖母、媽祖〉（https://religion.moi.gov.tw/）內政部《全國宗教資訊網》，2022.07.26 摘錄。

〈宜蘭市昭應宮〉（https://nchdb.boch.gov.tw）文化部文化資產局《國家文化資產網》，2021.03.06 摘錄。

〈宜蘭昭應宮媽祖面山不面海 科甲聯登沒騙人〉（https://bobee.nownews.com/）今日傳媒《保庇 NOW》，2021.03.06 摘錄

〈宜蘭縣壯圍鄉寺廟普查計畫〉（http://120.101.67.68/webPageDetail.），佛光大學宗教學研究所。

〈沿革傳承〉（http://www.jag.org.tw/about.aspx）《南方澳進安宮》，2021.04.09 摘錄。

〈物理海洋：海洋流資料〉（http://www.odb.ntu.edu.tw/）《科技部海洋學門資料庫（Ocean Data Bank）》，2021.05.26 摘錄。

〈花蓮的開發〉（https://www.hl.gov.tw/）花蓮縣全球資訊服務網《花蓮縣政府》，2021.02.08 摘錄。

〈花蓮縣行政區域圖〉（https://www.hl.gov.tw/Detail/7845c534335d48a0a2d6b61268b69cee，2021/06/15）《花蓮縣全球資訊服務網》，2021.07.12 摘錄。

〈金同春圳集水暗渠幹線與受臺集水暗渠幹線的共同埋設(臺北州)〉，約 1920 年代，資料來源：國家圖書館 臺灣記憶 https://tm.ncl.edu.tw/。

〈信仰劇場―林田山媽祖鬥陣計畫（10）〉
　　（https://culture.hccc.gov.tw/zh-tw/collaborative/detail/45），花蓮縣政府文化局《花蓮在地文化記憶庫》。
〈南方澳南天宮金媽祖〉
　　（http://www.lanyangnet.com.tw/scenic/scenic.asp?Scenic_Id=61）《蘭陽百景》，2023.03.11摘錄。
〈南澳漢本地區：開放撿拾漂流木〉
　　（https://news.housefun.com.tw，2015-09-15）《好房網News》，2021.03.28摘錄。
〈昭應宮〉（https://zh.wikipedia.org/zh-tw/昭應宮）《維基百科》，2022.12.10摘錄。
〈洄瀾史話〉（https://map.hl.gov.tw/），花蓮縣文化局《花蓮在地文化記憶庫》，2021.10.15摘錄。
〈洄瀾―澎湃洶湧、波瀾壯闊〉https://tour-hualien.hl.gov.tw/about/history/20，花蓮縣政府《花蓮觀光資訊網》，2021.04.08摘錄。
〈宮廟簡介〉（https://www.donghaimazu.com/）《東海龍門天聖宮》，2022.02.27摘錄。
〈海陸繞境2019北臺灣媽祖文化節〉
　　（https://smiletaiwan.cw.com.tw/article/2279）《微笑台灣》，2020.12.29摘錄。
〈國立中正大學文學院媽祖文化研究中心設置辦法〉
　　（http://mazucrc.ccu.edu.tw/）《國立中正大學媽祖文化研究中心網》，2019.05.26摘錄。
〈清治日治的蘭陽〉，http://media.ilc.edu.tw/6y/TC/602/6022.htm。
〈絕跡40年鉛版化冬聖母印再現宜蘭慈航宮〉
　　（https://www.merit-times.com/NewsPage.aspx?unid=126970）《人間福報》，2022.08.08摘錄。
〈鄉政簡介〉（http://datong.e-land.gov.tw/htm/c01 5.aspx）《宜蘭縣大同鄉公所全球資訊網》，2014.03.05。
〈鄉鎮特色〉（https://images.app.goo.gl/EQ2EZur44hu4JftYA）《宜蘭縣政府全球資訊網》，2019.07.25摘錄。

參考文獻

〈鄉鎮特色〉（https://www.e-land.gov.tw）《宜蘭縣政府》，2010.06.28 摘錄。

〈媽祖接炸彈〉（http://digimuse.nmns.edu.tw/）《國立自然科學博物館》，2022.12.10 摘錄。

〈碑碣〉（http://dict.revised.moe.edu.tw）中華民國教育部《重編國語辭典修訂本》，2019.07.21 摘錄。

〈臺東天后宮沿革〉（https://www.taitungtianhou.org.tw/）《財團法人台東天后宮》，2021.08.25 摘錄。

〈臺東史誌及軼聞〉、〈探索臺東〉（https://www.taitung.gov.tw/）《臺東縣政府》，2022.04.11、2021.11.13 摘錄。

〈臺灣東部蘇花及礁溪斷層海岸域的河流等級研究〉（https://twgeoref.moeacgs.gov.tw）經濟部中央地質調查所《地方特色地質網》，2021.04.29 摘錄。

〈臺灣海岸詳介—花蓮海岸〉（https://www.wra.gov.tw/）《經濟部水利署》，2022.05.05 摘錄。

〈認識五結-利澤村〉（https://ilwct.e-land.gov.tw/）宜蘭縣《五結鄉公所》2015.06.09 摘錄。

〈認識延平〉（http://www.ttypg.gov.tw）臺東縣《延平鄉公所》，2022.09.28 摘錄。

〈認識原住民族〉（http://www.tipp.org.tw/aborigines_info.asp?A_ID=4）《臺灣原住民資訊資源網》，2021.12.29 摘錄。

〈認識蘇花改〉，（https://thbu4.thb.gov.tw/）《交通部公路總局第四養護工程處》，2021.10.30 摘錄。

〈颱風遠颺：蘭陽溪美福段仍堆滿漂流木〉（https://news.housefun.com.tw，2015-08-18）《好房網 News》，2021.03.28 摘錄。

〈廟裡和尚化緣，媽祖廟公化冬〉（https://yilanart.ilccb.gov.tw/）《宜蘭縣政府文化局：宜蘭線上藝文平台》，2022.08.10 摘錄。

〈歷史沿革〉、〈移民史〉（https://www.fonglin.gov.tw/）花蓮縣
《鳳林鎮公所》，2022.02.16摘錄。
〈歷史沿革-概述〉（https://www.ttjfng.gov.tw2）臺東縣《金峰鄉
公所》，2022.09.28摘錄。
〈環境背景〉（https://works.ilepb.gov.tw/01001_W_02/p1.html）宜
蘭縣政府海洋保護局《宜蘭縣海洋資訊網》，2019.08.11摘
錄。
〈豐富的物產〉
（https://www.hl.gov.tw/Detail/371a1ca50d6e4bce94f2084a852ba5
61）《花蓮縣全球資訊服務網》，2021.03.05摘錄。
〈羅東鎮徽〉（http://www.lotong.e-land.gov.tw）《羅東鎮公
所》，2022.06.11摘錄。
〈關於吉安〉、〈客家風情〉（https://www.ji-an.gov.tw/）花蓮縣
《吉安鄉公所》，2021.12.29摘錄。
〈關於順安宮〉（https://hlctw.com/index.php，2021-02-11）《豐
濱順天宮媽祖金殿》，2022.07.30摘錄。
〈蘭陽集水區及溼地生物多樣性研究〉
（https://shell.sinica.edu.tw/lanyang/lanyangold/intro.htm）中研院
生物多樣性研究中心《臺灣貝類資料庫》。
〈蘭陽溪〉（https://zh.wikipedia.org/wiki/蘭陽溪#cite_note-台灣的
河川-1）《維基百科》，2020.11.28摘錄。
〈蘭陽溪出海口南岸堆置場漂流木：開放民眾撿拾〉
（http://www.taiwanhot.net/?p=645677，2018-10-25）《台灣好新
聞》，2021.03.28摘錄。
〈蘭陽溪流域圖〉（http://web.thu.edu.tw/）《東海大學》
2020.11.23摘錄。
《全國宗教資訊網：宗教團體查詢結果》
https://religion.moi.gov.tw/Religion/FoundationTemple?ci=1，
2020.04.15摘錄。
《洄瀾史話》
https://map.hl.gov.tw/arcgis/apps/Cascade/index.html?appid=d179c8

參考文獻

ec648742d3acf3cefaae7e6250&folderid=5ce11fa9ae194933bfad5b3655be20eb

KEVIN，〈電光部落蘇家土樓：時代變遷，仍凝聚社區鄰里的媽祖廟〉（https://www.zztaitung.com/8140/kaadaadaan-3，2020.10）《臺東製造》，2022.05.22 摘錄。

Will Lu，〈為何二戰時，台灣從南到北都有「媽祖幫民眾擋炸彈」的傳說？揭密全台最深入人心的媽祖信仰〉（https://www.storm.mg/lifestyle/1489121?page=1，2019-07-16）《新新聞》，2021.12.12 摘錄。

文化資產個案導覽，〈宜蘭市昭應宮〉（https://nchdb.boch.gov.tw/），文化部文化資產局《國家文化資訊網》，2014.01.15 摘錄。

王文娟，〈還我祖先的名字——台灣原住民恢復傳統命名〉（https://www.taiwan-panorama.com，1996.02）《台灣光華雜誌》，2021.05.29 摘錄。

王秀亭，〈關山電光媽祖戲 50 餘年不間斷〉（https://news.ltn.com.tw/news/，2016.04.21）《自由時報》，2022.05.22 摘錄。

王鴻國，〈國際宜居城市獎 新北花蓮好讚〉（https://www.epochtimes.com/b5/13/12/10/n4030792.htm，2013.12.13）《大紀元》，2021.04.18 摘錄。

朱致賢，〈媽祖信仰 從天后到兩岸和平女神〉（http://www.rhythmsmonthly.com/?p=18699）《經典雜誌》第 184 期，2013.11。

行政院民國 102 年 6 月 25 日，院臺經字第 1020029238 號函核定，《花蓮縣（101-104）年綜合發展實施方案（核定本）》《花東永續發展》，民 102 年 06 月。

吳亮衡，〈不只古早味、童玩和雜貨店，宜蘭利澤老街的獨特文化記憶〉（https://storystudio.tw/article/gushi/lanyangnet/，2016.04.22）史多禮《故事 StoryStudio 網》，2020.11.25 摘錄。

李玉芬，〈臺東縣〉
　　（https://nrch.culture.tw/twpedia.aspx?id=1384，98.09.24）《文化部-臺灣大百科全書》，2022.07.28 摘錄。
李宛儒撰，〈「人物專訪」臺灣的「人文歷史多樣性」—訪詹素娟老師〉（https://case.ntu.edu.tw/blog/?p=18090，2014-06-10）《CASE 報科學》第 11 期：臺灣足跡-自然與人文溯源（臺北：國立臺灣大學科學教育發展中心），2022.04.28 摘錄。
李界木，〈開埠築圳是開發宜蘭的關鍵-金同春圳-行腳九芎城〉（https://tw.news.yahoo.com，2020.05.21）《民報》，2021.04.18 摘錄。
李錫璋編輯，〈郭台銘：媽祖託夢要我出來為台灣做事〉（https://www.cna.com.tw/news/，2019/4/17）《中央通訊社》，2022.06.11 摘錄。
杜保瑞，〈與星雲大師《八大人覺經十講》的智慧對談〉（http://www.bptang.com/4pap/4zen/00zen.htm）《禪宗哲學》，2022.11.05 摘錄。
沈明暄，〈千年媽祖架金橋—2017 湄洲媽祖金身台灣巡遊回眸〉（http://www.fjtb.gov.cn/focus/201712hxlw/201803/t20180328_11937523_1.html）《海峽瞭望》第 12 期，2017 年。
宜蘭縣政府文化局，〈宜蘭縣概述〉（http://hais.ilccb.gov.tw/）《宜蘭歷史空間巡禮》，2010.05。2022.04.05 摘錄。
林君穎，〈祭祀活動鞭炮煙火惹民怨　台宮廟真能重回日據時代找傳統？〉（https://www.hk01.com/，l 2020-12-15）《香港01》，2022.04.05 摘錄。
林美玉，〈向海致敬~海岸漂流木防災清理示範演練〉（https://ntnews.com.tw/向海致敬海岸漂流木防災清理示範演練/，2020-05-29）《北台灣新聞網》，2021.05.21 摘錄。
林美容，〈媽祖婆靈聖：請神迓媽祖的民俗意涵〉（https://think.folklore.tw/posts/4583，2020.04.03）《民俗亂彈》，2022.10.06 摘錄。
林茂賢，〈陣頭的傳承與創新〉（https://www.ntl.edu.tw/）《焦點報導》，頁 4-7。

參考文獻

林茂賢,〈臺灣人的「神明媽媽」:媽組信仰背後隱含的母親意像〉(https://opinion.udn.com/opinion/story/11373/4631801)《民俗亂彈》,2021.02.19摘錄。

林素珍,〈台灣東部原住民族重大歷史事件〉http://www.twcenter.org.tw/),國立東華大學族群關係與文化學系,2020.09.08摘錄

唐晉濱,〈『禮物論』天下沒有免費的午餐,也沒有免費的禮物〉(https://www.hk01.com/,2021-03-26)《香港01》,2023.03.22摘錄。

徐禎苓,〈信仰流動如水,從小女神到媽祖——中研院張珣探究兩岸文化媽祖〉(https://humanityisland.nccu.edu.tw/zhangxun01/,2021.03.03)《人文島嶼》,2022.11.11摘錄。

秦文佳,〈禮物之「流」—讀莫斯的《禮物》兼及閻云翔的《禮物的流動》〉
(http://www.ewen.co/books/bkview.aspx?bkid=103852&cid=295036),2006.02.20。

國土區域離島發展處,《都市及區域發展統計彙編》
(https://statistic.ndc.gov.tw/),臺北:中華民國國家發展委員會,2018.12摘錄。

國家發展委員會製表:「花東地區永續發展策略計畫」花蓮縣綜合發展實施方案在行政院民國101年9月核定之,規劃4年一期 的綜合發展實施方案。
https://ws.ndc.gov.tw/001/administrator/12/ckfile/29fc7f48-8cb1-4e49-ac7c-e24ea3c93044.pdf

國家發展委員會製表:
https://ws.ndc.gov.tw/001/administrator/12/ckfile/29fc7f48-8cb1-4e49-ac7c-e24ea3c93044.pdf

張茂桂,〈生之地景—大陳人在台灣〉
(http://ndweb.iis.sinica.edu.tw/TWM/Public/pdf/dachen.pdf。2014.05.09)《台灣外省人生命記憶與敘事資料庫》,2022.03.05摘錄。

張家綸，〈「大家樂」下的意外犧牲者─那些臺灣的落難神明〉（https://storystudio.tw，2018.07.16）《故事網》，2020.10.25 摘錄。

張智欽，〈宜蘭多樣的海岸地形與特殊地理景觀〉（https://www.lym.gov.tw/）《蘭陽博物》第 020 期（宜蘭：宜蘭縣政府文化局文化資產課，2006.09），2021.09.25 摘錄。

梁家瑋，〈蘇花改通車 花蓮發展往何方？〉（https://eventsinfocus.org/news/3541，2020-01-06）《焦點事件》，2021.09.25 摘錄。

盛世豪，〈記憶搜尋─大陳〉（https://ndweb.iis.sinica.edu.tw/，2010/01/16）中研院社會學研究所《臺灣外省人生命記憶與敘事資料庫》，2022.02.15 摘錄。

莊雅惠，〈羅東震安宮〉（https://www.lym.gov.tw）《蘭陽博物》第 48 期，2009-01。

許秀霞計劃主持人，《台東客家族群傳說故事研究》，2007 年 12 月 20 日。

許峰源，〈八七水災與家園重建〉《檔案樂活情報》146 期（108.08.16），2022.08.09 摘錄。取自：https://www.archives.gov.tw/ALohas/ALohasColumn.aspx?c=1961

許群著，吳朝榮編輯，〈臺灣海峽（Taiwan Straits）海流介紹〉（https://highscope.ch.ntu.edu.tw，2011/07/28）台大《科學 Online 高瞻自然科學教學資員平台》，2021.05.21 摘錄。

郭兆偉，〈媽祖＋王爺─多元多典故的台灣海神系統〉（https://web.archive.org/web/20170211155942/，2016.11.28）《聯合報》，2022.03.22 摘錄。

陳世慧，〈蘭陽溪水水宜蘭〉（http://www.rhythmsmonthly.com/?p=5303）《經典雜誌》第 128 期，2009.03。

陳盈貞報導，（http://www.ksnews.com.tw/，2020.12.15）《更生日報》，2022.10.12 摘錄。

參考文獻

陳勝順，〈從台東卑南國立史前博物館看分佈台灣各地的史前文化〉（https://www.peoplemedia.tw/news，2022-02-10）《民報》歷史回顧，2022.04.28 摘錄。

曾以馨責編，〈地牛翻身東部人超淡定！〉（https://news.ttv.com.tw/news/11111260012100I/amp）《台視新聞網》，2023.02.06 摘錄。

新聞編輯，〈黃金鐵路！北迴線 41 年前今天全線通車 回顧開拓史 全靠台灣人力量從 0 開始〉（https://www.rti.org.tw/news/view/id/2090646，2021-02-01）《中央廣播電台》，2021.09.30 摘錄。

葉永韶，〈維護宜蘭歷史空間之自明性—傳統建築木作技藝保存初探〉（https://www.lym.gov.tw/）《蘭陽博物》第 014 期：41。

廖大瑋，〈港興媽宮〉（https://sites.google.com/，2021.03.29）《南方澳聚落部 南方澳文史工作室》，2022.08.20 摘錄。

潘繼道，〈漫談東台灣客家移民史〉（https://www.ntl.edu.tw/public/Attachment/910261716242.pdf）《焦點報導》，頁 2-3。

編輯部，〈陽宅風水學講座寺廟篇〉（https://www.cjs.org.tw/）《風水大師精選集》第 13 期，2022.11.08 摘錄。

賴宛琳，〈台灣人有多愛拜，數字告訴你〉（https://www.watchinese.com/）《看雜誌》第 154 期，2015 年 4 月 5 日。

戴寶村，〈台灣歷史上的八七水災〉（http://www.twcenter.org.tw/，2001.08.06）《吳三連台灣史料基金會》，2020.08.11 摘錄。

釋星雲，〈207 化冬〉（http://books.masterhsingyun.org/ArticleDctail/artcle10173）《星雲說喻 1》星雲大師全集典子版。

八、網站資源

ODB 海洋學門資料庫：https://www.odb.ntu.edu.tw

Wikiwand：https://www.wikiwand.com

中國文化大學史學系博碩士班：https://crrahs.pccu.edu.tw
中國博士學位論文全文數據庫：http://cnki.sris.com.tw
內政部《全國宗教資訊網》https://religion.moi.gov.tw。
世界宗教博物館舉辦：https://www.mwr.org.tw
交通公路總局第四工程處：https://thbu4.thb.gov.tw
地理資訊科學研究專題中心：
　　http://gissrv4.sinica.edu.tw/gis/twhgis.asp
住民族資訊資源網：http://www.tipp.org.tw
宜蘭縣史館：https://yihistory.e-land.gov.tw/Default.aspx
宜蘭縣政府文化局臉書專頁：https://www.facebook.com
宜蘭縣政府全球資訊網 https://www.e-land.gov.tw
花蓮聖南宮臉書專頁：https://www.facebook.com
花蓮縣玉里鎮公所：https://www.hlyl.gov.tw
花蓮縣光復鄉公所：https://www.guangfu.gov.tw
花蓮縣吉安鄉公所：https://www.ji-an.gov.tw
花蓮縣秀林鄉公所：http://www.shlin.gov.tw
花蓮縣卓溪鄉公所：https://www.zhuo-xi.gov.tw
花蓮縣花蓮市公所：http://www.hualien.gov.tw
花蓮縣富里鄉公所： https://www.fuli.gov.tw
花蓮縣新城鄉公所：https://www.sinchen.gov.tw
花蓮縣瑞穗鄉公所：https://www.juisui.gov.tw
花蓮縣萬榮鄉公所：https://www.wanrung.gov.tw
花蓮縣壽豐鄉公所：https://www.shoufeng.gov.tw
花蓮縣鳳林鎮公所：https://www.fonglin.gov.tw
花蓮縣豐濱鄉公所：https://www.feng-bin.gov.tw
城市媒：www.twct.tw
國立中正大學 媽祖文化研究中心：http://mazucrc.ccu.edu.tw/about.
國立陽明交通大學開放式課程 https://ocw.nycu.edu.tw/index.php
國家文化記憶庫：https://culture.hccc.gov.tw
國家發展委員會：https://hdsd.ndc.gov.tw
國家發展委員會檔案管理局：https://www.archives.gov.tw
國家圖書館《臺灣記憶》：https://tm.ncl.edu.tw/index

參考文獻

博客來數位科技：https://www.books.com.tw/
瘋台灣民宿網：https://hualien.fun-taiwan.com
維基文庫：https://zh.wikisource.org/wiki/
維基百科：https://zh.wikipedia.org/
綺麗珊瑚官網 https://www.cljewels.com/
臺東縣延平鄉公所：http://www.ttypg.gov.tw
臺東縣金峰鄉公所：https://www.ttjfng.gov.tw
臺東縣政府 https://www.taitung.gov.tw/Default.aspx
臺東縣鄉土教材-臺東縣各鄉鎮寺廟之旅：
　http://163.28.10.78/content/local/taidon/fuhin/tem/default.htm
臺東縣鄉土教材資源中心：
　http://163.28.10.78/content/local/taidon/fuhin/tem/default.htm
臺東縣達仁鄉公所：https://www.ttdaren.gov.tw
臺東縣蘭嶼鄉公所：http://lanyu.twgov.mobi/home.php
臺灣文獻叢刊資料庫：http://tcss.ith.sinica.edu.tw
臺灣博碩士論文知識加值系統：https://ndltd.ncl.edu.tw/
臺灣華文電子書庫：https://taiwanebook.ncl.edu.tw/zh-tw

九、報紙、其他
報紙：
〈羅東之兩祭典〉，《臺灣日日新報》，1926年3月26日。
〈羅東震安宮落成〉《臺灣日日新報》，1926年1月20日。

其他：
「吉安鄉聖南宮 公告」
「利澤簡的精神地標—永安宮」一文內容，由五結鄉利澤簡永安宮所提供。
「宜蘭媽祖弘道協會」大會手冊
「花蓮慈天宮簡介」
王河盛撰，〈台東縣最早建立的廟宇—成廣澳天后宮「媽祖」落難記〉。

宜蘭縣媽祖弘道協會，〈慶祝天上聖母1059歲千秋藝文系列活動暨第二屆第十次春季聯誼大會〉，宜蘭：礁溪澤蘭宮編印，2018。

宜蘭縣媽祖弘道協會，《宜蘭縣媽祖弘道協會第2屆第12次聯誼活動-大會手冊》，宜蘭：頭城慶元宮，2019。

邱金魚，〈頭城慶元宮-開蘭第一古廟簡介〉，宜蘭：頭城慶元宮管理委員會編印，頁22-24。

參考文獻

附錄一　臺灣東部媽祖廟調查資料整合

整合資料來源：

一、卓麗珍田野調查資料
二、官方網頁：

1. 資料來源：內政部，《全國宗教資訊網》---宗教團體查詢結果，https://religion.moi.gov.tw/Religion/FoundationTemple?ci=1。

   查詢條件：宜蘭縣-天上聖母、媽祖　　行政區、宜蘭縣　匯出時間：2010.04.15、2020-07-07　資料筆數：21
   主管機關：宜蘭縣政府　　　　　　　　　　　　　　　　　資料顯示：教別—道教

2. 查詢條件：花蓮縣-天上聖母、媽祖　　行政區、花蓮縣　匯出時間：2010.04.15、2020-07-07　資料筆數：10
   主管機關：花蓮縣政府　　　　　　　　　　　　　　　　　資料顯示：教別—道教

3. 查詢條件：臺東縣-天上聖母、天上聖母媽祖、媽祖　行政區、臺東縣　匯出時間：2010.04.15、2020-07-07　資料筆數：27
   主管機關：臺東縣政府　　　　　　　　　　　　　　　　　資料顯示：教別—道教

三、內政部，《全國寺院宮廟基本資料》。臺北：行政院內政部，2010。
四、內政部，《宜蘭縣-99年調查寺院宮廟基本資料》第 20 冊。臺北：內政部，2010。
五、內政部，《花蓮縣-99年調查寺院宮廟基本資料》第 21 冊。臺北：內政部，2010。
六、內政部，《臺東縣-99年調查寺院宮廟基本資料》第 22 冊。臺北：內政部，2010。
七、臺東縣後山文化工作協會編著，《臺東縣寺廟專輯》，臺東：臺東縣立文化中心，1996。
八、游謙、施芳瓏，《宜蘭民間信仰》，宜蘭市：宜縣府，2003。

（備註：本書中部分的調查內容，可以確定研究者的田野並未真正到達現場）

九、《國立中正大學媽祖文化研究中心》：http://mazucrc.ccu.edu.tw/about，2019.05.26 摘錄

（備註：本資料庫相關臺東縣的歷史沿革內容部分，基本上皆與內政部網頁相同。唯該中心網頁多出「自行開車」的路經選項，並結合「google map」索引的功能，可為一功。但對於因時變遷或資料更新沒有助益）

十、姚誠（1999）。《洄瀾神境：花蓮的寺廟與神明》，花蓮：花蓮縣立文化中心，1999.06.30。

附錄一 臺灣東部媽祖廟調查資料整合

宜蘭縣媽祖廟

宗教團體名稱	行政區	地址	登記別	電話	創廟時間	★《全國寺廟宮堂基本資料》2010年 調查／沿革	▲內政部《全國宗教資訊網》2020年 調查／沿革	○《宜蘭縣民間信仰》2003年 調查／沿革	V國立中正大學2015年 調查／沿革	卓麗珍田野調查2014-2021年 調查日期
合興 天后宮	頭城鎮	忠孝新村合興里54號	正式	03-9965969	民61年(1972)	無／無	▲／無	○／無	V／V	2014.03.15
更新 北天宮	頭城鎮	更新里更新路150之6號	補辦	03-9778209	民71年(1982)	無／無	▲／無	○／無	V／V	2014.03.13
頂埔 慈安宮	頭城鎮	頂埔路二段140巷8號 頂埔路二段138號		03-9778570 9775310		無／無	無／無	無／無	無／無	2014.03.13
慶元宮	頭城鎮	城東里和平街105號	正式	03-9772734	嘉慶1年(1796)	★／★	▲／▲	○／○	V／V	2013.03.15
龜山 拱蘭宮	頭城鎮	龜山路龜山里280號	補辦	03-9781181	民66年(1977)	★／★	▲／▲	○／無	V／V	2014.03.16

374

「後山媽祖」的信仰、神蹟及其類型研究

玉尊慈天宮	礁溪鄉	玉田村玉龍路一段477號	補辦	03-9884511	民73年(1984)	★	★	◀	◀	○	V	V	2014.03.15
礁溪 澤蘭宮	礁溪鄉	吳沙村開蘭路161號	補辦	03-9281808	嘉慶1年(1796)	★	★	◀	◀	○	無	V	2020.09.05
礁溪 聖德宮	礁溪鄉	德陽村奇立丹路72巷18號	正式	039-885227		無	無	無	無	無	無	無	2021.01.02
昭應宮	宜蘭市	中山路三段106號	正式	03-9355536	嘉慶13年(1808)	★	★	◀	◀	○	V	V	2014.08.19
二結仔昭安宮	宜蘭市	大坡路一段305巷62號	正式	03-9283400	明治35年(1902)	無	無	無	◀	無	V	無	2021.01.02
梅洲 慈航宮	宜蘭市	金同春路67號	正式			★	★	無	◀	○	V	V	2021.01.02
雲慶宮	宜蘭市	東港路12-12號				無	無	無	無	無	無	無	2012.01.03
聖母堂	宜蘭市	環河路131號				無	無	無	無	無	無	無	2013.01.02
天旨普恩宮	員山鄉	中華村龍賢路19號	無	03-9231319	民79年(1990)	無	無	無	無	無	無	無	2021.01.02 / 2021.03.07
北后宮	員山鄉	尚德村八甲路4號 已更名 為北后寺，本廟與普恩宮的媽祖有關係			民78年(1989)	無	無	無	無	無	無	無	2021.03.07

375

附錄一 臺灣東部媽祖南調查資料整合

乾清宮	員山鄉	金山西路72號		03-9233588		無	無	無	無	無	2021.01.01
羅東奉天宮	羅東鎮	四維路				無	無	無	無	無	2021.01.01
天后殿	羅東鎮	新群北路315號	未	03-9507312		無	無	無	無	無	2021.01.01
聖安宮	羅東鎮	忠孝路48號	正式	03-9544021	康熙52年(1712)	★	★	◀	◀	○	無	V	2013.10.13
聖雲堂	羅東鎮	站前南路17號（此址無廟。據羅東天后殿宮主表示，原廟名已更名「聖龍宮」改祀中壇元帥，僅照相存證。				無	無	無	無	無	無	2021.01.01
震安宮	羅東鎮	中正路35號	正式	03-9552610	道光17年(1837)	★	★	◀	◀	○	V	2013.10.13
大吉順安宮	五結鄉	大吉村大吉5路181巷12號	正式	03-9502804	道光12年(1832)	★	無	◀	◀	無	V	2014.03.01
天賀宮	五結鄉	福興村中福北路旁	補辦	03-9509129		★	★	無	無	無	V	2014.03.02
利澤簡永安宮	五結鄉	利澤村利澤路26號	正式	03-9504257	道光6年(1826)	★	★	◀	◀	○	V	2014.03.02
東聖宮	五結鄉	賴河路二段291巷52弄29號		03-9606067	2013年12月	無	無	無	無	無	無	2014.03.02

376

「後山媽祖」的信仰、神蹟及其類型研究

忠天宮	三星鄉	尚武村中興路1段201號	正式	03-9898596	民42年(1953)	無	無	▲	無	○	無	V	V	2014.03.01
定安宮	冬山鄉	冬山村冬山路305號	正式	03-9594376	同治11年(1872)	★	★	▲	▲	○	無	V	V	2010.09.13
珍珠慶安宮	冬山鄉	珍珠村幸福六路493號	未辦	0989-233564		無	無	無	無	無	無	無	無	2021.01.01
鹿安宮	冬山鄉	鹿埔村永興路二段412巷19號	補辦	03-9586068	民75年(1986)	★	★	▲	▲	○	無	V	V	2014.03.01
慈安宮	冬山鄉	得安村				無	無	無	無	無	無	無	無	
大南澳天后宮	蘇澳鎮	朝陽里潮陽路44號	正式	03-9981949	民48年(1959)待查	★	★	▲	無	○	無	V	V	2014.02.28
大南澳天祝宮	蘇澳鎮	朝陽里海岸路68號		03-9982466	民81年(1992)	★	★	無	無	○	○	無	無	2014.02.28
大南澳震安宮	蘇澳鎮	南澳路南強里2號	正式	03-9981052	民48年(1959)	無	無	▲	無	○	無	V	V	2014.02.28
北方澳進安宮	蘇澳鎮	江夏路81號	正式	03-9971239	嘉慶17年(1812)	無	無	▲	無	○	無	無	無	2013.08.10
東澳朝安宮	蘇澳鎮	東澳里東澳路11號	補辦	03-9998141	大正2年(1913)	★	★	▲	▲	○	無	V	V	2014.02.28
南方澳南天宮	蘇澳鎮	南正里江夏路十七號	正式	03-9962726	民22年(1933)	★	★	▲	▲	○	無	V	V	2014.03.01

377

附錄一 臺灣東部媽祖廟調查資料整合

南方澳進安宮	蘇澳鎮	南正里2鄰江夏路81號	正式	03-9971239	民64年(1975)	無	▲	無	○	無	2013.08.10
港興宮	蘇澳鎮	南成里跨港路89-1號	未		民101年重建	無	無	無	無	無	2013.08.10
南山聖母宮	大同鄉	泰雅路七段156號	未		民75年(1985)	無	無	無	無	無	2015.05.20
總計						17筆	21筆	21筆	22筆	21筆	39筆

378

花蓮縣媽祖廟

宗教團體名稱	行政區	地址	登記別	電話	創廟年代	《洄瀾神境：花蓮的寺廟與神明》調查	《洄瀾神境：花蓮的寺廟與神明》沿革	★全國寺院宮廟基本資料》2010年調查	★全國寺院宮廟基本資料》2010年沿革	▲內政部《全國宗教資訊網》2020年調查	▲內政部《全國宗教資訊網》2020年沿革	V國立中正大學2015年調查	V國立中正大學2015年沿革	卓麗珍田野調查日期
港天宮	花蓮市	中山路國慶里四鄰一段500巷15號	補辦	03-8560031		※	※	★	★	▲	▲	無	無	2019. 2021.04.09
慈天宮	花蓮市	主信里忠孝街81號	正式	03-8322965		※	※	★	★	▲	▲	V	V	2020.12.25
福慈宮	花蓮市	民孝里4鄰中美路177-1號	正式	03-8225853		※	※	★	★	▲	▲	V	V	2020.12.25
天惠堂	花蓮市	國盛里四鄰國盛一街二之一號	補辦	03-8328552		無	無	★	無	無	無	V	無	2020.12.25
港口順天宮	花蓮市	港濱路37-3號	未登	03-8224756		無	無	無	無	無	無	無	無	2020.12.25
南賓天后宮	吉安鄉	東昌村榮光33-1號	未登	0926-199009	約民80年	無	無	★	★	無	無	無	無	2021.02.16
聖南宮	吉安鄉	仁安村南海四街102號	補辦	03-8525560		※	※	★	★	▲	▲	V	V	2020.12.25

附錄一 臺灣東部媽祖廟調查資料整合

廟名	鄉鎮	地址		電話		★	無	◀	◀	V	無/V	日期
東天宮	吉安鄉	南昌村文化二街106號	補辦	03-8534259		無	★	無	◀	◀	V	2020.12.25
九洲天后宮	吉安鄉	中央路二段263號	未登	0933-994517	民93-94年	無	無	無	無	無	無	2021.04.10
后德宮	吉安鄉	華坡七街72號		03-8420443		無	無	無	無	無	無	2021.04.10
玉里媽祖宮	玉里鎮	大禹里酸柑56-46號	未登	03-8888089		無	無	★	無	無	無	2020.12.29
瑞穗慈天宮	瑞穗鄉	瑞穗村慈天路15鄰50號	補辦	03-8873141		※	★	無	◀	V	V	2020.12.29
聖安宮	瑞穗鄉	瑞美村15鄰仁愛路151號	X	0965-668503	民88年3月建成	無	無	無	無	無	無	2020.12.30
慈惠宮	富里鄉	永豐村13鄰52號	補辦	03-8831429	非媽祖廟	※	★	無	◀	V	無	2020.12.29 非媽祖廟
竹田聖天宮	富里鄉	竹田村137號		03-8654069		※	無	無	無	無	無	2022.01.13
順民宮	壽豐鄉	溪口村中山路一段463號	補辦	03-8654069		※	★	★	◀	V	V	2020.12.29
慈南宮	壽豐鄉	池南村池南路一段四六號	補辦	03-8641612		無	★	★	◀	V	V	2020.12.31
順天宮	豐濱鄉	三民路豐濱村109號	補辦	03-8791126		※	★	★	無	V	V	2020.12.30

380

「後山媽祖」的信仰、神蹟及其類型研究

靜港天上聖母	豐濱鄉	港口村1鄰15號	03-8718126	無	無	無	無	無	2021.02.16
總計				9筆	11筆	10筆	10筆	10筆	19筆

富里鄉豐壑村13鄰52號「慈雲寺」於《洄瀾神境：花蓮的寺廟與神明》記載主祀觀音菩薩，內政部則記載為「慈雲宮」主祀媽祖。

富里鄉竹田村137號「菁龍山聖天宮」於《洄瀾神境：花蓮的寺廟與神明》記載是媽祖廟，今稱「竹田聖天宮」主祀金母娘娘。

381

附錄一 臺灣東部媽祖廟調查資料整合

臺東縣媽祖廟

宗教團體名稱	行政區	地址（以▲內政部《全國宗教資訊網》為準）	登記別	電話	創廟年代	●《臺東寺廟專輯》1996年 調查	沿革	★《全國寺院宮廟基本資料》2010年 調查	沿革	▲內政部《全國宗教資訊網》2020年 調查	沿革	◎國立中正大學2015年 調查	沿革	卓麗珍田野調查 日期
台東 天后宮	臺東市	中華路1段222號	正式	089-325178	清光緒17年(民前31年)	●	V	★	V	▲	V	◎	V	2017.02.25 2020.12.19
馬蘭 朝天宮	臺東市	中心里北平街26號	正式	089-321437	民53年	●	V	★	V	▲	V	◎	V	2020.12.18
湄聖宮	臺東市	南王里更生北路731巷9之1號	正式		民61年	●	V	★	V	▲	V	◎	V	2020.12.18
東海 龍門 天聖宮	臺東市	中華路一段889巷63之1號	補辦		民69年	●	V	★	無	▲	V	◎	無	2020.12.19
◎地址不同：中華路一段865巷56號（地址已變更）

382

「後山媽祖」的信仰、神蹟及其類型研究

		地址	電話	建廟年代								田調日期
慈隆宮	臺東市	新園路95號	089-383137	民79年	●	V	★	V	▲	V	◎	V	2020.12.18 2020.12.28
聯天宮	臺東市	台東市中華路一段(天后宮對面巷底)	089-311777	民44年	●	V	無	無	無	無	無	無	2020.12.18
聖賢宮	臺東市	臨海路一段249號	089-353115		無	無	★	V	無	無	無	無	2020.12.19 2020.12.30
★台東市強國街3號（地址、電話已變更）
保安堂	臺東市	卑南里更生北路132巷15號後	089-222769 補辦	本廟無地址登記	無	無	無	無	▲	無	◎	V	2020.12.18
賢園宮	臺東市	建國里11鄰四維路一段	0932-660697	民81年	無	無	無	無	無	無	無	無	2020.12.19 2020.12.30
東后宮	臺東市	綏遠路一段99巷41號	0922-222101	民90年	無	V	無	無	無	無	無	無	2020.12.30
普濟宮	卑南鄉	賓朗村23鄰賓朗路485巷9號	089-221187 補辦	民59年	●	V	無	無	▲	無	◎	V	2020.12.18、19、30
●地址：賓朗村14鄰70號

附錄一　臺灣東部媽祖廟調查資料整合

鎮東宮	卑南鄉	初鹿村1鄰梅園路5號	補辦	089-571434	民60年	●	無	▲	無	無	2020.12.16
讚天宮	卑南鄉	初鹿村初鹿二街109號	正式	089-570123	民60年	●	無	▲	無	◎	V	2020.12.18
東德宮	卑南鄉	美濃村東成40-1號		089-570485		無	無	無	無	無	2020.12.16
慈雲聖母宮	卑南鄉	初鹿村水源頭16鄰1號	補辦	089-571587		無	無	▲	無	◎	V	2020.12.18
		◎廟名不同：天后聖母堂（因主神變更，目前確定名為「慈雲聖母宮」）									
太平天后宮	卑南鄉	和平路369號		089-383818		無	無	無	無	無	2020.12.30
開源天鳳宮	卑南鄉	和平路372巷5號				無	無	無	無	無	2020.12.30
鎮安宮	鹿野鄉	鹿野村13鄰中華路二段185巷5號	正式	089-551810	民62年	●	無	▲	無	◎	2020.12.16
		●鹿野鄉鹿野村6號（舊：地址已變更）									

「後山媽祖」的信仰、神蹟及其類型研究

宮廟名	鄉鎮	地址	正式/補辦	電話	創建年								日期
聖安宮	鹿野鄉	永安村永安路512號	補辦	089-551503	民65年	⊙	V	無	▲	無	◎	無	2017.02.04 / 2020.12.18
		●鹿野鄉永安村5號之2. TEL：089-551787（地址、電話已變更）											
福明宮	鹿野鄉	瑞和村瑞景路三段201號	補辦	089-581936	民71年	⊙	V	★	V	▲	V	◎	無	2017.02.05
		●鹿野鄉瑞和村12鄰25號（地址、電話已變更）											
福佑宮	鹿野鄉	鹿野村6鄰福佑路31巷1號	補辦	089-550235	民82年	⊙	V	無	▲	無	◎	無	2017.02.05 / 2020.12.16
		●鹿野鄉鹿野村27-3號（地址、電話已變更）統編：3761493											
聖豐宮	鹿野鄉	新豐村9鄰55號		089-550131	民84年	⊙	V	無	無	無	無	無	2017.02.05
東天天后宮	鹿野鄉	永安村479號		0932-194189	民79年	無	無	無	無	無	無	無	2020.12.16
樟原天后宮	長濱鄉	長濱鄉樟原				無	無	無	▲	無	無	無	2020.12.30
關山天后宮	關山鎮	中福里中華路2巷1號	正式	089-811137	日據昭和三年(民17年)	⊙	V	無	▲	無	◎	無	2017.02.05

385

附錄一 臺灣東部媽祖廟調查資料整合

電光 聖母壇	關山鎮	電光里5鄰中興86之2號	補辦		民55年	無	無	無	▲	無	◎	無	2017.02.05
北源 天后宮	東河鄉	北源村14鄰花園2號	補辦	089-891147	（地址、電話已變更）	•	V	無	▲	無	無	2017.02.03 2017.02.25
		•東河鄉北源村14鄰2號	正式									
都蘭村協天宮	東河鄉	都蘭村39鄰都蘭372號		089-531590	民58年	•	V	無	▲	無	無	2017.02.25
聖佑宮	東河鄉	北源村17鄰美蘭12號			民61年	•	V	無	無	無	無	2017.02.25
北溪 進天宮	東河鄉	北源村32鄰北溪40號	補辦	089-891136	民73年	•	V	無	無	無	無	2017.02.03
興昌 聖母宮	東河鄉	興昌村興昌30之1號	正式	0932020370		無	無	無	▲	無	無	2020.12.19
三仙宮	成功鎮	臺東縣成功鎮白蓮路三仙臺定置漁場旁		0975-348751	民59年	無	無	無	無	無	無	2020.12.30

386

「後山媽祖」的信仰、神蹟及其類型研究

戌廣天后宮	成功鎮	忠孝里8鄰戌廣路33號	正式	089-871062	清同治13年(民前38年)	◉	V	無	無	▲	無	無	無	2017.02.03
戌田媽祖廟	成功鎮	三仙里芝田路175號之6	補辦	089-850226		無	無	無	無	▲	無	◎	無	2017.02.04 2020.12.30
朝聖堂	成功鎮	忠智里五權路62號			民61年(1972)	無	無	無	無	無	無	無	無	2020.12.30 私人住家
拱天宮	大麻里鄉	華源村1鄰大坑26號	正式	089-512544	民43年	◉	V	無	無	▲	無	無	無	2020.12.17
媽玄會	大麻里鄉	香蘭村新香蘭9-13號		0909-323617		無	無	無	無	無	無	無	無	2020.12.17
源天宮	大麻里鄉	華源村3鄰15號	補辦	089-513451	民75年	◉	V	★	V	▲	無	無	無	2020.12.17
遠天宮	大麻里鄉	香蘭村1鄰溪頭17號之1	補辦	089-780595	民45年	◉	V	★	V	▲	無	無	無	2020.12.17

387

附錄一 臺灣東部媽祖廟調查資料整合

宮廟	鄉鎮	地址	補辦/正式	電話	年代	●	V	★	▲	無	無	無	日期
大陳義胞天后宮	大武鄉	尚武村政通五街 30 號	補辦	089-791799	民 44 年	●	V	無	無	無	無	無	2020.12.17
綠島天后宮	綠島鄉	南寮村南寮 29 號	正式	089-672319	民 75 年	●	V	★	▲	無	無	無	2014.09.28
總計						25 筆	25 筆	10 筆	25 筆	25 筆	16 筆		41 筆

▲內政部《全國宗教資訊網》2020 年：紀錄 27 筆，實際有效 25 筆。台東天后宮/臺東天后宮財團法人登記為二筆
◎中正大學的資料：登記 17 筆實際有效 16 筆。錯誤一筆「慈聖宮」登記地址為屏東縣屏東市頂柳里頂宅東街 45 號

388

附錄二　　宜蘭縣媽祖廟沿革調查資料整合

附件 2-1 宜蘭媽祖信仰-田野調查資料表

寺廟名稱		寺廟登記		調查日期	
				受訪人	
地　　址					
電　　話					
管理聯絡					
網　　址					
分(靈)香					
歷史沿革					
慶典紀事					
社會救濟					
社團組織					
藝文活動					

圖　　片

附錄二 宜蘭縣媽祖廟沿革調查資料整合

附件 2-2 「宜蘭縣媽祖弘道協會」組織章程

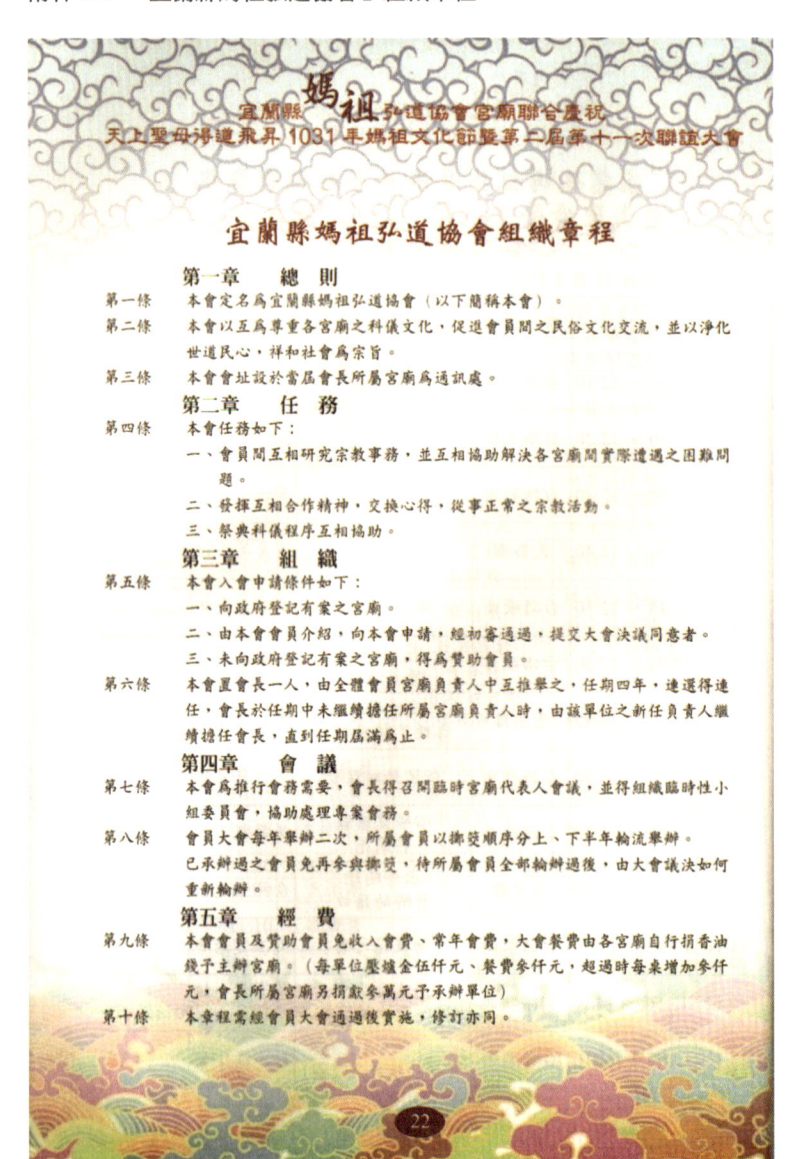

宜蘭縣媽祖弘道協會組織章程

第一章　總則
第一條　本會定名為宜蘭縣媽祖弘道協會（以下簡稱本會）。
第二條　本會以互為尊重各宮廟之科儀文化，促進會員間之民俗文化交流，並以淨化世道民心，祥和社會為宗旨。
第三條　本會會址設於當屆會長所屬宮廟為通訊處。

第二章　任務
第四條　本會任務如下：
一、會員間互相研究宗教事務，並互相協助解決各宮廟間實際遭遇之困難問題。
二、發揮互相合作精神，交換心得，從事正常之宗教活動。
三、祭典科儀程序互相協助。

第三章　組織
第五條　本會入會申請條件如下：
一、向政府登記有案之宮廟。
二、由本會會員介紹，向本會申請，經初審通過，提交大會決議同意者。
三、未向政府登記有案之宮廟，得為贊助會員。
第六條　本會置會長一人，由全體會員宮廟負責人中互推舉之，任期四年，連選得連任，會長於任期中未繼續擔任所屬宮廟負責人時，由該單位之新任負責人繼續擔任會長，直到任期屆滿為止。

第四章　會議
第七條　本會為推行會務需要，會長得召開臨時宮廟代表人會議，並得組織臨時性小組委員會，協助處理專案會務。
第八條　會員大會每年舉辦二次，所屬會員以擲筊順序分上、下半年輪流舉辦。已承辦過之會員免再參與擲筊，待所屬會員全部輪辦過後，由大會議決如何重新輪辦。

第五章　經費
第九條　本會會員及贊助會員免收入會費、常年會費，大會餐費由各宮廟自行捐香油錢予主辦宮廟。（每單位壓爐金伍仟元、餐費參仟元，超過時每桌增加參仟元，會長所屬宮廟另捐款參萬元予承辦單位）
第十條　本章程需經會員大會通過後實施，修訂亦同。

攝影：卓麗珍，日期：2021.03.09

附件 2-3　宜蘭縣政府開會通知單

攝影：卓麗珍‧日期：2020.10.17

附錄二 宜蘭縣媽祖廟沿革調查資料整合

附件 2-4　2020 蘭陽媽祖文化節活動說明會議程

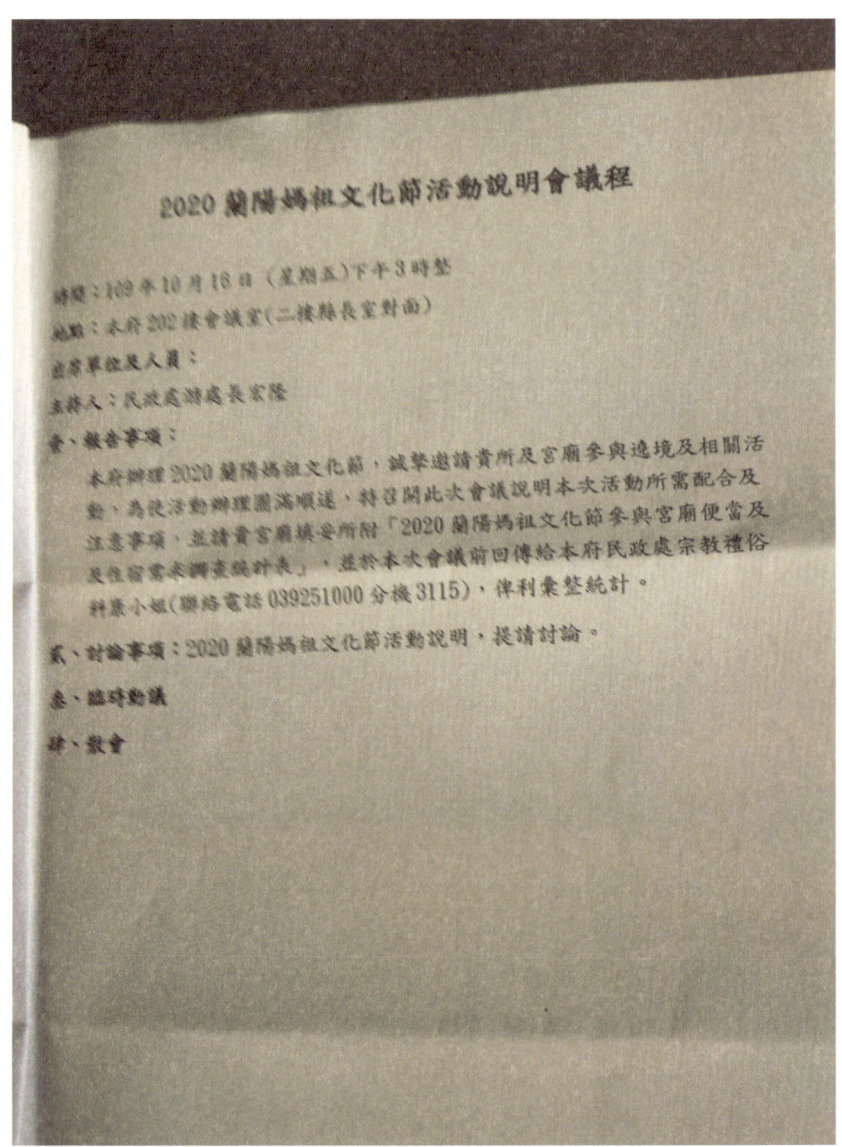

2020 蘭陽媽祖文化節活動說明會議程

時間：109年10月16日（星期五）下午3時整
地點：本府202樓會議室（二樓縣長室對面）
出席單位及人員：
主持人：民政處游處長家隆
壹、報告事項：
　　本府辦理2020蘭陽媽祖文化節，誠摯邀請貴所及宮廟參與遶境及相關活動，為使活動辦理圓滿順遂，特召開此次會議說明本次活動所需配合及注意事項，並請貴宮廟填妥所附「2020蘭陽媽祖文化節參與宮廟便當及夜住宿需求調查統計表」，並於本次會議前回傳給本府民政處宗教禮俗科葉小姐（聯絡電話039251000分機3115），俾利彙整統計。
貳、討論事項：2020蘭陽媽祖文化節活動說明，提請討論。
參、臨時動議
肆、散會

攝影：卓麗珍，日期：2020.10.17

附件 2-5　天后宮沿革―合興天后宮（宜蘭縣頭城鎮）[731]

攝影：卓麗珍，日期：2014.03.15

天后宮沿革：

　　天后宮源於浙江省溫嶺縣大陳島娘娘宮，古寺建於明末清初下大陳大沙頭，內奉娘娘菩薩、呂祖大仙、三官佛等諸佛，鄉民於此祈福求子嗣，有感咸應，香火綿延成為地方信仰中心。

　　民國四十四年二月，大陳撤守，黎民一萬八仟餘人，嚮往自由，追隨政府來台，島上娘娘宮內三尊佛像，亦由信眾護駕渡海，庇佑島民，供奉於大溪忠孝新村大禮堂，因大禮堂不具廟宇之外觀，設備簡陋，規模不廣，嗣經地方鄉親父老策劃籌謀，多方經營，本村青年弟子同心協力，黽勉以赴，各界善信慷慨解囊，隨緣樂助，於六十一年遂完成天后宮之外貌。

　　修廟至今已有三十五年，此番整修為屋頂漏水，神像外觀剝落，門面雕塑，地基加固等工程，整修已完成，有感廟宇規模宏偉，佛像莊嚴隆重，欣承各方鼎力相助，特誌天后宮沿革，永垂久遠。

大　溪　忠　孝　新　村　天　后　宮　管　理　委　員　會
民　　國　　九　　十　　六　　年　　五　　月　　九　　日

---

[731] 以下內容為筆者依據碑碣刻文如實逐字紀錄。

附錄二 宜蘭縣媽祖廟沿革調查資料整合

附件 2-6　更新北天宮天上聖母沿革（宜蘭縣頭城鎮）[732]

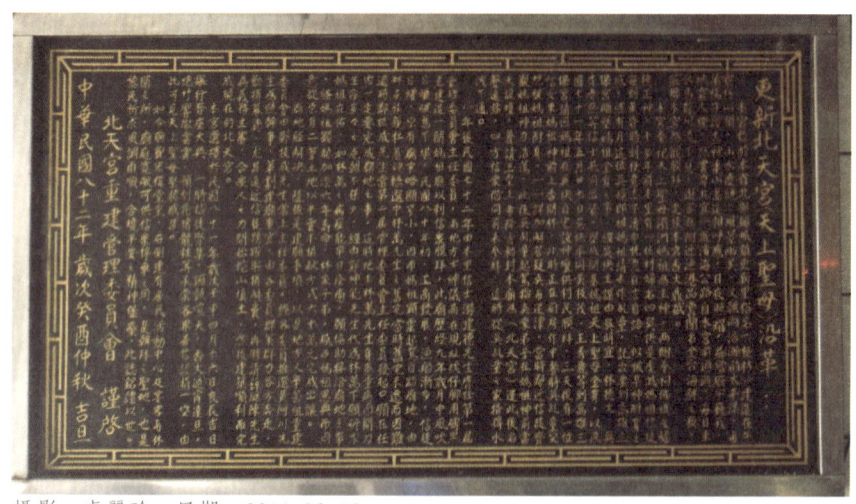

攝影：卓麗珍，日期：2014.03.15

更新北天宮（天上聖母）沿革 :

　　本宮位於本省北部頭城鎮更新里俗名（梗枋）（標號應爲「 」之誤）建造在牛寮仔山頂，山水邊境，風景幽美，又朝向浩瀚的太平洋，與蘭陽守護大神龜山島遙相呼應，日夜照耀，益增廟宇巍峨，地靈人傑，然貫穿北宜二縣濱海公路自本宮前通過，每日車水馬龍川流不息，遊客在附近漁港品嘗聞名全台海鮮之後，蒞臨本宮參觀膜拜，更使本宮香火鼎盛。

　　本宮奉祀天上聖母湄洲媽祖爲主神，兩側奉祠佛祖及福德正神，十多年前本里有一位村婦名曰吳快是虔誠媽祖信徒每到黃昏時刻便意志不清而恍忽（應爲「惚」字之誤）自言自語，似被某神附身之感，經有月這位吳婦即被媽祖請去作乩童，託出要到高雄三保宮雕塑媽祖金身之事，經吳快主謀由吳明宜、林德火、吳李春燕等信士共同出資，塑成開基媽祖天上聖母金身，以民國七十一年五月廿七日吳快率同黃枝茂、王秀麗等到高雄三保宮請回媽祖在吳快自宅設神壇供村民膜拜，三天後有一位信女來媽祖神前上香問杯，此時正在廚房作中餐時吳乩童突然被媽祖附身，一一詳加解答奠與迷津，當時鄰近信徒齊觀媽祖神力浩蕩。此後吳乩童起駕指奠眾弟子在媽祖神前當天設壇，普請玉皇上帝降旨勒封本廟爲（北天宮）（標號應爲「 」之誤）逐此後名聲遠播，四方信眾偕同前來參拜，這時從吳乩童之家擠得水洩不通。

---

[732] 以下內容爲筆者依據碑碣刻文如實逐字紀錄。

一年後民國七十二年由本里信士游建德先生膺任第一屆管理委員會主任委員，與地方士紳議商在現址坎仔腳用磚黑瓦建造一間媽祖廟以利信眾膜拜，此廟歷經九年歲月中風吹日曬破舊不堪，民國八十年初，工商發展，漁船漸多，信徒日增，原有廟宇略顯窄小，因而媽祖顯靈起駕自踏廟地，由林家族親扛着神轎選中林萬先生之舊宅（應為缺「，」符號之誤）當時舊宅未遷而困難（應為缺「，」符號之誤）適時鄭枝成先生當第二屆管理委員主任委員發起口願在任內一定要完成廟地之事，這時地主林萬先生身患重病而開刀生命岌岌之危朝不保夕，經由郭坤能先生代為林萬下願祈求媽祖庇佑，如林萬之病症能早日痊癒，願協助接治廟地之事，經媽祖顯赫加添六年壽命，林家子弟，感召媽祖恩典而同意從原有二筆土地以半賣半捐獻方式六十萬元完成出讓。

廟地經解決，隨後是建廟事項，以（應為「於」字之誤）是地方人事籌組重建委員會由鄭枝成先生當上主任委員，經各委員推選黃阿川先生為總幹事，策劃建廟事宜，由各委員群策群力各方奔走，勸捐募資，尤其遠近信徒踴躍樂捐解囊，再聘請薛繼陳先生為義務主審，合眾人之力開始挖山填土，然後建築順利而完成現在的北天宮。

本宮選擇於民國八十一年歲次壬申四月十六日良辰吉日舉行晉座大典，一時信徒齊集，鑼鼓喧天，香火通宵達旦，炮竹響徹雲霄，預刻花堵龍柱等承蒙各界善信認捐一空，由此可見天上聖母显赫感召。

如今廟貌宏偉堂皇，右側建有居民活動中心及宴客與休閒之所，廟庭寬敞可供信眾停車之用，是朝拜之聖地，也是黎民祈求風調雨順，合境平安之精神堡壘，此誌銘諸以世。

　　　　　　　　　　　　　　　　　　　　北天宮重建管理委員會　　謹啟
中華民國　八十二　年　歲次　癸酉　年　仲秋　　吉旦

附錄二 宜蘭縣媽祖廟沿革調查資料整合

附件 2-7-1 慶元宮創建歷經兩世紀史略（宜蘭縣頭城鎮）[733]

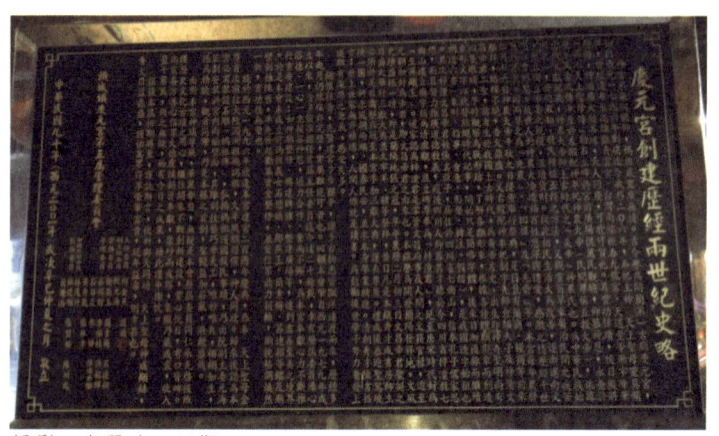

攝影：卓麗珍，日期：2014.03.15

慶元宮創建歷經兩世紀史略

　　神宮莊嚴同瞻仰，媽祖威靈廣無邊。古今譽為開蘭第一古廟慶元宮，始自西元一七九六年創建迄今歲移二〇六年，奉祀主神　天上聖母靈異平頻傳，曾經遠布至高雄縣清雲宮、台灣南端恆春九龍宮、天道堂等廟宇降筆題詩，神通廣大結善緣，天人同慶，可欣可賀也。其豐功偉蹟，後日擬將「湄洲天上聖母傳」勒石立碑於宮前廣場供萬民觀瞻，仰慕神恩，永垂於世，萬古流傳。至於左殿配神奉祀神農大帝（民間尊稱五穀大帝），依據古代文獻記載，神農大帝即上古時代之「炎帝」神農氏也。為中華民族始祖之一，發明耒耜、教民種植五穀之方法，又親嚐百草來醫治民間之疾苦，並且樹立市集之規模，互通貨財。從此初民生活大為改善，逐漸邁向文明社會形態。故世人對神農大帝造福百姓恩澤與遺愛，感激之情歷經千世萬代不衰。因而尊之為「先農」、「田祖」及「先嗇」等。本宮每年農曆四月廿六日神農大帝千秋之日隆重舉行祭典，是日且有藥商、糧商等前來祭拜，絡繹不絕，香火鼎盛。又右殿配神奉祀制字先師倉頡夫子及梓潼文昌帝君二聖，前者生於我國上古時代，為黃帝左史、出生即神奇聖明尚有四隻眼睛，平時觀察鳥獸形跡，了解各類形象，根據各種體類形象而創造象形文字以代替結繩時代記事，開始只是簡略字體，後來日漸複雜而繼續創造六書（象形、指事、會意、形聲、轉注、假借），是我國造字始祖也。其次梓潼文昌帝君姓張名亞子，居住於四川省七曲山，信奉孔子儒家思想，而且努力推廣道德教義，歿後四川人仰慕其才德於今四川省梓潼縣七曲山建立廟宇稱為清虛觀，並立碑尊奉為「梓潼君」，延至唐宋時代封為「至英顯王」。道家認為梓潼君是掌管文昌府事及人間

---

[733] 以下內容為筆者依據碑碣刻文如實逐字紀錄。

396

之文籍官祿，迨至元朝加封為帝君，即文昌帝君之由來也。本鎮譽為開發蘭陽發祥地，文風史蹟盛極一時，即是蘭陽地區之冠，早年農曆二月初三日文昌帝君聖誕之日盛大舉行三獻大典並太牢羊、豬等祭拜，昔日凡是本鎮秀才或書房師生必須於是日肅整衣冠至本宮參加三獻大典，謹表尊崇。禮成後恭迎聖駕繞境一圈，祈求風調雨順、國泰民安，並求本身學業精進。清朝秀才陳書格言：世上世家無非積德，人間人傑就是讀書。為勉勵後世學子努力奮發上進頗有深厚之意義，感受良多。

緬懷往昔，先賢建宮步步艱辛，諸多古物悉皆飄洋遠渡而來，歷經多年歲月仍然保存完整，實屬難能可貴也。回顧本會肇自西元一九七九年成立以來，金魚蒙推擔任首屆主任委員迄今達二十餘載，幸有歷屆委員澡心浴德，一心一意報答神恩，通力合作、奮而不懈，為本宮奉獻心力不斷推行重要建設：如神廟整修、興建牌樓、整建廣場等，達到盡善至美之境界。於是本會未成立前媽祖義女石戀嬌、鄒燕玉、簡素梅、呂連招等鑑及廟壁剝蝕陳舊，率先發起勸募資金整修，並蒙信衆鼎力捐輸，廟貌格調煥然一新，實功德無量也。

旋於西元一九九六年欣逢本宮建宮二百週年慶典，恭奉　天上聖母金尊首次前往大陸湄洲祖廟謁祖，久年夙願得償，神人同欣。歸來後認為本宮必需裝設石雕「媽祖傳」，弘揚媽祖護國救民事蹟，乃由阮副主委元海策劃安裝於宮內兩廂壁面，其雕刻技藝巧奪天工，唯妙唯肖，栩栩如生，極為精緻，觀者同讚，乃是本縣之首創，聖殿益加莊嚴，溈歟聖哉。

面對本宮神域尊嚴，華麗奪目，無疑是本會歷屆委員同仁承先啓後維護歷史文化古蹟之用心，繼往開來不斷創新建設，賞心悅目，有口皆碑。尚有各方善心信衆大德虔誠捐資奉獻，聚砂而成塔，集腋乃能成裘，收入盈千累萬，用之無缺，始有今日之成果，藉此謹申謝忱。

茲值本屆任期將至，謹誌斯言，伏祈與天同功　天上聖母神威顯赫，香火日益鼎盛，護佑萬衆得享榮華富貴，延年益壽，則幸甚也。

主任委員	邱金魚	謹識	
副主任委員	阮元海		
常務委員	鄒燕玉	簡素梅	呂連招
管理委員	莊錫財	李福枝	許銘輝
	莊日炎	李婦	張連秀鑾
	黃秀鳳	張林幸	
常務監察委員	林茂竹		
監察委員	林建順	張碧福	陳圳成
	蕭讚添		

頭城鎮慶元宮第五屆管理委員會

中華民國九十年（西元二〇〇一年）歲次辛巳年仲夏之月　　敬立

附錄二　宜蘭縣媽祖廟沿革調查資料整合

附件 2-7-2　立碑緣起—慶元宮（宜蘭縣頭城鎮）[734]

攝影：卓麗珍，日期：2014.03.15

立碑緣起
　　慶元宮奉祀主神　　天上聖母金尊，乃是開蘭第一人吳沙公於清嘉慶元年（西元一七九六年）進據頭圍（今頭城）開墾時，祈求拓土墾荒順利成功隨身恭奉神像而來者。同時擇定現址興建一座廟宇，即是本宮之始也。歷經多年，幸得歷代先賢虔勤維護廟貌猶如往昔，莊嚴肅穆，香火鼎盛，遐邇傳誦。旋於民國六十八年四月成立本宮管理委員會，金魚蒙推擔任主任委員，多年來幸得歷屆全體委員之擁護，通力合作奉獻心力，廟務蒸蒸日上，信眾捐資者盈千累萬，隨即進行各項創新建設如後；首先飾修金尊，新雕大神尪千里眼、順風耳兩尊，換新神前案桌及大小神桌，改建內殿神龕，新設光明燈、蓮花燈等敬獻點燈者高達三千名，寶殿生輝，神佑合家平安。繼而裝設石雕媽祖傳，贊為全縣之創舉，又進行殿內彫樑畫棟彩漆，翻修屋頂新蓋琉璃瓦，廟尖雕龍彩畫安裝人物花堵，廟景煥然一

---

[734] 以下內容為筆者依據碑碣刻文如實逐字紀錄。

新,神人同欣。然後承購公地興建金亭乙座,新建內外遮陽棚以防風雨侵襲,隨後整建廣場建設龍堵垣牆,舖設地面大理石,栽植花木以雅其境並興建公廁乙所。迨至民國七十五年收購廣場前端昂貴建地興建牌樓乙座,拔地數丈,觀瞻之壯巍峨稱冠,譽爲本鎮之首創也。厥後將廟後建地與鄰居合建高樓,本宮取得一、二樓店舖乙棟出租收益並購買鄰接地面樓乙間以備各項物品保管之用,一舉兩得。以上各項創新建設估價現值近新台幣一億元,悉由善心信衆虔誠捐助資金奉獻本宮之成果,功德無量,謹申謝忱。惟本會成立二十六年來幸有信徒大會之信任及歷屆委員承先啓後奮而不懈,繼往開來創新建設,謀求本宮發展不遺餘力,多年所期全部達成,神人同慶。茲值建宮二百一十年紀念,謹誌斯言,乃將湄洲祖廟提供　天上聖母傳勒於石碑,弘揚護國救民大事蹟,聖德配天功昭日月萬古傳頌。又石碑背面勒有「南無阿彌陀佛」觀者慧然向善,側面謹勒「媽祖嘉佑合境平安」福澤廣被萬民歡欣。伏祈　天上聖母威靈顯赫,庇佑風調雨順,國泰民安,世人壽山福海康樂安寧者欣幸也。

頭城鎮慶元宮第六屆管理委員會

主任委員	邱金魚 敬撰		莊錫財	鄒燕玉	常務監察委員	蕭讚添
副主任委員	阮元海	委	李　婦	簡素梅	監察委員	徐錫瀛
常務委員	呂連招		董秋波	李福枝	監察委員	曾錫坤 —同敬立
常務委員	陳圳成	員	康林秀鑾	張碧福	監察委員	邱寅次
常務委員	許銘輝		林文淵	張林幸	監察委員	莊日炎

中華民國九十四年西元(二〇〇五)
歲次乙酉孟春吉旦

附錄二　宜蘭縣媽祖廟沿革調查資料整合

附件 2-7-3　慶元宮神殿重修慶成碑記（宜蘭縣頭城鎮）[735]

攝影：卓麗珍，日期：2014.03.15

慶元宮神殿重修慶成碑記
本鎮開蘭第一古廟慶元宮，建於公元一七九六年，今逢建宮二百週年，歷史悠久稱為蘭邑之冠，聖殿文物史蹟極為珍惜馳名遐邇，本會自從去歲重修聖殿以來，蒙諸善信大德千里傳聲，慷慨解囊捐獻資金盈千累萬，協助重修順利完成功德無量至深感謝，今將修建狀況略述如后：
（一）修建正殿双連寶座全長幅度加寬，以應神像安奉位置整然有序，並裝設昂貴紅寶石光澤輝煥，為神殿增加雅觀深獲好評。
（二）內殿舊屏全部改建移內六尺，為香客神前參拜增寬場地，且特選大陸一樟木為料，雕刻神龕全套精微周緻，花蕊綿密鳥獸生動如繪，匠心獨創技藝巧奪天工遠超昔造作，復又全面裝飾金箔美豔奪目，倍增聖宮文物古蹟之珍貴，其嶄新創意讚為蘭邑之屈指。
（三）神殿表裡重飾彩漆，彫樑畫棟煥然一新，莊嚴聖殿歸然暉映於古城中心，光同日月天人同讚。
（四）聖殿古時石柱楹聯，全部整修飾金，保持先人敬書墨寶猶如昔日不朽，歷經二百年來宗徒善於虔勤維護聖代文化之美德，如來參觀者必欣讚也，上述修建耗資新台幣二百餘萬元，廟景格調為之更新萬年香火鼎盛漪歟盛哉，願這項富有敬神意義之聖殿重修成果，全体信衆謹以虔誠眞意奉獻　天上聖母，為本年丙子之歲欣逢建宮二百週年紀念，答謝神恩之禮獻者幸甚也，茲值重修聖殿告竣謹誌斯言，並將善捐伍仟元以上芳名敬列于後永垂留念。
　　　　　　　　神殿重修捐款芳名如次（新台幣）
　　　　　　　　（以下為捐款名錄，省略不錄）
　　　　　　中華民國八十五年丙子季春　吉旦

---

[735] 以下內容為筆者依據碑碣刻文如實逐字紀錄。

附件 2-8-1　拱蘭宮沿革（宜蘭縣頭城鎮）[736]

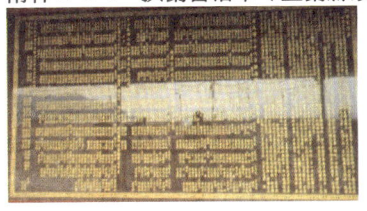

攝影：卓麗珍・日期：2016.11.14

拱蘭宮沿革

拱蘭宮位於宜蘭東方太平洋上龜山島，島上之廟宇稱拱蘭宮，意為拱護蘭陽，為島民信仰中心，庇護島民，使島民出海捕魚遇狂風大浪皆能平安，據傳早期有一天漁民在海上捕魚，海上突起狂風大浪，狀況十分危急眾皆默祈媽祖神威顯靈相救，忽然海上出現霞光萬丈，頓時風平浪靜，波瀾不興，眾知媽祖聖靈顯赫，庇祐子民、島民感念萬分。

拱蘭宮於光緒十一年（一八八五年）年以山棕（筆桐樹）建造，廟宇恭奉太子爺（哪吒）為黃吳阿柑從福建興化請來供俸於自宅，而後太子爺漸為島民信仰守護神，廟方出資向黃吳阿柑之孫購買供奉於拱蘭宮，拱蘭宮成為太子爺廟。

約（一八九六年）年，島民在島上北岸海邊拾獲海上漂來船隻上媽祖神像，迎入拱蘭宮與太子爺同祀奉，因龜山人多以討海維生，媽祖為海上守護神，且媽祖神階較哪吒高，故媽祖為主神，拱蘭宮即成為媽祖廟，不僅作為眾人之信仰、祭祀所在，且（一九四九）年前亦是島上孩童讀書之學堂。

而後廟宇因神聖增多，在遷村前曾有兩次大規模翻修，於大正初年(民國38年)修建；另一次於民國 56 年間(丙午年)主委陳石養及島民集資改建，其建材砂、石由島民輪流從海邊運搬，完按(應為竣)後為目前島上拱蘭宮，改建後氣派莊嚴，宮殿神聖，予島民賜福，漁業豐收，家家安康，早期島上無醫療所，民眾以捕漁維生，若遇海難或生病皆由本宮神聖降乩歷任乩童林得發、陳見春、吳東漢等，使島民能消災解厄，民國 97 年間臺北黃姓警官因心肌梗塞，在醫院昏迷三天，其家屬求助本宮神聖，數日後病體痊癒，平安無事，是本宮神聖顯赫，庇祐子民。

民國 63 年島民集體遷村現址，民國 66 年島民飲水思源，同心協力排除萬難，主委張福連暨各委員進行募款重建拱蘭宮，廟地在社區北方山巖由陳金海、陳金龍捐獻約 320 坪土地，為感念島上媽祖及眾神，所以建廟樣貌與島上同，面向故鄉龜山島，視野廣闊，巍峨壯麗，民國 68 年落成，拱蘭宮神威更鼎盛，永留千秋。

歷任主委皆無私奉獻；陳旺枝主委於民國 73 年進行鐘鼓樓新建、陳坤鐘主委於民國 82 年新建拜亭，近年廟頂年久失修，為感念媽祖神威保祐萬民，張遠雄主委暨全體委員向信徒進行募捐，並獲大家踴躍捐獻，於民國 98 年(庚寅年)重修廟頂剪黏(花)，修建後美輪美奐、奠定巍峨壯麗廟貌，本宮神聖更靈驗顯赫，神祐萬民

民國一〇〇年龜山里長　簡英俊謹撰　識

中華民國六十六年拱蘭宮建廟芳名：（以下為捐款名錄，省略不錄）

---

[736] 以下內容為筆者依據碑碣刻文如實逐字紀錄。

附錄二 宜蘭縣媽祖廟沿革調查資料整合

附件 2-8-2　天上聖母沿革—拱蘭宮立身媽祖石雕神像碑誌（宜蘭縣頭城鎮）[737]

攝影：卓麗珍，日期：2016. 11. 14

天上聖母沿革

　　本拱蘭宮管理委員會，於民國一○三年三月參加宜蘭縣媽祖弘道協會往莆田湄洲祖廟天后宮、賢良港天后祖祠、泉州天后宮、莆田文峰宮、漳州烏石天后宮等揭（應為「謁」之誤）祖進香，蒙受天上聖母（五姊妹）恩賜，回台後本宮媽祖暨眾神降駕聖示，安奉天上聖母（立身媽祖石雕神像）顯赫聖蹟，風調雨順，國泰民安，造福眾生，威鎮梓里，德沾萬姓，恩庇黎民，庇佑漁民平安海東進益。

　　因此感念聖恩，本宮管理委員會暨眾善信大德，發起募款十方善緣，地方首士熱誠鼎助共襄聖舉，經由本宮神尊聖示，安座於本宮右側金龍穴位安奉之時將各祖祠宮廟的香火寶藏一併入穴立辰，願媽祖的德澤綿延，千秋萬載，廣結善緣，造福人群，弘揚天上聖母聖蹟。

　　　　特立碑誌　　以茲紀念

中華民國一０四年
　　　　歲次乙未年冬立吉旦

---

[737] 以下內容為筆者依據碑碣刻文如實逐字紀錄。

402

「後山媽祖」的信仰、神蹟及其類型研究

附件2-9 香火鼎盛玉鼎慈天宮 前言（宜蘭縣礁溪鄉）[738]

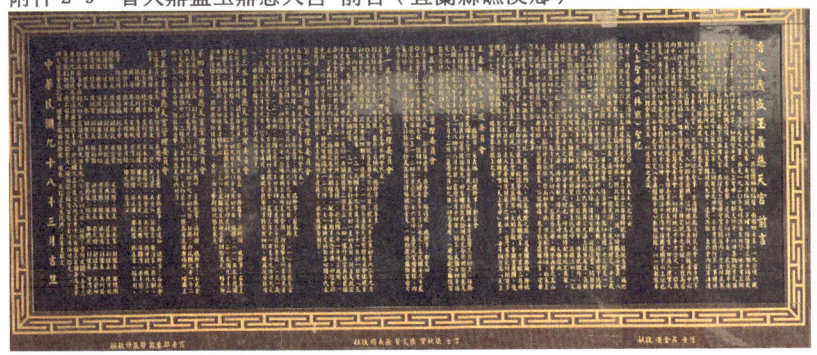

攝影：卓麗珍，日期：2021.03.27

香火鼎盛玉鼎慈天宮 前言

　　民風樸實的玉田村，座落於礁溪鄉東南方，與壯圍鄉相隔壁，面積四七五.一九公頃，現今住戶約八二四戶，人口數二千五百人左右，本村爲車路頭、茅埔、踏踏等三個平埔族聚落，西元一八一六年左右，漢人大量入墾，西元一九二○年爲礁溪庄田堡。地方有三個聚落，各自有；會內供奉神尊，如關聖帝君、天上聖母、田都元帥等，以神尊拋杯方式值年供奉，然地方上爲祈求風調雨順、五谷豐收、地方安寧、虔誠年初祈平安、歲末謝平安，後改三年一次北上關渡宮、南下北港朝天宮，恭請天上聖母聖駕蒞蒞臨庄內；受全村民衆參拜，祈安降福，庄頭感於此亦非長久之策，三個聚落之神會，各自有建廟打算，事經地方耆老出面，由當時村長蔡阿田先生，招集舉開村民大會，達成共識，並於會內從漳浦渡海來台天上聖母爲主神，擇地啓建「玉鼎慈天宮」。

　　起緣：擇地啓建「玉鼎慈天宮」，然建廟乃地方聖事，全庄經無數次村民大會，耆老們不斷的（應爲「地」之誤）穿梭溝通，以達圓滿，天時、地利、人和都要兼顧。信仰廟地應尋找，於較庄內中心點，於是耆老出面尋找福祉，雖有數筆經天上聖母座前聖示；擇定現今之宮址，不但爲庄內中心，交通便利乃聖神慧眼，於是成立籌建委員會（初期用地二千平方公尺），O款項付地主吳鼎昌先生陸拾萬元，時任籌建委員會主任委員蔡村長阿田先生。田庄人樸實又客氣，委員大部分以鄰長或推薦的地方仕紳，〈時因法令不得申請興建廟宇而土地也不許可〉只好以農舍啓建。而當時也沒有訂定《寺廟組織章程》來做依據，以一股熱誠赤子之心，做到那裡以開會修正決議，以達共識之虔誠。

（以下省略不錄）

中　華　民　國　九　十　八　年　三　月　吉　且

---

[738] 以下內容爲筆者依據碑碣刻文如實逐字紀錄。

附錄二 宜蘭縣媽祖廟沿革調查資料整合

附件 2-10 開蘭天上聖母肇建新宮碑記—澤蘭宮（宜蘭縣礁溪鄉）[739]

攝影：卓麗珍，日期：2020.09.08

開蘭天上聖母肇建新宮碑記

古來至聖之能參天地也則德能盡物之性盡物之性則德能導蒼生育萬物俾萬物蕃昌而茂盛厥以崇奉相望士庶祀之藉報神慈覆育四境祐民蒸護牧畜澤被山海昭三時之不害民穌年豐倉廩盈實也若地之繁昌民臻康樂所在構璇宮華飾廟貌奉節粢肥腊旨酒又告謂民力普存謂其畜之碩大蕃滋歲占大有神降福咸皆大吉也四圍在雪山支脈鵝峰迤邐平原蕩蕩厥初蠻荒蛤仔難三十六社隩區也嘉慶元年鄉賢吳沙奉　聖母福神招集結首佃戶入闢蘭疆即恭迎神像奠基于此昆裔蕃衍咸賴　聖神庥德化被瘴境成此魚米之鄉因尊其神曰開蘭聖母廟曰四圍僉稟立祭祀時二任通判翟淦治蘭也道光間三籍總理楊德昭第恐歲深祀弛復稟通判朱材哲仍准丈公埔店地田壹拾叁甲整收租永配香祀光緒十三年奉爵撫再加清文頒文單地租屬　聖母業掌民戶祀業永享乙未割臺祖漸散軼重光後土改祀資蕩然矣夫神之憑依惟廟是享祀業之立俎豆其饗堂廊之興祀典之庭也人神之交孚誠洒有寄焉信士榮吉源出長林之別支宗之先曩從墾首來此營畔歷百餘紀吉（應為「古」之誤）秉庭訓事神虔謹從業貿遷而鄉梓聖母之祀心誠無貳因憾祀業無有仰瞻殿宇之未備時溢憂懍焉戊午年緣為首倡置開蘭段吉地八百餘坪獻為廟地全庄響應之是歲夏五月諏日興事庀材鳩工庚午年臘月十二日鎮座主祀　聖母配祀　三官福神又期年工成巍然廟貌美壯乙區矣班書郊祀云神降嘉生嘉其敬之不費所求不匱災禍之不至報其民能遵物序也闔境士庶能務其三時修五教親其九族然後致其禋祀由是民穌而神降之福興有成地亦榮乙地之榮闔境之榮也乙境趨榮通邑之榮也穌興舉義兼壹體斯宮之建名澤蘭澤者德也德被蘭疆由茲始焉肇建之義兼義大焉斯役也集腋而成裘通庄穌而應釀金贊其成暨此眞石亦垂不朽告後之賢者義更重焉今將其成悉立志之

開蘭吳沙九世裔孫宜蘭縣礁溪鄉鄉長正　連　　篆額

龍溪墾民後裔蔡明通唐羽氏　拜撰

古雞籠蔣孟龍氏　書丹

建廟主事長林裔孫榮吉暨全村各姓庄衆　立石

中華民國　八十五夏曆年三月念（應為「廿」之誤）三日

---

[739] 以下內容為筆者依據碑碣刻文如實逐字紀錄。

附件 2-11 宜蘭 昭應宮宮前大樓概略（宜蘭縣宜蘭市）[740]

資料來源：取自網站 https://bobee.nownews.com/20180518-21593，2021.05.18
宜蘭 昭應宮宮前大樓概略

昭應宮原名「天后宮」創建清嘉慶十三年(西元一八〇八年)，原座西向東，經地理師占卜易卦，廟以西向，蘭陽士子必主「科甲聯登」，於道光十四年(西元一八三四年)重建座東向西，果然進士，舉人及第，文風不振，舉滿全台之光。原廟地建古色戲台，週邊設攤，市民信徒活動場所。

二次大戰末，民國三〇年（西元一九四一年）盟軍轟炸宜蘭，本宮後殿木造閣樓中彈全毀。屆時廟方財源艱困，無法重建後殿。嗣於民國五七年（西元一九六八年）本宮籌款重建後殿二層鋼筋水泥大樓，是時宜蘭市長葉煥培先生積極洽商本宮將宮前古色戲台拆除，向本宮租地改建宮前六層商業大樓。

宮前大樓民國六三年興建完工後。宜蘭市公所申請作為台灣省宜蘭縣宜蘭市第三公有零售市場。經核准營業。該大樓各樓攤舖位出租不同行業，為保障承租戶，租契約附加「享有永久優先承租權」。使本宮限於永久無法使用該大樓之命運。

該大樓位於宜蘭市中心，人潮集中，各行業生意興隆，眨眼三十年光景，生意圈轉移，各樓生意急速低落，均付不出租金。依租契約即收回攤舖位，因而宜蘭市公所也無法支付本宮租金，屆時呂國華市長長積極派員洽商本宮承購該大樓，經本宮第七屆管理委員會張主委建榮派員多次協商與張主委果斷截決，將該棟六層商業大樓以新台幣肆佰伍拾萬元正承購，並完成產權登記。

本宮前大樓經相當複雜艱困環境中，從協商至承購收回。感謝本宮媽祖神威顯靈，與本宮張主委建榮果斷截決，及全體委員，善信大德共同努力，出錢出力，完成本大樓承購收回重任，並整修完成，使該棟大樓成為今日燈光通明，雄偉壯觀之活化大樓，特文誌念。

（以下均為捐款名錄，不錄）

---
[740] 以下內容為筆者依據碑碣刻文如實逐字紀錄。

附錄二 宜蘭縣媽祖廟沿革調查資料整合

附件 2-12-1 宜蘭市慈航宮沿革（宜蘭縣宜蘭市）[741]

資料來源：取自 https://ctionkuni.pixnet.net/blog/post/337821872-宜蘭縣｜宜蘭市｜梅洲『慈航宮』%E2%80%90%E2%80%90-天上，2023.03.26

宜蘭市慈航宮沿革

「慈航宮」之肇建，可溯自前清朝嘉慶年間，距今約百八十餘年前，時境緣墾地逐拓，人丁漸增，有溪流蜿蜒環繞，聚落結社。某年蘭陽地區一次洪水，村民林南及林彩在河中順水勢拾得天上聖母木雕神像乙尊，庄眾聞之，咸認此乃聖母蒞境，欲庇我黎庶，遂於溪坎初建草庵恭奉金身。昔時境域番害頻仍，每有入山者，必於神前卜筊祈佑，此行必平安歸來，是以神威顯赫、境緣靖安。歲月嬗遞，神廟歷經數度修葺，外貌迭有變更。咸豐年間，遷建土埆廟于今址，民國十四年值日據大正時期，廟堂改築磚造；光復後民國三十六年間，一度加深築闊，規模大備。迄至今由全庄及各界善心人士募捐，使之重修屋頂，添築左右廂房，並配合地方建設，加蓋水溝，修築花路，增建亭舍，廟貌煥然一新，美輪美奐。但因社會繁榮，時代進步，人口增多，使本宮空間益趨飽和，香客湧擠之際，本宮再度發起擴大改建之意，業經八十年元月十五日，地方熱心人士在本宮聖母殿前卜筊喜允改建，符合時代潮流，地方繁榮，弘揚中華文化，提倡傳統道德發揚光大，本宮歷經多次波折，信眾同感聖跡以載，愼終追遠先賢之創舉，現已商量部份用地做擴大之用，希各善男信女共襄盛舉，熱誠推進，務使慈航宮在民國八十二年十月本宮廟貌即全部落成。

慈航宮民國五十年籌建本庄芳名

（以下均為捐款名錄，不錄）

---

[741] 以下內容為筆者依據碑碣刻文如實逐字紀錄。

附件 2-12-2　宜蘭市慈航宮（宜蘭縣宜蘭市）[742]

資料來源：取自 https://ctionkuni.pixnet.net/blog/post/337821872-宜蘭縣｜宜蘭市｜梅洲『慈航宮』%E2%80%90%E2%80%90-天上，2021.06.02

　　本宮座落用地宜蘭市梅州段５９０及５９０１１地號兩筆。經臺北縣板橋市祭祀公業林木源管理人所有。

　又經本庄內十方善信慷慨捐贈酬金。順利購得啓用，特立碑銘謝，以作永久紀念。

慈航宮土地捐獻善信芳名
（以下均為捐款名錄，不錄）

慈航宮管理委員會

歲　次　　　庚　辰　年　孟　夏　之　月　吉　質

---

[742] 以下內容為筆者依據碑碣刻文如實逐字紀錄。

附錄二 宜蘭縣媽祖廟沿革調查資料整合

附件 2-13-1 羅東震安宮沿革（宜蘭縣羅東鎮）[743]

羅東震安宮沿革

粵稽蘭陽初闢時濁水溪以南當地居民建廟壹棟在此羅東街南畔額曰震安宮恭奉天上聖母歷有多年其主倡之人久已忘其姓氏矣。前清同治初由五結庄黃永在氏出為鳩貲改築構成三棟，中奉聖母，後祀觀音其樓上奉祀水仙尊王，規模較廣迨清季光緒十八年五月越本廟 [?][?][?][?][?]（原碑文被挖除五字）年十一月前後兩次疊經首事者勸募重修一則由本街總陳謙遜承十六份張能旺氏續成其事一則由五結庄黃礼炎氏獨肩其責旋及 [?][?]（原碑文被挖除二字）拾壹年間忽逢地震該廟傾頹難以言狀，時幸本街信紳胡慶森氏提出巨貲兼募當地善信共襄美舉計金叁萬八千圓，日夜勤勞重行建造，溯自 [?][?]（原碑文被挖除二字）拾貳年拾月底法至仝拾叁年拾貳月告竣，廟成之日頗慰仰瞻爰書此以垂不朽云。
[?][?]（原碑文被挖除二字）拾四年壹月拾五日
諸人民仝立

---

[743] 以下內容為筆者依據碑碣刻文如實逐字紀錄。

附件 2-13-2　羅東震安宮修建沿革（宜蘭縣羅東鎮）[744]

攝影：卓麗珍，日期：2013.10.13

羅東震安宮修建沿革

前清道光拾柒年間，蘭陽初闢時，先賢向東勢居民樂捐緣金建廟壹棟，恭奉福建湄洲聖女林默娘祖廟分靈之
天上聖母為本宮之始，嗣後歷經同治陸年，光緒拾捌年，民國前捌年與民國拾叁年共五次（新）重建，現有廟宇已約一甲子陰，由於舊廟龜裂，樑柱腐朽，蟲蛀侵蝕，廟勢垂危，事經熱心善信於民國六十八年八月十二日成立「羅東震安宮修建委員會」，承負重修工作。

　　修建工程於民國六十九年歲次庚申正月初六日子時動工，為響應復興中華文化推行運動，在歷時兩載餘修建期間，宮貌仍保持原有古色古香之中國（應為少「閩」字之誤）南格式廟宇全貌外，對於本宮應修、應補、應增、應設之工程，悉數完成；總計耗資仟餘萬元之鉅，全部工程於民國七十一年元月底如期告竣。

　　本宮重修後，原祀主神
天上聖母仍奉於中殿主壇（媽祖殿），後殿正壇為「大士殿」、左壇「聖相殿」、右壇「功德殿」。樓上正壇為「三官殿」、左壇「關聖殿」、右壇「聖王殿」。

　　民國七十一年歲次壬戌正月二十六日子時遵古行儀，舉行安奉主神暨眾神鎮殿大典，己（應為「巳」字之誤）時舉行唐制官式三獻典禮，午時遙祭湄洲天上聖母謁祖大典；鎮殿慶典活動叁天，全台善信數十萬人蒞宮叁香敬拜，本宮敬備「紅圓」數萬台斤供眾平安。

　　本宮為羅東、五結、冬山、三星等四鄉鎮「主母廟」，設廟以始至今已有壹佰肆拾陸年歷史，今逢本會第一〇六次例會，即告完成修建大任，瞻仰廟宇煥然一新，足堪欣慰，謹書以此，而垂留念。

羅東震安宮修建委員會
主任委員　劉圳松
總　幹　事　林洪焰
中華民國七十一年四月十日　　　　　修建委員　朱正雄　拜撰　　羅傳洋　敬書

---

[744] 以下內容為筆者依據碑碣刻文如實逐字紀錄。

附錄二 宜蘭縣媽祖廟沿革調查資料整合

附件2-13-3 羅東震安宮第一期修建完程序（宜蘭縣羅東鎮）[745]

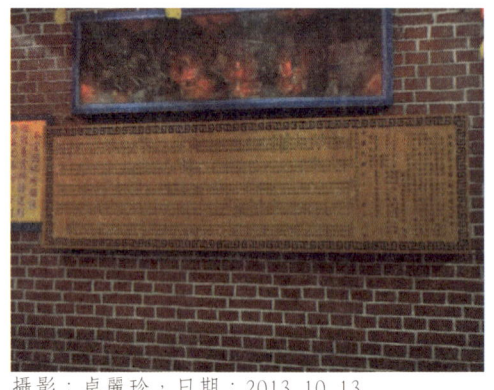

攝影：卓麗珍，日期：2013.10.13

羅東震安宮第一期修建完成序：
　　本宮建造於民國第一甲子年，迄今已閱五十年因年久失修陳舊不堪，事經信士邱聖雲、陳朝枝、林阿幼等，倡議修建並籌組震安宮修建小組，隸屬於本鎮寺廟管理委員會，公推吳木枝負責主持其事，興工年餘使完成第一期（廟內）工程，使廟宇煥然一新，並謹將該修建工程，樂捐芳名列于左，以資留念並申謝意。

羅東震安宮修建小組　謹誌

主任委員　吳木枝　副主任委員兼會計　陳藩
常務委員兼出納　古阿源

常務委員林阿幼　林傳財　王炎能　古玉田　黃俊成　俞金塗
常務監察員　陳成元　監察委員　邱聖雲　陳朝枝
總幹事　林廣吉

中　　華　　民　　國　　　　六　　十　　一　　年　　十　　二　　月

---

[745] 以下內容為筆者依據碑碣刻文如實逐字紀錄。

410

附件 2-14-1　大吉村順安宮沿（宜蘭縣五結鄉）[746]

攝影：卓麗珍・日期：2014.03.01

大吉村順安宮沿革
　　按本順安宮係距今約二百一十年前，即清乾隆三十年間，有林燕者（林金壽之祖先）由漳洲內地來台時奉持之「天上聖母」神像一尊，初奉祀於家中為守護神祈求庇佑無不靈驗，鄰近居民聞之求佑亦頗靈効，未幾鳩首公議建一小祠共同奉祀，建廟基地約二分地（六〇〇坪）係山大湖底人現住本鄉國民村林阿盛翁之祖先所捐獻者，迨至同治五年丙寅西元一八六六年，年久失修又感狹小，庄中信徒聚議集資改建為三開磚牆瓦葺，再於民國七年戊年西元一九一八由庄內信士盧石養、林石連、林阿木等諸氏提倡重修四周磚牆，前面安裝花堵人物堵，造景剪花油畫使廟貌更呈美觀。
　　復於民國四十五年丙申公推林來受氏為主事主持翻修屋頂，整修花路，於民國六十五年西元一九七六由林火樹氏任大吉村長時提議改建，發起募捐，公推林火樹氏主任委員，全年十月廿日拆除舊廟，興工歷時二年牆壁屋頂及神龕，龍柱花草人物等全部以水泥鐵筋塑製至今大致告成，殿宇宏偉莊嚴，堪稱堂皇美觀，茲值重建告成工程費新台幣一百七十九萬餘元，謹述沿革以誌永念。
中華民國六十八年歲次己未孟春之月吉旦甲戌年重刻安置

---

[746] 以下內容為筆者依據碑碣刻文如實逐字紀錄。

附件 2-14-2　五結鄉大吉村順安宮修建完成序誌、順安宮新建牌樓序誌（宜蘭縣五結鄉）[747]

五結鄉大吉村順安宮修建完成序誌（攝影：卓麗珍，日期：2014.03.01）
　　本宮重建於民國四十五年歲次丙辰年已經廿年因為年久失修陳舊不堪，而邀集地方士紳共商修建事宜，由地方信士樂捐並籌組順安宮修建委員會，公推林火順先生負責主持其事，興工年餘完成本次工程，使廟宇煥然一新，謹將該修建樂捐芳名銘鐫於左以資留念並申謝意。
　　　　　　　　　　（以下為捐款名錄，省略不錄）
　　民國八十四年　歲次 乙亥 重置

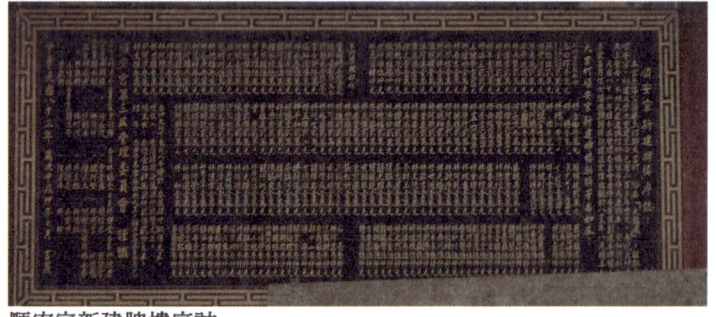

順安宮新建牌樓序誌
　　本宮座落宜蘭縣五結鄉大吉村，俗名「大旗尾」。經取名順安宮，初建及歷次重建至今已有二百多年歷史，奉祀主神為天上聖母，本地民眾虔誠信仰媽祖而得民康物阜，安和樂利。
　　民國八十二年經本屆管理委員會全體委員策劃建本牌樓，立蒙善男信女響應踴躍捐款建造宏偉壯觀於八十三年八月竣工。
　　大吉村順安宮新建牌樓樂捐芳名如左：
　　　　　　　　　　（以下為捐款名錄，省略不錄）
中華民國八十三年　歲次甲戌　仲冬之月　吉置

---
[747] 以下內容為筆者依據碑碣刻文如實逐字紀錄。

附件 2-15　利澤簡的精神地標─永安宮（宜蘭縣五結鄉）[748]

利澤簡的精神地標——永安宮（攝影：卓麗珍，日期：2014.03.29）

　　利澤簡俗稱奇力港，曾經是蘭陽平原上最繁榮港口，永安宮位於利澤老街上，俗稱「媽祖」或「媽祖宮」，重建於清朝時代（西元 1726 年），雖然經過多次修建，但是大部分的建築仍然保持原貌，是蘭陽溪以南最古老的廟宇之一。媽祖讓海水漲潮使媽祖分靈通過淤塞的加裡遠港以到達今永安宮廟址；日本轟炸台灣時，媽祖顯靈派遣雲端白衣仙女以裙擺接住炸彈，使炸彈投落海中永安宮免於轟炸且完整無損的破壞，這都是本地居民津津樂道的媽祖顯靈傳說。

　　　永安宮有幾項特色，永安宮中的媽祖娘娘是從福建省興化府莆田縣媚（應為「湄」字之誤）洲嶼的媽祖分出來的，她是清朝康熙皇帝敕封十二尊天上聖母的其中一尊。一般媽祖廟是背山面海而建，而永安宮則是背海面山而建，永安宮的廟基與座向都是媽祖指定。另一項特色是：有虎爺爐虎爺尊，昔日「張法主公」因地域關係多庇護山胞，而「王爺公」則偏重保護平地人，二神難免相爭不斷，再一次鬥法之中王爺公未能居上，乃求援於利澤簡天上聖母，如此一來，媽祖不得不將祂疼愛的神獸虎爺派出助陣，從此以後利澤簡永安宮之虎爺只餘神位而無神像。

　　利澤簡地區元宵節的民俗活動-「走尪」更是一年一度的地方盛事，每年農曆正月十五日元宵節，由昔日利澤簡、下福、成興、猴猴、頂寮、埤仔尾、寶斗厝、佛祖廟、加禮宛、清水、社尾、新店等各庄信徒組派陣頭，共同參與「走尪」活動。主要目的是在掃除瘟疫，祈求地方平安、和諧、凝聚地方向心力。後雖因競爭激烈而致停辦多年，然於地方有識之士珍惜文化傳承，盡力奔走，終得於民國八十八年恢復此全國特有的「走尪」活動。

　　座落利澤老街的永安宮，默默見證著利澤簡的繁榮興衰，媽祖婆以兼容並蓄的精神對待原住的噶瑪蘭人、廣東的汕頭、汕尾、潮州、福建的漳州人、泉州人、讓利澤的居民共受其庇澤，安定、凝聚所有在這塊土地上生活的人們的心。

---

[748] 以下內容為筆者依據碑碣刻文如實逐字紀錄。

附錄二 宜蘭縣媽祖廟沿革調查資料整合

附件 2-16　鐤𤆬社東聖宮　（宜蘭縣五結鄉）

只有捐款名錄碑

攝影：卓麗珍・日期：2014.03.02

附件 2-17-1　冬山鄉冬山定安宮沿革（宜蘭縣冬山鄉）[749]

攝影：卓麗珍，日期：2010.09.07

冬山鄉冬山定安宮沿

　　本宮先賢肇基墾主林慶印（字國賢），原籍廣東省饒平縣元高都水口社石頭鄉老屋裡安石樓。於乾隆十四年（一七四九年），先賢林國寶之祖父林孫彰（字衡山），率長男延東（字居震）、次男延北（字先坤），由老屋安石樓啓程，經雲宵、漳浦、海石，渡九龍江至廈門，船渡台灣海峽至澎湖，再航達鹿仔港登陸，先在莆沙（彰化永靖）居住。至乾隆十七年（一七五二年），與林氏六世祖派下親房堂叔兄弟人等，遷移淡水廳（新竹），竹塹地方東興社圓寶庄（竹北一堡六張犁），向潘王春公號承懇土地，開疆闢土，踏定庄場，建立家園。林先坤憑明禮耕義，勤儉成家，團結宗族，經營六家。即由佃農躍昇租戶，而成地主，顯為竹塹地區傑出士紳。

　　噶瑪蘭在嘉慶元年（一七九六年），吳沙率漳、泉、粵三籍民丁入蘭，開墾溪北地區。清廷見其成效，至嘉慶十五年（一八一〇年），經閩浙總督方維甸核肯，由府憲楊廷禮規劃，噶瑪蘭通判翟淦執行，開墾溪南政策。遣士紳林國寶、林秀春、范阿豢、羅天祿各帶人丁入墾。本宮先賢林國寶奉楊府憲之詣蘭諭，即由竹北率墾民，逐攀山過嶺至噶瑪蘭，分配墾闢冬山及中興庄等處。廣籍埔地、墾土成田，並開鑿水圳雨道。其一道在武荖坑溪源引圳通流，灌至內城仔、里腦仔、奇武荖、補城基等田畝。另一道在月眉山腳大埤泉源，由圳道引灌冬瓜山、珍珠里簡、補城基等田畝，此水源即稱「林寶春圳」（因取林國寶與林秀春兩位先賢姓名，故稱之）

---

[749] 以下內容為筆者依據碑碣刻文如實逐字紀錄。

附錄二　宜蘭縣媽祖廟沿革調查資料整合

　　先賢林國寶係林先坤之參男。生於乾隆三十五年（一七七〇年），歲次庚寅三月四日未時，於道光二十一年（一八四一年），歲次辛丑年三月四日戌時仙逝，享壽七十二歲。德配夫人孔氏，生於乾隆三十九年（一七七四年），歲次甲午年三月二十六日戌時，於道光二十三年（一八四三年），歲次癸卯年五月六日午時仙逝，享壽七十歲。夫妻結髮，生有六子，長男繩超、次男繩項、參男繩安、肆男繩簽、伍男繩褒、陸男繩徵。先賢林國寶在嘉慶六年（一八〇一年），捐得監生功名身份。於嘉慶二十二年（一八一七年），加捐州同銜，後加捐二級，為奉直大夫，「二副候選州正堂」，身榮朝綱，揚名顯親。於嘉慶二十三年（一八一八年），先賢林國寶恭請誥命勒封貤贈其父林先坤及其祖父林衡山，兩代為奉直大夫。至道光十一年（一八三一年），先賢林國寶之伍男繩褒（字秋華），高中辛卯恩科鄉試中式第十五名武舉人，並於道光十五年（一八三五年），由竹北遠赴噶瑪蘭，接續其父之產業。當時先賢林國寶已年超花甲，遂將冬瓜山之產業漸次交給繩褒管理。至道光二十一年，先賢林國賢仙逝後，由繩褒繼承掌管。

　　先賢林國賢入墾冬瓜山時，為庇護墾民平安順暢，供請　天上聖母乙尊（本宮開基媽），安奉工寮朝拜。在同治十一年（一八七二年），經地方鄉親擇地興建土角壁、竹管樑、茅草屋，訂號「聖母祠」，斯乃本宮創建之始。地方鄉親對先賢林國賢感念其恩德，功在桑梓，在虎廂奉祀先賢神牌祿位。至光緒十三年（一八八七年），由地方士紳林清池募緣改建木樑、磚壁、瓦屋之古式廟宇，歷經多年，簡陋不堪。於民國四十八年（一九五九年），公推地方士紳李粉枝為主委，重建鋼筋水泥，磚壁剪粘，新式廟宇，並易號「定安宮」。民國五十八年（一九六九年）全面修葺。並於當年農曆十月廿一日隆重舉行祈安慶成大典。

　　本宮每逢農曆三月二十三日聖母誕辰，均依俗盛大舉行酬神慶典，冀以祈求風調雨順、國泰民安。本宮先後歷經地方賢達林清池、鄭金旺、李粉枝、莊仁貴、游祥普、官坤潭等主委，熱心領導。並承歷屆委員，戮力經營，支持配合，廟務得以順暢發展。於民國八十伍年（一九九六年），斥資重修廟宇，屋頂重新剪粘。而後繼續募款購置龍廂之側土地，並興建拜亭、廂房及公廁，本宮建築遂大致底定。並在民國八十八年（一九九九年）十二月九日，正式召開信徒大會，呈報主管機關，經奉宜蘭縣政府 89.3.20(89)府民禮字第〇二七四六四號函核備在案。

　　　　　　　　　　　宜蘭縣冬山鄉冬山定安宮管理委員會　　謹誌
　　　　　　　　　　　民國九十九年歲次庚寅年五月　牙三郎　恭撰

（以下為捐款名錄，省略不錄）

附件2-17-2 冬山定安宮沿革（宜蘭縣冬山鄉）[750]

攝影：卓麗珍，日期：2014.03.01

冬山定安宮沿革

　　本宮係廣東省潮州府饒平縣元高都水口社石頭鄉老屋裡安石樓人氏，林孫漳字衡山攜子長男延東字居震次男延北字先坤，於清乾隆十四年歲次己巳（西元一七四九年），率眾渡海來台拓墾，為祈求海上平安及避免障疫，仍自祖籍地恭迎「天上聖母」隨旅保佑前來，渡台出道莆沙（今嘉義朴子）清乾隆十七年歲次壬申（西元一七五三年）遷徙竹塹，墾土東興社圓寶庄（今新竹新埔）清道光十一年歲次辛卯年（西元一八三一）林先坤第三房，林慶印字國寶之五男，林繩褒字秋華率眾開墾噶瑪蘭，田園數百甲，並恭迎渡台守護神「天上聖母」及先賢國寶林公神牌，到此庇祐墾者平安，擇地興建土角壁竹管樑，茅草屋，供奉「天上聖母」及先賢國寶林公，訂號「聖母祠」斯仍本宮創建之始，清光緒十三年歲次丁亥（西元一八八七年）由地方仕紳林清池募緣改建，本樑磚壁瓦屋之古式廟宇，歷經多年由於年久失修簡陋不堪，於民國四十八年歲次己亥（西元一九五九年），公推地方仕紳李訓枝為主任委員，重建鋼筋水泥磚壁剪粘新時代廟宇，並易號「安定宮」民國五十八年歲次己酉（西元一九六九年）全面修葺，當年農曆十月廿一日，隆重舉行祈安慶成大典。

　　本宮每逢三月廿三日「天上聖母」誕辰均依俗盛大舉行酬神慶典，冀以祈求風調雨順國泰民安，本宮先後經歷地方賢達林清池、鄭金旺、李訓枝、莊仁貴、游祥普等主任委員熱心領導，並承歷屆委員戮力經營支持配合，廟務得以順暢發展，於民國八十五年歲次丙子(西元一九九六年)斥資重修廟宇屋頂重新剪粘，而後繼續募款，購置左側土地興建拜亭、公廁及左廂房一棟，本宮建築遂大致底定。

冬山鄉定安宮管理委員會　謹識

---

[750] 以下內容為筆者依據碑碣刻文如實逐字紀錄。

附錄二 宜蘭縣媽祖廟沿革調查資料整合

附件 2-18　鹿安宮沿革（宜蘭縣冬山鄉）[751]

攝影：卓麗珍，日期：2021.04.19

鹿安宮沿革

本宮奉祀主神「天上聖母」，傳誦聖尊約於民國六十六年間，由張火迫先生自嘉義縣東石鄉笨港口宮求得分靈，恭請至冬山鄉鹿埔村陳文榮(現今本宮宮主)宅處奉祀，鄰近居民多前往膜拜，咸感靈驗，遂於民國六十九年三月成立首屆管理委員會，由首任主委張火迫率領委員陳章發、陳文榮、江林阿杏、江順天、陳新弟、陳圳木、黃清池等以鹿　（團在鹿埔村也）安(廣安村張火迫先生宅)之故，取名為「鹿安進香團」，綜攬團務，以繼正統，是時原供奉聖尊，奉祖廟旨意，於七十三年初在神人共識下回駕祖廟，擇地弘法，惟媽祖聖恩，本地居民念茲在茲，緣由民國七十三年間，本地仕紳陳圳木女婿劉清重 (現今常務監察)電洽祖廟請示應允，由陳圳木、陳章發二人親赴東石「港口宮」，請回一尺六黑臉大媽祖分靈「即現今鎮殿主神」延續香火，於民國七十六年欣逢祖廟港口宮純金金身三媽，赴本省邊境巡狩，蒞臨本團會香時，扶鸞欽點現今建宮地點，以安置聖尊弘慈濟世，爰由地方仕紳卓弘、林國求、李阿維、康石金、陳德發、江茂昌、江木遠、黃阿芳、陳順益、吳全、方林阿団、李萬能、林炳煌、方石清、黃芳騫、江石棋等同心同力，戮力以赴，四處募集緣金、出錢出力、購地建宮，籌建過程備極艱辛，幸賴聖尊神恩浩蕩及眾善信共襄建宮大業，於七十七年竣工落成，並啓建入火安座大典，盛況空前，並正名為「鹿安宮」。本宮建築雖不見巍峨堂皇，卻不失華貴典雅，然媽祖慈悲、聖蹟屢顯、神人共沐、威名遠播，前來本宮膜拜之信徒，絡繹不絕，香火鼎盛，八十五年經由本宮第四屆管理委員會決議，在本宮頂樓，斥資興建高達三十尺黑臉大媽祖寶像，法相莊嚴、雍容華貴、坐西朝東、蘭陽平原、龜山島、太平洋盡收眼簾，日日夜夜慈光普照，守護著蘭陽子民，於八十七年落成，儼然已成為冬山鄉的新地標，本宮宮貌，至此已稍見雛型，各地同祀道廟、友宮，相互參訪，益見頻繁，媽祖厚儀、母儀天下，素稔諸善信大德，敬神神佑，期共同發揚媽祖聖德，淨化世道人心，爰記於上，以昭永垂。

　　　　　歲次壬辰（一〇一）年九月立

　　　　　　　　　　　　　　　　　　　　　　第八屆管理委員會　謹識

---

[751] 以下內容為筆者依據碑碣刻文如實逐字紀錄。

「後山媽祖」的信仰、神蹟及其類型研究

附件 2-19-1　大南澳天后宮沿革（宜蘭縣蘇澳鎮）[752]

攝影：卓麗珍，日期：2021.01.31

大南澳天后宮沿革

　　天后宮位於朝陽中心，東臨太平洋、西連中央山脈、北屏山、南龜山，三面環山形勢環抱，鍾靈毓秀、氣勢雄偉，誠謂福神降靈濟世之聖域。

　　今之大南澳天后宮，東依朝陽海口，日據時代稱之娜娘仔，二百多年前，早期各地區先民至大南澳墾殖拓荒，當時以海路為交通，娜娘仔口(今朝陽漁港)為出入要道，亦為大南澳開發史上佔有相當重要一席，拓荒前蔓草橫生，先民墾殖斯土，實為艱辛萬難，瘴氣瀰漫，瘟疫肆虐，中途部分轉回原居地。

　　緣起先民姓徐名阿紅，住新竹洲關西街關西子關西咸菜甕五十八番地，在日據時代隨樟腦局來此從事樟腦業，同時奉請天上聖母令旗保安康、事業順利，後遷朝陽里居住，天上聖母神威顯赫從此傳開，地方先賢共議雕塑天上聖母金尊，在於民前七年，順利將天上聖母令旗焚化合金尊，供黎民朝拜。

　　本邑先民始初搭建紅壇(茅舍)奉祀，當地信徒虔誠，朝夕膜拜，鴻蒙「天上聖母」威靈顯赫、消除瘴癘，濟災解厄，福澤蒼黎。迨至民國三十四年，經邑民募資加以興建天后宮，敕奉「天上聖母」恆佑眾生，福蔭黎庶、敦化民俗、匡正人心之靈蹟足以千萬計。復於民國六十八年春再度募資改建，至六十八年冬竣工，呈現出雄偉，壯觀，萬德莊嚴之大南澳天后宮。

---

[752] 以下內容為筆者依據碑碣刻文如實逐字紀錄。

419

附錄二 宜蘭縣媽祖廟沿革調查資料整合

附件 2-19-2　天后宮重建工程概況（宜蘭縣蘇澳鎮—大南澳天后宮）[753]

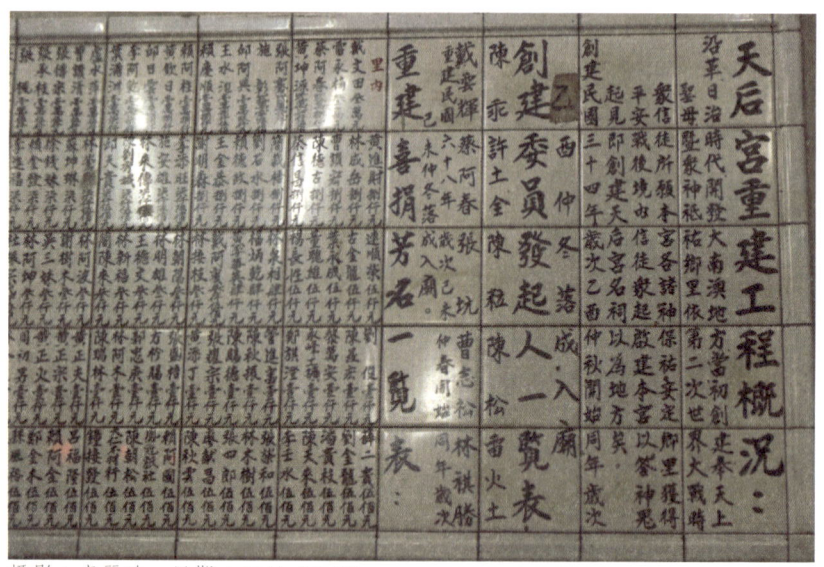

攝影：卓麗珍，日期：2014.02.28

天后宮重建工程概況：
沿革日治時代開發大南澳地方當初創建奉天上聖母暨衆神祇（應爲「祇」字之誤）祐鄉里依第二次世界大戰時衆信徒所願本宮各諸神保佑安定鄉里獲得平安戰後境內信徒衆起啓建本宮以答神鬼起見即創建天后宮名祠以爲地方矣。

創建民國三十四年歲次乙酉仲秋開始同年歲次
　　　乙酉仲冬落成入廟
創建委員發起人一覽表
陳乖　　許土金　陳粒　　陳松　　雷火土　戴雲輝　蔡阿春　張坑　　曹志松
　　　林祺勝
重建民國六十八年　　　　歲次己未仲春開始 同年歲次己未仲冬落成入廟

重建喜捐芳名一覽表
　　　　　　　　　　（以下爲捐款名錄，省略不錄）

---

[753] 以下內容爲筆者依據碑碣刻文如實逐字紀錄。

附件 2-20-1　天祝宮沿革（宜蘭縣蘇澳鎮）[754]

攝影：卓麗珍，日期：2014.02.28

天祝宮沿革
　　事於民國七十九年六月二十日，本宮宮主林李桂香隨觀光團至大陸湄洲島朝拜　天上聖母，是年農曆9月8日，正適黛特颱風侵襲蘭陽地區，翌日凌晨三時左右，天上聖母顯聖指示信士林女隨祂至走湧灣撿拾木材，並表示其中一支特長，全長三丈六尺以上，將作為雕塑　聖母金身之用，不得作其他用途或轉售。當時正值深夜颱風肆虐時刻，在安全顧慮下有所遲疑。但聖母再次指示並保證人身安全無虞。是以信士林女隨即披上雨衣追隨聖影至走湧灣撿拾木材。
　　信士林女幾度依聖意宣達欲將木材雕塑金身之事略公諸眾善信知曉，但未遭採信。此時，聖母再次示意「本神尊乃是頒令意擇此地為渡眾濟世之處，儘管汝多方接觸名大廟宇亦無所成。」至此信士林女即與宜蘭金官繡莊聯絡，將木材委請代為雕刻　天上聖母武身（站姿）一尊高七尺二寸，千里眼、順風耳將軍各一尊高五尺六寸，　天上聖母文身（座姿）一尊高三尺六寸，及虎爺一尊。該特長木材共計雕塑五尊神像。至於雕刻工資俟信士林女籌足時支付之。此事經台灣日報記者披露，同日基隆后天宮主委張來發等人親至本地採訪，並慨然允諾代為籌募雕塑金身價金。歷時一年餘，幸經眾善信協助下於信士林女舊厝基地完成簡式廟宇，於八十一年農曆五月初九日晉殿安座。多年來由於室內設施不足，夏日炎酷，不適於久居，乃更新建造大殿，歷時一年完成，並擇於九十一年農曆三月二十日天上聖母聖誕千秋佳辰舉行晉殿安座。
天祝宮重建委員會委員芳名
宮　　　主　林李桂香
主任委員　林聰明

---
[754] 以下內容為筆者依據碑碣刻文如實逐字紀錄。

421

附錄二 宜蘭縣媽祖廟沿革調查資料整合

```
副主任委員 蔡輝雄
財務 委 員 陳振益
出納 委 員 李順義
總務 委 員 林榮松  林忠勇  林創海  陳傳智  潘坤祥
            江青木  蔡進仕  黃武雄  游天藤  戴晴隆
            楊　亮  陳耀德  張英絨  楊麗純  許文雄
            楊麗媛  張祈財  楊麗珠  藍文霞  林正標
            李俊陞  林麗燕
```

中　華　民　國　九　十　一　年　農　曆　三　月　吉　旦

附件 2-20-2　天祝宮天上聖母湄洲媽祖渡海來台歷史由來（宜蘭縣蘇澳鎮）[755]

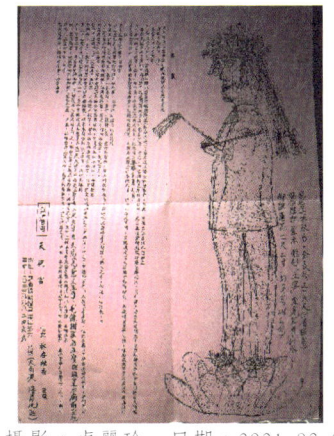

媽祖運木來台，全長約三十六尺（三層樓高）
媽祖顯赫聖示　雕刻「立姿」金身「草圖」如示
腳踩蓮花七尺二寸（約身高 216 公分）

攝影：卓麗珍，日期：2021.02.05

奉　稟
天祝宮天上聖母湄洲媽祖渡海來台歷史由來
諸位大德善信　膝下
本宮為大陸湄洲島

天上聖母渡海來戈下雲端擇蘭陽地區蘇澳鎮朝陽里(即海岸地方)落足渡衆濟世略經事實，啓稟諸位大德善信奉悉如左。

事於民國 79 年 6 月 20 日信女隨同觀光團到大陸湄洲島朝拜天上聖母，回家鄉到農曆 9 月 8 日，是日正適黛特颱風侵襲蘭陽地區，到午夜三時左右時間天上聖母顯赫指示信女言明祂自大陸運來木材。一批在走永灣，其中一枝特長，全長三丈六尺以上，此木材是要雕金身之用。

本聖母金身材料。另有其他木材價格昂貴，你趕快起床隨　吾到走永灣撿拾本批木材，但時正深夜時間，又颱風夜黑天暗地寸難行時刻，本欲請我夫君同往，惟恐我夫不予同意同往而拖延時刻，但
天上聖母又再催促信女隨
聖母聖影到走永灣絕對保證平安無事，信女即刻披上雨衣追隨
聖母黑影到走永灣地方，果然一批木材，其中一枝特別長，聖母再指示本批木材價格很高，好好把握勿將本大材落入他人之手。但這一枝特長，本

---

[755] 以下內容為筆者依據碑碣刻文如實逐字紀錄。本簡介於 2014.02.28 由天祝宮主委林聰明所提供。

附錄二 宜蘭縣媽祖廟沿革調查資料整合

聖母裝金身材料絕對不得做任何他用或轉售,為此本信女甚憂慮,拖延數月,聖母再指示信女將本木材裝金身經過希你公諸與眾週知,但遭眾善信不採信,再隔數日
聖母再強調信女再次宣播眾生知悉,又再遭不採信,信女為本件事寢食難安,信女就電話通知北港朝天宮聯絡,但朝天宮總幹事等四人檢示本木材,他們等異口同聲說不符合使用,他們等匆匆回去,自是日本信女到宜蘭金官繡莊聯絡後,將本木材運到金官繡莊,請代為雕刻
天上聖母裝金身形體豎身高七尺二寸,另千里眼順風耳豎身各五尺六寸,座姿天上聖母三尺六寸及天虎(虎爺)共五尊剩餘樹頭為五寶樹頭置於廟前空地。
天上聖母二尊,另有其他神尊雕刻工資俟本人籌足時支付之。事被台灣日報記者揭露,同日有基隆后天宮主任委員張來發等數人親到本地方採訪,並讚許本
天上聖母顯靈,鼓撫信女不拘如何你需要完成 聖意,若雕金身工資問題,我等代為籌募之,請你代為完成 聖意,事幸經眾善信協助下完成初居簡陋廟宇,並擇於每年農曆三月二十日舉行
慶祝天上聖母聖誕,祈請
諸大德善信蒞臨指教參香,功德無量。

        天祝宮   信女林李桂香 泐稟
地址:蘇澳鎮朝陽里海岸路六十八號(大南澳 海岸地區)
電話:(03)9982466

(筆者註記:影印本與石碑文中採「走永灣」、「走湧灣」二種不同書寫)

附件 2-21　震安宮沿革史—大南澳震安宮（宜蘭縣蘇澳鎮）[756]

攝影：卓麗珍，日期：2014.01.14

震安宮沿革史

　　緣震安宮係于西元一九一四年民國三年(日大正主年)初創，時有地方住民以石頭疊蓋而成之簡樸、土地公廟供俸土地公，至西元一九二四年民國十三年(大正十三年)歲次甲子年，地方住民及來自頭城、冬山補城地等遷居之移民，使大南澳地方人口激增，是時地方信士邱查某、吳傳、游阿南等三翁發起建廟募款、獲地方住民響應經數月之建造，完成以磚造單層廟宇，簡單而樸實，訂名為南興宮，並舉行進廟安座以供奉天上聖母、福德正神等諸神庇祐鄉土平安。

第二次世界大戰時美軍空襲台灣，蒙天上聖母等諸神保佑使南澳地方平安渡過安然無事，戰後由時任里長黃萬來先生，鎮民代表江守義先生、南澳糖廠廠長林木溪先生、南澳副鄉長張榮山先生等地方賢達，於民國三十七年一九四八年發起重建募款，並成立重建委員會動工啓建，一九五〇年民國三十九年八月一日竣工，更名為震安宮。

一九八〇年民國六十九年，地方發展迅速，工商農漁欣欣向榮，住民人口更增，歷屆委員會頗表重視，認有擴建之需，遂於次年管理委員會與信眾研議後決議再度發起改建募款，並成立第二次重建委員會，其時地方賢達張清福、李訓枝、林泉相、林文海、林阿坤、林進陽、張民雄、陳炳坤、藍榮維、葉阿欽、陳瑞林、嚴朝松、游天藤、張青松、吳有親、黃崇來、李江木、黃清泉、林茂春等共同策劃設計，破土奠基興建，雖於重建過程中遭遇諸多艱難，維蒙諸神庇佑均能一一順利克服，一九八三年民國七十二年初部完成正殿與會議室上下兩層之建築，並擇期入廟舉辦盛大安座大典。翌年仲夏殿內桁堵等細項工程全部完成，功德無量。八十二年由現任主任委員陳天水先生再度募款百萬元增建正殿兩旁鐘鼓樓，更增添震安宮金壁輝煌雄偉壯麗之宏貌。

---

[756] 以下內容為筆者依據碑碣刻文如實逐字紀錄。

425

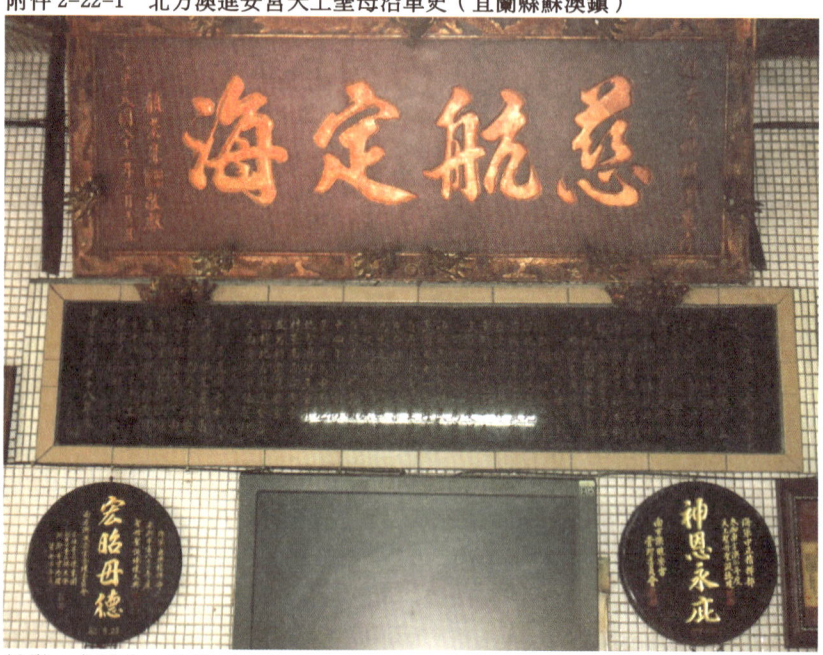

附錄二 宜蘭縣媽祖廟沿革調查資料整合

附件 2-22-1 北方澳進安宮天上聖母沿革史（宜蘭縣蘇澳鎮）[757]

攝影：卓麗珍，日期：2013.08.10

北方澳進安宮天上聖母沿革史（石碑，民 78 年立）

　　本宮主神天上聖母，由清初施琅平台後，鄭氏部將，蔡牽率領明軍暨媽祖，鎮座北方澳為基地，將媽祖神像供奉於天然石洞內，供軍民祈安賜福，至嘉慶二十五年村民始重建小廟，而後香火愈盛。

　　到二次世界大戰期間，日本海軍以北方澳為基地，前後二年倍受盟軍數次砲轟及轟炸，幸賴聖母庇護，人民及房屋毫無受損，可謂奇蹟，為答神恩光復後村民於民國五十一年再次自原小廟遷移至現在廟址重建，靠海維生之漁民均漁業豐收，地方富庶日益繁榮，於民國六十四年，因國防部需要闢建為中正港原北方澳村民全部遷村至南方澳定居，並另新建進安宮，而將北方澳進安宮交由海軍單位管理。

　　至民國七十八年海軍中正基地再次協商南方澳進安宮管理委員會，由雙方出資整修以維古蹟舊觀，於民國七十八年冬完工，供軍民參拜，祈安賜福。
中　　華　　民　　國　　七　　十　　八　　年　　冬

---

[757] 以下內容為筆者依據碑碣刻文如實逐字紀錄。本文由震安宮唐美麗師姐（現年 57 歲）提供；民 82 年起即任該廟的乩童至今，主神指示拜陳天水為師。

附件 2-22-2　海軍北方澳進安宮沿革紀實（宜蘭縣蘇澳鎮）[758]

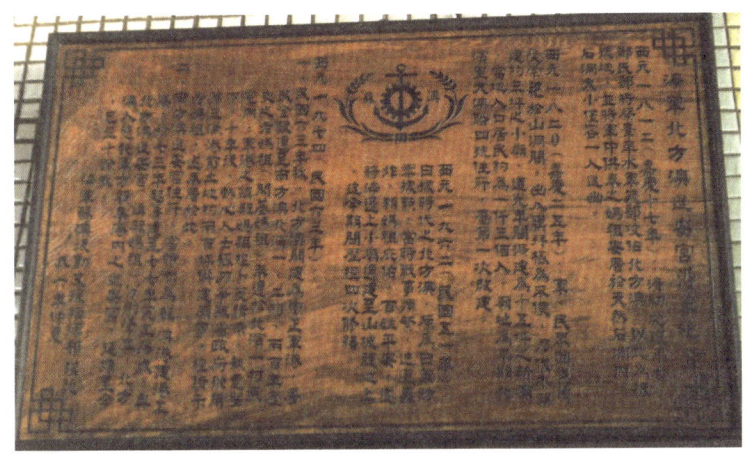

攝影：卓麗珍，日期：2013.08.10

海軍北方澳進安宮沿革紀實(木匾)
西元一八一二(嘉慶十七年)：清初施琅平台，鄭氏部將蔡率率領水軍殘部攻佔北方澳，以此為根據地，並將軍中供奉之媽祖安厝於天然石洞內，石洞大小僅容一人進出。
西元一八二○（嘉慶二五年）：軍、民眾因見備受崇祀於山洞間，出入膜拜極為不便，乃伐木築建約三坪之小廟，道光年間擴建為十五坪之新廟，當地人口居民約為一仟三佰人，廟址為早期北濱里大澳路四號住所，屬第一次改建。
西元一九六二(民國五一年)：日據時代之北方澳，原為日軍防禦據點，當時戰事頻繁，迭遭轟炸，賴媽祖庇佑，百姓平安，遂將海邊上小廟遷建至山坡腹地上，迄今期間歷經四次修繕。
西元一九七四(民國六三年)：
一、民國六三年秋，北方澳闢建為中正軍港，居民全數遷至南方澳北濱一、二村，兩百年歷史之老媽祖(開基媽祖)奉遷於北濱一村民宅內，軍港之鎮殿媽祖經卜筊請示，執意留下，十年後，熱心人士極力爭取省政府撥用第三漁港前土地約兩百坪供建廟宇，經請示老媽祖，遂奉厝於此。
二、南方澳進安宮住所，當時亦為蘇澳港建港工寮，於七三年起籌建至七七年完工落成，與北方澳進安宮（鎮殿媽祖）分別肇立，北方澳人？託軍方顧奉港內之進安宮，延請至今，已三十餘載。
海軍蘇澳後勤支援指揮部謹誌　九六年仲夏

---
[758] 以下內容為筆者依據碑碣刻文如實逐字紀錄。

附錄二 宜蘭縣媽祖廟沿革調查資料整合

附件 2-22-3 「有祢 眞好」海軍媽祖設置沿革─北方澳進安宮(宜蘭縣蘇澳鎮)[759]

攝影:卓麗珍,日期:2013.08.10

「有祢 眞好」海軍媽祖設置沿革

北方澳進安宮在民國六十三年的國軍龍淵計畫,因媽祖娘娘的慈悲爲懷,根留海軍基地,原居民、地方仕紳及衆多敬愛媽祖的善男信女,在環境變遷的過程中,雖因廟址位於軍事管制區,依舊香火鼎盛,長年來更成爲地方居民與海軍官兵的心靈守護神,更是全國唯一由軍方專責成立管委會的廟宇。

軍事營區的管理限制,雖難以擺脫信衆長久的嚴肅刻板印象,在管委會衆志成城,衆人的研究與討論下,海軍媽祖(大型Q版媽祖)的設置構想由此孕育而生。構思研議初期,希藉由海軍媽祖的設置,提供香客信衆拍照留念標的物,在前往的營區道路上,更可遙視可愛親切的海軍Q版媽祖,循階梯而上,也可見媽祖娘娘在微笑迎接大家的到來,軍艦進港時,執行海疆戰備巡弋與操演任務的官兵弟兄,更能與媽祖娘娘對望,彷彿對著返航的官兵訴說:「各位弟兄,你們辛苦了!」,而看見媽祖娘娘就是船要靠港了,更可讓海軍官兵在心中種下平安穩定的種子。海軍Q版媽祖就在這樣的想法與構思中,像鎭殿媽祖娘娘稟報同意後執行,原石 30 噸青斗石刻製,高 9.9 尺、雕刻完成重量 11.5 噸,在 99 年 1 月 14 日安座,99 年 1 月 25 日吉時揭幕。

回顧整個設置過程,工程施工不易,所需經費更是不貲,感念天佑海軍,誠以順利圓滿。並正式命名爲「海軍媽祖」,在此也感謝南方澳進安宮及本委員會所有委員及善男信女的支持與護佑,海軍北方澳進安宮也將持續秉持天上聖母媽祖娘娘慈航普渡、護國佑民的精神與意念,永續爲廣大的信衆善心扶持,造福衆生、淨化人心,添福增慧,謹致。

庚寅年桐月吉旦

捐獻芳名錄
(以下省略)

---

[759] 以下內容爲筆者依據碑碣刻文如實逐字紀錄。

附件 2-23　東澳　朝安宮（宜蘭縣蘇澳鎮）[760]

攝影：卓麗珍，日期：2014.02.28

清光緒年間，墾民由中壢楊梅南庄攜媽祖香火令旗，則居於境域。後又再至北港朝天宮刈香迎靈。

---

[760] 以下內容為筆者依據碑碣刻文如實逐字紀錄。

附錄二 宜蘭縣媽祖廟沿革調查資料整合

附件 2-24 進安宮由北方澳移遷復建紀念沿革—南方澳進安宮（宜蘭縣蘇澳鎮）[761]

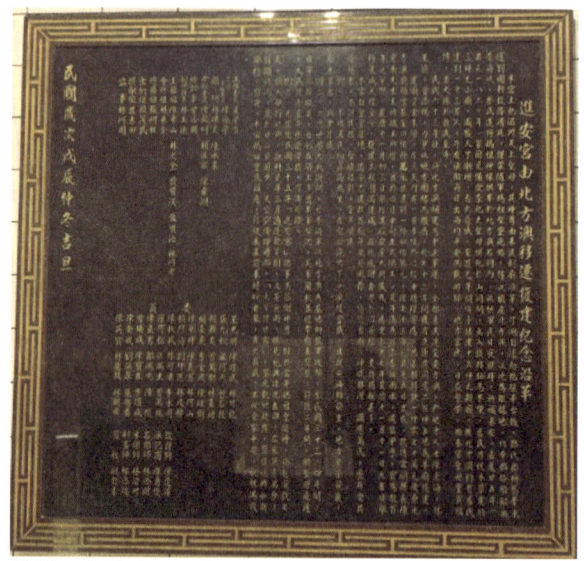

攝影：卓麗珍，日期：2013.08.10

進安宮由北方澳移遷復建紀念沿革

　　本宮主祀湄洲天上聖母，其神尊由來及創廟沿革，可溯自清初施琅平台後，鄭氏部將蔡牽未隨劉國軒投降清廷，謹蒙隨軍媽祖聖靈庇佑，得以鎮座北方澳，以此為根據地，仍率部分船艦出沒海峽，蔡氏遂將媽祖神像供奉於北方澳石洞內，以供軍民日夜膜拜，祈福求安。嘉慶廿五年（西元一八二０年）眾因見備受崇祀之聖母供祀於山洞間，出入膜拜極為不便，居民乃伐木築建約三坪之小廟，爾後人丁漸增，香火愈盛，至道光年間得予擴建十五坪之新廟。後北方澳約有居民達到一千三百人，所有漁船每日出海均平安滿載而歸，地方富庶，日益繁榮。而本宮聖母靈異頻傳，香火臻於鼎盛至今。

　　民國六十三年秋，將北方澳闢建為中正軍港，全部居民遷至南方澳，於地方人士陳東海、林王通、曾添賜、力爭以地方團結為後盾，於七十二年間獲省交通處同意二百坪土地為本廟復健。

　　建廟資金來源，在三天內有一百多位熱心信士踴躍響應，共募捐得款一千零七十萬元及原北方澳廟補償基金四佰餘萬元共達到一千四佰萬元，經七十三年元月十五日吉辰，邀請宜蘭縣長陳定南先生主持破土典禮，並於四月中旬正式開

---

[761] 以下內容為筆者依據碑碣刻文如實逐字紀錄。

430

工。是年適為双立春双雨水，歲值甲子，實為數百年之罕觀。農曆十一月初三日舉行進殿安座大典儀式，選定七十七年農曆十一月十一日大吉日舉行庆成大禮至今，復建工程圓滿達成，在此感謝各界熱心善信，支持捐獻甚多。

本宮自聖靈蒞境，迄今已達數百餘年歲月風霜，悠悠古廟，神威赫濯，顯應萬民，歷年受其隆蔭者，不計其數，聖蹟昭彰，靈異頻傳。

例一、本境居民向靠海為生，在聖母庇佑下，漁獲豐盛，且從無海難發生，地方繁榮發展，人才輩出，興業月盛。

例二、二次世界大戰期間，日本海軍以北方澳為基地向盟軍攻擊，至民國三十三、四年間，日軍節節敗退，日艦在海上多遭美軍擊沈，美軍飛机並經常前來空襲，前後二年間，賴聖母庇護，人民及房屋無絲毫受損，可謂奇蹟。

例三、光復後民國三十五年「進安宮」諸事為答謝神恩，擬於當年媽祖聖誕時，發起演戲七天，擴大舉行祀典。熟料是年三月適逢乾旱期，久旱無雨，眼見祀典迫近在即，庄家焦慮萬分，引頸祈雨。果於廿二日前夕，天空突降即時雨，「久旱逢甘霖」，黎庶歡欣鼓舞，翌日祀典如期舉行。自是，本宮媽祖靈感顯應，信徒遠道前來瞻仰者眾，香火鼎盛，並祝全家平安，航航滿載。

（以下多為人名，不錄）

民國歲次戊辰仲冬吉旦

附錄二 宜蘭縣媽祖廟沿革調查資料整合

附件 2-25 忠天宮沿革（宜蘭縣三星鄉）[762]

攝影：卓麗珍，日期：2014.03.01

忠天宮沿革

　　緣歲次丁酉　清乾隆四十二年間（西元 1777 年）地方先耆俗名「虎仔」人士，護迎媽祖神像自中土來茲，供奉於自家茅屋，雖矮屋低簷，至爲簡陋，惟本境居民素感神靈，乃絡驛前往祈安降幅，並廣叨媽祖聖靈護佑，五穀豐稔，安居樂業，由於媽祖神蹟廣披、威靈顯赫，遠近居民耳聞相傳莫不前來瞻拜，香火鼎盛一時，本境亦因此而得名「虎仔」「尾」寮」沿傳至今，先耆「虎仔」殁後，虔誠善信，朝奉日增，民國四十一年（西元一九五二年）地方耆老，共同邀集村民研議，擇地於人口較集中之現有廟址靈地，集資籌建瓦茸磚造廟宇以爲供媽祖聖殿，奏禀上蒼，奉旨賜宮號「忠天宮」祠奠丕基。

　　由於媽祖仳（應爲庇之誤）佑，神恩加持，使境內風調雨順災禍遠避，雖天災洪水多次來襲，均能平安得渡，由是居民和樂，入丁日旺，然一則廟宇腹地，因香火愈盛而不敷使用，再者舊式紅磚瓦簷亦顯殘舊，民國七十六年（西元一九八七年）乃由地方人士再議募資重建，召集村民大會，廣徵居民意見後，遂籌組「三星鄉尙武村忠天宮重建委員會」並於同年七月動土興建，民國七十八年（西元一九八九年）十月竣工啓用，爰書其沿革勒於石碑以告來茲，是以爲誌。

---

[762] 以下內容爲筆者依據碑碣刻文如實逐字紀錄。

附件 2-26　南山聖母宮建廟沿革（宜蘭縣大同鄉）[763]

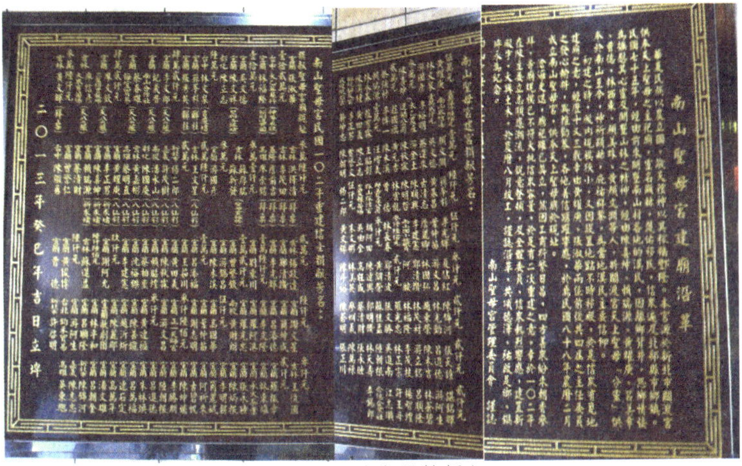

攝影：卓麗珍，日期：2015.01.01（分段拍攝）

南 山 聖 母 宮 建 廟 沿 革

華夏民族以農立國，敬天禮神以其稼檣鄠隆。本宮源於新北市關渡宮供奉天上聖母之主祀廟，靈名顯赫，護佑移民，信衆遍及北部縣市鄉鎮。民國七十五年，經由前來開墾南山村各地的漢民，因離鄉背井，思鄉情怯爲撫慰其心靈及開墾山林之精神，經由陳喜坤、賴瑞源、黃耀庚、呂美章、曹德、林西東、顏美珠、黃顏文淵等人，將關渡宮天上聖母「分靈」供奉於南山至今。神祈顯赫，庇佑群黎，爲當地漢民主要信仰。

初建之時，殿內規模狹小，又因設置地點不時移殿，於是信衆有覓地建廟之意。經歷十又三載由黃耀庚、張淑華兩位前後共四屆之主任委員之發心輸將，興推勸募，各地善信踴躍響應，於焉民國八十八年農曆二月成立南山聖母宮，供奉天上聖母廟於現址。

滄海更迭，廟祀雖已奠立，然因工商衍繁日昌，四方善衆紛來朝香參拜。寺廟規模已不符大批信衆容量，於是有二次重建之意，幸於一0二年在陳主委立志順應潮流，銳意整頓，及全體委員、信衆熱烈響應，建置新殿宇，大興土木，於農曆八月竣工，謹誌沿革，共頌德澤，祐啓是鄉，鐫碑永爲紀念。

南山聖母宮管理委員會　謹誌

南山聖母宮建廟捐獻芳名：

（以下爲捐款名錄，省略不錄）

二〇一三年 癸巳年吉日立碑

[763] 以下內容爲筆者依據碑碣刻文如實逐字紀錄。

附錄二 宜蘭縣媽祖廟沿革調查資料整合

附件 2-27 南方澳南天宮（宜蘭縣蘇澳鎮）

南方澳濱臨太平洋，是一個絕佳的天然漁港。居民大都以捕魚為業，經年累月在海上為生活而奔忙，常因颱風駭浪，以致有人命殞傷情事之發生，謀生環境相當艱困，為求四時豐收，萬事順利，所以居民們平時於家中即崇奉媽祖，日夜頂禮膜拜，祈願媽祖神顧廣被。

全世界第一張湄洲聘書

丙戌年（西元一九四六年）三月廿三日，居民出海作業捕魚時，海上突起狂風巨浪，狀況十分危急，眾皆默祈媽祖神威顯靈相救。忽然海上出現祥光萬丈，頓時風平浪靜，波瀾不興，眾知媽祖聖靈顯赫，庇佑子民，感念萬分，返港後便將此事宣揚開來，鄰里鄉間傳為美談。

眾人於感念媽祖神群庇佑之時，深覺若能籌建媽祖廟供居民奉祀朝拜，不僅可為地方靖安的精神寄託，更可成為助人倫、成教化的信仰中心，是以興起建廟之意。

70年代慶典盛況

庚寅年（西元一九五○年）臘月，由鄉紳簡阿祥發起南天宮媽祖廟籌劃事宜，設立創建委員會，擇吉日鳩工啟建。原意到北港朝天宮媽祖廟分靈，惟媽祖顯靈聖示向天庭請神並鸞旨信眾到本宮後山取材大樟樹恭雕神尊，南天宮媽祖神坐焉誕生。歷時兩載，於壬辰年（西元一九五二年）桐月，完成大殿工程，越四年，在丙申（西元一九五六年）十一月十八日全廟落成，主體建築採南式宮殿造型，金碧輝煌，光彩奪目，精巧細緻，極是宏偉壯觀，成為南方澳地區居民信仰生活的重心。

60年代慶典盛況

- 本宮於民國卅九年啟建
- 民國四十一年大殿初成
- 民國四十五年十一月十八日全廟落成
- 民國六十年增建拜亭及門樓
- 民國七十六年五尊湄洲媽祖安座
- 民國八十四年金媽祖安座

資料來源：本照片取自南方澳南天宮官網
https://www.facebook.com/dfs161616/?locale=zh_TW，2021.04.19

434

附錄三　　花蓮縣媽祖廟沿革調查資料整合

附件 3-1 花蓮福慈宮沿革碑（花蓮縣花蓮市）[764]

攝影：卓麗珍，日期：2020.12.25

　　本美崙地區山明水秀景色宜人原建有長慶廟奉祀福德正神香火鼎盛靈蔭四方惟因廟宇狹小年久失修屋樑腐朽陳舊不堪有碍觀瞻茲為配合花蓮國際港及美崙新市區建設美觀計（應為缺「劃」字之誤）特發起籌募擴建並改稱福慈宮增奉祀湄洲天上聖母五谷爺太陽公等諸神位承蒙各界慈善士紳善男信女共襄斯舉惠賜腋助樂捐藉匡本宮修建落成祈佑風調雨順國泰民安僅此代表向各界申致謝忱

福慈宮改建委員會
主任委員　馬傳盛　敬誌
中華民國　五十七　年　六　月　十八　日立
歲序　戊申　五　　廿三

---

[764] 以下內容為筆者依據碑碣刻文如實逐字紀錄。

435

附件 3-2 花蓮縣玉里鎮媽祖宮建誌（花蓮縣玉里鎮）

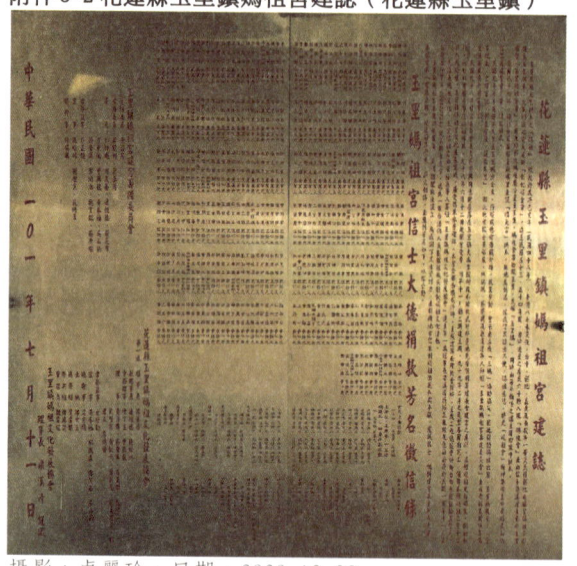

攝影：卓麗珍，日期：2020.12.29

花蓮縣玉里鎮媽祖宮建誌

　　玉里鎮媽祖宮供奉之「媽祖」，緣起於歲序己亥年（民國四十八年），臺灣八七水災後，台中、彰化、嘉義及南投等一帶災民引彰化南瑤宮媽祖令旗隨至玉里供奉，災民則誠心對天遙供「彰化媽金身」。

　　迨至民國五十三、五十四年間，當時遷至之居民六十餘人組「媽祖會」並由信士梁漢清出資於玉里雕塑「玉里媽祖金身」並再次回彰化媽祖廟分靈至玉里，媽祖金尊始現玉里，民稱「玉里媽」，同時由每年輪任之爐主請回家中供奉。

　　民國八十六年，媽祖神尊恭奉移至啓模里並設「順天宮」供奉。因地處偏遠，造成信眾進出不便，媽祖慈悲，特允「媽祖會」將神尊移至中華路吳山豹信眾居處暫座受香，護佑鎮民。

　　民國九十七年花蓮港天宮至玉里賑濟白米，行經瑞穗鄉舞鶴村時，扶鸞靈動，聖示要尋找「三媽」協助賑災。因此引動媽祖出鸞，玉里媽祖現示：「金身既出，宜擇靈地，彰益聖法，護佑眾生」。因此地方信士黃裕泉、林瑞鵬、蔡榮興及梁漢清等人即組「玉里鎮媽祖宮籌建委員會」並由黃裕泉擔任籌備主任委員進行建宮事宜。

　　民國九十八年建宮委員會委員蔡榮興同意將座落在玉里鎮大禹里酸柑段面積約貳仟坪靈地免費借用籌建委（應為少「員」字之誤）會建宮之處所，並經媽祖

---

[765] 以下內容為筆者依據碑碣刻文如實逐字紀錄。

允杯確定,開始執行。初始以貨櫃屋暫座媽祖神尊,九十八年六月十二日起開宮受香,同年十一月動工興建主殿,九十九年二月之農曆春節前完工,隨即恭請媽祖三月十二日入殿安座,玉里鎮媽祖宮從此奠基完成,廣受信眾參香禮拜。本宮全部面積貳仟坪,主殿建築面積約壹佰坪,主殿工程總經費計新台幣參佰伍拾萬餘元。

為推展媽祖文化,玉里媽祖宮由黃裕泉等人籌組「玉里鎮媽祖文化發展協會」選出第一屆理事長梁漢清擔任並報經花蓮縣縣府於民國一百年十一月五日府社行字第 10002017268 號函核准立案,成為一個合法的人民團體組織來推動媽祖文化活動。

玉里鎮媽祖宮籌建功成圓滿,民間團體依法設立,為感謝信眾出資付力,並彰顯地方信眾對媽祖的無私與奉獻。虔誠信士,慨捐建宮基金完成大業。本協會特「建誌立牌」紀述沿革發展,薪火相傳,並盧列芳名如下,以昭公勳。

玉里媽祖宮信士大德捐款芳名徵信錄
以下皆為人名錄(略)

玉里鎮媽祖宮建宮籌備委員會
主任委員:黃裕泉
　　　　常務委員:黃欽州、梁漢清
　　　　委　　員:鄧坤明、鄭茂鑫、連性德、莊見有、方世勛、曾興德、黃春福、吳山豹、蔡榮興、黎煥湘、魏賞銘、莊秀雄
　　　　常務監事:石正雄
　　　　監　　事:張松林、劉壁京、張綉玉
　　　　總 幹 事:林瑞鵬

花蓮縣玉里鎮媽祖文化發展協會
第一屆　理事長:梁漢清
　　　　　　　　副理事長:連性德、張松林
　　　　　　　　常務理事:陳丁生、曾國龍
　　　　　　　　理事:黃清傳、蔡榮興、石正雄、張綉玉、劉壁京、黃欽州、曾興德、范姜雲貴、郭國良、黎煥發
　　　　　　　　常務監事:方世勛
　　　　　　　　監事:黃春福、邱鴻森、鄭茂鑫、吳山豹
　　　　　　　　總幹事:莊秀雄
　　　　　　　　出納:邱東玉
　　　　　　　　總務組:葉雲傑
　　　　　　　　祭典組:賴興進
　　　　　　　　管理員:魏賞銘

　　　　　　　　　　　玉里鎮媽祖文化發展協會
　　　　　　　　　　　　理事長　梁漢清　謹識
中　華　民　國　　一〇一　　年　　七　　月　　十一　　日

附件 3-3 慈天宮簡介（花蓮縣花蓮市）[766]

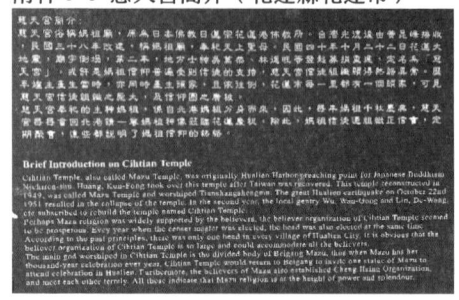

攝影：卓麗珍，日期：2020.12.25

慈天宮簡介：

慈天宮俗稱媽祖廟，原為日本佛教日蓮宗花蓮港佈教所。台灣光復後由黃昆峰接收，民國三十八年改建，稱媽祖廟，奉祀天上聖母。民國四十年十月二十二日花蓮大地震，廟宇倒塌，第二年，地方士紳吳萬恭、林德旺等發起募捐重建，定名為「慈天宮」。 或許是媽祖信仰普遍受到信徒的支持，慈天宮信徒組織顯得熱絡異常。 歷年爐主產生當時，亦同時產生頭家，且依往例，花蓮市每一里都有一個頭家，可見慈天宮信徒組織之龐大，及信仰圈之廣被。

慈天宮奉祀的主神媽祖，係自北港媽祖分身而來，因此，每年媽祖千秋慶典，慈天宮每每會回北港請一尊媽祖神像蒞臨花蓮慶祝。 除此，媽祖信徒還組織正信會，定期聚會，這些都說明了媽祖信仰的熱絡。

Brief Introduction on Cihtian Temple

Cihtian Temple, also called Mazu Temple, was originally Hualien Harbor preaching point for Japanese Buddhism Nichiren-shu. Huang, Kun-Fong took over this temple after Taiwan was recovered. This temple reconstructed in 1949, was called Mazu Temple and worshiped Tianshangshengmu. The great Hualien earthquake on October 22nd 1951 resulted in the collapse of the temple. In the second year, the local gentry Wu, Wan-Gong and Lin, De-Wang, etc subscribed to rebuild the temple named Cihtian Temple.

Perhaps Mazu religion was widely supported by the believers, the believer organization of Cihtian Temple seemed to be prosperous. Evey (應為 Every 之誤) year when censer master was elected, the head was also elected at the same time.

According to the past principles, there was only one head in every village of Hualien City. It is obvious that the believer organization of Cihtian Temple is so large and could accommodate all the believers.

The main god worshiped in Cihtian Temple is the divided body of Beigang Mazu, thus when Mazu has her thousand-year celebration ever year, Cihtian Temple would return to Beigang to invite one statue of Mazu to attend celebration in Hualien. Furthermore, the believers of Mazu also established Cheng Hsing Organization, and meet each other termly. All these indicate that Mazu religion is at the height of power and splendour.

---

[766] 以下內容為筆者依據碑碣刻文如實逐字紀錄。

附件 3-4 聖南宮吉安媽祖（花蓮縣吉安鄉）[767]

攝影：卓麗珍，日期：2020.12.25（翻拍自花蓮媽祖文化季）

聖南宮吉安媽祖，大家尊稱：吉安媽
起源民國58年，有一位雲林西螺人，從西螺請了一尊媽祖，不遠千里，來到花蓮，起出安置於家裡供奉，後來媽祖慈悲顯靈，感化鄉親，成立爐主會大約20人，自那時起，媽祖輪流於個爐主家中供奉，遇信徒有困難就起乩指示，解決信徒問題。[768]

後來因緣到位，媽祖乩身指示要來吉安鄉南海四街附近選地，準備要蓋廟，當時爐主集及信徒來到南海四街時，有一老婦手拿月餅，說要來拜拜，但當時爐主及信徒要來當地前，並沒有對外宣傳媽祖要來選地、看地，問老婦如何知道，老婦說，媽祖託夢說今天要來南海四街看地，要帶著甜點來拜拜；當時爐主及信徒覺得媽祖應該喜歡該地，請示媽祖後，確定今日聖南宮廟址所在。[769]

並於民國71年賜名「聖南宮」，就有正式廟宇為民服務，一點一滴幫助信徒，累積目前眾多信徒前來參拜
聖南宮位於吉安鄉仁和村，該位置距離海岸近，沿海居民廣受吉安媽護佑平安，吉安媽慈悲濟世之心深植吉安鄉民，聖南宮也成為吉安鄉的信仰中心。[770]

---

[767] 以下內容為筆者依據碑碣刻文如實逐字紀錄。
[768] 本段內容，說明吉安媽原為家神，後轉為公眾所供奉；契機源於是爐主會的成立。初時以輪祀為主，又有神降乩為人解疑、理事。但未記錄祀神來源於何廟，以及西螺人是何許人？
[769] 老婦拿月餅欲來祭祀一說，顯示媽祖顯神蹟的起源，而看地、選地時間應為中秋節前後。而當時的爐主是何人，一樣沒有記載；從時間軸來看，民58年沒有名字的紀錄，疑或有另因。
[770] 文句中「該位置距離海岸近」透露，聖南宮與海的關係，嘗試將媽祖的海神信仰體質做相關的連結。

附錄四　　臺東縣媽祖廟沿革調查資料整合

附件 4-1 臺東縣尚武鄉大陳義胞天后宮 簡歷（臺東縣大武鄉）[771]

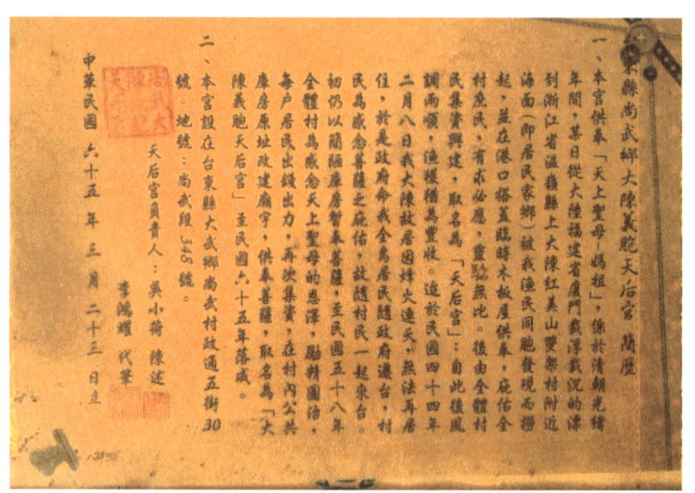

攝影：卓麗珍，日期：2020. 12. 17

台東縣尚武鄉大陳義胞天后宮 簡歷

一、本宮供奉「天上聖母—媽祖」，係於清朝光緒年間，某日從大陸福建省廈門載浮載沉的漂到浙江省溫嶺縣上大陳紅美山雙架村附近海面（即居民家鄉）被我漁民同胞發現而撈起，並在港口搭蓋臨時木板屋供奉，庇佑全村庶民，有求必應，靈驗無比。後由全體村民集資興建，取名為「天后宮」；自此後風調雨順，漁獲猶為豐收。迨於民國四十四年二月八日我大陳故居因烽火連天，無法再居住，於是政府命我金烏居民隨政府遷台，村民為感念菩薩之庇佑，故隨村民一起來台。初仍以簡陋庫房暫奉菩薩，至民國五十八年全體村（應為缺「民」字之誤）為感念天上聖母的恩澤，勵精圖治，每戶居民出錢出力，再次集資，在村內公共庫房原址改建廟宇，供奉菩薩，取名為「大陳義胞天后宮」至民國六十五年落成。

二、本宮設在台東縣大武鄉尚武村政通五街 30 號。地號：尚武段 348 號。

天后宮負責人：吳小荷 陳述
李鴻耀 代筆

中華民國　六十五　年　三　月　二十三　日立

---

[771] 以下內容為筆者依據碑碣刻文如實逐字紀錄。

附件 4-2 尙武大陳義胞天后宮沿革碑（臺東縣大武鄉）[772]

攝影：卓麗珍，日期：2020.12.17

尙武大陳義胞天后宮沿革

　　緣於民國四十四年二月，大陳義胞隨政府撤退來台，一萬六千多大陳鄉親經安置於全臺三十六處新村，其中數百戶定居於臺東縣大武鄉尙武披星新村。

　　鄉親多捕魚爲生，住居安置妥善後，民國48年於現址供奉來自上大陳紅美山雙架媽祖，及長頭呑平水禹王等五尊神像，本宮成爲大陳義胞精神信仰中心，自此鄉親長沐聖母慈輝，多有神蹟。

　　本宮在吳小荷、李冬、周國友、蔣加傑等鄉賢奔走下，發動信徒募集善款，分四階段擴大本宮規模：

第一次擴建：在八〇年代中期，建鐘鼓樓。
第二次擴建：在九〇年代初期，面觀改善工程，建龍柱、石獅、金爐。
第三次擴建：在一〇〇年代初期，完成宮體拓深、大殿裝潢彩繪、天公爐等。
第四次擴建：在一〇七年，完成廣場鋼棚建置。

　　　　天后宮自此初具規模，舉辦信徒參拜、各項活動得有適當場地，不受風雨影響。

　　　　大陳鄉親因故逐漸移居外地，天后宮經在地居民協助，共同建立管理制度，服務信衆，香火鼎盛。

　　　　鄉親每年於聖母壽誕集體回鄉參拜，感念父祖輩毀家紓難後，在此重建家園，謀生實屬不易，我輩當飲水思源，常懷感念，並虔誠祈求聖母慈悲，賡續庇佑鄉親及廣大信衆，永保合境平安。

　　　　　　　廣場鋼棚落成時，特勒石爲記。
　　　　　　　　　尙武大陳天后宮
　　　　　　　　　　擴建委員會　謹誌
　　　　　　中　華　民　國　一〇七　年　十　月　歲　次　戊　戌

---

[772] 以下內容爲筆者依據碑碣刻文如實逐字紀錄。

附錄四　臺東縣媽祖廟沿革調查資料整合

附件 4-3　遠天宮沿革（臺東縣太麻里鄉）[773]

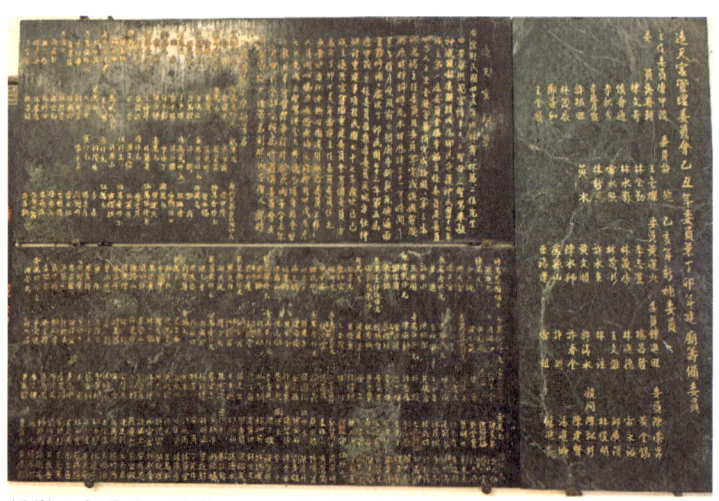

攝影：卓麗珍，日期：2020.12.17

遠天宮沿革

本宮於民國四十五年由林省、林萬，二位先生由麥寮拱範宮請來天上聖母三聖駕奉敬神威顯赫屢顯蹟成爲鄉民守護神。民國四十七年成立第一屆委員會，楊幸福主任委員及委員地方人士王金發等籌募捐完成後殿。第三屆邱萬清主任委員及委員等完成後殿前後殿，原建材料磚瓦木材歷經三十一年時間。累年積月受風霜之損，廟身斷裂瓦破漏雨實難修補。歲次丁卯年民國七十六年第五屆唐甲茂主任委員召集各委員及地方仕伸（應爲紳之誤）研討重建事項於民國七十七年歲次巳己（應爲己巳，又缺「年」字之誤）成立遠天宮籌備重建委員會籌備委員由歲次丁卯七十六年當選主任委員任之　承蒙地方仕伸（應爲紳之誤）熱心指道捐獻各委員工作人員同心協力無怨無悔之精神於甲戌九月七日完成三聖駕延座大典廟屋頂剪黏金爐三龍及本宮管理章程於歲次丙子八十五年三月卅一日全部完成茲將籌備委員會及捐獻善信大德芳名刻碑如左後人觀瞻

　　　　　　　（以下爲捐款名錄，省略不錄）

---

[773] 以下內容爲筆者依據碑碣刻文如實逐字紀錄。

「後山媽祖」的信仰、神蹟及其類型研究

攝影：卓麗珍，日期：2020.12.17

　　臺東縣太麻里鄉遠天宮之建立及崇祀日昇媽祖，可溯自清康熙 24 年(1685)，由湄州（應為「洲」字之誤）純眞老禪師，佩奉湄洲祖廟朝天閣正六媽神像，自海豐港登陸到臺灣。恭祀於海豐堡（今麥寮鄉海豐街-天后廟）。當時媽祖神威顯赫，慈光普施，遠近居民都感受到神恩，禱求崇敬者衆多。經旋衆善信虔誠叩求聖母金身留臺灣奉祀，遂而恭塑諸神像，並興建廟宇。廟名「拱範宮」；意求拱衛範圍之生靈平安永康。到乾隆年間，因新虎尾溪洪水氾濫，海豐港被毀，居民流離失所，哀鴻處處，尚幸居民安然，承蒙聖母神光庇佑。旋奉聖母聖諭，於乾隆七年（1742），播遷於現居地，開埠墾殖，並重新興建廟宇於現址，廟名仍為「拱範宮」。

　　民國 45 年（1956）3 月拱範宮開山媽祖降駕指示由「溪頭」本庄林省、林萬二位先生往雲林縣麥寮鄉拱範宮分靈奉請日昇媽祖三聖駕到太麻里鄉香蘭之溪頭，當時因無廟宇安座奉敬，因此先安座在林萬先生家中受鄉民奉敬，因神威顯赫常出奇蹟，更受鄉民之敬愛而成鄉民的守護神，至民國 46 年（1957）成立第一屆管理委員會，因香客日漸旺盛，第一屆主任委員楊幸福先生乃發動委員及地方仕紳王金發先生等籌備建廟事宜，並向各地善信大德募捐，承蒙善信大德熱誠捐獻完成正殿工程，將當時仍安座在林萬先生府內的媽祖聖駕奉請安座在新建廟宇，並由第三屆邱萬清主任委員及委員等完成前殿的建設。

　　民國 54 年「溪頭」本庄丁合、王金發二位先生，前往雲林縣臺西鄉五條港二溪府分靈奉請張李莫府千歲回遠天宮奉祀，而當時太麻里街上居民，因大王村興（應為「與」字之誤）泰和村尚無廟宇，於是大王村信衆向溪頭遠天宮衆神發願，若能庇佑他身體痊癒，將於大王村覓地建廟供奉，媽祖請置溪頭聚落山路時，媽祖自行掉落山涯樹上，經媽祖降駕乩童指示媽祖不願外出村庄建廟，經擲筊後張李莫府千歲同意至大王村建廟。自民國 56 年（1967）起，大王村民著手整地建廟，並命廟名為「順安府」。

　　民國 77 年因溪頭遠天宮前後殿原建築材料磚瓦木材等歷經 31 年的時間，積年累月受風霜之損，廟身斷裂以及屋瓦破裂漏雨實在難以修補，因此民國 76 年（1987）第五屆唐甲茂主任委員召集各委員及地方仕紳研討重建事項，於民國 77 年（1988）成立遠天宮籌備重建委員會籌備委員，由民國 76 年（1987）當選主任委員擔任。之後承蒙地方仕紳熱心指導捐獻，在遠天宮各委員及工作人員同心協力之下，無怨無悔之精神，終於在民國 83 年（1994）9 月 7 日完成遠天宮媽祖的入火安座，廟屋頂的剪黏、金爐、龍圖等陸續於民國 85 年（1996）3 月 31 日以前全部完成。

附錄四　臺東縣媽祖廟沿革調查資料整合

附件 4-4　拱天宮天上聖母由來碑（臺東縣太麻里鄉）[774]

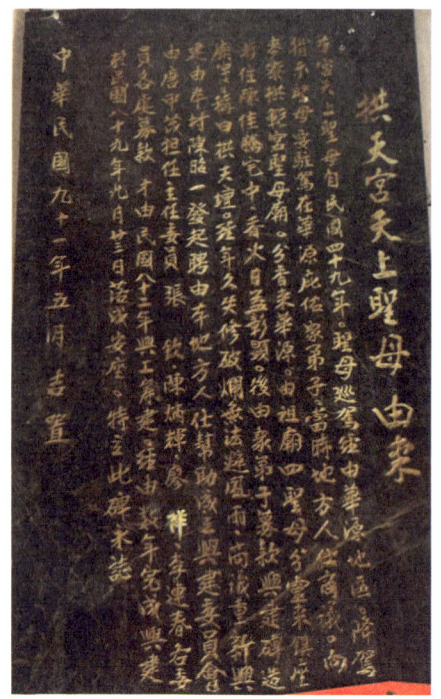

攝影：卓麗珍，日期：2020.12.20

拱天宮天上聖母由來

本宮天上聖母自民國四十九年。聖母巡駕經由華源地區。降駕指示聖母要駐駕在華源庇佑眾弟子。當時地方人仕商議。向麥寮拱範宮聖母廟。分香來華源。由祖廟四聖母分靈來鎮座。暫住陳佳騰宅中，香火日益彰顯。後由眾弟子募款興建磚造廟宇。稱曰「拱天壇」。經年久失修破爛無法避風雨，商議重新興建。由本村陳昭一發起聘由本地方人仕幫忙成立興建委員會。由唐甲茂擔任主委員，張欽、陳炳輝、廖祥、李連春各委員各處募款。才由民國八十二年興工籌建。經由數年完成興建，於民國八十九年九月廿三日落成安座。特立此碑永誌

中 華 民 國 九十一 年 五 月 吉 置

---

[774] 以下內容為筆者依據碑碣刻文如實逐字紀錄。

附件 4-5 成田媽祖廟（臺東縣成功鎮）

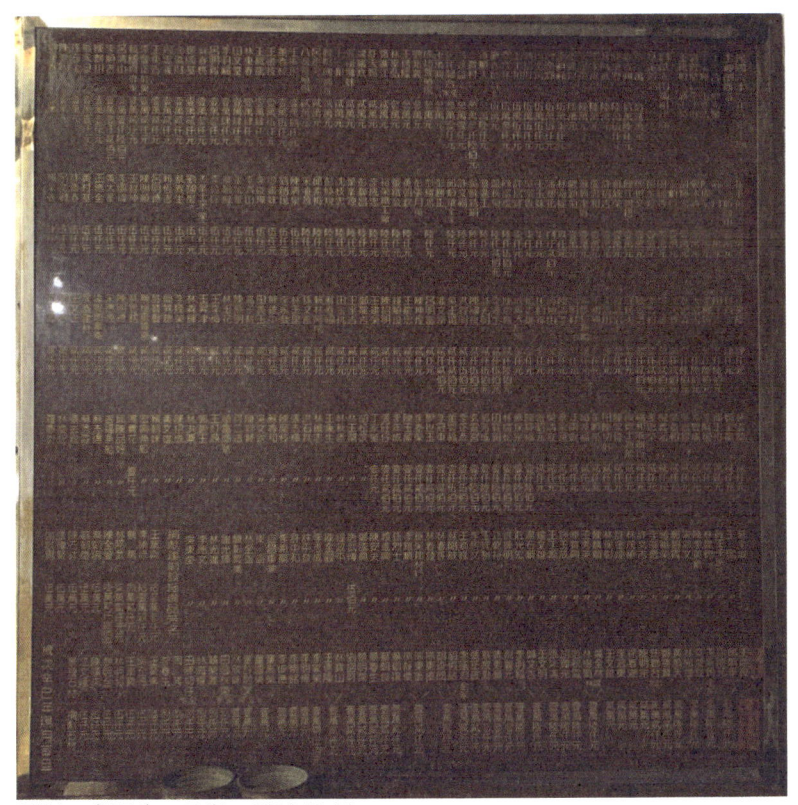

攝影：卓麗珍，日期：2020.12.30

民國六十一年分靈本廟主神創辦者
王字合　廖光星
王添輝　王進法
劉曾鼎　李丁財
王德順　施壬癸

捐獻成田媽祖間廟基金芳名
　　　　　（以下皆為人名及捐款數額，故不予列明）

歲次辛巳年陽月吉旦

附錄四　臺東縣媽祖廟沿革調查資料整合

附件 4-6　本廟聖母來歷誌（臺東縣卑南鄉　普濟宮）[775]

攝影：卓麗珍・日期：2020.12.18

本 廟 聖 母 來 歷 誌　　　六十七年十月
緣於民國五十八年三月十六日林查林書雄張炎輝江慶明等人往北港由
朝天宮贈與我們天上聖母迎請回來於民國五十九年將民國四十四年林安蘭
張如川村長簡順發起興建土地公廟合併重建普濟宮因聖母神靈顯赫香火鼎
盛眾信徒會議再見拜亭增加本廟堂鴻今將樂捐芳名列明留念
本村陳運興捐獻花園及廟庭

　　　　　　　　　　　　　　　（以下為捐款名錄，省略不錄）

---

[775] 以下內容為筆者依據碑碣刻文如實逐字紀錄。

附件 4-7 普濟宮購買土地樂捐方廟名錄（臺東縣卑南鄉）[776]

攝影：卓麗珍，日期：2020.12.18

普濟宮購買土地樂捐芳名錄

本宮購買後庭土地，原於中華民國九十七年七月十二日，由主委王福霖、陳翰聰、陳秋結、吳昇和、黃憲祥、林政助等六人前往高雄與地主謝文宗先生洽談，於同年七月二十日召開委員會及監事聯席會，決議通過此案，並於八月一日召開信徒代表大會，過購買此筆土地乙案，計新台幣參佰貳拾萬元正，於民國九十年八月十六日，發起募款，承蒙眾善信大德共襄盛舉，共募得新台幣壹佰玖拾陸萬貳仟陸佰元正。樂捐善信大德芳銘如左：

（以下為捐款名錄，省略不錄）

---

[776] 以下內容為筆者依據碑碣刻文如實逐字紀錄。

附錄四 臺東縣媽祖廟沿革調查資料整合

附件 4-8 鎮東宮誌碑（臺東縣卑南鄉）[777]

攝影：卓麗珍，日期：2020.12.16

鎮東宮誌
　　緣本宮媽祖原係福建湄洲先前由嘉義太保鄉王德祿先生迎駕至後潭鎮福宮供奉　蓋媽祖慈悲神靈德被眾生旋聖駕初鹿地區供奉保佑闔境平安眾生心靈賴以寄託　民國五十九年三月始有爐主陳月桂先生等倡議建廟為萬世供奉經由籌建委員會各委員歷經數載並承善男信女熱心奉獻　大聖殿始於民國六十年十月竣工　本宮座落於初鹿龍峯山之北麓南望太平群山環抱地靈人傑神靈顯赫德被東台故名之曰鎮東宮并供奉關聖帝君玄天上帝五府千歲侯王諸神於宮內　復於民國六十五年六月鳩工興建牌樓一座巍峨壯觀同年十月落成奠具規模今後尚祈四方大德善男信女共襄善舉鼎力奉獻叩謝神恩祈求風調雨順國泰民安　謹誌
　　　　　　　　　　籌建委員會主任委員　　李樹木
　　　　　　　　　　　　副主任委員　　陳月桂
　　委員　以姓筆畫順序
　　　　　　　　　　（以下皆為人名，省略不錄）
　　牌樓環境設計　黃鶴雄　　牌樓建造　北港　許然成

　　　　　　　　中華民國　六十五　年　十　月　吉立

---

[777] 以下內容為筆者依據碑碣刻文如實逐字紀錄。

448

附件 4-9 鎮東宮誌碑（臺東縣卑南鄉）[778]

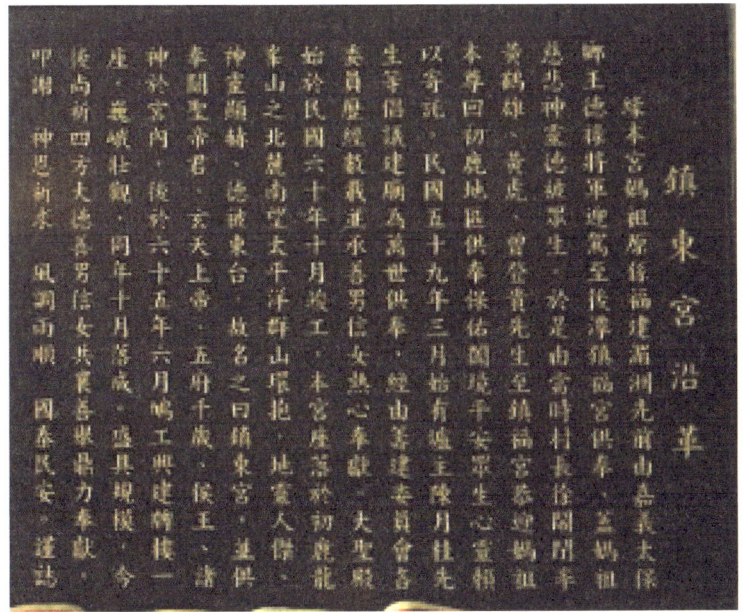

攝影：卓麗珍，日期：2020.12.16

鎮東宮沿革

　　緣本宮媽祖原係福建湄洲先前由嘉義太保鄉王德祿將軍迎駕至後潭鎮福宮供奉、蓋媽祖慈悲神靈德被眾生。於是由當時村長徐鬧率黃鶴雄、黃虎、曾登貴先生至鎮福宮恭迎媽祖本尊回初鹿地區供奉保佑闔境平安眾生心靈賴以寄託。民國五十九年三月始有爐主陳月桂先生等倡議建廟爲萬世供奉，經由籌建委員會各委員歷經數載並承善男信女熱心奉獻。大聖殿始於民國六十年十月竣工，本宮座落於初鹿龍峯山之北麓南望太平洋群山環抱，地靈人傑、神靈顯赫、德被東台，故名之曰鎮東宮，並供奉關聖帝君、玄天上帝、五府千歲、侯王、諸神於宮內，後於六十五年六月鳩工興建牌樓一座，巍峨壯觀，同年十月落成。盛具規模，今後尙祈四方大德善男信女共襄盛舉鼎力奉獻。

　　　　　　　　叩謝　神恩祈求　風調雨順　國泰民安。　謹誌
　　　　　　　　　　（以下皆爲人名，省略不錄）
歲次　丙戌　年　吉旦　立

---

[778] 以下內容爲筆者依據碑碣刻文如實逐字紀錄。

附錄四 臺東縣媽祖廟沿革調查資料整合

附件 4-10 興昌聖母宮建廟沿革（臺東縣東河鄉）[779]

攝影：卓麗珍，日期：2020.12.19

興昌聖母宮建廟沿革

　　本宮於民國四十六年十月由信士：馮善魚、蔡國城、馮治高、葉龍通等至北港朝天宮，迎請聖母媽祖金身，此後即由本村信士於每年聖母聖誕日，擲筊決定由爐主服侍一年。

　　本宮於民國七十八年由村民集資建廟至今由於宮址建於公有地上，將遷至翁永福先生之土地上，因所需款項龐大，不得不向善信大德尋求援助，懇請諸方大德，慷慨解囊，給予本宮贊助，以量取勝、積少成多。一起共襄盛舉讓本宮能享有萬年香火及永世基業，功德無量，福蔭子孫。

　　主　　委　翁文一　0932020370
　　副主委　　張水池　0921297280
　　總幹事　　林智輝　0937391219

興昌聖母宮籌建委員會　敬啟

---

[779] 以下內容為筆者依據碑碣刻文如實逐字紀錄。

450

「後山媽祖」的信仰、神蹟及其類型研究

附件 4-11 都蘭協天宮沿革史蹟（臺東縣東河鄉）[780]

攝影：卓麗珍，日期：2017.02.26

都蘭協天宮沿革史蹟

本宮崇奉天上聖母，始自民國五十八年間，記載建廟開山祖佘天賜與本村諸善信大德，廣結善緣，不勝枚舉，共同為廟宇，歷經滄桑，不辭辛勞，四方奔走募款，全年終於建造了簡陋之廟宇，供奉天上聖母為主神，各地信眾紛來參拜，庇佑我庄中百姓安和樂利，國泰民安。

　　光陰似箭，歲月如梭，佘老先生漸漸年邁，其所建立之廟宇，亦經不起長年風霜之侵蝕，殘破不堪，有感於廟與之重建需花分乙筆龐大經費。遂於民國七十四年將其所有廟地及廟產奉獻，委交管理委員會管理，奠定建廟之基礎。

　　在此短暫之時間裡，配合地方賢達暨諸位善男信女共同發揮？？犧牲奉獻熱誠始能創設這座完美巍峨幽雅宮殿，脈氣鍾靈，共襄盛舉，人神共被，光彩殊榮焉，謹誠簡略協天宮事蹟，永敘誌念。

協天宮管理委員會 敬撰

歲次 壬申 年 桐月 吉旦

---

[780] 以下內容為筆者依據碑碣刻文如實逐字紀錄。

451

附錄四 臺東縣媽祖廟沿革調查資料整合

附件 4-12 福明宮略誌（臺東縣鹿野鄉）[781]

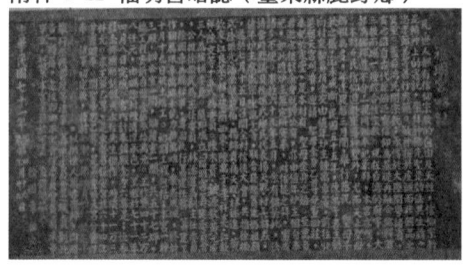

攝影：卓麗珍，日期：2017.02.25

福明宮略誌

　　凡，世人都有信仰宗教的自由及天性，信仰宗教是精神上的寄託，崇拜神佛先聖是效法其生前之忠孝節仁義等善行典範。敬神在於虔誠而非饌品之質量。蓋台灣民間宗教；承傳於大陸閩粵諸省，實也沿自古代原始泛靈信仰為基礎再融合儒釋道三教而成一種綜合性宗教。現在台灣的廟宇，大部為儒釋道不分，一視同列奉祀崇拜，本宮亦然，（應為「。」之誤）

本村村民信仰道教崇尊神聖外，尤而天上聖母媽祖為多，年逢農曆三月間，舉行恭祝　聖母千秋之儀，迄未或斷。民國五十五年，陳萬于者主動向村眾勸募捐金交由值年爐主鍾萬章等，前往北港朝天宮刈香，迎請　聖母金身乙尊分靈回莊，奉祀於家堂，是本村有　聖母金身之始。至萬章君逝世後該金身就歸公有，亦由值年爐主個（應為「各」字之誤）自奉祀，如此隨爐主無定所安奉，對信徒之拜，實感諸多不便。事於六十九年五月，余有鑑於此，洽請當時縣議員徐振武、鄉民代表楊天睨、村長林焱、值年爐主廖盛宗、陳萬于等，聯合發起籌建媽祖廟，遂於七月十五日召開全村信徒大會，共推徐振武、徐振光、潘金龍、蔡伯、楊錦貴、楊天睨、林添進、黃欽友、江良基、林焱、簡西東、陳萬于、李祥炎、江欽祥、陳文等十五人為委員。陳木貴、鍾源欽、黃元盛三人為候補委員。隨即成立「福明宮籌建委員會」，公推徐振武為主任委員，林添進為副主委，徐國章為總幹事，專司執行籌建任務。籌建工作雖屬艱辛萬端幸能力排萬難，眾志成城，終於十月十九日破土鳩工。初期工程包括：本宮一棟三殿，辦公室一間，儲藏室一間，共五十七坪，總工程費新台幣壹佰參拾萬元。工作費四十二萬八仟元，由瑞源村陳清涼承包，工程於七十一年四月八日完成。宮內計奉鎮殿金身六尊是；恒春鎮金佛國彫刻舖黃水住先生傑作，時價十一萬三仟元。李王爺乙尊，是東勢厝保安宮於六十四年分靈贈奉。關聖帝君乙尊，是景豐協天宮分靈贈奉。諸事初定後，擇於七十一年四月十六（三月廿三）日正子時恭請金身進宮安座，以供世人萬古崇拜，同時舉行祭典普度等法事。籌建委員會之職責到此告一段落，邇後即由本宮管理委員會負責未竟事宜，以繫本宮業務於不墮。爰鐫簡誌。

徐國章　撰文

中華民國　七十一年　國曆　四月　十六　日（農曆三月廿三日）

---

[781] 以下內容為筆者依據碑碣刻文如實逐字紀錄。

452

附件 4-13 福佑宮沿革（臺東縣鹿野鄉）[782]

攝影：卓麗珍・日期：2017.02.25

福佑宮沿革

　　鹿野村大多數是天上聖母的信徒，每年媽祖聖誕，若無金身，值年爐主必須四處商借供村民祭拜，而無定處。于民國六十三年陳萬好、林輝良、陳面等值年爐主首事發起募捐雕裝金身於芳苑鄉福海宮分靈而來。

　　斯時未有宮廟，每年媽祖金身皆隨值年爐主家中奉祀，雖地方仕紳屢發籌建因緣未屆而作罷。迨至民國七十七年十一月再有林英雄、施清淵、黃才三等發起成立建籌委員會。成員十九人擔任委員，並舉林英雄先生擔任主任委員，執斧策劃興建事宜。主事者規劃周詳及地方人士同心參與出錢出力，更由前鄉長邱雲海先生慨捐廟地，終于七十九年庚午三月十二日丑時動土興建是時聖母暨瑤池金母、王母娘娘諸神佛親駕扶乩，勘定坐辛山兼戌坐向，迨至民國八十一年農曆九月初九日安座落成，當時粗胚工程費約計新台幣陸百捌拾萬元正，至此鹿野村民終得一共同信仰中心，了卻心願以為研究真理之永久道場，特立此碑為誌。

　　鹿野鄉福佑宮籌建委員會
　　　　主任委員：林英雄
　　　　副主任委員：施清淵、黃順登
　　　　委員：劉鴻枝、陳豐國、曾明德、鄭進仲、廖梧桐、謝朝君、吳松濤、張
　　　　　　　文宏、鄧富源、洪允印、邱阿菊、蔡煥耀、黃才三、蘇富益、孫阿
　　　　　　　州、曹瓏騰
　　　　宮主：張英宏
　　　　財務組長：劉鴻枝
　　　　監工組長：徐麒峰
　　　　設計：朴子 涂水樹
　　　　粗胚：本鄉 江德壽
　　　　剪黏：民雄 郭炳森
中華民國 八十一 年 歲次 壬申 九 月 初九 日　 吉立

---

[782] 以下內容為筆者依據碑碣刻文如實逐字紀錄。

附錄四 臺東縣媽祖廟沿革調查資料整合

附件 4-14 永安村聖安宮簡介（臺東縣鹿野鄉）[783]

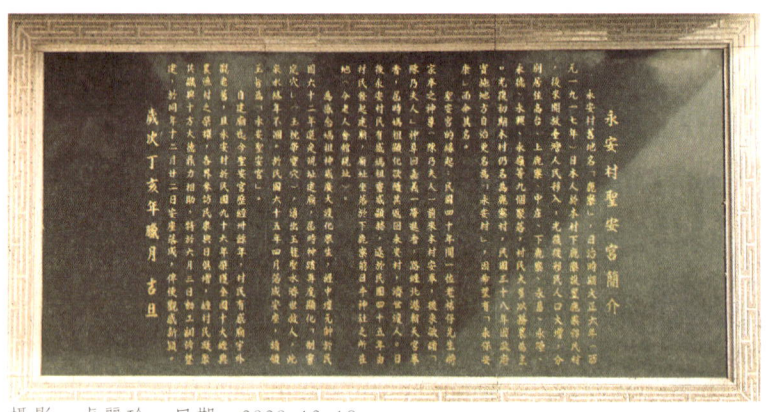

攝影：卓麗珍，日期：2020.12.18

永安村聖安宮簡介

　　永安村舊地名「鹿寮」，日治時期大正六年（西元一九一七年）日本人於本村下鹿寮設置鹿寮移民村，後來開放臺灣人民移入，光復後移民人口大增，分別居住高台、上鹿寮、中庄、下鹿寮、永昌、永隆、永德、永興、永嶺等九個聚落，村民大多以務農為主。光復初期本村仍名為鹿寮村，民國三十八年因政府實施地方自治更名為「永安村」，因希望有「永保安康」而命其名。

　　聖安宮的緣起：民國四十年間一位老桔仔先生將家奉之神尊（陳乃夫人）前來本村安奉，後來欲請「陳乃夫人」神尊回嘉義一帶進香，路經北港朝天宮奉香，屆時媽祖顯化欲隨其返回永安村，濟世渡人。日後永安村民有感媽祖靈威顯赫，遂於民國四十五年由村民發起建廟，廟址座落於下鹿寮前日本神社之所在地（今老人會館現址）。

　　為感念媽祖神威廣大渡化眾生，經中壇元帥於民國六十二年選定現址建廟，屆時神蹟再度顯化「制靈定穴」（玉枕帶靈穴），湧出玉龍聖水濟世救人，此泉水終年不涸。於民國六十五年四月落成安座，請領玉旨為「永安聖安宮」。

　　自建廟迄今聖安宮歷經三十餘年，村民有感廟宇外觀老舊，且永安村於民國九十六年榮獲全國十大經典農漁村之榮耀，各界參訪民眾與日俱增，經村民凝聚共識與十分大德鼎力相助，特於六月三日動工翻修整建，於同年十二月廿二日安座落成，俾使觀感新穎。

　　歲　次　丁　亥　年　臘　月　吉　旦

---

[783] 以下內容為筆者依據碑碣刻文如實逐字紀錄。

附件 4-15 永安村聖安宮 玉龍泉誌（臺東縣鹿野鄉）[784]

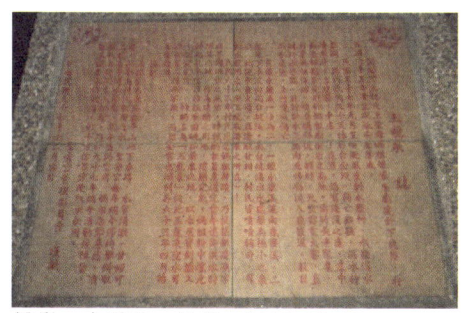

攝影：卓麗珍，日期：2020.12.18

玉龍泉　誌

聖安宮主祀天上聖母媽祖娘娘原廟建於下鹿寮，於民國六十五年遷至現址安座落成。

民國五十七年九月艾琳颱風重創永康村，永康溪水暴漲，造成永康三十五棟房舍全毀，傷亡無數，洪水持續暴漲，上鹿寮、中庄、下鹿寮，恐有淹沒之慮，庄中持長老婦孺皆走避於媽祖廟附近之高地。爾時長老聚集，祈求媽祖保佑，焚香膜拜後，頓時，天空雷電大響，直破於永康溪，此時洪水忽然向北移動流入鹿寮溪。數日洪水退後，全村竟無傷亡。

災後永康溪一分為二，一經永康溪流向鹿寮溪，二經地下水流向高台坑溪。高台坑溪出水處原為極小之泉水，此後水量大增，且清澈甘甜，村民街嘖嘖稱奇，可挑水飲用之（現玉龍泉湧泉之所在）！

民國六十三年村民感念媽祖神蹟，乃提議新建廟宇以答謝媽祖之庇佑，時經媽祖旨意選定當年退卻洪水時所站之地，作為建廟之用地，建廟完成，媽祖請中壇元帥起乩率信眾前往廟前峽谷湧泉之地，以七星寶劍插入「制靈定穴」，特賜名為「玉龍泉」從此玉龍泉聖水可濟世救人終年不涸。而聖安宮也順利再六十五年四月始安座飲用。

後記

玉龍泉為永康泰平山地下水路，水質清澈，甘甜可口，早期為村民飲用之水，聖安宮每年端午節均舉辦玉龍泉午時水活動，年年盛況空前。媽祖恩澤慈悲，有感取水飲用之人倍增，乃於九十七年端午活動後降旨，取玉龍泉水於廟前，供十方信眾方便取水飲用。

聖安宮管理委員會　謹識

中華民國 九十七 年 十二 月 吉日

---

[784] 以下內容為筆者依據碑碣刻文如實逐字紀錄。

附錄四 臺東縣媽祖廟沿革調查資料整合

附件 4-16 綠島天后宮天上聖母由來及建廟簡介（臺東縣綠島鄉）[785]

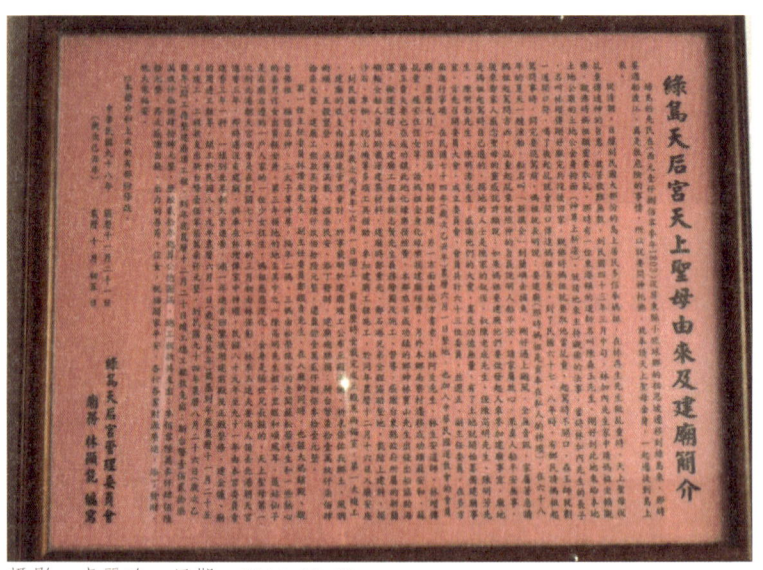

攝影：卓麗珍，日期：2014.10.05

綠島天后宮天上聖母由來及建廟簡介

　　綠島的先民在（西元壹仟捌佰零參年 1803）從屏東縣小琉球鄉的相思坡遷移到綠島來，那時要過船渡江。眞是很危險的事情，所以就要問神托佛，就奉請天上聖母金身，一起遷徙到島上來。

　　從清朝，日據到民國大部分的島上居民多信奉媽祖，在林再生先生做乩童時，天上聖母從乩童傳達神的旨意，救苦救難無數，到民國四十三年三月中旬，林加內先生家中請媽祖坐轎觀佛，觀佛時媽祖顯靈要取乩，那時有一位東港鎮的道師名叫陳森玉先生，剛好到此地來給本地土地公廟的土地公金身粉面（神尊上新漆），就請他來主持觀佛的法事，當時林加內先生的長子，名叫林增傳剛好服完兵役後回家，觀佛時媽祖就要取他當乩童，起駕時不開口，森玉師就劃（應爲「畫」字之誤）一道開口符，喝了後起乩就會開口傳達媽祖旨意，到了民國六十七、八年時，有村民請媽祖起駕問事時，問完要退駕前，媽祖就表明說：要建廟（那時媽祖是貢（應爲「供」字之誤）奉在私人的神壇），在六十八年的夏天一艘漁船，船名叫「新棋全」到蘭嶼去捕魚，剛好遇上颱風，全無音訊，家屬著急請媽祖起駕問吉凶，乩童起乩來就照神的旨義（應爲「意」字之誤）說明人船平安，請家屬放心，果眞人船平安無事，後來鄭家人感念聖母的靈感就許願說：如

---

[785] 以下內容為筆者依據碑碣刻文如實逐字紀錄。

456

果媽祖要建廟他們要做發起人來參加建廟事宜，廟地是媽祖起駕時自己選的，捐地的人士是陳家的叔侄，叔陳老成先生、侄陳高明先生、陳明芳先生、陳明彰先生、陳明清先生，感謝他們的大愛，眞是功德無量，有了土地就開始籌劃建廟事宜，首先召開委員大會，成立委員會，會員共計六十三位委員，並選正、副主任委員，在多方面進行事項，在民國七十四年（歲次乙丑年）農曆六月一日整地，也加入中華民國道教會的會員廟，農曆九月（應爲缺「初」字之誤）一日奠居（應爲「基」字之誤），開始建廟，另一方面由地方耆老：林阿生先生、林生安道師、林增傳乩童、蘇安住信女等，請媽祖金身化緣樂捐建廟經費，另外本鄉南寮村（應爲缺「村民」二字之誤）遷移成功鎮蘇安和、蘇蔡玉貴夫妻也在成功鎮此地化緣樂捐經費，本鄉旅居成功鎮的鄉紳林寶山先生出錢出船協助海運，搬運建材，本建廟工程由林志賢先生義務繪圖及施工、督導，感謝台東縣政府所屬的新蘭嶼輪全船人員協助載運建築材料，建廟時鄭重光、鄭石琳兄弟全程協助整地，載陸上建料，捐沙石、車輛、挖土機等多項工具捐助，參加建廟工程施工，於同年農曆十二月十六日入廟安座，到民國七十五年（歲次丙寅年）六月一日謝土，前後歷時壹載完成正殿及兩偏室，第一次竣工，建廟的收支由林顯能管理會計，於事載明建廟竣工公布正殿兩側。祈求保佑我鄉土、風調雨順、五穀豐登、漁獲滿載、國泰民安、添丁發財，建廟總樂捐：新台幣柒拾壹萬玖仟柒佰肆拾柒元整。建廟工程款柒拾萬陸仟玖佰（應爲缺「壹」字之誤）拾陸元整，還盈餘壹萬貳仟捌佰參拾壹元整。

　　第一任主任委員林讚成先生，副主任委員鄭鐵貴先生，在入廟的同時，也粧大媽鎮殿、觀音佛祖、福德正神、三太子等神尊，隔年二媽、三媽由松榮旅宿的老闆蘇松榮先生和一些熱心的善男信女出資粧金身，第三年捐地的地主其中之一陳高明先生粧千里眼和順風耳，蓮姑仙子是在廟右邊的一戶人家的一位少女往生，媽祖慈悲渡化，金身是陽世兄長粧的，天上聖母第一次到北港朝天宮進香是在民國七十一年的三月初由林保彰、林秀玉連夫妻兩人請去北港朝天宮進香三年，那時候還沒有建廟，供奉在林增傳家中神壇，民國八十九年至九十一年由本宮委員會進香三年一科，一樣到北港朝天宮進香，頭一年進香回鑾後增建前殿及正殿整修、建金爐、廟的周邊工程等，開工於民國八十九年農曆六月一日（歲次庚辰年）奠基到年底農曆十一月二十五日竣工，工程款支出新台幣壹佰零柒萬柒仟元整．到民國九十四年農曆八月二十六日（歲次乙酉年）開工再整建廟頂工程，到年底農曆十二月二十日竣工總工程款支出：新台幣壹佰貳拾萬玖仟伍佰肆拾肆元整，歷經貳拾年總算公（應爲「功」字之誤）德圓滿，總工程款共支出：參佰零陸萬參仟肆佰陸拾元整，再次感謝出錢、出力的善男、信女，祝福闔家平安，各行各業財源廣進，添丁發財，祝大家福安。

PS.本簡介和上次的有部分修改
　　中華民國九十八年　　國曆十一月二十一日
　　（歲次己丑年）　　農曆十月初五日

綠島天后宮管理委員會

廟務 林顯能 編寫

附錄四 臺東縣媽祖廟沿革調查資料整合

附件 4-17 綠島天后宮建廟簡介（臺東縣綠島鄉）[786]

攝影：卓麗珍，日期：2014. 10. 05

綠島天后宮建廟簡介

　　綠島的先民在（西元壹仟捌佰零參年 1803）從屏東縣小琉球鄉的相思坡遷移到綠島來，那時也奉請天上聖母金身一起到島上來。

　　乩童由林再生先生傳給陳順來先生，再傳林增傳傳先生。在林增傳做乩童時，天上聖母起乩說要建廟。

　　鄭家弟子感念聖母靈感，就許願做建廟發起人，捐土地是陳家弟子，叔陳老成先生，侄陳高明先生、陳明芳先生、陳明彰先生、陳明清先生。感謝他們大愛，功德無量。

　　在民國七十四年（歲次乙丑年）農曆六月一日整地，九月一日奠居，到民國七十五年（歲次丙寅年）六月一日竣工謝土，歷時壹年完成。

　　由林增傳乩童、林生安道師、林阿生居士、蘇安佳信女，在綠島化緣建廟經費，在成功鎮（新港）蘇安和居士、蘇蔡玉貴信女（夫妻）在此地化緣建廟經費，鄉紳林寶山先生出錢出船協助搬運建材。新蘭嶼輪全體船員協載建材，鄭重光、鄭石琳兄弟全程協助建廟，本工程由林志賢先生義務繪圖及監工，建廟的收支由林顯能管理會計。

　　建廟總工程款：新台幣柒拾萬陸仟玖佰（應為缺「壹」字之誤）拾陸元整。第一任主任委員林讚成，副主任委員鄭鐵貴。民國八十九年增建前殿，工程款：新台幣壹佰零柒萬柒仟元，

民國九十四年再整修廟頂工程款：新台幣壹佰貳拾柒萬玖仟伍佰肆拾肆元。

歷經貳拾年總算公（應為「功」字之誤）德圓滿，總工程款共支出：參佰零陸萬參仟肆佰陸拾元整，感謝出錢、出力的善信大德。闔家平安，財源廣進，添丁發財，祝大家福安。

綠島天后宮管理委員會
　主任委員：鄭鐵貴　　宮主：林增傳　　廟務：林顯能
　副主任委員：蘇松榮　道師：林鐵清　乩童：林明清
　中華民國九十八年（歲次乙丑年）
　國曆十一月二十一日　農曆十月初五日

---

[786] 以下內容為筆者依據碑碣刻文如實逐字紀錄。

附件 4-18　臺東市南王湄聖宮沿革誌碑（臺東縣臺東市）[787]

攝影：卓麗珍，日期：2020.12.18

臺東市南王湄聖宮沿革誌

臺東市南王湄聖宮源自雲林縣麥寮拱範宮天上聖母金尊，分靈至臺東奉祀迄今近六十年。[788]依據拱範宮廟誌沿革文獻記載，天上聖母渡海來臺奠基救世距今逾三百餘年，有感於聖母神恩浩翰，立千秋萬世於凡塵，期間庇蔭黎庶，消災除瘼、敦化民俗、匡正人心之靈蹟，實足以億萬計，此乃聖母靈威顯化、懿德感召，以及古今耆老大德、十方善信虔誠敬仰之福澤。

有關湄聖宮人文地理之引述，考證堪輿學專家指稱本宮廟正殿地屬天通人和之【黃旗穴地】，初期承蒙聖母神靈降旨以現址作為興廟腹地；復於民國（以下同）五十九年吉時啓工興建，整體廟堂於六十一年十月十五日籌建完成，旋奉天上聖母諭旨於六十四年四月吉時聖母神駕進廟登基，並為廟宇正式提名【湄聖宮】。

湄聖宮正殿主祀天上聖母，左右參祀福德正神、註生娘娘，係典型傳統宮廟奉祀神尊格局；每年農曆三月二十三日為天上聖母聖誕，當日辦理遶境祈福活動，並於農曆三月二十二日晚間子時隆重舉辦聖誕祝壽慶典儀禮。

南王湄聖宮籌建初期歷經覓地堪輿、廟宇主體建構、鉅額經費募集籌措等困境，幸有十方先進積極籌劃，善信大德踴躍募捐，共同克服相關興廟艱鉅事宜；如今湄聖宮初現廟宇實境宏觀，讓轄區善信雨露均霑。天上聖母慈航普渡、敦化民心、慈暉普照、庇護天下蒼生、拱衛社稷黎民，其恩如浩瀚大海，而德配其大地。

---

[787] 以下內容為筆者依據碑碣刻文如實逐字紀錄。
[788] 筆者註記：碑碣未落建置日期，恐難計起算日及未來追溯。

附件 4-19 臺東市南王湄聖宮廟宇整修工程紀念碑（臺東縣臺東市）[789]

攝影：卓麗珍，日期：2020.12.18

臺東市南王湄聖宮廟宇整修工程紀念碑

南王湄聖宮自民國五十九年建廟迄今逾五十年未曾整修，廟宇內部結構出現陳舊腐蝕情形，管理委員會有鑑於廟堂莊嚴之需，特於一○八年四月六日召開之定期會議提案通過全面整修方案。決議整修範圍包括廟宇內部彩繪及天上聖母、福德正神、註生娘娘等三間神龕改建。本案整修工程於一○八年九月十六日（農曆八月十八日）吉時施工，全部整修工程至一○九年三月五日（農曆二月十二日）竣工，並於一○九年四月二日（農曆三月十日）吉時辦理神尊聖駕安座祭典禮儀。茲將廟宇整修過程謹記碑文，以作流芳萬古文獻。

總工程經費：新台幣伍佰伍拾萬元整

南王湄聖宮一○八年廟宇整修工程（建設基金）捐獻芳名錄

(以下爲捐款名錄，省略不錄)

南王湄聖宮神尊聖駕神衣（冠）捐獻芳名錄

(以下爲捐款名錄，省略不錄)

第十屆管理委員會

(以下皆爲人名，省略不錄)

中華民國一○九年 國曆四月二日

農曆三月十日 吉旦

789 以下內容爲筆者依據碑碣刻文如實逐字紀錄。

附件 4-20 台東天后宮捐贈碑記（臺東縣臺東市）[790]

資料來源：取自網路 http://taiwankid-computer.blogspot.com/2020/10/089-310120.html，2020.10.08

台東天后宮捐贈碑記

　　本宮創建於光緒十七年（一八九一），歷經清領、日治與國民政府之遞嬗。百餘年來，沐恩聖母神庥，護國佑民，消災祚福，迭顯神蹟，香火鼎盛。而宮貌巍峨莊嚴，丹青交錯，極富寺廟建築藝術之美，為東台灣媽祖文化信仰之中心。

　　清光緒十四年（一八八八）六月，埤南廳駐水尾（瑞穗）撫墾局委員雷福海，由於徵收田畝清丈費過於嚴苛並侮辱民婦，引發大庄（富里）農民以劉添旺為首，糾合平埔、卑南等原住民數千人之武裝抗爭。群眾襲破水尾防營，焚毀埤南廳署，圍攻張兆連統領駐守之軍營，當時營內缺水，官兵乾渴難熬，岌岌可危，張統領緊急派人掘井，雖深達九仞猶不及泉，乃焚香祝禱聖母佑助，果獲湧泉，軍心大振，困守孤營十七晝夜，直到清廷派艦載兵馳援，事變始告救平。

　　光緒十五年（一八八九），張統領為報答聖母神庥，倡議建廟奉祀，結合前後任知府吳本杰與高垚，率先捐出養廉銀並發起募捐，集腋成裘。特親往台南大天后宮拜謝聖母，恭獻「靈助平蠻」匾額，並積極籌劃建廟事宜。可惜是年採購建材託船運回途中，不幸遇颱風流失。但張統領並不灰心，翌年（一八九○）再度募款興建，於光緒十七年（一八九一）三月落成，並蒙光緒帝御賜「靈昭誠佑」匾額之殊榮。

　　本宮原址在今台東市和平街東禪寺一帶，昭和五年（一九三○）遇強烈地震，牆往傾圮坍塌，地方聞人張之遠、林含、陳冬路、賴金木、張宜春、林江寧

---

[790] 以下內容為筆者依據碑碣刻文如實逐字紀錄。

附錄四 臺東縣媽祖廟沿革調查資料整合

等合力發起向全省各地信徒籌募重建經費。善士吳金粦慨捐今中華路宮址一千六百餘坪土地,旋即動工興建,歷時三年,共斥資四萬元,於昭和八年(一九三三)竣工落成。畫棟雕樑,古色古香,深具我國傳統文化之特色。

新廟落成後,首任主持人張之遠功成身退,地方公推賴金木繼任。民國三十四年台灣光復,賴君等發起募捐將廟宇重新整修,於民國三十七年三月竣工。賴君卸任後由林江寧接任,其後由劉燦英主持。民國四十三年起由林錦泉掌理宮務,民國五十一年十一月首度舉辦十二年一度之祈安清醮法會。

本宮於民國六十五年成立臺東天后宮管理委員會,推選林獻堂為主任委員,鑑於先前國軍隨政府撤退來台,曾借本宮設置「國軍臨時教養院」,後雖撤銷,部分廟舍庭院仍為榮眷佔住,影響宮務甚鉅。民國六十八年在林主委策劃下,全體委員發起募捐,共籌款二百餘萬,於勝利街興建十八棟房舍安置榮眷,並將祀田折換股票出售之款,增建牌樓,康樂台籍鐘鼓樓等,使本宮耳目一新,香火復盛。民國九十二年,台東縣政府依文資法公告,本宮榮列「臺東歷史建築」,肯定本宮為宗教文化重要資產,允稱台東市之文化地標。

民國九十四年,林獻堂主委辭世,由洪國貞、林寶章先後代理執事。民國九十七年,現任主委林有德接任,??奉主,附祀神明外,再增建太歲殿,文昌殿及月老亭等供信徒膜拜,民國九十八年,有感本宮年久失修,剝損嚴重,特斥資二千萬元整理全宮??之剪黏、雕飾,翌年續設正殿神座區,更換大殿木門、石雕、龍柱、門神彩繪等。九十九年舉行第五次十二年一科之「庚寅年七朝祈安清醮」,一百年起進行宮前廣場整修,鋪設花筒石板、石雕圍牆,迄一百零二年止,所有整建工程經已竣工,至此全宮整體景觀煥然一新,美輪美奐。謹誌始末以表謝忱。

台東天后宮管理委員會
(以下是委員會名錄)

中　華　民　國　一　〇　二　年　十　月　　　吉　旦

附件 4-21 新建埤南天后宮碑記(臺東縣臺東市)

攝影:卓麗珍,日期:2020.12.16

碑碣原文(右一)[791]

　　謹將新建埤南天后宮各捐款錄列於左,計開
記名提督軍門統領福建台灣鎮海後軍等營兼統各路屯兵營勝勇巴圖魯張,捐庫平銀捌百兩。欽加提舉銜調署台東直隸州正堂即補分府宋,捐七二庫洋陸拾兩。管帶左營李得勝捐庫平銀伍拾兩,接帶左營張升桂捐庫平銀捌拾兩、管帶前營後元福捐庫平銀捌拾兩。中營差弁、什長、親護兵勇共捐庫平銀壹百零六兩,左(營差弁、什長、親護兵勇)共捐庫平銀壹百零叄兩,前(營差弁、什長、親護兵勇)共捐庫平銀柒拾兩。 管帶南路屯兵江雲山捐庫平銀伍拾兩,接管南路屯兵藍鳳春捐庫平銀四拾兩,管帶埤南屯兵葉國廷捐庫平銀廿伍兩,管帶海防屯兵畢寶印捐庫平銀貳拾兩。署恆春營遊府談炳南捐庫平銀叄拾兩,文案處高爵、陳炳熙各捐庫平銀壹拾兩。南路(屯兵、差弁、什長、親護兵勇)共捐庫平銀貳拾兩零零八分,海防屯兵、差弁、什長、親護兵勇共捐庫平銀伍拾九兩壹錢九分,埤南(屯兵、差弁、什長、親護兵勇)共捐庫平銀拾伍兩。 邱炳章、方全勝、陳忠保、曾瑞興、曾鴻輝、章馬耀、楊天德、繆隆芳、羅昌厚、王明哲、游得貴、

---

[791] 資料來源:《國家圖書館 臺灣記憶》https://tm.ncl.edu.tw/article?u=014_001_0000006658&lang=chn,2023.01.05 摘錄。

附錄四 臺東縣媽祖廟沿革調查資料整合

謝仁仕、劉海清、曾金生、捐榮泰、周拔山、孫文彬,以上各捐庫平銀六兩。蕭忠鵠、汪有才、李正貴、陳王堂、艾福勝、邱光斗、伍殿邦、張金玉、李瑞正、喻光棣、方鼎甲、黃名揚、蕭文亮、盧洪富、吳志迪、古承瀾、顏壽林、康乾元、諶寶成、向登瀛,以上各捐庫平銀四兩正。陳鴻江、高昶陽、汪繼芬、曾志祿、曾戀勳、陳紹藩、羅朝玉、馮國棟,以上各捐四兩。朱沛霖、劉應選、夏錫濬、失繼澤、童珮昌、傅發騏、陳秉忠、鍾大聲、劉厚澤、易雲霖,以上各捐七二庫洋二元正。 夏宗禹捐光洋八元,李桂芳捐光洋三元,何藻鑑捐光洋弍元、吳龍標捐光洋弍元、鄒希烈捐光洋弍元、胡高能捐光洋弍元。馮至全捐光洋壹元、涂朝珍捐光洋壹元。馮駟捐庫銀壹兩。 湯學蘭捐庫平銀伍兩、楊長洲捐庫平銀伍兩。林鴻章捐庫平銀三兩、余雲藻捐庫平銀三兩。湯昭明捐庫平銀弍兩、林錫銘捐庫平銀弍兩。周佑和捐庫平銀壹兩、蕭平山捐庫平銀壹兩、林芳捐庫平銀壹兩。光緒拾柒年叁月勒石。

碑碣說明:
本件碑記係清光緒十七年(西元一八九一年)埤南天石宮創建紀事,詳列各界捐款姓名與金額,勒石以垂久遠。文中多駐防當地的武官兵勇,「記名提督軍門張」,即張兆連,天后宮創建人;「署臺東直隸州正堂宋」,即宋維釗。碑文曾收錄於「南碑集成」。 按,胡傳「臺東州采訪冊」記載:天后宮在馬蘭街,為埤南大街,七十餘戶,商販居其小半,各營弁勇眷口居其大半。故本碑捐題多官兵,乃屯兵地區正常現象。

碑碣原文(左一):「新建埤南天后宮碑記」[792]
國朝勅封天上聖母,由來舊矣。神靈顯應,如日月之經天,江河之緯地,固無往不在,亙古為昭者也。俎豆馨香之報,祀典煌煌,茲不贅述。獨我埤南一事,不能無異焉。 蓋自大府創議開山撫番,張公月樓統領鎮海後軍駐紮後山,歷今九載;覆巘嵒、闢莽荊、化蠢頑、服獷悍,蠻煙瘴雨,靡役不從。是非仰荷神庥,曷克臻此?當夫戊子之夏六月也,大庄匪番變叛,出而戕官,焚我防營,劫我軍火,殺我士卒,傷我民人。維時海防解嚴,兵已議減,一旅之師分防六百餘里;變起倉猝,防不勝防。烏合之眾自大庄踩躪埤南,勢如席卷,蜂屯蟻聚,因我孤營,百計環攻,晝夜不息。 張公督師守禦,相機策應,卒能以兩哨兵勇與數千賊眾鏖戰。苦守十七日,援軍踵至,始解重圍,擊散匪徒,攻破逆社,計擒首要,解散脅從。兵威所臨,望風向化;即前此被脅番社,至是亦納款輸誠,全功遂竟。嘻!肇事之大,何蔵事之速哉?其人為之歟?神之佑也。 所異者:被圍時,渴不得飲,掘井九仞,猶不及泉。眾心慌怖,計無所出。張公焚香禱祝,連呼聖母。未幾,而甘泉立湧。賊復四圍縱火,煙焰彌天,火烈風狂,不可嚮邇,登陴者八至不守。張公復為默祝,一拜而火折風旋。昔耿恭受困,而拜井出泉;劉昆救災,

---
[792] 資料來源:國立中央圖書館臺灣分館,「新建埤南天后宮捐題碑記」,《國家圖書館臺灣記憶系統》, 取自 https://tm.ncl.edu.tw/,2023.01.05 摘錄。

而反風滅火。後之人追論其事,以為至誠感神。我埤南大營兼而有之,微神之力,吾誰與歸?尤異者,賊眾乘夜偷營,時適月晦;忽紅光燭天,燎如白晝,我矢我鎗,百發百中,賊莫能逭。圍至半月,我軍勢迫,正對壘喫緊之秋,賊又遙見海上燈光如輪駛來,漸漸逼近,各自驚退。越二日而援軍果乘輪至,合力轟擊,如薰穴之鼠,亂竄無路;鋌走之鹿,急不擇音。我軍得出重圍,安堵如固。其神力之匡扶顯應又如此,則埤南天后行宮之所由建也。軍門張公山樓慷慨捐廉,建議於埤南馬蘭坳之陽,卜地建立行宮一所。商之前後台東直刺吳公芷獻、高公卓然同襄斯舉,將後山各庄社繳款九百餘圓以補不足,詳請宮保劉爵中丞奏請頒給匾一方,以答神庥。稚後山之地,草萊初闢,庀材僱匠,在在維艱。因於己丑仲秋之間委員出山採辦各料,載運回埤;不料舟行海面,遭風漂歿無存。董斯役者,聞之爽然;旁觀者亦莫不以工程浩大,難期復振,扼腕方深。而軍門好義急公,不遺餘力,必欲善緣克終,心始無恨,為之復解廉囊;更於部下各營以及官紳士庶,集腋成裘。二次派員從新採辦各項磚瓦木石,附艇旋東。擇期興造,經之營之,卒歲而落成焉。厥功告竣,軍門囑爵等作文以記之。爵等忝襄戎幕,五易星霜,同患難於斯營,感神靈於斯役,未敢以文之謭陋謝不敏;謹就耳聞與目見者備志之,以鋟於石,於以見軍門之誠可格神,與夫神之有造於埤。埤之人,宜俎豆千秋者如此,用昭來茲,以垂不朽云。楚北補用府經歷高爵、藍翎訓導劉春元、補用巡檢陳炳熙仝敬撰,藍翎千總陳鴻江敬書。光緒拾柒年叁月穀旦。

碑碣說明:

埤南、臺東舊名。天后宮主祀天上聖母,本件碑記係清光緒十七年(西元一八九一年)該宮創建落成紀事,詳述鎮海後軍提督張兆連平定光緒十四年(即戊子,西元一八八八年)大莊民變的事功、天上聖母匡扶顯應的神蹟,以及光緒十五年(即己丑,西元一八八九年)興建天后宮的經過。文中所提「軍門張公月樓」,即張兆連;「前後臺東直刺吳公芷獻、高公卓然」,即前任臺東直隸州知州吳本杰、備垚;「宮保劉」即臺灣巡撫劉銘傳。碑文曾收錄於「南碑集成」。按,植件碑記雖為建廟紀事,實亦為張兆連功德碑記。撰文者為張氏幕僚,難免流於伐功頌德,如碑文所說:「......謹就耳聞與目見者備志之,以鋟於石,於以見軍門之誠可格神,與夫神之有造於埤。埤之人,宜俎豆千秋者如此,用昭來茲,以垂以朽云。」試觀胡傳「臺東州采訪冊」風俗篇所載:「天后宮,在馬蘭街,光緒十五年統領鎮海後軍各營屯東湖提督張兆連建。其前一年,土匪、逆番之叛,后屢著靈異;張提督詳請巡撫劉公銘傳奏請頒給匾額,有經歷高爵、訓導劉春光、巡檢陳炳熙等撰碑可稽,以碑文不甚雅馴,不能採入『藝文』列於『碣』,故不錄。」由上可知,撰文者頌主溢美,致令史志弗載。修史者詳列撰碑者姓名,而碑文不予採錄。

附錄四 臺東縣媽祖廟沿革調查資料整合

附件 4-22 新園慈隆宮簡介（臺東縣臺東市）[793]

攝影：卓麗珍，日期：2020.12.18

新園慈隆宮簡介

　　本宮座落於臺東市新園里新園路九十五號，新園國小正對面，其背靠中央山脈，前朝廣闊的太平洋，是一幢坐西朝東傳統南式廟宇建築。

　　本宮位置於六十年代前本地名，稱之為知旅罕（日名），也就是目前新園里四、五、六、七、八鄰，行政區屬卑南鄉利嘉村；日後隨著社會變遷，經濟日益繁榮發展及西部人口流入，至民國六十五年臺東鎮改為縣轄臺東市，為了行政區擴編，故本地區也隨即更為臺東市新園里。

　　當時和利嘉村同編一村，當然在信仰方面更是息息相關，所以每年媽祖聖誕知旅罕的信眾都得跋涉到利嘉村祭拜，十分不便，跟隨行政區的劃分，本地長老即建議分媽祖爐到此祭拜較為方便，本宮媽祖神鏪（應為「尊」之誤）雕造於高雄田寮鄉古亭「隆后宮」，並由本地長老前輩盧允基、陳萬墩二位老先生奉請於此，爾後即成為此地信眾祭拜的神明。

　　民國七十八年廖新助先生任值年爐主並發起建廟構想，象徵性以新臺幣五萬元讓出本宮廟地約一百八十坪土地供建廟使用。廟身硬體在地方大老羅宗志先生籌備主任委員辛勞努力下，於隔年平面樓層即告完工並安座。主神為二媽祖暨同祀神鏪有中壇元帥、千里眼、順風耳等諸神，同時正式命名為「慈隆宮」。為求完整的廟宇外觀，於民國九十三年元月在諸位信眾及本宮各委員幹部有錢出錢、有力出力方式和易主任委員清河負責監督下，完成本宮內部整修及廟頂修繕工程，並於同年八月終於全部竣工，如今成為本地區道教信仰中心。

慈隆宮管理委員會　敬製

公元二〇〇五年三月三日

---

[793] 以下內容為筆者依據碑碣刻文如實逐字紀錄。

附件 4-23 關山鎮天后宮簡介（臺東縣關山鎮）[794]

攝影：卓麗珍，日期：2017.02.05

關山鎮天后宮簡介
本宮于光緒二十年歲次甲午年開始奉祀天上聖母（俗語稱媽祖）。民國十九年在此地建廟命名為天后宮奉祀天上聖母外隨侍韋陀護法順風耳千里眼。左廂奉祀五穀先帝、註生娘娘，右廂關聖帝君、至聖先師孔夫子、福德正神等日治時代一度被日本政府廢除改名為關山寺，奉祀三寶佛。民國五十三年由地方信徒樂捐改建（應為缺「，」之誤）五十九年落成建醮，六十九年圓滿福醮，每年舉行上元祈求合境平安，中元普渡幽魂，下元叩謝合境平安，另外媽祖生、五穀爺生、帝君爺生等行事，由境內各信徒組成爐主會輪值辦理，本宮北側另建佛殿乙座由念經團朝夕誦經祈求風調雨順、國泰民安。
關山鎮天后宮第五屆管理委員會謹啟

---
[794] 以下內容為筆者依據碑碣刻文如實逐字紀錄。

附錄四 臺東縣媽祖廟沿革調查資料整合

附件 4-24 電光媽祖壇：佛祖殿（臺東縣關山鎮）[795]

資料來源：取自網頁，2022.07.28

　　泰山之壯麗，全靠細砂塵土之堆積。
大海之浩瀚，乃賴涓泉小流之匯集。
　　本宮自開基以來，蒙 聖母之恩庇。
諸位大德之虔誠護持。香火鼎盛，前來
奉香膜拜之善男信女絡驛不絕，更蒙十
方大德諸位善信之支助。有錢出錢，有
力出力，虔誠奉獻下，進行擴建，茲奉
天上聖母諭示：爲期永久普渡衆生，
並答謝南無觀世音菩薩救苦救難之大悲
願力，特建大雄寶殿安奉。
　　南無觀世音菩薩大悲道場，自動工迄今
，蒙佛 菩薩衆神祇之護法，工程順利
，略具雛形。惟工程艱鉅，耗費不貲，
工程經費捉襟見肘，爰請諸位大德，十
方善信，大發慈悲，共襄盛舉，捐助款
項，俾建立千年之道場，咸信在聚砂城
塔之義舉下必能功不唐捐，成就建造千
年道場之悲願，仰乞本壇主神 天上聖
母 諸護法神祇加庇衆善男信女。
　　　元辰光彩，四時無災。
　　　八節有慶，男增百福。
　　　女納千祥，福海添波。
　　　諸事順遂，風調雨順。
　　　國泰民安，則功德無量矣！
關山聖母壇管理委員會 謹拜

---

[795] 以下內容爲筆者依據碑碣刻文如實逐字紀錄。

東台灣叢刊之二十一

「後山媽祖」的信仰、神蹟及其類型研究

作　　者：卓麗珍
主　　編：葉淑綾、鄭漢文
編輯委員：方鈞瑋、孟祥瀚、林靖修、張溥騰、郭俊麟、葉淑綾、潘繼道
　　　　　（按姓氏筆畫排序）
執行編輯：李美貞、孫文郁
封面設計：莊詠婷

出　　版	財團法人東台灣研究會文化藝術基金會	
	臺東市豐榮路259號	Tel：(089) 347-660
		Fax：(089) 356-493
網　　址	http://www.etsa-ac.org.tw/	
E-mail	easterntw.book@gmail.com	
劃撥帳號	0 6 6 7 3 1 4 9	
戶　　名	財團法人東台灣研究會文化藝術基金會	

代售處	三民書局股份有限公司	
	臺北市重慶南路一段61號	Tel：02-23617511
	台灣ㄟ店	
	臺北市新生南路三段76巷6號	Tel：02-23625799
	南天書局	
	臺北市羅斯福路三段283巷14弄14號	Tel：02-23620190
	麗文文化事業	
	高雄市苓雅區五福一路57號2樓之2	Tel：07-3324910
	友善書業	
	新竹市東區光復路一段459巷19號	Tel：03-5641232

出版日期　中華民國114年3月
定　　價　700元

本會出版品一覽表

東台灣叢刊之一	國內有關台灣東部研究之學位論文書目　　　　　（缺書） 夏黎明等編　1994. 3.初版　1996.10.再版　頁數 204	
東台灣叢刊之二	東台灣研究之中文期刊文獻索引　　　　　　　　（缺書） 夏黎明等編　1994. 9.初版　1996.10.再版　頁數 215	
東台灣叢刊之三	台東平原的移民拓墾與聚落 鄭全玄著　　1995.10.初版　2002. 7.再版　頁數 157	
東台灣叢刊之四	東台灣原住民民族生態學論文集 劉炯錫編著　2000. 6.　頁數 150	
東台灣叢刊之五	綠島的區位與人文生態的變遷 李玉芬著　　2002. 2.　頁數 198	
東台灣叢刊之六	戰後東台灣研究的回顧與展望工作實錄 夏黎明主編　2005. 1.　頁數 180	
東台灣叢刊之七	邊陲社會及其主體性論文集 夏黎明主編　2005. 3.　頁數 292	
東台灣叢刊之八	國家、區域與族群－ 臺灣後山奇萊地區原住民族群的歷史變遷（1874-1945） 潘繼道 著　2008. 2.　頁數 430　　　　　　　（缺書）	
東台灣叢刊之九	花蓮糖廠：百年來的花蓮糖業發展史（1899-2002） 鍾書豪 著　2009. 6.　頁數 304	
東台灣叢刊之十	撒奇萊雅族裔揉雜交錯的認同想像 王佳涵 著　2010. 4.　頁數 270	
東台灣叢刊之十一	Misakoliay Kiso Anini Haw？（你今天做苦力了嗎？） －日治時代東台灣阿美人的勞動力釋出 賴昱錡 著　2013. 4.　頁數 251	
東台灣叢刊之十二	花蓮地區客家義民信仰的發展與在地化 姜禮誠 著　2014. 4.　頁數 434	

東台灣叢刊之十三	傾聽．發聲．對話 Maljeveq：2013台東土坂學術研討會紀事 鄭漢文 主編 2014. 8. 頁數 334	
東台灣叢刊之十四	林道生的音樂生命圖像 姜慧珍 著 2018. 7. 頁數 269	
東台灣叢刊之十五	遙想當年台灣 －生活在先住民社會的一個日本人警察官的紀錄 青木說三 原著　張勝雄 譯者 鄭漢文 主編 2020. 3. 頁數 364	
東台灣叢刊之十六	天主教在卡大地布部落的發展、適應與變遷 陳映君 著 2020.10. 頁數 230	
東台灣叢刊之十七	日治時期理蕃政策研究： 以東臺灣「集團移住」與「蕃地稻作」為例 何佳龍 著 2022. 2. 頁數 206	
東台灣叢刊之十八	日治時期阿美族農業型態與部落環境變遷 林駿騰 著 2022. 12. 頁數 164	
東台灣叢刊之十九	臺東殖民地豫察報文 原著 田代安定；翻譯 張勝雄；譯註 吳玲青、李啓彰 2023.11. 頁數 432	
東台灣叢刊之二十	樹豆知道：排灣族vuvu農地的混亂與共生 林岑 著 2023.12 頁數 178	
東台灣叢刊之二十一	「後山媽祖」的信仰、神蹟及其類型研究 卓麗珍 著 2025.3 頁數 473	

東台灣研究	創刊號	1996.12.	頁數 172	（缺書）
東台灣研究	2	1997.12.	頁數 266	（缺書）
東台灣研究	3	1998.12.	頁數 215	
東台灣研究	4	1999.12	頁數 212	
東台灣研究	5	2000.12.	頁數 214	
東台灣研究	6	2001.12.	頁數 228	
東台灣研究	7	2002.12.	頁數 194	
東台灣研究	8	2003.12.	頁數 183	
東台灣研究	9	2004.12.	頁數 214	
東台灣研究	10	2005.12.	頁數 144	
東台灣研究	11	2008.07.	頁數 108	（電子期刊）
東台灣研究	12	2009.02.	頁數 164	（電子期刊）
東台灣研究	13	2009.07.	頁數 166	（電子期刊）
東台灣研究	14	2010.02.	頁數 183	（電子期刊）
東台灣研究	15	2010.07.	頁數 130	（電子期刊）
東台灣研究	16	2011.02.	頁數 105	（電子期刊）
東台灣研究	17	2011.07.	頁數 123	（電子期刊）
東台灣研究	18	2012.02.	頁數 129	（電子期刊）
東台灣研究	19	2012.07.	頁數 99	（電子期刊）
東台灣研究	20	2013.02.	頁數 121	（電子期刊）
東台灣研究	21	2014.02.	頁數 188	（電子期刊）
東台灣研究	22	2015.02.	頁數 99	（電子期刊）
東台灣研究	23	2016.02.	頁數 63	（電子期刊）

東台灣研究	24	2017.02.	頁數 111	（電子期刊）
東台灣研究	25	2018.02.	頁數 273	（電子期刊）
東台灣研究	26	2019.02.	頁數 77	（電子期刊）
東台灣研究	27	2020.02.	頁數 261	（電子期刊）
東台灣研究	28	2021.02.	頁數 167	（電子期刊）
東台灣研究	29	2022.12.	頁數 265	（電子期刊）
東台灣研究	30	2023.05.	頁數 112	（電子期刊）
東台灣研究	31	2024.05.	頁數 100	（電子期刊）

國家圖書館出版品預行編目(CIP)資料

「後山媽祖」的信仰、神蹟及其類型研究/卓麗珍著. -- 臺東市 : 財團法人東台灣研究會文化藝術基金會, 民114.03
　　面 ；　公分. --（東台灣叢刊 ; 21）
ISBN 978-626-98011-2-1(平裝)

1.CST: 媽祖　2.CST: 民間信仰　3.CST: 區域研究

272.71　　　　　　　　　　　　　114002847